트렌드 코리아 **2016**

서울대 소비트렌드분석센터의 2016 전망

트렌드
코리아
2016

김난도
전미영
이향은
이준영
김서영
최지혜

미래의
창

Monkey Bars

어떻게 경기침체의 수렁을 무사히 건너갈 것인가?

벌써 몇 년째다. 세계경제의 불확실성이 개선되지 않고 있다. 아니, 오히려 해가 갈수록 객관적인 예측지표는 악화되고, 그에 따라 주관적인 불안감 역시 증폭되는 형국이다. 2015년 10월 국제통화기금IMF의 세계경제 전망을 살펴보면, 선진국의 미약한 경기 회복과 신흥 개발도상국의 경기둔화가 심화된 것을 이유로 3개월 전의 성장률 전망치를 평균 0.2%p 하향 조정했다. 한국의 성장률 전망치는 0.3%p 내려 3.2%다.

미래 경제의 불확실성은 어쩌면 당연한 일이지만 문제는 하방 리스크, 즉 경제가 더 나빠질 요인들이 더 많고 더 강하다는 것이다. 2016년은 중국의 경기침체, 미국의 금리 인상과 달러 강세, 자산가격의 급변동, 잠재성장률 저하, 원자재 가격 추가 하락 등 세계 경기

회복에 큰 부담을 주는 요인들로 가득하다. 우리나라의 내부적인 사정 역시 희망적이지만은 않다. 이러한 세계경제의 위험요인을 극복하고 성장동력을 다시 회복해내기 위해서는 신속하고 선제적인 체질의 개선이 필요한데, 4월의 총선을 앞두고 정략적인 이념 투쟁에만 함몰될 조짐이 벌써부터 보이기 때문이다.

전년도 『트렌드 코리아 2015』의 서문에서 "관건은 미국의 금리 인상이 될 것"이라는 전망을 한 적이 있다. 지금 이 서문을 쓰고 있는 시점까지 미국은 금리를 인상하지 않았다. 연내에는 금리 인상이 불가능할 것이라는 전망마저 나온다. 우려했던 외화 유출의 쓰나미는 발생하지 않았지만, "도대체 얼마나 상황이 좋지 않기에 금리를 올리지 못하는가?" 하는 탄식이 그 우려를 대신하고 있다. 2016년에도 이러한 딜레마가 계속될 것으로 보인다. 미국이 금리를 올려도, 올리지 않아도 걱정이다.

세계경제가 좀처럼 경기침체의 수렁에서 헤어나지 못하는 것은 '공급과잉'의 구조적인 문제가 가장 크다고 여겨진다. 지난 몇십 년 동안 중국을 비롯한 저개발국들이 급속한 경제성장을 이루며 상품·자원·자금·인프라·인력 등에 대한 수요 역시 급속하게 증가했다. 하지만 최근 그 성장세가 주춤하면서 이들에 대한 공급이 수요를 한순간에 앞지른 것이다. 미국이나 유럽 같은 선진국도 금융위기와 저성장의 홍역에서 미처 회복하지 못하고 있는데, 그동안 고도성장을 구가하던 신흥국마저 수출 감소와 내수 부진이라는 이중고를 겪고 있다.

내년의 사정은 특히 신흥국이 좋지 않다. 먼저 자원 수출에 의존하는 신흥국들은 이미 국제 자원 가격 하락으로 큰 고통을 겪은 바 있는데, 사정이 급박해진 신흥국들이 자금 마련을 위해 오히려 자원 공급을 경쟁적으로 더 늘려 결국 가격은 더욱 하락해 경제난을 가중시키는 악순환이 반복될 것이라는 우려가 대두된다. 자원이 많지 않은 신흥국은 자원 수입의 부담이 감소하기는 하지만, 내수나 수출이 부진해지면서 불황형 흑자에 허덕일 가능성이 높다. 크리스틴 라가르드 IMF 총재는 이처럼 세계 경제가 왕성하게 돌아가지 못하는 현상을 '새로운 평범함new mediocrity'이라고 불렀다.

우리나라 역시 이 범주에서 크게 벗어나지 않는다. 지난 고도성장기의 대한민국은 항상 수요가 초과하는 상황이었다. 상품이 부족하니 생산하는 대로 소비됐고, 주택이 부족하니 집값은 항상 오르고, 자금이 부족하니 이자율은 높았으며, 인력이 부족하니 젊은이들은 쉽게 취직됐다. 하지만 발전연대의 성장 공식이 더 이상 작동하지 않으면서 상황이 역전됐다. 모든 분야에서 공급이 과잉되며 소비 부진·취업난·물가하락 등 경기침체의 나선 속으로 빨려들어가고 있는 것이다. 더구나 우리나라 수출 기업이 크게 의존하고 있는 중국의 경제 상황이 심상치 않아지면서 한국 경제 역시 안팎으로 시련에 직면하고 있다.

새로운 모멘텀이 절실하다. 작금의 저성장 추세는 주기적인 '불황'의 국면이 아니다. 불황이 계절상 겨울이라면, 저성장은 소빙하기의 시작에 비유할 수 있다. 시간이 지난다고, 혹은 대증적對症的인 경기부양책을 쓴다고 해서 쉽게 회복될 성질의 것이 아니라는 것이다. 이 정체 상황은 구조적인 것이며, 우리나라가 '중진국의 함정'을 넘어

선진국으로 도약하기 위해서는 반드시 극복해야 할 장벽이기도 하다. 과도한 규제와 간섭을 최소화하고 우리 산업의 경쟁력을 높일 수 있는 혁신적인 체질 개선이 필요하다. 이는 단지 경제 이슈만이 아니며, 정치·행정·제도·가치관 등 나라 전체의 총체적인 이슈이기도 하다.

2016년 위기 돌파의 관건은 역시 정치와 행정의 혁신과 리더십 복원이 될 것이다. 하지만 총선을 치러야 할 2016년에는 도리어 정치가 병목bottle-neck으로 작용할 가능성이 높다. 4월의 총선 이후 나라 분위기를 새롭게 가다듬고 다시금 도약하기를 희망해본다.

'붉은 원숭이의 해' 원숭이처럼 능숙하고 재빠르게 경기침체의 늪을 넘어야

2016년은 병신년丙申年 원숭이의 해다. 원숭이는 영장류 중에서 사람을 제외한 동물을 총체적으로 일컫는다. 원숭이는 다른 어떤 동물보다도 사람과 모습이나 행동이 비슷하기에 친근하면서도, 바로 그 점 때문에 경계의 대상이 되어왔다. '멍키 비즈니스monkey business'라는 말은 '교활한 속임수'라는 의미를 가지고 있다.

원숭이는 영리하다. 또 원숭이는 재빠르다. 순우리말로는 '잔나비'라고 불리는데, 원숭이의 고유어인 '납'에 날쌔다는 의미의 '재다'가 합쳐진 말이라고 한다. 그래서인지 원숭이해에 태어난 사람은 재주가 많고 총명하며, 언제나 좋은 면을 먼저 생각하고 사람들과 어울리기를 좋아한다고 한다. 원숭이가 영리하고 민첩한 것은 사실이지만, "원숭이도 나무에서 떨어진다"는 속담에서 읽을 수 있듯이 자기 재주를 믿다가 실수하고 낭패를 볼 가능성을 함께 가지고 있는 것도 사실이다.

이러한 원숭이의 특징을 빌려 2016년 한국경제에 굳이 의미부여 한다면, 과거 성장기의 성공 체험을 과신해 "나무에서 떨어지지" 말고, "원숭이처럼 현명하고 신속하게" 경기침체의 수렁에서 빠져나오는 한 해가 되기를 바란다.

이런 소망을 반영하여 2016년도 트렌드 키워드 슬로건은 'Monkey Bars'로 정했다. 〈트렌드 코리아〉 시리즈는 매년 10대 트렌드 키워드의 첫 글자를 조합하면 그해의 띠 동물이 되도록 키워드를 작명하고 있다. '멍키바'는 어린이 놀이터나 군대 유격장에서 볼 수 있는 구름다리를 말한다. 흔히 정글짐과 혼용되기도 하는데, 엄밀하게 말하면 정글짐은 3차원의 돔 형태를 띠는 반면, 멍키바는 원숭이처럼 매달려서 이동할 수 있게 한 구름다리 형태를 띤 놀이기구다. 전술한 바와 같은 2016년 대한민국을 둘러싼 정치·사회·경제적 위기의 깊은 골을 원숭이가 구름다리를 넘듯 신속하고 현명하게 무사히 건너, 안정된 2017년에 도달하고자 하는 소망을 담은 키워드다.

〈트렌드 코리아〉 시리즈는 또한 매년 색깔을 정해 표지 디자인에 반영해왔는데, 2016년의 컬러는 '빨강'으로 선정했다. 주지하다시피 동양의 전통 연도는 10간干과 12지支에 의해 움직인다. 12지는 띠 동물을, 10간은 색깔을 의미하는데, 음양오행에 맞춰 다섯 가지 색깔을 두고 돌아간다. 병신년의 신申이 원숭이를 뜻한다면, 병丙은 빨간색을 뜻하기 때문에 2016년을 '빨간.원숭이의 해'라고 부르는 것이다. 오행五行에 따르면 적색은 '화火'로서 생성과 창조, 정열과 애정, 적극성을 뜻한다고 한다. 한마디로 창의와 열정의 색깔인 것이다.

붉은색에도 종류가 많다. 크림슨, 스칼릿, 캔디, 로즈, 와인, 루비, 애플, 마르살라 등이 있으나 책의 표지에 쓰인 적색은 우리 전통 오방정색五方正色의 빨강이다. 우리는 전통적으로 오행과 방위에 맞춰 다섯 가지 색깔을 애용해왔다. 북쪽의 흑색, 서쪽의 백색, 동쪽의 청색, 중앙의 황색, 그리고 남쪽의 적색이다. 이것을 오방색이라고 하는데, 주로 색동옷 등에 활용된다. 여러 빨강의 스펙트럼 중에서 가장 전통적인 정통의 색이다.

빨간색을 금년도의 색깔로 정한 것은 10간에 맞춰 기계적으로 결정한 것이 아니다. 나름의 의미를 부여하고자 했다.

먼저 누구나 아는 "원숭이 엉덩이는 빨개~" 하는 동요에서 연상되는 친숙함이다. 사실 빨간색은 우리 일상에서 무척 익숙하다. 신호등의 빨간색이 대표적이다. 빨강은 눈에 잘 띌 뿐만 아니라 피와 같은 색이어서 경각심을 불러일으킨다. 또 빨간색은 사악한 것을 물리치는 색깔로 널리 사용돼왔다. 혼인날 신부들이 얼굴에 바르는 연지곤지는 빨간색인데, 경사에 마魔가 끼지 않기를 기원하는 것이라고 한다. 동지에 붉은 팥죽을 먹거나, 부적에 빨간색 글씨를 쓰는 것도 마찬가지다. 또 빨강에는 보호·부활·치유의 의미도 있다. 적십자나 소방차도 빨간색을 쓰고 성서에서 대문에 빨간칠을 한 집들은 보호됐다. 경각심·예방·보호·부활·치유 등 여러 의미에서 빨강은 백척간두의 기로에 선 2016년에 가장 필요한 색이 아닐까. 빨간 표지의 우리 책이 2016년의 위기를 극복하는 부적 역할을 할 수 있으면 좋겠다는 소박한 소망을 담았다.

2016년의 키워드, 경기침체와 SNS의 영향을 크게 받아

서울대 생활과학연구소 소비트렌드분석센터는 200명 가까운 트렌드헌터그룹 '트렌더스 날 2016'이 1년 동안 관찰한 1,000개 넘는 키워드 중에서, 그 안에 숨어 있는 소비가치를 분류하고 분석하고 재정의한 결과, 10대 트렌드 키워드를 도출한다. 키워드가 도출되고 나면 전체적인 맥락, 즉 '이 10대 키워드들이 공통으로 의미하는 것은 무엇인가?' 하는 측면을 제일 먼저 살펴보는데, 금년의 키워드는 역시 벌써 몇 년째 지속되고 있는 경기침체, 날로 보급이 확산되고 있는 개인화 매체인 SNS, 그리고 계속되는 사건사고에 대한 사회적 트라우마가 가시지 않은 상태에서 나타나는 불안과 불신이 주된 배경으로 작용하고 있다. 이 3대 배경에 어쩌면 영원히 변하지 않을 인간의 기본적인 욕망인 자기 개성을 추구하고 그것을 타인에게 인정받고 싶어 하는 성향이 더해져 2016년 10대 트렌드 키워드를 만드는 동인으로 작용하고 있다.

먼저, 경기침체의 영향을 크게 받은 키워드로 '플랜 Z 소비', '램프 증후군', '브랜드의 몰락', '원초적 본능', '있어 보이게'를 들 수 있다. 전년도에도 지적한 바 있지만, 불경기라고 해서 소비자들이 무조건

지출을 하지 않는 것은 아니다. 그 행태를 구조조정한다. 그 구조조정의 구체적인 행태가 바로 최후의 보루를 마련하거나, 불안을 잠재워줄 수 있는 방안을 찾거나, 유명 브랜드보다는 가성비를 따지거나, 자극적인 소비에 몰두하거나, 쉽고 빠르게 타인에게 자랑할 수 있는 정도의 것에만 지갑을 연다는 것이다.

둘째, SNS가 등장하면서 소비의 양태가 빠르게 바뀌고 있다. 사람들은 SNS를 통해 자신의 경험, 생각, 일상을 과거처럼 직접 만나서 표현하던 시대와 다른 방식으로 나타낸다. 또 정보와 소문이 거의 빛의 속도로 전파되고 공유할 수 있게 되면서, 소비트렌드 또한 과거와 매우 다르게 전개된다. 올해의 키워드 중 '램프증후군', '1인 미디어 전성시대', '브랜드의 몰락', '있어 보이게', '아키텍키즈', '취향 공동체' 등은 SNS가 없었다면 다른 형태를 띠었을 트렌드들이다.

셋째, 세월호 사건, 메르스 사태, 폭스바겐 리콜 등 각종 사건사고와 소비자 문제의 발생이 끊이지 않으면서 소비자들의 불안과 불신도 줄어들지 않고 있다. 이러한 경향은 '램프증후군', '아키텍키즈', '미래형 자급자족' 등의 트렌드로 이어지고 있다.

마지막으로, 이렇게 변하는 것들 속에서도 변하지 않는 것에 주목해야 한다. 인간의 기본적인 욕구와 욕망들이다. 인간은 어떤 상황 속에서도 먹고 자고 입어야 하며, 나아가 권력과 명예와 성공을 추구한다. 이중에서도 특히 소비트렌드와 관련이 깊은 욕망은 크게 두 가지, '자신의 개성을 표현하고자 하는 욕망'과 '그 개성을 타인에게 과시하고 인정받고자 하는 욕망'이다. 이 변치 않는 욕망이 위의 3가지 맥락 속에서 나타난 키워드가 '1인 미디어 전성시대', '취향 공동체',

'연극적 개념소비', 그리고 '있어 보이게' 트렌드다.

• • •

금년에도 많은 분의 도움에 힘입어 시간에 맞춰 책이 출간될 수 있었다. 모든 분께 깊이 감사드린다.

언제나 그렇듯이, 누구보다 먼저 트렌드 키워드 선정을 위한 기초 자료인 트렌다이어리Trendiary를 성심껏 작성해주고 수차례의 세미나에 참석해 참신한 아이디어를 모아준 트렌드헌터그룹 '트렌더스 날 2016' 구성원 여러분에게 감사한다. 해가 갈수록 참가인원이 늘고 열정 또한 뜨거워지고 있다. 너무나 감사한 일이다. 거친 초고를 아름답고 바른 문장으로 다듬어준 조미선 작가와 여러 가지 행정일과 교정 작업을 도맡아준 서현아 연구원, 항상 아름다운 프레젠테이션을 디자인해주는 한국산업기술대학교 김영순 연구교수, 원어민 입장에서 영문 키워드의 적정성을 검토해주는 미셸 램블린(Michel Lamblin) 씨, 그리고 희생적으로 자료를 모으고 분석 작업을 맡아주는 소비트렌드분석센터와 소비자행태연구실의 권정현, 권두영, 사카이 준페이, 박순옥, 전옥란, 권정윤 연구원들에게도 깊이 감사한다. 또한 '2015년 대한민국 10대 트렌드 상품'을 선정하는 과정에서 까다로운 조사를 신속하고 정확하게 실시해준 '마크로밀엠브레인'과 첫 책부터 지금까지 빠짐없이 출간을 허락해주신 미래의창 성의현 사장님과 직원 여러분께도 변함없는 신뢰와 감사의 말씀을 드린다.

특히 금년에는 신한카드 빅데이터센터가 트렌드 검증에 큰 도움을 주었다. 주로 정성적인 방법에 의지하던 트렌드 분석의 영역에 설문조사 외에도 빅데이터 분석의 정량적 기법을 활용함으로써 트렌드 조사의 정확성과 타당성을 더 확보할 수 있게 됐다. 독자 여러분도 1부의 '2015년 소비트렌드 회고 부분'에서 각 트렌드 키워드들이 빅데이터를 통해 검증되고 있음을 발견할 수 있을 것이다. 빅데이터 관련 자료를 제공해주시고 꼼꼼한 분석을 수행할 수 있게 해주신, 신한카드 위성호 사장님과 빅데이터센터에 깊은 감사의 말씀을 드린다.

'위기'라는 말에는 위험과 기회가 함께 포함돼 있다. 위험 속에서 기회를 만들어나가려면 한국 사회 트렌드의 흐름과 그 이면에 감춰진 동인을 명확하게 파악해야 할 것이다. 부디 올해의 키워드들이 읽는 분들의 사업과 조직운영을 향상시키는 데 작은 계기라도 될 수 있으면 좋겠다. 그 어느 때보다 불확실성이 높은 2016년이지만, 그 위험의 진흙탕을 원숭이가 '멍키바'를 타고 넘어가듯이 기회로 활용할 수 있는 한 해가 되기를 모두와 함께 기원한다.

2015년 11월
저자 대표 김난도

CONTENTS

4 · 서문

16 · 2016년 10대 소비트렌드 키워드

18 · 〈트렌드 코리아〉 선정 2015년 대한민국 10대 트렌드 상품

1 2015년 소비트렌드 회고

61   **Can't Make up My Mind** 햄릿증후군

75   **Orchestra of All the Senses** 감각의 향연

87   **Ultimate 'Omni-channel' Wars** 옴니채널 전쟁

103   **Now, Show Me the Evidence** 증거중독

115   **Tail Wagging the Dog** 꼬리, 몸통을 흔들다

127   **Showing off Everyday, in a Classy Way** 일상을 자랑질하다

141   **Hit and Run** 치고 빠지기

153   **End of Luxury: just Normal** 럭셔리의 끝, 평범

165   **Elegant 'Urban-granny'** 우리 할머니가 달라졌어요

177   **Playing in Hidden Alleys** 숨은 골목 찾기

2 2016년 소비트렌드 전망

190   2016년의 전반적 전망

203   **Make a 'Plan Z'** '플랜 Z', 나만의 구명보트 전략

225   **Over-anxiety Syndrome** 과잉근심사회, 램프증후군

245   **Network of Multi-channel Interactive Media** 1인 미디어 전성시대

269   **Knockdown of Brands, Rise of Value for Money** 브랜드의 몰락, 가성비의 약진

291   **Ethics on the Stage** 연극적 개념소비

311   **Year of Sustainable Cultural Ecology** 미래형 자급자족

333   **Basic Instincts** 원초적 본능

353   **All's Well That Trends Well** 대충 빠르게, 있어 보이게

373   **Rise of 'Architec-kids'** '아키텍키즈', 체계적 육아법의 등장

393   **Society of the Like-minded** 취향 공동체

412 · 미주

420 · 찾아보기

428 · 부록

MONKEY BARS

Make a 'Plan Z' '플랜 Z', 나만의 구명보트 전략

플랜 A가 최선, 플랜 B가 차선이라면, 플랜 Z은 최후의 보루다. 최악의 경우를 대비해 구명보트를 준비하듯, 소비자들도 불경기의 파고에 대비하는 소비의 구명보트 즉, '플랜 Z'를 마련한다. 최악의 상황에서도 우아한 소비를 유지하려는 '플랜 Z' 세대는 B급 제품이라도 살 것은 사고, 각종 앱을 활용해 작은 혜택이라도 긁어 모으며, 순간의 행복에 충실한 모습을 보인다. 이들에게서 나타나는 '집으로의 회귀'도 눈여겨볼 현상이다.

Over-anxiety Syndrome 과잉근심사회, 램프증후군

크고 작은 사건사고가 줄을 잇고 경제적, 사회적 불안이 계속되면서 집단적인 불안장애가 곳곳에서 감지된다. 사회적 분노의 수준은 높아지고 작은 일에도 사과를 요구하는 여론의 쏠림이 강해진다. 예민해진 마음에 호소하는 불안 마케팅과 근심해소 상품이 줄을 잇는다. 그러나 불안과 긴장은 더 나은 결과를 가져오고 활동에 신중을 기하게 만드는 순기능도 존재하는 만큼, 그 긍정적 에너지를 살려내는 방안을 모색해야 한다.

Network of Multi-channel Interactive Media 1인 미디어 전성시대

'그들만의 리그'로 여겨지던 1인 방송이 메이저 콘텐츠로 급부상하고 있다. 공중파 TV에서도 1인 미디어를 전격적으로 수용한 포맷의 프로그램들이 큰 인기를 끌고 있으며, 브랜드의 제품 기획이나 마케팅에서도 1인 미디어의 활용이 늘고 있다. 대자본을 갖춘 MCN의 지원을 통해 날개를 단 1인 미디어는 극세분화되는 소비시장에서 대중들의 취향에 정확하게 부합하는 다채로운 콘텐츠를 생산하는 데 최적의 미디어가 될 수 있다.

Knockdown of Brands, Rise of Value for Money 브랜드의 몰락, 가성비의 약진

구매의 나침반이던 브랜드의 역할이 무너지고 있다. 소비자들은 이제 브랜드가 약속하는 환상을 믿지 않으며, 소비자끼리 소통하면서 자신만의 가치를 추구한다. '사치의 시대'는 가고 '가치의 시대'가 오고 있다. 가격과 성능의 대비를 의미하는 '가성비'가 브랜드의 역할을 대신하면서, 노브랜드, 신생브랜드, PB, 무명브랜드 등 '절대가치'를 추구하는 상품과 서비스들이 각광을 받는다.

Ethics, on the Stage 연극적 개념소비

개념 있는 사람들의 '착한 소비'가 자신의 가치를 표현하는 과시의 아이템으로 변질되고, 업사이클링 제품이 원래의 취지와 달리 명품화되어 간다. 봉사나 기부가 강요되고 의무화되면서 사회적으로 '기부피로'가 쌓인다. 하지만 이제 대세가 된 '기부', 스마트폰 앱으로 게임하듯이 기부하는 소비자들이 도래하면서 기업은 물론 공공조직 및 공익단체들도 이타적 행동의 본질을 다시 생각해야 하는 새로운 국면을 맞고 있다.

Year of Sustainable Cultural Ecology 미래형 자급자족

환경오염과 사건사고는 심해지고 도시생활의 조건은 열악해지는 가운데, 도래한 100세 시대는 '지속가능한 삶'이라는 새로운 숙제를 던진다. 이에 도시적 라이프스타일은 유지하면서도 인간적인 삶을 누릴 수 있는 수단으로 '미래형 자급자족'의 삶을 추구하는 사람들이 늘고 있다. '웰에이징'과 더불어 '웰다잉', 에너지를 효율적으로 활용하는 생활, 적정기술의 이용. 더 나아가 생태도시에 대한 관심이 높아지는 2016년이 될 것이다.

Basic Instincts 원초적 본능

수년간 지속되는 경기 침체가 소비자 반응의 역치를 끓어 올리고 있다. 드라마보다 더 눈물겹고 소설보다 더 소설적인 현실 속에서 이제 웬만한 자극에는 눈도 꿈쩍하지 않는 소비자들을 움직이기 위해 말초적이고 적나라한 자극이 동원된다. 하드코어급의 극단적 콘텐츠, 철저하게 조화되지 않는 것들의 매치가 주목받는다. B급과 비주류, 루저와 질서파괴자가 더 환영받는 시대를 들여다본다.

All's Well That Trends Well 대충 빠르게, 있어 보이게

무언가 대단하게 있어 보이도록 만드는 능력, '있어빌리티'가 SNS시대를 살아가는 새로운 역량이 되고 있다. 만인의 만인에 대한 허세의 장인 SNS세계에서, '꿀팁'으로 무장하면 지금 가진 몇가지 만으로도 그럴싸해 '보이는' 무언가를 대충 만들 수 있다. 전국구 리더보다 '작은 유명인petit celeb'이 새롭게 각광받는 디지털 환경 아래서, 진지하고 어렵게 얻을 수 있는 본질보다, 쉽고 가볍게 얻을 수 있는 임시방편 소비가 차츰 늘어난다.

Rise of 'Architec-kids' '아키텍키즈', 체계적 육아법의 등장

젊은 부모들의 치밀하고 과학적인 '체계적 육아'에 대한 열기가 심상치 않다. '아키텍키즈'는 마치 고층건물을 짓는 설계사가 단계별 공정에 주의를 기울이듯 자녀를 교육하는 엄마들의 아이를 일컫는 말이다. 높은 교육수준과 사회경력, 첨단지식으로 무장한 신세대 엄마들이 인터넷 커뮤니티와 SNS에서 육아에 대한 정답을 찾기 시작했다. 이는 육아관련 시장의 변화는 물론이고, 엄마들의 새로운 가치관과 라이프스타일을 보여준다.

Society of the Like-minded 취향 공동체

대세를 따르기보다는 자기만의 라이프스타일을 추구하는 소비자가 늘고 있다. 고급–저급, 어른–아이, 여성–남성의 이분법적 취향 구분이 무너지면서 이제 소비자 세분화의 기준은 성별·연령·소득·지역 등 인구학적 기준이 아니라, '#(해시태그) 취향'으로 바뀌고 있다. 명확한 콘셉트와 특화된 전략으로 고객 각자의 '취향을 저격'할 수 있는 스나이퍼가 필요한 시점이다.

〈트렌드 코리아〉 선정 2015년 대한민국 10대 트렌드 상품

단맛
마스크 & 손 소독제
복면가왕
삼시세끼
셀카봉
셰프테이너
소형 SUV
저가 중국전자제품
편의점 상품
한식 뷔페

(가나다순)

2015년 대한민국 소비자를 열광시킨
10가지 제품과 배경 트렌드

2015년에는 어떤 상품이 인기 있었고 또 그 배경이 된 트렌드는 무엇일까? 한 해를 대표하는 상품을 꼽아보는 작업은 그해의 소비자들이 어떤 생활을 했는가를 돌아볼 수 있는 중요한 밑자료가 된다. 나아가 연도별 자료를 모으면 해당 시장이 어떤 과정을 거쳐 발전했는지, 소비자의 욕구는 어떤 방향으로 나아가고 있는지에 대한 트렌드 변화를 한눈에 알아볼 수 있다. 이런 취지로 서울대학교 생활과학연구소 소비트렌드분석센터는 2015년의 '10대 트렌드 상품'을 선정하고, 이들 상품이 가지는 트렌드적 의미와 전망에 대해 설명하고자 한다. 아무쪼록 이러한 작업이 한국 시장의 과거를 돌아보고 미래를 예측하고자 하는 〈트렌드 코리아〉의 독자 여러분은 물론, 한국의 소비트렌드에 관심이 있는 모든 분께 유용한 자료가 될 수 있기를 소망한다.

선정 방법

후보군 선정 먼저 '트렌드 상품'의 후보를 단순히 물리적인 제품뿐만 아니라, 인물·이벤트·사건·서비스 등이 모두 포함되도록 정의했다. 또한 조사 시점이 10월이라는 점을 고려해, 2015년 트렌드 제품으로 선정되기 위한 기준 기간을 2014년 10월부터 2015년 9월로 조정했다.

후보 제품군은 주관적 및 객관적 자료를 기반으로 엄격하게 선정했다. 먼저 '주관적 자료'는 서울대 소비트렌드분석센터의 트렌드 헌터 모임인 '트렌더스 날' 멤버 119명이 개인별로 10개 제품을 추천하는 방식으로 총 126개의 후보군을 확보했다. 다음으로 '객관적 자료'는 국내 유통사와 언론사에서 발표하는 판매량 순위와 히트 순위 등을 다수 수집해 작성했다. 참고한 유통사는 오프라인 쇼핑몰(이마트·롯데마트), 온라인 쇼핑몰(옥션·G마켓·11번가), 모바일·소셜커머스(쿠차·쿠팡·위메프·티켓몬스터), TV 홈쇼핑(GS홈쇼핑·CJ오쇼핑·롯데홈쇼핑·현대홈쇼핑·NS홈쇼핑)이며, 이외에도 제품 관련 언론 기사(조선일보·경향신문·중앙일보·매일경제)를 참고했다.

이렇게 나열된 후보들을 한국표준산업분류의 대분류 및 산업중분류를 기준으로 하위 항목으로 분류하고, 각 분야마다 다양한 트렌드 상품 후보군이 등장하는지 확인했다. 최종적으로 식품, 패션·뷰티, 전자, 자동차, 유통·장소, 외식, 여가, TV, 영화, 음원, 게임, IT·SNS, 인물, 광고·마케팅, 금융, 공공, 기타 부문에 대해 51개의 후보 제품이 선정됐다.

설문조사 조사 전문기관 '마크로밀엠브레인'에 의뢰하여, 나이·성별·지역에 대한 인구 분포를 고려한 전국 단위의 대규모 온라인 설문조사를 실시했다. 응답 방식은 제시된 총 51개 후보 제품군 중 2015년을 대표하는 트렌드 제품 10개를 무순위로 선택하게 했고, 아울러 설문의 후보 상품 '보기' 순서를 무작위로 순환하도록 해서 예시 순서가 선정에 미치는 영향을 최소화하도록 문항을 설계했다. 2015년 9월 17일부터 9월 24일까지 시행된 조사에 총 2,447명이 응답했으며, 표본 오차는 신뢰 수준 95%에서 ±1.98%였다.

10대 트렌드 상품 선정 과정 최종 마무리된 설문조사의 순위를 주된 기준으로, 서울대학교 생활과학연구소 소비트렌드분석센터 연구원들의 치열한 토론과 심사를 거쳐 '10대 트렌드 상품'을 최종 선정했다. 전년도와 마찬가지로, 트렌드 상품 선정의 가장 중요한 기준은 '해당 연도의 트렌드를 가장 잘 반영하는 상품인가' 혹은 '트렌드를 만들고 선도하는 의미가 높은 상품인가'다. 따라서 단지 최근에 발생해 소비자의 기억 속에서 쉽게 회상되는 사례, 선거나 스포츠 행사처럼 반복되는 사건, 2015년이라는 특성을 반영하지 못하는 TV 프로그램이나 영화는 제외되었다. 다만 동일한 경우라 할지라도 '그해의 특수한 현상'을 잘 반영하고, 후년에 이것을 회상하는 것이 2015년 당시 우리 사회를 이해하는 데 도움이 된다고 판단한 경우에는 포함했다. 출시 시기와 관련해 최초 출시 시기에 초점을 두는 것이 아니라, 그것이 화제가 된 시기를 주요 기준으로 삼았다. 가령 '셀카봉'의 경우에는 2014년 설문조사에도 후보로 포함되었으나 높은 순위에 들지 못했는데, 2015년 설문조사에선 상위 순위를 차지하여 금년도 트렌드 상품으로 선정되었다. 이러한 기준을 바탕으로 최종 선정된 '2015년 10대 트렌드 상품'은 나열 순서가 순위를 의미하지 않도록 가나다순으로 서술했다.

10대 트렌드 상품의 의미

최종 선정된 2015년도 10대 트렌드 상품 리스트를 종합해보면, 우리 사회를 관통하는 2015년의 몇 가지 흐름을 발견할 수 있다.

첫째, 일상적이고 익숙한 것의 가치를 다시 돌아보고 평범함에서 의미를 찾고자 하는 움직임이 강조됐다. 봄·여름·가을·겨울을 테마로 시즌별로 방영된 〈삼시세끼〉 프로그램은 밥 한 끼 지어 사람들과 나누어 먹는, 아주 단순한 일상의 내용만으로 시청자의 관심을 끌었다. 전문 셰프들이 TV 화면을 누비며 손쉽게 만들어 먹을 수 있는 집밥 레서피를 공유한 '셰프테이너' 현상도 마찬가지다. '한식 뷔페' 역시 너무나 익숙해 그 가치를 미처 알아채지 못했던 한식의 가치를 재발견하는 데 기여했다.

둘째, 가성비와 실속을 강조하며, 밖으로 드러나는 브랜드나 스펙보다 숨은 실력인 품질을 강조하는 움직임이 두드러졌다. 외모와 나

	분류	응답자 수(%)	분류	응답자 수(%)
성별	남자	1,254(51.2%)		
	여자	1,193(48.8%)		
연령	만 19세 이하(최소 15세)	232(9.5%)	서울	481(19.7%)
	만 20~29세	471(19.2%)	부산	167(6.8%)
	만 30~39세	540(22.1%)	대구	120(4.9%)
	만 40~49세	625(25.5%)	인천	143(5.8%)
	만 50세 이상(최대 59세)	579(23.7%)	광주	74(3.0%)
			대전	77(3.1%)
직업	직장인	1,287(52.6%)	울산	62(2.5%)
	자영업	175(7.2%)	세종	13(0.5%)
	파트타임	68(2.8%)	경기	598(24.4%)
	학생	452(18.5%)	강원	75(3.1%)
	주부	317(13.0%)	충북	77(3.1%)
	무직	99(4.0%)	충남	92(3.8%)
	기타	49(2.0%)	전북	85(3.5%)
월평균 가계 총소득	200만 원 미만	446(18.2%)	전남	80(3.3%)
	200만 원 이상~300만 원 미만	492(20.1%)	경북	119(4.9%)
	300만 원 이상~400만 원 미만	455(18.6%)	경남	151(6.2%)
	400만 원 이상~500만 원 미만	471(19.2%)	제주	33(1.3%)
	500만 원 이상~600만 원 미만	248(10.1%)	지역	
	600만 원 이상	335(13.7%)		
총 2,447명(100%)				

이 등 외부 변수를 모두 차단하고 오직 노래 실력만으로 참가자를 평가하는 오디션 프로그램 〈복면가왕〉은 진정성만이 소비자가 바라는 평가의 기준이라는 사실을 다시 한번 확인시켜준 사례였다. '소형 SUV'와 '저가 중국전자제품'의 인기는 장기 불황시대를 맞아, 기

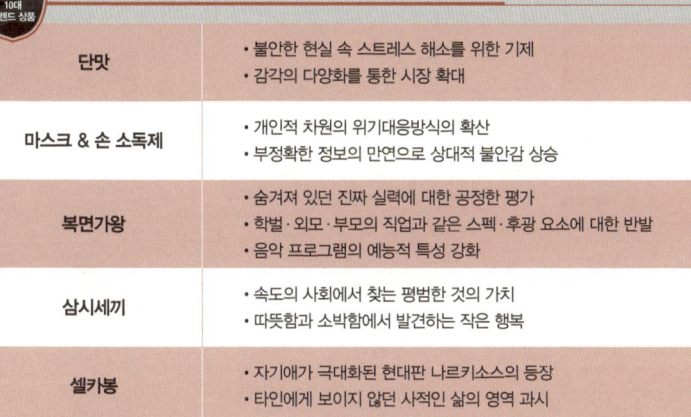

〈트렌드 코리아〉 선정, 2015년 10대 트렌드 상품(가나다순)	
단맛	• 불안한 현실 속 스트레스 해소를 위한 기제 • 감각의 다양화를 통한 시장 확대
마스크 & 손 소독제	• 개인적 차원의 위기대응방식의 확산 • 부정확한 정보의 만연으로 상대적 불안감 상승
복면가왕	• 숨겨져 있던 진짜 실력에 대한 공정한 평가 • 학벌·외모·부모의 직업과 같은 스펙·후광 요소에 대한 반발 • 음악 프로그램의 예능적 특성 강화
삼시세끼	• 속도의 사회에서 찾는 평범한 것의 가치 • 따뜻함과 소박함에서 발견하는 작은 행복
셀카봉	• 자기애가 극대화된 현대판 나르키소스의 등장 • 타인에게 보이지 않던 사적인 삶의 영역 과시
셰프테이너	• 쿡방과 내식 중심의 미각 열풍 • 실천 가능한 '꿀팁'의 확산
소형 SUV	• 가족 중심적 여가문화 확산과 가성비의 강조 • 남성 소비 영역에서 여성의 구매력이 확대되는 '이브올루션' 현상
저가 중국전자제품	• 가격과 품질에 대한 소비자 기대 수준의 지각 변동 • 과잉 품질에 대한 반발과 핵심가치의 극대화
편의점 상품	• 1인 가구의 증가와 개인화된 라이프스타일의 확산 • 가격 이외의 요소를 활용한 숨은 시장 재발견
한식 뷔페	• 건강한 식생활에 대한 관심 확대 • 젊은 층과 중장년층을 동시에 겨냥한 고객층 다변화

업은 과잉 품질을 지양하고 소비자가 원하는 수준에서 최적화된 가격과 품질을 지닌 가치 지향적 제품을 개발해야 한다는 메시지를 던졌다.

셋째, 시장 다변화를 위한 기업의 노력에 힘입어 고객군이 확대

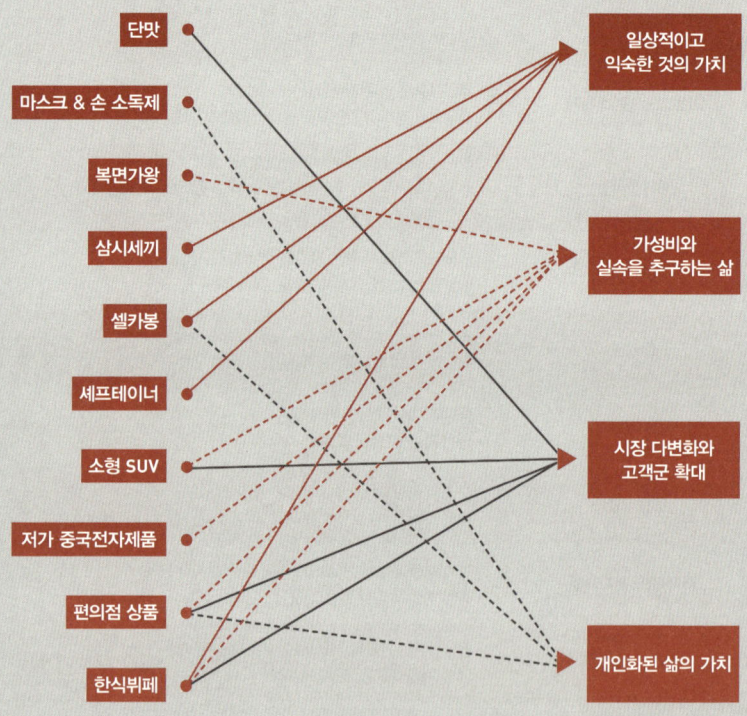

되는 경향이 나타났다. '단맛' 열풍은 그동안 '감자칩은 짠맛이다'라
는 고정관념에 사로잡혀 있던 기업들이 감각적 요소를 가미해 맛을
다변화함으로써 새로운 시장이 창출될 수 있음을 보여주었다. '소형
SUV'는 남성 위주의 자동차 시장을 여성고객군으로 확대시키는 '이
브올루션EVEolution'을 강조해 매출을 창출했다. 서양 패밀리 레스토랑

이 사라진 자리를 당당히 꿰찬 '한식 뷔페'는 트렌디한 음식을 선호하는 젊은 층뿐만 아니라, 향수어린 메뉴를 찾는 중장년층 고객의 마음까지 사로잡아 시장을 확대했다.

마지막으로 2015년에는 개인화된 가치가 더욱 확산됐다. 2015년 상반기 메르스 사태를 맞아 품절대란이 야기된 '마스크 & 손 소독제'는 정부에 의지하기보다는 개인적 차원에서 위기를 극복하려는 국민의 의지를 대변한다. '셀카봉'의 인기는 극대화된 형태의 나르시시즘이 1인 미디어인 SNS를 통해 확산되는 현상과 맞닿아 있으며, 사적인 영역까지 타인에게 과시하려는 소비자의 욕망이 반영되어 있다.

단맛

불황을 견디게 해주는 맛이 뜬다.
좀 더 세밀한 맛과 향을 찾는 소비자들이
늘고 있는 것도 한 이유.

TREND 2015

올해를 강타한 '꿀 바른 버터칩'과 '과일맛 소주'

2015년 한국의 식품계를 강타한 맛은 '단맛'이었다. 시작은 2014년
9월 출시된 해태제과의 '허니버터칩'이었다. 이 제품은 출시 3개월
만에 매출 50억 원 달성이란 기록을 세우며 스낵계에 허니 열풍을
선도했다.[1] 이후 단맛을 강화한 제품들이 잇달아 출시됐다. 해태제과
는 자가비 허니마일드·허니통통·허니콘팝·구운감자 허니치즈맛·
허니아이스까지 5종의 허니 제품을 잇달아 선보였으며, 농심은 수미
칩 허니머스타드를, 오리온은 포카칩 스윗치즈맛을 출시하며 인기를
이어갔다. 단맛 열풍은 스낵에만 머물지 않고, 허니아몬드·허니치킨

등 식품업계 전반으로 확산됐다. 한편 주류업계에서도 단맛을 강화한 '칵테일 소주(과일 리큐르)'가 새롭게 등장했다. 열풍의 주인공이라고 할 수 있는 롯데주류의 '순하리 처음처럼'은 2015년 3월 출시 이후 70일 만에 누적판매량 2,200만 병을 기록했으며[2] 무학의 '좋은데이 컬러시리즈', 하이트진로의 '자몽에 이슬' 등 경쟁사에서도 유사제품을 잇달아 출시했다. '슈가보이'란 별명을 얻으며 2015년 최고의 인기를 누린 요리연구가 백종원 씨 역시 설탕이 듬뿍 들어간 레서피를 선보이며 주부들의 마음을 사로잡았다.

일시적 불황에는 매운맛, 장기 불황엔 단맛이 뜬다?

2015년의 단맛 열풍은 우선 작금의 경제적 상황과 연결시켜 해석할 수 있다. 일시적 불황에는 매운맛을 선호하지만, 장기 불황처럼 지속적인 스트레스 상황에서는 오히려 단맛을 선호하게 된다고 한다. 미국 캘리포니아 대학교의 케빈 라우게로 박사는 설탕이 첨가된 음료가 뇌의 스트레스 반응을 억제한다는 연구를 발표하면서 스트레스를 받을 때는 단맛이 나는 일종의 위안음식comfort food에 끌린다고 주장했다. 실제로 오랜 기간 경기불황을 겪어온 일본의 경우, 지난 10년 동안 단맛에 대한 선호가 뚜렷해지면서 디저트 시장이 한국의 10배 규모로 급성장했다.[3] 단맛 열기는 또한 시장의 변화로도 설명이 가능하다. 한국 소비자들의 수준이 향상되면서 감각적인 소비, 즉 좀 더 세밀한 맛과 향에 반응하기 시작한 것이다.

2015년 단맛 열풍의 대표주자라 할 수 있는 허니버터 과자류나 과일소주 브랜드는 단맛을 앞세워 기존 시장의 고정관념을 깨는 데 성공하며 새로운 시장을 창출했다. 허니맛 과자류는 짠맛이 대세였던 감자칩에 단맛과 고소한 맛을 결합한다는 발상의 전환이 적중한 사례다. 과일소주 역시 기존의 소주에서 나던 특유의 맛과 향을 없애는 대신 과실주의 단맛의 풍미를 더해 뜨거운 반응을 불러왔다. 단맛이라는 감각적 가치를 앞세워 기존 시장을 세밀화한 전략이 적중한 것이다.

향후 전망

감각적 차원의 '신의 한 수'가 히트 상품의 관건

제품 간 품질 수준이 비슷해지는 가운데, 소비자들은 천편일률적인 제품엔 쉽게 싫증을 느끼고, 특별한 가치를 가진 제품에만 제한적으로 지갑을 연다. 2015년에 불었던 단맛 열풍은 그 특별한 가치가 '감각적 차원'이 될 수 있음을 보여주었다. 갈수록 세련되지는 소비자를 대상으로 새로운 시장을 창출하기 위해선, 시각·미각·청각 등 기존에 비교적 익숙했던 감각들을 정교하게 만들고 다양한 감각의 결합을 가능하게 하는 상품과 서비스가 필수적이다. 정교한 시선으로 누구도 볼 수 없었던 '결정적인 한 수'를 발견하는 기업만이 또 다른 히트 상품을 만들어낼 수 있을 것이다.

★ 관련 키워드

『트렌드 코리아 2011』 작은 차이가 큰 변화를 만든다
『트렌드 코리아 2013』 미각의 제국
『트렌드 코리아 2015』 감각의 향연

마스크 & 손 소독제

실체없는 불안감에 떠는 사람들,
"내 몸은 내가 스스로 지킨다"는
개인적 위기대응의 여파.

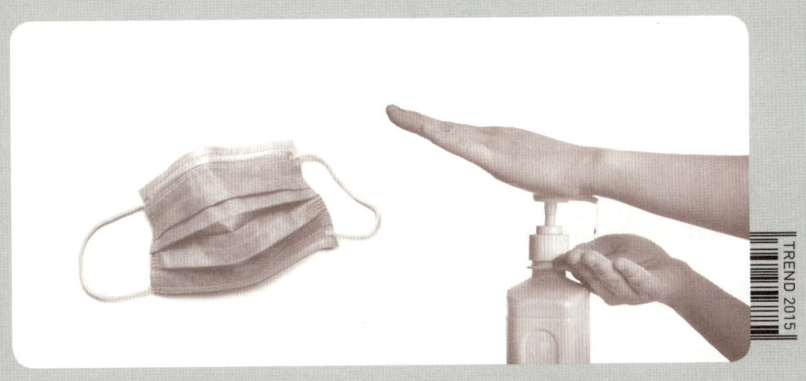

TREND 2015

메르스의 여파에 꽁꽁 얼어붙은 시장 속 유일한 베스트 상품

2015년 상반기 한국 시장은 '메르스(중동호흡기증후군)MERS'로 꽁꽁 얼어붙었다. 연일 확진자가 증가하고 사망자 속보가 쏟아지면서 소비자가 체감하는 불안감의 수준이 커지고 '내 몸은 스스로 지키겠다'는 개인적 차원의 위기 대응이 확산됐다. 마스크나 손 세정제처럼 개인 위생을 위한 제품들의 품귀현상이 나타난 것이다. 한 온라인 쇼핑몰에선, 레저용품의 베스트 상품에 아웃도어가 아닌 마스크가 1위로 등극하기도 했다.[4]

메르스가 공기를 매개로 전염되는지 여부에 대한 병원과 정부의 발표가 혼선을 빚자, 불안감을 느낀 소비자들은 일반 마스크에 만족하지 못하고 의료 전문가가 사용하는 수준의 'N95마스크'를 경쟁적으로 구입하기 시작했다. 증가하는 수요를 국내 공장의 생산이 따라가지 못하자 이를 해외직구하는 사람까지 생길 정도였다.[5] 한 해외 배송대행업체는 2015년 6월, 마스크와 세정제 등 개인 위생용품의 주문 건수가 전월 대비 무려 2,570% 증가했다고 밝혔다.

부정확한 정보는 SNS를 타고, 실체 없는 불안감의 확대

10년 전과 비교해본다면 범죄율이나 교통사고 등 일상적인 사고의 위험은 크게 감소했다. 하지만 사람들이 체감하는 불안감의 수준은 오히려 과거와 비교하기 어려울 정도로 커졌다. 2015년 상반기에 발생한 메르스 사태는 이 역설을 여실히 보여준다. 메르스 사태처럼 현대에 빈발하는 위기 상황에서 사람들이 더 당황스러움을 느끼는 이유는 '통제 가능성의 약화'에 있다. 과학적·기술적 발전에 힘입어 탄생한 각종 시스템은 삶의 효율성을 높여주지만, 시스템 자체에 대한 인간의 통제력은 더욱 제한적이므로 사람들의 불안감은 증폭된다. '신뢰할 만한 정보의 부재'도 한몫했다. 메르스가 어떤 병인지, 어떻게 확산되는지에 대한 정부의 발표가 국민의 신뢰를 잃으면서 확인되지 않은 부정확한 정보가 인터넷과 SNS를 타고 확산됐다. 위험에 대한 자극적이고 불확실한 정보가 확대 재생산되면서, 지금이 어떤 상황인지에 대해 정확히 알기 어려운 사람들은 실체 없는 불안감을 느낀 것이다.

정확한 상황 파악과 신속한 대응이 필수

위기는 미리 예측하기가 대단히 어렵다. 따라서 위기 상황이 발생하면 신속한 대응이 필수다. 미국의 SNS 대응전략 전문가 멀리사 아그네스 대표는 "위기 상황에서 골든타임은 없다"고 조언한다.[6] 여론의 전파가 즉각적으로 이루어지는 환경에서는 아무리 적절한 대책도 시간이 지체되면 효과가 반감될 수밖에 없다. 위기 상황에 대한 정보 공유도 기민하게 이루어져야 한다. 정보를 감추고 있다는 인상을 주기보다 조사 중에 발견한 내용을 실시간으로 업데이트하며 외부와 소통해야 한다. 사람들이 어떤 경로로 정보를 얻는지 파악하는 것도 중요하다. 설문조사 결과에 따르면 마스크와 같은 개인 위생용품에 대한 관심은 특히 40~50대 주부들 사이에서 높았는데, 이들이 주로 사용하는 매체를 미리 파악했다면 메르스와 관련된 부정확한 정보로 인한 오해를 막고, 사회 전반의 불안감을 신속히 해소할 수 있었을 것이다. 무엇보다 중요한 것은 위기 관리의 책임을 개인에게 전가하는 것이 아니라 정부, 지방자치단체, 기업과 같은 조직의 책임으로 인지하고 이를 해결하려는 태도의 변화다.

★ **관련 키워드**

『트렌드 코리아 2012』 위기를 관리하라
『트렌드 코리아 2013』 날 선 사람들의 도시
『트렌드 코리아 2015』 증거중독

복면가왕

진정성에 목마른 시대,
'계급장 떼고' 실력과 품질로 승부하는
'복면가왕' 같은 제품이 필요.

시청률 1위, 잊힌 가수와 아이돌의 가창력 재발견

유사 프로그램이 난무하며 '그게 그것'이라는 음악 프로그램 장르에서 2015년 새로운 형태의 예능이 떠올랐다. 가면으로 얼굴을 가리고 노래를 부르며 객관적으로 노래 실력을 평가받는 〈복면가왕〉이다. 신선한 포맷으로 시청자들의 눈을 사로잡은 이 프로그램은 원래 설 특집 파일럿 방송으로 안방극장에 처음 소개되었다가, 일요일 저녁 황금시간대를 꿰차며 정규 프로그램으로 편성되었다.[7] 잊힌 가수나 아이돌 그룹의 멤버처럼 그동안 가창력을 인정받지 못했던 숨은 보석들이 〈복면가왕〉 출연 이후 주목받는 스타로 거듭났다. 프로그램

자체도 지속적인 화제성에 힘입어 동시간대 시청률 1위를 기록하기도 했다.

'금수저' 스펙보다 '진정성'이 갖는 힘의 영향력

〈복면가왕〉의 인기 요인은 외모·이미지·인지도·나이 등 모든 후광halo적 요소를 제외하고 오직 '노래'만으로 실력을 평가받는다는 점에서 찾을 수 있다. 〈복면가왕〉 프로그램에 출연해 화제를 모은 인물들은 그동안 실력은 있지만 여러 가지 편견으로 인해 제대로 평가를 받지 못했던 사람들이 대부분이었다. 가령 섹시 가수·아이돌 출신이라는 꼬리표 때문에 가창력이 저평가되었던 사람들, 가수 못지않은 가창력을 가지고 있지만 개그맨 혹은 배우라는 이미지에 가려 노래 실력을 발휘할 기회가 적었던 이들이 출연해 찬사를 받았다. 문화비평가 김경호 씨는 이들이 착용한 '가면'이라는 도구는 그동안 우리가 집착해온 겉모습, 즉 사회적 스펙을 가리는 대신 숨겨져 있던 '본질', 즉 '진짜 실력'에 집중하게 한다고 설명한다.[8] 학벌·외모·부모의 직업 등 '금수저'를 우선시하는 사회적 분위기 속에서 '진정성'이 갖는 힘을 확인한 것이다.

한편에서는 〈복면가왕〉을 몇 년 전부터 지속되어온 '노래 경연'의 변주된 포맷으로 해석하기도 한다. 실력과 가수를 뽑아 데뷔를 돕는 각종 오디션 프로그램들이 다소 진지한 분위기를 띠는 것과 달리, 〈복면가왕〉에서는 예능적인 측면이 훨씬 강조된다. 보기만 해도 웃음이 나는 키치적이고 화려한 마스크, 의도적으로 유치하게 짓는 출연자들의 별명 등 무대 분위기는 심각하기보단 유머러스하고 발랄

하다. 복면을 쓴 사람을 추리하기 위해 판정단이 던지는 재치 있는
입담도 볼거리를 풍성하게 한다.[9] 멋있는 척, 심각한 척 재는 것보다
유머러스하고 가벼운 가치가 시청자의 마음을 빼앗았다.

향후 전망

'실력'과 '품질'에 '유머'를 더한 제품이 승리

〈복면가왕〉의 성공이 우리 사회에 던지는 메시지는 '계급장 떼고'가
아닐까. 이는 방송에서뿐만 아니라 시장에도 적용된다. 고급스러운
이미지를 앞세워 터무니없이 비싼 값을 요구하는 각종 브랜드에 대
해, 실력 있는 중소기업 제품들은 계급장 떼고 실력과 품질로 승부
를 가르자며 도전장을 내밀고 있다. 화려한 광고와 모델로 브랜드 이
미지를 향상시키려는 노력보다는 오히려 제품의 품질에 투자함으로
써 고객에게 보답하려는 노력에 훨씬 후한 점수를 주는 것이다. 제조
사 브랜드NB, national brand에 도전하는 실력파 개별 브랜드PB, private brand
가 최근 증가하는 것도 유사한 맥락이다. 진정성에 목마른 시대, 한
국 시장에도 실력과 품질로 승부하는 '복면가왕'이 등장하길 기대한
다. 이때 소비자를 즐겁게 하는 '유머 감각'은 필수다.

★ **관련 키워드**

『트렌드 코리아 2012』 진정성을 전하라
『트렌드 코리아 2013』 난센스의 시대

삼시세끼

오늘의 희생이 내일의 행복을
보장하지 못하는 시대.
다가오는 한 끼를 해결하는 것에 집중하다.

집밥 열풍의 시작, 정선과 만재도

"도시에서 쉽게 해결할 수 있는 한 끼 때우기를 낯설고 한적한 시골에서 가장 어렵게 해보는 야외 버라이어티 프로그램"

프로그램에 대한 홈페이지 공식 소개말이다. 발길이 뜸했던 정선과 만재도를 순식간에 화제의 장소로 변모시킨 〈삼시세끼〉가 바로 그 주인공이다. 2014년 10월 시작한 〈삼시세끼〉 프로그램은 2015년 1월 어촌편, 5월 정선편을 연이어 방영하며 케이블 TV에서는 좀처럼 보기 어려운 10% 넘는 시청률을 달성했다. 소박함을 콘셉트로 한 프로그램에서 비롯된 집밥, 시골, 자연 등의 키워드는 이후 다양한 분야로 확대되어 '집밥 지어 나눠 먹기', '제주도에서 한 달 살아보기'와 같은 사회적 움직임까지 이끌어냈다.

불편할수록 매력적인 자연에 가까운 삶

사람들은 〈삼시세끼〉의 인기에 대해 '특별한 사연도, 게임도 없고 그저 밥만 지어 먹는데 왜?'라며 인기 이유를 의아해한다. 역설적이게도 바로 거기에 인기의 비결이 있다. 바로 '평범한 삶'이란 키워드다. 그동안 한국 사회는 그야말로 '속도의 사회'였다. 자고 일어나면 변해 있는 사회였기에 부지런히 살지 않으면 여간해선 속도를 따라잡기 어려웠다. 내일의 성공을 위해서라면 오늘의 평범한 일상 정도는 포기해야 마땅했다. 하지만 이렇게 앞만 보고 달려오던 한국 사람들의 삶에 급제동이 걸리기 시작했다. 극도의 신체적·정신적 피로감으로 인해 무기력증·자기혐오·직무 거부 등에 빠지는 탈진증후군도 나타났다. 이처럼 삶의 피곤함이 극에 달한 사람들이 이제 그 반대 가치를 찾아나서기 시작한 것이다.

〈삼시세끼〉는 그동안 한국 사회가 추구했던 가치의 대척점에 위치해 있다. 찾아가기조차 어려운 정선과 만재도는 역설적이게도 불편할수록 매력적이다. 자연에서 얻은 식재료를 가능한 한 자연과 가까운 방식으로 요리하는 모습에서 마음속으로만 꿈꿔온 이상적인 생활을 본다. 〈삼시세끼〉에 등장하는 주인공들에게 가장 중요한 삶의 목표는 '밥 한 끼 해결하기'다. 이들에게 지금 현재 가장 중요한 것은 지위나 명예와 같은 거창한 것이 아니다. 미래에 대한 고민도 사치다. 다가오는 한 끼에 최대한 집중하는 것, 그것만이 유일한 관심사다.

평범함 속에서 가치를 찾아내라

대부분의 현대인은 내일의 풍요를 위해 오늘을 저당잡힌 채 살아간다. 때로는 삶이 팍팍하더라도 행복한 내일을 기대하며 참고 견딘다. 하지만 오늘의 희생이 과연 내일의 행복을 보장할까? 결국 2015년 사람들이 찾아나선 것은 '따뜻한 일상'이었다. 평범함이라는 그 흔했던 가치가 이제는 손에 쥐기조차 힘든 특별한 가치임을 이제야 많은 사람이 깨닫기 시작한 것이다. 값비싼 자동차나 고가의 명품 가방을 갖고 싶어 했던 사람들이 이젠 작고 소박한 일상을 열망한다. 내 손으로 직접 소박한 밥상을 차려 가족과 함께 나누는 일상적 행복이 그 어느 때보다 소중해진 것이다. 소박하지만 평범한 행복을 찾아나서는 움직임은 새로운 라이프스타일의 등장을 예고한다. 서울을 떠나 지방으로 삶의 터전을 옮기는 '국내 이민'이 새로운 트렌드가 될 수도 있다. 사람들이 미처 눈치채지 못한 일상의 가치를 발견하고, 이를 적극적으로 지원하는 기업만이 향후 과잉 공급에 지친 소비자의 마음을 사로잡을 수 있을 것이다.

★ 관련 키워드

『트렌드 코리아 2012』 스위치를 꺼라
『트렌드 코리아 2013』 소진사회
『트렌드 코리아 2015』 럭셔리의 끝, 평범

셀카봉

'현실 자아'를 잊고
'가능 자아'를 찾는 사람들.
핵심은 나르시시즘.

셀카봉, '선거 유세'와 '범죄 해결'도 척척

2014년부터 불붙기 시작한 셀카봉의 인기는 2015년 정점을 찍었다. 스마트폰이나 디지털카메라와 연결해 셀카를 찍을 수 있도록 도와주는 셀카봉은 1983년 일본인이 최초로 발명했으며, 1985년 미국에서 특허로 등록되었다고 한다. 하지만 세계적인 주목을 받기 시작한 것은 비교적 최근이다. 국내 셀카봉 관련 특허 출원 건수는 2011년부터 연간 1~2건 정도에 불과했는데, 2014년에 들어서면서 연간 8건 정도로 증가했다.[10] 디지털카메라와 스마트폰의 발전과 함께 SNS를 통한 소통이 활발해지면서, 셀카봉이 주목받기 시작한 것이

다. 셀카봉 관련 기술도 다양해져 카메라 각도 조정이나 자동 셔터, 블루투스 기술 등도 선보였다.

2015년 셀카봉의 인기는 국내를 넘어 전 세계적인 현상으로 보아도 무방했다. 일본의 경제 잡지 『닛케이트렌드』는 2015년 상반기 히트 상품으로 셀카봉을 선정했다.[11] 미국에선 대선 후보들이 셀카봉을 휴대하고 수시로 셀카를 찍어 올리면서 유세 활동을 하고 있어, 『뉴욕타임스』는 이런 현상을 일컬어 '셀피 선거'라 이름 붙이기도 했다.[12] SNS와 셀카로 인해 범죄가 해결되는 황당한 사건도 있었다. 미국 오하이오 주에선 20대 커플이 은행에서 훔친 돈을 들고 찍은 셀카를 페이스북에 올렸다가 경찰에 붙잡혔다.[13] 나의 모습을 수시로 기록하고 이를 타인에게 공개하는 셀피 문화의 영향력이 정치, 경제, 사회를 막론하고 거침없이 확대되고 있다.

'현실 자아'를 '가능 자아'로 포장해주는 셀카의 위력

SNS에 셀카를 찍어서 올리는 모습은 이제 더 이상 청춘의 전유물이 아니다. '연예인이냐, 공주병 왕자병에 걸렸냐' 흉을 보면서도, 어느새 자신도 셀카 행렬에 동참하고 있다. 연못에 비친 자기 모습에 반해서 결국 빠져 죽었다는 나르키소스의 이야기가 낯설지 않다. 현대 소비자는 가히 자기 자신에게 중독됐다고 할 만하다. 셀카봉의 인기는 자기애로 가득 차 있는 대한민국의 '나르시시즘' 현상을 단적으로 보여준다.

나르시시즘에 빠진 현대인들에게 인터넷은 현실보다 더 멋진 나를 뽐낼 수 있는 최적의 장소다. 심리학자 헤이젤 마커스와 파울라 누리우스에 따르면 인간에게는 '있는 그대로의 나'를 의미하는 현실 자아now self와 '그렇게 되기를 희망'하는 가능 자아possible self가 있다고 한다. 인터넷에선 가능 자아를 마치 현실 자아인 양 포장하는 것이 가능하다.[14] 인터넷과 SNS로 타인과 소통하는 사람들에게, 셀카를 찍을 때 가장 중요한 것은 '지금의 나는 누구인가, 나의 현실을 얼마나 반영하는가'가 아니라, '내가 얼마나 멋지게 표현될 수 있는가'다.

향후 전망
'나'와 '자랑질'이 결합한 소비코드를 공략하라

2015년 셀카봉의 인기는 향후 자기애가 극대화되는 나르시시즘적인 소비 행태가 가속화될 것임을 암시한다. 이제 혼자 밥을 먹어도 SNS에 올릴 수 있을 만큼 우아하고 멋있게 먹어야 한다. 연예인들만 하는 것으로 생각되던 다양한 행동들이 상품화될 수 있을 것이다. 한편으로는 그동안 타인에게 보여주기 어려웠던 영역이 소비의 영역으로 부상할 가능성도 있다. 이미 2015년 한국에 안정적으로 정착한 라이프스타일 숍의 부상은 다양한 삶의 영역 중에서도 가장 사적이었던 '주거'의 영역이 소비화되고 있음을 간접적으로 보여준다. 셀카봉이라는 작은 제품에 숨어 있는 소비 코드인 '나'와 '자랑질'의 코드는 상호 작용하며 다가오는 시장에 큰 파장을 불러일으킬 것이다.

★ **관련 키워드**

『**트렌드 코리아 2013**』, 나홀로 라운징
『**트렌드 코리아 2014**』, 관음의 시대, '스몰브라더스'의 역습
『**트렌드 코리아 2015**』, 일상을 자랑질하다

셰프테이너

먹방은 이제 그만,
이제 내가 직접 해먹는다.
"요리, 생각보다 쉽쥬~?"

방송계를 접수한 셰프들의 요리 예능

2015년 한국 방송계를 주름잡으며 종횡무진한 스타는 가수도, 개그맨도, 탤런트도 아닌 '셰프'였다. 많은 TV 프로그램이 전통적인 요리 강습의 콘텐츠를 진화시켜, 요리에 엔터테인먼트를 결합시킨 '요리 예능'을 경쟁하듯 방영한 것이다. 〈냉장고를 부탁해〉, 〈집밥 백선생〉, 〈신동엽, 성시경은 오늘 뭐 먹지?〉 등 각종 쿡방에 백종원, 최현석, 이연복 등 유명 셰프들이 등장해 입담을 과시하고, 일반인들에게 자신만의 노하우를 공개했다. 요리사들이 마치 연예인처럼 활동한다고 해서 셰프와 엔터테이너가 합성된 '셰프테이너cheftainer'란 신조어도 등장했다. 셰프테이너의 활약은 관련 시장에까지 영향을 미쳤다. 셰프들의 레서피를 따라 직접 집에서 요리하는 남자들이 대세로 떠올랐고, 덩달아 이를 지원하는 다양한 제품군이 부상했다. 지난해에 비해 올해 상반기 순위에서 돋보이는 것은 식품 카테고리의 상승세다. CJ오쇼핑의 2015년 상반기 모바일 히트 상품 전체 10위 중 식품 카테고리가 5개를 차지했다.[15] 홈플러스 문화센터에서 남성을 대상으로 진행한 요리강좌는 2014년 상반기 70여 개에서 2015년 350여 개로 증가했다. 주방용품의 판매도 늘었다. 전자제품 양판점인 전자랜드의 자료에 따르면, 2015년 7월 한 달 동안 주방 조리기구 판매가 전월보다 밥솥 29%, 가스레인지 14%, 전기오븐 16% 등 전체적으로 증가했다.[16]

먹방에서 쿡방으로, '맛집'에서 '내 집'으로

셰프테이너의 인기는 '먹는 것'에 대한 사회적 관심이 증가하는 것과 방향을 같이한다. 2013년부터 한국 소비시장에 불기 시작한 미각味覺 열풍이 반영된 현상이라고 볼 수 있다. 불황이 지속되고, 삶의 질에 관심을 돌린 소비자들은 멋진 가방을 사는 대신, 맛있는 것을 찾아 나섰다. 몇억짜리 자동차나 몇천만 원짜리 시계를 구매하는 초부유층의 소비 행태를 모방하기는 부담스럽지만, 그들이 즐기는 몇십만 원짜리 식사는 마음만 먹으면 한 번 정도 따라 할 수 있기 때문이다. 달라진 점은 소비자들이 좀 더 적극적으로 변했다는 것이다. 2013년과 2014년에 불던 미각 열풍은 TV에 등장한 사람들이 맛있게 먹는 모습을 그저 바라보고(먹방), 그 맛집을 찾아가 음식을 맛보는 데서 그쳤다면(외식), 2015년에는 TV를 통해 맛있는 것을 요리하는 법을 배우고(쿡방), 자신도 직접 요리를 해보는 형태(내식)로 변한 것이다. 전문 셰프들도 평범한 사람도 쉽게 따라 할 수 있는 레서피를 경쟁적으로 선보였다. 시장에서 구하기 어려운 '허브' 대신 '대파'를 얇게 썰어 파스타를 장식해도 괜찮다는 셰프의 꿀팁에, 시청자는 나도 할 수 있다는 자신감을 갖게 된다. 핵심은 '실천 가능성'이다.

향후 전망

요리의 대중화와 일상화, '간편 제품 솔루션' 각광

요리의 대중화와 일상화라는 관점에서 앞으로 관련 기업들의 노력이 더욱 심화될 것이다. 해외에선 프랑스 요리의 거장 알랭 뒤카스, 스페인의 스타 셰프 페란 아드리아 같은 세계적인 유명 셰프들이 일반 대중이 친근하게 접근할 수 있는 홈 쿠킹 책들을 잇달아 발간하고 있다. 일본에서도 식품회사 직원들이 직접 회사 제품을 활용해 요리하는 방법을 담은 책이 베스트셀러다. 국내에서도 유사한 방향으로 트렌드가 진행될 것이다. 가령 집에서 손쉽게 요리를 즐길 수 있도록 지원하는 '간편 제품 솔루션'이 각광받을 것으로 보인다. 우리 사회가 '소유형' 사회에서 '체험과 경험형' 사회로 전진하면서, 먹는 것에서 가치를 추구하는 현상은 더욱 가속화될 것으로 보인다.

★ **관련 키워드**

『트렌드 코리아 2012』 차선, 최선이 되다
『트렌드 코리아 2013』 미각의 제국
『트렌드 코리아 2014』 '어른아이' 40대
『트렌드 코리아 2015』 감각의 제국

소형 SUV

'과잉품질'에 대한
미련을 버리고 타협이 가능한
차선형 제품을 택하다.

TREND 2015

전년 대비 2배 이상, 소형 SUV가 뜬다

2015년 국내 자동차 시장에서는 소형 SUV의 선전이 두드러졌다. 2013년 첫선을 보이며 눈에 띄는 성장세를 보이더니, 2015년엔 전년 대비 2배 이상 시장 규모가 확대됐다. 한국자동차산업협회 자료에 따르면, 트랙스·QM3·티볼리·스포티지·투싼 등을 모두 포함한 소형 SUV 시장은 2012년 11만 8,784대, 2013년 14만 170대, 2014년 16만 8,175대로 해마다 20% 넘는 성장률을 기록하고 있다. 2015년 1월 새로 출시된 티볼리까지 판매량에 더한다면, 2015년에는 전년 대비 100%가 넘는 성장률을 기록할 것으로 예상된다.[17]

합리적인 가성비에 감각적인 디자인, 여심을 공략

소형 SUV의 인기는 SUV 차량에 대한 우리 사회의 전반적인 관심에서부터 시동이 걸렸다. 캠핑이나 간단한 국내 여행처럼 가족 단위로 여가를 즐기는 사람들이 늘어나면서, 그동안 국내 SUV 시장은 지속적인 성장세를 보여왔다. 2015년에는 그중에서도 특히 소형 SUV의 성장세가 두드러졌다. 이에 대해 전문가들은 소형 SUV의 '가성비'를 인기의 주요 이유로 꼽는다. 중형급 이상의 SUV를 구매하기 부담스럽거나 굳이 그 필요성을 느끼지 못하는 집단에서는 합리적인 가격의 소형 SUV를 구매하는 것만으로도 충분히 만족감을 얻는다는 해석이다.

소형 SUV의 인기를 포착하고, 시장 확대를 위해 다양한 디자인의 신제품을 공격적으로 출시한 자동차업계의 전략도 적중했다. 2015년 1월 출시한 티볼리는 국내 SUV에서는 보기 어려운 파격적인 디자인을 적용해 성공했다는 평가를 받는다. QM3 역시 오렌지·아이보리처럼 기존 자동차에서 잘 사용하지 않던 깜찍한 컬러를 접목해 좋은 반응을 얻었다.[18] 특히 디자인에 민감한 여성 고객들이 자동차의 새로운 구매 고객으로 급부상하면서 소형 SUV의 디자인 다변화에 대한 호응도가 컸다. 이제 자동차와 같은 남성 위주의 시장에서도 여성의 구매력이 상승하는 **이브올루션**이 적용되기 시작한 것이다.

이브올루션 EVEolution
세계적인 마케팅컨설턴트인 페이스 팝콘이 『클릭, 이브 속으로』라는 책을 통해 소개한 개념. 여성을 상징하는 '이브Eve'와 '진화Evolution'의 합성어다. 남성의 억압 속에 있던 여성이 독자적인 구매 세력으로 진화하고 있음을 의미한다.[19]

값비싼 '최고'보다 타협할 수 있는 '차선'이 대세

기술이 나날이 발전하고 소비자에게 더 뛰어난 효용을 제공하는 제품과 서비스가 쏟아지는 상황에서 소비자가 원하는 것은, 무조건 값비싼 최고의 제품이 아니라 타협이 가능한 차선형 제품일 수 있다. 소형 SUV의 인기는 이를 간접적으로 보여준다. 최고의 기능을 갖추고, 가격까지 최고로 비싼 제품은 장기적인 불황 시기에 어쩌면 '과잉 품질'로 인식되어 매력이 떨어질 수 있다. 가격과 성능의 비율, 즉 가치에 대해 더욱 예민해진 소비자를 붙잡기 위해서는 이제 새롭게 형성되는 수요의 원칙을 이해해야 할 것이다. 경제 여건과 소비자의 요구가 전례 없이 변화하는 변혁의 시점에서 소비자의 요구와 기업이 제공하는 제품 사이의 적절한 합의점을 도출할 수 있어야 한다.

★ 관련 키워드

『트렌드 코리아 2012』, 차선, 최선이 되다
『트렌드 코리아 2014』, 초니치, 틈새의 틈새를 찾아라

TREND KOREA
대한민국
10대
트렌드 상품

브랜드가 밥 먹여주나?
가격이 착하다면
약간의 품질은 포기할 수 있다.

전자제품계의 저가 열풍

국내 가전 및 IT 제품들이 프리미엄을 고민하는 가운데 2015년 한
국 시장에선 중국산 저가형 제품들의 인기가 거셌다. 2014년까지만
해도 중국산 전자제품에 관심을 보이지 않던 소비자들이 불과 1년
만에 긍정적인 태도로 돌아선 것이다. 인기의 시작은 샤오미의 '보
조배터리'였다. 국내 제품의 절반도 안 되는 가격에 의외로 괜찮은
품질의 보조배터리가 사람들의 관심을 끌었다. 사람들은 약간의 조
롱을 섞어 '대륙의 실수'라는 표현을 만들어냈다. 하지만 열기는 식
지 않았다. 이어 샤오미는 태블릿 PC '미 패드', 스마트밴드 '미 밴

드', 멀티탭 '미 스마트 파워스트립', 스마트 체중계 '미 스케일', 공기 청정기 '미 에어' 등을 공격적으로 출시하며 시장을 넓혔다. 레노버의 성장도 두드러졌다. 2005년 한국 법인 설립 후 처음으로 레노버는 일부 노트북 제품군에서 매출 1위를 기록했다. 화웨이도 한국 시장에서 자리를 잡아가고 있다. 2007년 한국화웨이를 설립한 이후, 2014년 스마트폰 X3를 선보이기도 했다. 중국산 저가 전자제품의 인기는 매출 증가로 이어졌다. 오픈마켓인 11번가가 집계한 샤오미 브랜드 제품의 매출은 2015년 들어 8월 말까지 전년 동기 대비 무려 3,823%나 폭증했다.[20] 레노버 노트북 매출 역시 2015년 6월 기준으로 전년 동기 대비 47% 증가했다.[21]

브랜드 대신 품질 대비 가격을 본다

전자제품이라면 가능한 해당 카테고리 내에서 가장 좋은 브랜드를 선호하던 한국 소비자들이 저가 중국산 제품에 마음을 열게 된 이유는 무엇일까? 본질적으로는 가격과 품질을 보는 사람들의 시각이 변했다는 데서 그 이유를 찾을 수 있다. 일반적으로 사람들은 가격이 비싸면 그만큼 품질도 좋다고 믿는 경향이 있었다. 하지만 불황이 장기화되고, 다양한 제품을 사용해본 경험이 누적되면서 소비자들은 가격과 품질이 반드시 정비례하는 것은 아니라는 사실을 깨달았다. 기대 수준을 약간만 낮춘다면 훨씬 저렴한 가격으로 원하는 상품을 구매할 수 있다는 의미도 된다. 중국산 전자제품이 바로 그 경우다. 품질을 약간 포기했더니 가격이 매력적일 만큼 싸진 것이다. 더구나 SNS와 인터넷을 통해 정보가 빠르게 널리 공유되면서 소비자의 정보가 많아졌다는 점도 주요한 원인이다. 주변의 입소문으로 브랜드에 상관없이 구매할 수 있는 기반이 조성된 것이다.

향후 전망

'핵심가치를 극대화'하고 '최적의 제품'을 만들라

제조업의 품질력이 선진국 수준에 오르고 나면 으레 빠지게 되는 패러독스가 있다. 바로 '과잉 품질'이다. 일본도 이를 뼈저리게 경험했다. 자동차·생활가전 등 다양한 제조업에서 '제품의 프리미엄화'를 앞세우며 아주 작은 품질적 차이에 집착하다가 시장의 변화를 놓치고 말았다. 저가품이 주력시장인 인도에서 고가의 저소음 에어컨을 출시하거나, 휴대폰의 품질 향상에 집착하다가 스마트폰의 개발에 뒤처진 사례가 그렇다. 이러한 현상이 한국 시장에서도 고스란히 반복되고 있다. 새로운 시장 변화에 빠르게 적응하기보다 프리미엄 전략에만 역량을 집중하고 있지만, 그것이 정작 소비자의 니즈와 만족에 닿아 있는지는 의문이다. 고급스러운 이미지나 디자인적인 차별점을 포기하란 의미가 아니다. 고객의 입장에서 제품과 서비스의 불필요한 요소를 제거하란 뜻이다. '핵심가치를 극대화'하는 전략을 바탕으로 대체 불가능한 '최적의 제품'을 만드는 고민이 필요하다.

★ 관련 키워드

『트렌드 코리아 2012』, 차선, 최선이 되다

『트렌드 코리아 2012』, 마이너, 세상 밖으로

『트렌드 코리아 2014』, 초니치, 틈새의 틈새를 찾아라

편의점 상품

'혜자스럽다(음식이 푸짐하다)'란 신조어를 만든
편의점 PB 상품의 위력,
영양까지 갖춘 한 끼식으로 부상.

TREND 2015

김혜자 도시락, 대형 요구르트, 오모리김치찌개… PB가 뜬다

2015년 편의점 매출액은 사상 최고치를 기록했다. 통계청이 2015년 10월 발표한 자료에 따르면 편의점 판매액은 1조 5,610억 원으로 전년 동기 대비 36.9% 증가했다.[22] 온라인에 밀려 성장세가 둔화된 다른 오프라인 유통사와 달리, 2015년 편의점 매출은 훨훨 날았다. 그 동력은 다름 아니라 편의점에서만 판매하는 자체 브랜드(PB) 상품들이었다. 망고 아이스크림·대형 요구르트·밀크티·오모리김치찌개라면 등 편의점 전용상품들은 사람들의 구매 후기가 SNS를 통해 확산되면서 인기상품 대열에 올랐다. '김혜자 진수성찬 도시락'의 가격

대비 알찬 구성을 빗대어 '혜
자스럽다(음식이 푸짐하다)'란 신
조어까지 생겼다. 경쟁력 있
는 PB 상품은 소비자의 편의
점 방문을 유인하는 매력 요
인이자, 매출 견인의 주역으
로 거듭났다.

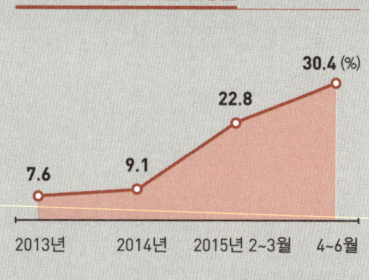

편의점 PB 상품 매출 신장률

7.6
9.1
22.8
30.4 (%)

2013년   2014년   2015년 2~3월   4~6월

출처: 롯데마트·CU

1인 가구 전성시대, SNS로 공유하는 편의점표 요리

편의점 상품의 인기는 무엇보다 사람들의 편의점 이용 빈도 증가와
큰 관련이 있다. 편의점은 다른 어떤 유통 채널보다도 1인 가구의 라
이프스타일에 적합한 형태라고 할 수 있다. 통계청 발표에 따르면
1985년 6.9%에 불과하던 1인 가구 비율이 2010년 23.9%로 증가했
고, 2035년에는 34.3%에 이를 것으로 보인다. 세 집 중 한 집은 혼
자 사는 가구란 뜻이다. 부부와 자녀로 구성된 가장 보편적인 가구라
하더라도 가족이 하루 한 번 함께 식사하기도 어려운 상황에서 실상
1인 가구 '라이프스타일'의 확산은 통계 이상이다.

편의점에서 판매되는 제품 자체의 매력도가 상승한 것도 주요 이
유다. 처음에는 제조사 브랜드(NB) 상품에 비해 가격이 싼 것만이 매
력 요인이었다. 하지만 최근 지속적인 상품 개발에 힘입어 PB 상품
은 그 자체로 경쟁력을 갖는다. 소비자들 역시 스스로 편의점에서 판
매되는 다양한 제품을 조합해 새로운 메뉴를 개발하고, 그 레서피를
SNS에 공유하며 매출 증가에 기여했다. 오지 치즈후라이, 떡볶이 치

즈그라탕, 망고 치즈빙수, 오레오 우유빙수 등은 모두 소비자들이 편의점 상품만으로 만들어낸 손쉬운 메뉴다.

향후 전망

소비자의 세밀한 욕망을 끝까지 반영하라

편의점은 향후 개인화 트렌드와 더불어 지속적인 성장세를 보일 것이며 PB 상품에 대한 열기도 갈수록 뜨거워질 것이다. 다만 편의점의 주요 고객으로 싱글 소비자를 겨냥한다고 해서 단지 제품의 사이즈를 줄이거나, 저렴한 가격, 간편함에만 초점을 두어서는 안 된다. 사람들은 편의점에서 도시락으로 편리한 한 끼를 해결하면서도, 그 식사가 영양적으로 균형잡힌 식단이길 기대한다. 이런 세밀한 욕망을 제대로 반영하는 제품만이 향후 소비자의 발길을 매장으로 유인할 수 있을 것이다. 갈수록 고령화되는 한국 소비 시장의 변화로 미루어볼 때 앞으로는 편의점의 타깃 고객이 '노년층'으로 확대될 가능성도 매우 높다. 온라인과 오프라인 채널이 결합되는 미래의 유통 환경에서 편의점은 유통의 모세혈관이자 오프라인 채널의 교두보 역할을 하게 될 것이다.

★ **관련 키워드**

『**트렌드 코리아 2012**』 차선, 최선이 되다
『**트렌드 코리아 2013**』 나홀로 라운징
『**트렌드 코리아 2014**』 해석의 재해석

한식 뷔페

모든 연령층을 포괄하는 토종의 재발견.
제대로 된 집밥에 대한
욕구를 충족시키다.

패밀리 레스토랑의 자리를 꿰찬 한식 뷔페

2015년 외식가에는 '한식'이 대세였다. 서양식 패밀리 레스토랑의 인기가 사그라들면서 '한식 뷔페'가 그 자리를 꿰찼다. 2013년 판교에 문을 연 '계절밥상' 이후 '자연별곡', '올반' 등이 한식 뷔페 시장에 도전장을 내면서 점포 수도 급격히 늘었다. 계절밥상은 22개, 자연별곡은 40개, 올반은 10여 개 매장을 운영하며 시장을 확대하고 있다. 다만 매장 대부분이 서울·수도권에 집중되어 있어 2015년도 10대 트렌드 상품 설문조사에서도 다른 상품에 비해 서울·수도권 거주자의 선택 비중이 비교적 높은 것으로 나타났다.

제대로 된 건강 밥상과 추억의 간식이 주는 매력

한식 뷔페의 인기는 외식 소비자들의 트렌드 변화에서 그 원인을 찾을 수 있다. 한동안 최고의 인기를 누렸던 파스타나 스테이크 같은 메뉴가 점차 내식화되면서 그 매력을 잃었다. 오히려 제대로 된 집밥에 대한 니즈가 커지면서 한식이 역으로 외식 시장에서 인기를 얻게 된 것이다. 건강과 다이어트 측면에서도 고열량·고단백의 서양식 메뉴보다 담백하고 건강한 음식을 선호하게 된 영향력도 컸다.

가격도 저렴한 편이다. 1만 원대의 가격으로 80~100여 종의 한식을 즐길 수 있다. 찜닭, 해물파전 등 익숙한 메뉴뿐만 아니라 하얀 민들레 국수무침, 콩가루 크림떡볶이 같은 퓨전 메뉴도 선보인다. 직원이 직접 매장에서 만들어내는 호떡은 물론, 팥빙수·호박식혜·뻥튀기·생과자 등 추억의 간식도 눈길을 끈다. 고가와 저가로 양분화된 외식 시장에서 고급스러운 인테리어에 만족스러운 수준의 맛과 적절한 가격으로 승부를 본 것이다. 한마디로 가성비가 나쁘지 않다.

계절성을 잘 살린 점도 특징이다. 제철 채소를 수급해 단가를 안정화하고, 제철에 나는 다양한 음식을 맛볼 수 있게 했다. 계절에 따라 메뉴를 순환시킴으로써 재방문 횟수도 늘린다. 하얀 민들레나 앉은뱅이 밀 등 잘 알려지지 않은 토종 재료를 발굴해 메뉴로 활용한 것도 좋은 반응을 얻었다.[23] 농가와 계약을 체결해 안정적으로 농산물을 공급받고, 농가에서 생산한 채소를 대신 판매해 기업의 상생 이미지를 향상시킨 경우도 있다.

무엇보다 기존의 서양식 패밀리 레스토랑이 젊은 층을 타깃으로 했다면 한식 뷔페는 모든 연령층을 대상으로 고객의 다변화를 추구했다는 점에서도 유효했다. 메뉴 이름을 미리 외울 필요도 없어 남녀노소 모두 부담 없이 매장을 찾을 수 있다. 설문조사 결과 40~50대, 여성, 주부, 월평균 가계 소득이 400만 원 이상인 집단에서 한식 뷔페에 대한 호응도가 높은 편이었다. 젊은이들은 한식 테마를 활용한 이색 메뉴에서 즐거움을 느끼고, 중장년층은 어릴 적 먹던 추억의 음식을 맛볼 수 있다는 점에서 고객층이 확대된 것이다.

향후 전망
소비자 지향성에 기본을 둔 제품 개발과 마케팅이 필수

한식은 한국인에게 너무나 당연한 식단이었기에 그 우수성에 특별히 주목하지 않았던 것이 사실이다. 하지만 서구화된 식생활이 확산되면서 그에 대한 반작용으로 한식이 다시금 주목받고 있다. 좀 더 자연적이며, 일상적인 건강에 신경 쓰고 있음을 시사한다. 이러한 열풍이 일시적인 현상으로만 끝나지 않도록 노력해야 한다. 한때 거세게 불었던 막걸리 열풍이 차갑게 식어버린 사례에서 보듯, 하나의 현상이 지속되기 위해서는 소비자 지향성에 기본을 둔 제품 개발과 마케팅이 필수적이다.

★ 관련 키워드

『트렌드 코리아 2012』 이제는 로가닉 시대
『트렌드 코리아 2013』 미각의 제국
『트렌드 코리아 2014』 해석의 재해석
『트렌드 코리아 2015』 럭셔리의 끝, 평범

MCORE
ORE LESS IS MORE
IS MORE LESS IS MORE
LESS IS MORE LESS IS
MORE LESS IS MORE LESS
vidence

1

2015년
소비트렌드
회고

Can't Make up My Mind

햄릿증후군

• •『트렌드 코리아 2015』 예측 내용

신상품은 끊임없이 쏟아지고, 새로운 정보는 여기저기 넘쳐난다. 현대인들은 데이터 스모그에 휩싸여 길을 잃고 혼란해하며 점점 결정을 어려워하고 있다. 이 과잉의 시대를 살아야 하는 소비자들은 정보 과부하 속에서 단호한 결정을 내리지 못하고, 고민에 고민을 거듭하던 햄릿처럼 '결정장애' 증후군을 앓고 있다. 시장 상황이 날로 불확실해지면서, 소비자의 불안 수준은 높아지고 스스로의 결정에 대한 자신감은 떨어지고 있는 것이다. 더구나 개성보다는 대세에 순응할 것을 강요하는 한국 특유의 '정답사회'적 분위기 속에서, 사람들은 정답을 찾았다고 믿을 때까지 의사결정을 계속해서 유예한다. 이에 불확실성과 불안을 줄이기 위해 다수의 의사결정을 따라 하는 '베스트셀러 추종형' 의사결정이 늘어나고 있다. 이 때문에 2015년은 햄릿형 소비자들의 의사결정을 지원하고 도와주는 큐레이션 커머스, 개인 컨설팅 서비스 등이 각광받고, 햄릿형 소비자들이 보다 쉽게 의사결정을 내리도록 다양한 형태의 배려형 서비스가 등장할 전망이다.

『트렌드 코리아 2015』, 205~224쪽

. . . .

"인생은 B와 D 사이의 C이다."

—장 폴 사르트르

인생은 Birth(탄생)와 Death(죽음) 사이의 Choice(선택)라고 표현한

프랑스의 철학자 사르트르의 말처럼 우리 삶은 결정의 연속이다. 훌륭한 인생을 산다는 것은 훌륭한 결정을 한다는 것이다. 그런데 결정을 내리지 못하고 우유부단하게 머뭇거리기만 하던 햄릿처럼, 생필품을 구매하는 간단한 선택조차 갈팡질팡하는 결정장애 소비자들이 늘고 있다. 어떻게든 결정은 내려야 하는데, 정보와 상품의 선택지는 너무 많아 스스로 결정하는 것이 너무도 힘들고 복잡한 일이 되고 있다. '현대판 햄릿'이라고나 할까.

실제로 다음뉴스 검색 트렌드 분석에 따르면 다른 해와 달리 2015년에 결정장애와 관련된 검색과 기사가 폭발적으로 늘어난 것을 확인할 수 있다. **햄릿증후군** 키워드가 일시적인 현상이 아닌 대응해야 할 트렌드로 확산되며 지속적으로 다루어진 것이다.

이렇듯 수많은 상품과 서비스와 고민이 넘쳐나는 현대 소비사회에서 결정장애 소비자들이 많아지다보니 이들을 겨냥한 다양한 솔루션도 등장하고 있다. 스마트폰 애플리케이션은 물론이고 팟캐스트에서 TV 프로그램에 이르기까지, 대한민국은 상담 중이다. 먼저 TV 예능 분야에서 〈김제동의 톡투유 – 걱정 말아요! 그대〉나 〈동상이몽,

'햄릿증후군' 키워드 검색량 추이

출처: 다음뉴스 검색트렌드

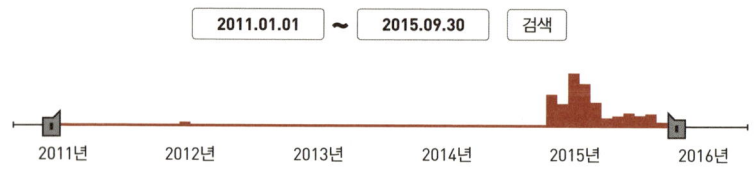

▲ 대한민국은 상담 공화국. 시청자들의 다양한 고민을 들어주고 해결책을 제시하는 각종 상담 프로그램이 높은 시청률을 보이고 있다.

출처: 각 방송사 홈페이지

괜찮아 괜찮아〉, 〈대국민 토크쇼 안녕하세요〉 같이 자잘한 걱정과 그에 관한 상담을 공유하는 프로그램들이 자리잡았고, 출판계에서도 『점심메뉴 고르기도 어려운 사람들: 선택의 스트레스에서 벗어나는 법』, 『인생학교』 시리즈를 비롯한 각종 심리상담 서적들이 줄지어 출간되었다.[1]

고민상담이 가장 활발하게 이루어지고 있는 곳은 간편하게 사용할 수 있는 애플리케이션 시장이다. 스마트폰 앱스토어에 결정장애를 치면 '결정장애 굿바이-쏘캣', '뭐 무꼬?', '폴릭', '결정의 신' 등 수많은 솔루션 앱들이 검색된다. 일례로 쏘캣에서는 질문자가 선택지를 2개 올리면 SNS 기능을 통해 다른 이용자들이 간단한 이유와 함께 한 가지를 골라준다. 앱 출시 후 약 100일 만에 '어떤 지갑을 살까요?'와 같은 구매 질문부터 '고백을 할까요, 말까요?'와 같은 연애 문제까지 5,000여 개 이상의 질문이 올라오기도 했다.[2]

식당에서 수많은 메뉴 중 뭘 먹을지 선택하는 것은 누구에게나 고민이다. 이 걱정을 아예 없애주는 '메뉴판 없는 식당'마저 등장했다. 이른바 '답정너'(답은 정해져 있으니 넌 대답만 하면 돼) 식당인데, 선택의 과정 없이 셰프가 정해주는 대로 먹기만 하면 된다. 예컨대 서초동의 '유유재'는 종업원에게 인원수와 가격대만 말하면 나머지는 사장이자 셰프가 전부 알아서 음식을 차려낸다. '해 떠 있을 때는 밥을, 달 떠 있을 때는 술은 판다'는 의미의 '해달밥술'이라는 술집 역시, 그냥 앉아만 있으면 주인이 알아서 음식을 내온다.[3]

그 어느 때보다도 '결정장애'라는 단어가 화두로 떠올랐던 2015년, 대한민국 소비자는 얼마나 고민하고 기업들은 어떻게 그 고민을 해결하고자 노력했을까? 먼저 햄릿 소비자의 취향을 저격하려 했던 다양한 큐레이션 서비스들부터 살펴본다.

'만족'보다 '최적', 큐레이션 커머스의 확대

쉽게 결정하지 못하는 햄릿형 소비자가 늘면서 생긴 신조어가 '취향 저격'이다. 개인의 취향을 저격하듯이 맞춤화하여 해결하겠다는 것이다. 『큐레이션의 시대』의 저자 사사키 도시나오는 "1차 정보를 발신하는 것보다도 그 정보가 갖고 있는 의미와 가능성, 당신에게만 필요한 정보를 필터링해주는 큐레이션의 중요성이 커지고 있다"고 언급했다.[4] 또한 『큐레이션』의 저자 스티븐 로젠바움은 큐레이션에 대해 "일상을 압도하는 콘텐츠 과잉과 우리 사이에 인간이라는 필터 하나를 더 두어서 가치를 더하려는 노력"이라고 설명하기도 했다.⁴ 여기서 큐레이션curation이란 박물관의 큐레이터가 전시물을 선별하듯이 소비자에게 맞춤대안을 대신 선정해준다는 뜻이다. 상품과 콘텐츠의 과잉 속에서 헤매고 있는 햄릿증후군 소비자의 문제를 해결해줄 수 있는 큐레이션 서비스의 '커스터마이징customizing(맞춤)'과 '필터링filtering(거름)' 기능이 중요해지고 있음을 확인할 수 있는 대목이다.

빅데이터의 힘, 나보다도 내 마음을 더 잘 아는 쇼핑앱

먼저 모바일 쇼핑앱들이 소비자 맞춤형 큐레이션을 주도해 나가고 있다. '마이사이드'의 경우 사용자의 빅데이터 수집과 분석을 통해 큐레이션 쇼핑을 지원한다. 국내외 쇼핑 트렌드를 반영한 상품 큐레이션과 개인 쇼핑 패턴을 분석해 선별한 상품 정보를 '맞춤형 메시지'를 통해 수시로 전달하는 방식이다. 모바일 홈쇼핑 포털앱 '홈쇼핑모아'는 국내 6개 홈쇼핑 채널의 방송편성 정보를 제공한다. 사용자들은 방송 알람과 모바일 생방송 스트리밍 서비스를 통해 본인이 원하는 상품을 보고 구매할 수 있다. 쇼핑앱 '타임세일'도 200여 개의 쇼핑·유통 브랜드의 쇼핑정보를 전문 큐레이터가 선별하여 20~30대 여성이 가장 좋아할 만한 아이템을 추천한다. 사용자가 선호하는 상품을 클릭하거나 정보를 조회할 경우 사용자에게 최적화된 맞춤형 쇼핑정보를 이용하여 큐레이션을 해주는 것이다.

맞춤형 정보뿐 아니라 고객의 전반적인 요구와 시시각각 변화하는 시장 트렌드를 반영한 실시간 수요반응 큐레이션 서비스들도 점점 활성화되고 있다. '티몬'의 경우 사이트와 모바일앱 등에서 소비자를 대신해 직접 상품을 골라주는 서비스를 제공한다. 소비자들의 상품에 대한 반응, 매출, 클릭 수, 구매자 수 등의 데이터를 분석한 후 하루에 많게는 6번, 기본적으로 3~4번 수시로 상품을 교체해 제시하고 있다.[5]

'내 주위 오늘 티켓', 최적화된 여행 정보 '플레이윙즈'

쇼핑몰 이외의 다양한 분야에서도 큐레이션 서비스가 속속 등장하고 있다. 예를 들어 '타임티켓'은 공연, 전시회 등의 각종 관람티켓을 할인된 가격으로 구매할 수 있는 앱이다. 특히 사용자의 현재 위치를 중심으로 티켓을 대신 검색해주는 '내 주위 오늘 티켓' 기능을 선보여 티켓 구매를 망설이는 소비자의 고민을 덜어주고 있다.[6] 항공권 특가 알림앱인 '플레이윙즈'는 개별 사용자에게 최적화된 여행 정보 큐레이션 서비스를 제공하고 있다. 사용자 데이터 분석을 기반으로 맞춤설정 기능을 추가해 소비자가 등록한 관심 지역과 여행일정에 맞춘 항공권 특가 소식을 한데 모아 실시간으로 타기팅 알림을 제공한다. 멜론 쇼핑도 큐레이션 기능을 강화한 서비스를 개시했다. 빅데이터 큐레이션 서비스를 통해 소비자가 그동안 안 듣던 음원을 분석하여 선호하는 순서대로 아티스트의 숍을 우선적으로 노출하고 친밀도 순서로 30개까지 추천하는 서비스를 제공해 소비자가 원하는 스타의 MD 상품을 빠르게 접하고 구매할 수 있게 만들었다. YG 엔터테인먼트, 브랜뉴뮤직, 매직스트로베리사운드 등 30개 기획사가 멜론쇼핑에 입점해 있으며 100여 개의 아티스트 숍에서 총 3,000여 종의 상품을 판매 중이다.[7]

'푸드테크' 먹거리를 큐레이션하다

푸드테크로 일컬어지는 푸드 큐레이션 분야의 발전도 주목할 만하다. 푸드테크 foodtech란 음식food이나 식품산업에 첨단 정보통신기술ICT을 접목해 새로운 산업을 산출하거나 기존 사업에 부가가치를 더하는 것을 뜻한다. 최근에는 빅데이터와 **비콘** 등 최신 IT 기술을 활용하여 더욱 정교하게 소비자의 니즈를 분석해 음식 관련 정보를 제공하고 있다. 특히 미국의

비콘Beacon
반경 50~70m 범위 안에 있는 사용자의 위치를 찾아 메시지 전송, 모바일 결제 등을 가능하게 해주는 스마트폰 근거리통신 기술이다. NFC(근접무선통신)보다 가용거리가 길어 온라인과 오프라인을 연결하는 O2O 서비스에 적합하다. 이 기술을 이용하면 특정 장소에서 안내 서비스, 모바일 쿠폰 등을 이용할 수 있게 된다.
출처: 네이버 지식백과

경우 '키친 인큐베이터'라 불리는 푸드테크 창업이 폭발적으로 늘어 미국 전역에 150개 육성기관이 운영되고 있을 정도다.[8]

지금 내 앞의 맛집과 할인 서비스까지 한 번에

대한민국 대표 레스토랑 가이드를 표방하는 '블루리본 서베이'는 비콘 기술과 위치기반 서비스를 이용한 푸드테크 서비스를 제공하고 있다. '얍' 또한 위치기반의 정보 배열을 통해 사용자 주변의 신뢰도 높은 맛집을 검색해준다. 특히 얍의 비콘 서비스인 '팝콘'은 소비자가 앱서비스를 통해 현재 이용 중인 매장에서 제공하는 할인 및 서비스 혜택을 더욱 쉽고 편리하게 이용할 수 있도록 지원하고 있다. '다이닝코드'와 '포크: 핫플레이스'도 빅데이터를 활용해 맛집 모바일 서비스를 제공하는 대표적인 애플리케이션이다. 이외에도 씨온의

정확한 내주변 **혜택 지도**
제일 가깝고 밈에 드는 매장 찾기

출처: 각 사 홈페이지

▲ "어디로 가서 뭘 먹어야 할지 모르겠다구요? 걱정 마세요, 저희가 알려드리겠습니다."

'식신핫플레이스'는 단순히 해당 지역의 맛집만 열거하는 것이 아니라 스토리까지 더했다. 식신핫플레이스 매거진의 에디터들이 참여해 맛과 관련된 다양한 이야기들을 들려주는 형식이다. 여행지 맛집, 단일메뉴 탐구, 맛집의 유래, 비하인드 스토리 등 특정 주제를 설정해 이용자의 재미를 더해주고 있는 것이다.

빅데이터뿐 아니라 소셜미디어를 적극 활용한 애플리케이션도 주목받고 있다. 〈인어교주의 시장통 취재노트〉는 '인어교주해적단'이라는 블로그를 통해 맛집 정보를 제공하는 대표적인 정보 공유 서비스다. 노량진 수산시장이나 가락시장 등 전통시장의 현장성 있는 시세 정보를 주기적으로 업데이트하며 관심을 모으기 시작했다. 취재된 맛집 정보는 카카오톡 플러스 친구와 페이스북 등 다양한 채널을 활용해 공유하는 방식으로 운영되고 있다. 이러한 맛집 큐레이션 앱들은 신뢰도, 정보력 등에서 높은 가치를 인정받으며 사용자 중심의 맞춤형 서비스로 자리잡고 있다.[9, 10]

콘텐츠 큐레이션의 부상

감성과 취향에 맞는 음악과 영화가 알아서 척척

문화 콘텐츠 분야에서도 사용자의 감성과 취향에 맞춤화된 큐레이션이 부상하고 있다. 이러한 트렌드는 특히 디지털 음원 서비스 분야에서 두드러지고 있는데, 사용자의 라이프스타일과 활동에 따라 맞춤화된 음악을 큐레이션해주는 지능형 서비스로 발전하고 있다. KT 뮤직의 '지니 라이프' 서비스는 아침에 일어날 때 이용자의 위치와 해당 지역 날씨에 따라 알림 음악이 자동으로 선곡된다. 스마트폰의 GPS와 날씨 데이터가 큐레이션에 곧바로 반영되기 때문이다. '지니 스포츠'는 이용자의 심장 박동 수를 측정해 빅데이터 기반으로 최적 비트의 음악을 자동으로 선곡해주고, '굿나잇 지니'는 타이머 기능을 통해 취침 시간에 평소 즐겨 듣던 음악이나 잠들기 좋은 음악을 재생한 후 천천히 음악이 소거돼 숙면을 유도하는 기능까지 구현했다.[11] 네이버도 뮤직앱에 '플레이리스트'라는 큐레이션 서비스를 도입해 날씨가 좋을 때 혹은 집중이 필요할 때 등 다양한 테마를 설정해 이에 맞는 음악을 추천해준다. 멜론도 서비스 이용자가 3개월 동안 들었던 음악을 기반으로 선곡해주는 '나를 아는 채널'을 운영하고 있다. 또한 음악 추천에서 더 나아가 해당 아티스트와 관련된 정보도 쉽게 접할 수 있는 '커넥션 서비스'도 선보였다.[12] 이것은 직접적인 큐레이션은 아니지만 일종의 파생상품이라는 면에서 큐레이션의 파급력을 엿볼 수 있다.

영상·미디어 분야에서도 콘텐츠 큐레이션의 위상이 높아졌다. 국내외 영화 VOD를 제공하는 IPTV와 케이블 업체의 서비스 경쟁이 강화되면서 시청자의 영화 선택 고민을 덜어주고 있다. SK브로드밴드의 경우 고객의 시청 이력을 분석해 맞춤 영화를 제공하는 '스마트무비 서비스'를 개발했다. 시청자가 남긴 영화 평점, 감상평 등을 종합해 자동으로 영화를 추천해주는 서비스다. 올레tv는 시청자의 채널 패턴을 파악해 콘텐츠를 추천하는 '감성 큐레이션' 서비스를 제공하고 있으며, LG유플러스도 자체 큐레이터 10명이 고객의 시청 패턴을 파악해 16만여 개 콘텐츠 중 가장 적절한 맞춤 동영상을 선별해주고 있다. 영화 추천앱 '왓챠'는 1억 개 이상의 평가를 기본 데이터베이스로 활용해 이용자의 성향을 보다 정확하게 파악한 후 영화를 추천해주고 있다. CJ E&M도 스마트폰·태블릿PC·스마트TV·PC 등 다양한 매체의 'N스크린'에서 인터넷 주문형 동영상을 실시간으로 스트리밍할 때 영화를 취향대로 추천받을 수 있는 빙고VINGO 서비스를 선보였다.

콘텐츠의 양이 많아질수록, 개인의 사용 패턴이 쌓일수록

콘텐츠의 종류와 양이 많아질수록 큐레이션의 중요성은 더욱 높아진다. 미국의 동영상 스트리밍 업체 넷플릭스가 단기간에 자리를 잡은 것도 큐레이션 서비스 덕분이다. 드라마, 영화 등 3만여 개의 콘텐츠를 보유한 넷플릭스는 36페이지에 달하는 가이드라인에 따라 콘텐츠를 분류하고 가입자의 시청시간·성향·선호장르 등을 고려한 적재적소에 VOD를 추천해준다. 넷플릭스에서 대여되는 콘텐츠의 3분의 2가 이 추천 서비스에서 발생할 정도다. 지금 이 순간도 개인의 사용패턴은 계속 쌓이며 보강되고 있기 때문에 향후에는 인공지능 기술과도 접목되어 추천의 정확도가 매우 높아질 것으로 전망된다. 날씨, 함께 보는 대상, 보는 장소 등 상황 인지 정보에 따른 맞춤형 서비스의 등장도 머지않아 보인다.[13]

피키캐스트의 성장도 주목할 만하다. 피키캐스트는 무수히 많은 정보 중에서 사람들이 좋아할 만한 사진이나 움짤(움직이는 이미지), 음악, 짧은 텍스트 등 모바일에 최적화된 형태의 콘텐츠만을 엄선해 제공하는 콘텐츠 큐레이션앱이다. 출시 후 1년 만에 다운로드 500만 건을 돌파해 큰 관심을 끌고 있다. 개방형 SNS에 지친 사람들이 관심사interest 중심의 큐레이션 콘텐츠 플랫폼으로 대거 이동하고 있는 것이다.[14]

서브스크립션 커머스 증가

전문가가 정기적으로 골라주는 화장품과 커피원두

햄릿증후군 소비자를 위해 전문가가 대신 골라주는 서비스는 다양한 서브스크립션 커머스subscription commerce의 등장으로 이어지고 있

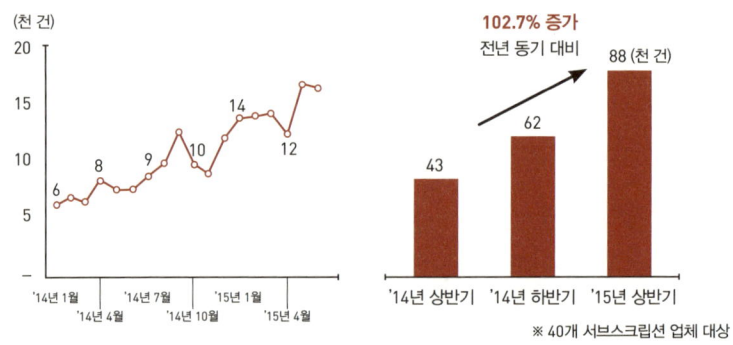

자료제공: 신한카드 빅데이터센터

※ 40개 서브스크립션 업체 대상

다. 서브스크립션 커머스는 전문가가 소비자에게 맞는 물건을 골라서 정기적으로 선별된 제품을 배달해주는 서비스다. 품목도 다채롭다. '쿠카'는 매달 2~3회 플로리스트가 제작한 꽃다발을 박스에 넣어 배달하며, '글로시박스'나 '캘리오박스'는 유행하는 화장품이나 신상품 들을 골라서 보내준다. '베이비오박스'는 매달 유아용품을, '화이트위클리'는 1~2주에 한 번씩 침구를 바꿔 보내주며, '빈 브라더스'는 바리스타가 고른 다양한 종류의 커피원두를 한 달에 한 번씩 배송한다. 사료·간식·미용용품·장난감·영양제 등 국내에서 구하기 힘든 애견·애묘용품을 배송하는 '펫츠비'와 입대한 남자친구에게 필요한 선물을 보내주는 '황금마차' 등도 인기를 끌고 있어 서브스크립션 구독 서비스의 카테고리는 더욱 확대될 전망이다.[15] 서브스크립션 커머스의 성장세는 신한카드의 빅데이터 분석에서도 확인할 수 있는데, 2014년 상반기와 비교하여 2015년 상반기에 이용 건수가 2배 이상 증가했음을 알 수 있다.

향후 전망
소비자의 취향을 저격하는 '감성 큐레이션'이 관건

현대판 햄릿 소비자들은 이제 최선의 결정은 고사하고 스스로 무엇을 원하는지도 알 수 없다고 호소한다. 실제로 소비자들이 시장의 모든 정보를 알기도 어렵거니와 끊임없이 수많은 상품과 서비스가 쏟아져 나오기 때문에 최적의 선택을 한다는 것은 불가능에 가까워지고 있다. 소비자의 인지적 역량이 시장의 확장 속도를 따라가지 못하기 때문이다. 이처럼 방대하고 복잡한 시장에서 소비자가 햄릿증후군에 시달리는 것은 어쩌면 당연한 결과인지도 모른다. 결국 소비자에게 가장 필요한 것은 제대로 된 '방향'이다.

소비자가 길을 잃고 헤매지 않도록 기업의 큐레이션 방향은 이제 기계적인 빅데이터 분석의 수준을 넘어서야 한다. 무엇보다 소비자의 감성을 제대로 읽어내는 감성 큐레이션에 초점을 맞추어야 할 것이다. 소비자의 감성적인 니즈에 부합하는 맞춤형 정보를 만들어내기 위해서는 그들의 감성을 읽는 큐레이션이 무엇보다 중요하다. 2015년 활발하게 개발된 다양한 콘텐츠 큐레이션 시장을 주목해야 하는 이유다. 기존의 사회인구학적 변수에 기반한 세그멘테이션 전략을 넘어서 소비자들의 다양해진 '취향을 저격'하는 감성 큐레이션 기반의 유연성 있는 세그멘테이션 전략의 수립도 중요하다.

이를 위해 소비자의 감성을 읽을 수 있는 현장 중심 전문가의 활약이 필요하다. 이러한 전문가들은 멀리 있지 않다. 우리 주위에 친근한 모습을 한 프로추어proteur(프로페셔널professional과 아마추어amateur의 합성어로 전문가와 같은 식견과 실력을 갖춘 아마추어를 말한다.) 소비자들이 오히려 스스로의 취향과 감성을 이해하고 추천해주는 탁월한 능력을 갖췄기 때문이다. 결국 큐레이션 기반의 서비스는 네트워크 내에서 소비자의 자발적인 참여와 쌍방향 소통이 이루어지는 방식으로 진화해야 한다. 고객을 위한 큐레이션은 단순한 상품과 서비스의 조합이라는 상식에서 벗어나 효율적인 편집, 상식을 뛰어넘는 창조, 기발한 발상에 기반해야 할 것이다. 2016년에도 결정장애를 호소하게 될 현대판 햄릿들을 위해 더 많은 기업이 소비자들의 기대를 뛰어넘는 창의적인 큐레이션 솔루션을 선보이기를 기대한다.

Orchestra of All the Senses

감각의 향연

· ·『트렌드 코리아 2015』예측 내용

감각의 향연은 보고 듣고 맛보고 냄새 맡고 감촉하는 오감이 더 세밀해지고 그동안 익숙하지 않았던 감각이 주목받으며, 다양한 감각이 뒤섞이는 2015년을 예고하고 있다. 갈수록 세련되지는 소비자를 만족시키기에 하나의 감각으로는 부족하다. 감각의 향연은 세 가지 유형으로 나타날 것으로 보인다. 첫째, 후각과 촉각처럼 기존에 덜 주목되었던 감각을 통해 새로운 즐거움을 얻고 라이프스타일을 차별화하려는 움직임이다. 둘째, 시각·미각·청각 등 기존에 비교적 익숙했던 감각들이 정교화·세밀화되면서 작은 차이의 중요성이 커진다. 셋째, 다양한 감각들이 한데 섞이는 공감각적인 경험을 더욱 원하게 된다. 새로운 자극과 경험을 추구하는 소비자들은 점차 다양한 감각의 결합을 가능하게 하는 상품과 서비스에 큰 관심을 보이게 될 것이다. 모든 감각을 동원해서 세밀하게 관찰하고 창의적으로 기획하라. 소비자의 오감에 주파수를 맞추는 기업만이 2015년 감각의 향연에 동석할 수 있을 것이다.

『트렌드 코리아 2015』 225~246쪽

· ·

2015년 텔레비전 프로그램은 '맛'이 점령했다고 해도 과언이 아니다. 먹고 요리하는 방송인 '먹방'과 '쿡방', 요리사가 가장 핫한 엔터네이너로 자리잡은 '셰프테이너' 현상, 요리하는 남자인 '요남자'

가 섹시하다는 '요섹남' 같은 신조어 등. 사실 TV는 시각과 청각에 의존하는 매체다. 미각과 후각을 표현하는 데 본질적인 한계를 지니고 있음에도 프로그램 제작자와 시청자 들이 함께 먹고 요리하는 프로그램에 흠뻑 빠졌다는 것은 그만큼 다양한 **감각의 향연** 시대에 접어들었다는 가장 강력한 방증 아닐까.

먹방 열풍은 지속되는 불경기 속에서 가장 원초적인 행위인 먹는 일에 몰두한 결과라는 비관적인 분석이 없는 것은 아니지만, TV뿐만 아니라 시장 전반에서 그동안 이성적인 소비 뒤에 가려졌던 감각적이고도 감성적인 소비가 깨어나는 모습이 폭넓게 나타난다. 이제 소비는 기능과 품질과 같은 실용적인 필요만을 충족시키는 과정이 아니라 브랜드나 제품에 대해 느끼고 행동하며 창조적으로 인지하고 관계를 맺는 적극적인 체험의 과정이 되었다. 이러한 트렌드를 반영해 기업의 오감 전쟁 또한 치열해졌다. 시각적인 자극물인 광고가 아니라, 소비자가 감각의 즐거움을 입소문으로 퍼뜨리는 시대다. 2015년 다양한 영역에서 차려진 감각의 향연이 소비자들의 오감과 어떻게 접점을 이루었는지 점검해보고 앞으로의 시사점을 논의해본다.

조금은 낯선 감각, 후각과 촉각의 부상

늘어나는 '향' 소비, 향기 나는 쌀까지 등장

향기 시장은 대체로 미국과 유럽 등 선진국을 중심으로 성장해왔다. 국내의 향기 관련 시장이 성장하는 것은 그만큼 한국 소비자의 눈높이가 높아지고 있음을 방증한다. 즉, 보기에 예쁘기만 하면 된다고 생각했던 과거의 의식이 모양만큼 향기도 좋아야 한다는 생각으로 변하고 있는 것이다. 불쾌한 냄새를 제거하고 좋은 향기를 입는 것에 소비를 아끼지 않는 사람들이 늘고 있다. 예를 들어 국내에 2000년대 초반 소개된 페브리즈는 섬유탈취제 시장이 발달하면서 최근 큰 성장을 이어가고 있고, 2007년 한국에 진출한 미국 향초 시장 1위 브랜드인 양키캔들 역시, 최근 가맹점 수 및 매출액을 큰 폭으로 늘리며 향기 시장을 견인하고 있다.[1]

이미 국내 향기 시장은 산업통상자원부 2014년 기준 2조 5천억 원 규모로, 매년 10% 이상 성장하는 추세다. 신한카드 빅데이터센터의 분석에 따르면 2015년 신한카드 사용자들의 향초 전문점 이용건수는 전년 동기 대비 104.3% 증가했으며, 온라인 쇼핑사이트 11번가 또한 2015년 상반기(1월 1일~6월 16일) 향초·디퓨저 매출이 2014년

향초 전문점 이용 건수 증가 추이(향초 전문점 약 400곳 대상)

자료제공: 신한카드 빅데이터센터

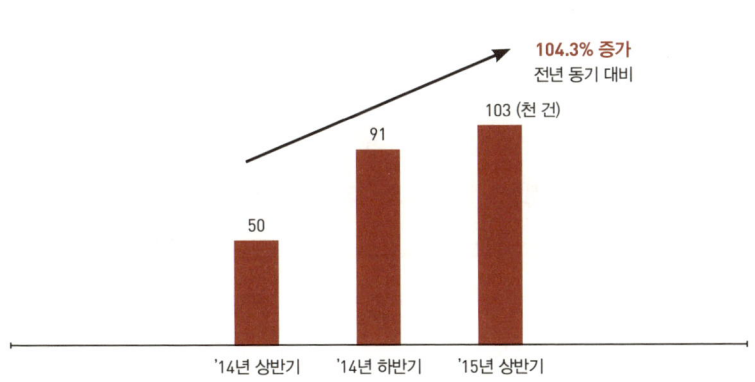

104.3% 증가
전년 동기 대비

103 (천 건)

91

50

'14년 상반기   '14년 하반기   '15년 상반기

같은 기간과 비교해 무려 86% 상승했다고 밝혔다.[2]

향기로 마시는 커피가 출시되고 향기 나는 쌀이 개발되는 등 후각은 이제 미각만큼 대접받는 중요한 감각으로 부상했다. 프리미엄 커피 시장의 경쟁이 캔커피로 확대되는 가운데 코카콜라의 조지아 고티카는 향으로 마시는 커피를 표방하고 나섰다. 원두의 품질과 깊은 맛 등을 강조해온 캔커피 시장에서 '향'으로 승부수를 띄운 것이다.[3] 충청북도농업기술원은 구수한 향이 풍기는 쌀을 개발했다. 입으로 한 번 먹고 향으로 한 번 더 먹을 수 있는 쌀인 셈이다. 미국 식품 기업 리비아나 푸드는 태국 고원지대에서 생산된 재스민쌀을 이용해 즉석밥을 출시하기도 했는데, 재스민쌀은 은은한 버터향이 난다고 하니, 매일 밥상에서 마주하는 쌀도 향기를 입는 시대가 멀지 않았다.[4]

기업의 브랜드 시그너처로서 향기를 이용하려는 시도도 꾸준히 이어졌다. 2015년 5월 메르세데스-벤츠 공식 딜러인 한성자동차는 자동차 업계로서는 특별한 클래스를 열었다. VIP고객을 대상으로 '역사 속으로 사라진 초기향수'라는 제목으로 쉽게 접하기 힘든 20가지의 향수를 체험할 수 있는 시간을 마련한 것이다. 이 행사를 위해 방한한 세계적인 조향사 크리스토프 로다미엘은 한성자동차의 창립 30주년을 맞이해 시그니처 향을 디자인한 인물이기도 하다.[5]

알람 시계의 새로운 반란, 향기는 소리보다 강하다

향기에 대한 관심이 어느 때보다 높아지다보니 이미 외국에서는 기업 이미지를 각인시키는 데 활용된 향기를 상표로 등록하는 것이 일반적이다. 유명 의류 브랜드인 아베크롬비&피치, 빅토리아 시크릿은 매장에 들어가면 뿜어져 나오는 독특한 향을 상표로 등록했다. 롤스로이스나 캐딜락 같은 자동차 브랜드도 신차에 자사 향기가 나게끔 처리한다.[6] 아직 국내에서 소리나 냄새와 같은 특수상표 출원등록건수는 미국이나 유럽에 비해 3분의 1 수준으로 저조하지만 앞으로 다양한 감각을 상표화하기 위한 노력이 이어질 것으로 보인다.[7]

IT 기술도 후각에 주목하는 추세다. 향기 알람 제품인 센서웨이크는 아침에 요란하게 울리던 알람 소리를 향기로 대신한다. 원하는 향기 캡슐을 센서웨이크 본체에 넣고 알람 시간을 설정하면 말 그대로 향기로운 아침을 맞이할 수 있다. 100명을 대상으로 이 알람 제품을 실험한 결과 99%의 참가자가 2분 안에 잠에서 깨어났다고 하니, 후각의 활용이 청각보다 효과적임을 알 수 있다.[8]

향기를 이용하려는 시도가 증가하는 것은 후각이 기억을 지배하기 때문이다. 이를 **프루스트 현상**이라고 하는데, 후각 자극이 과거의 기억을 재생시켜준다는 사실은 이미 입증된 바 있다. 향을 통해 좋은 기억을 심어준 다음 언젠가 그 향기를 다시 경험하게 하면 무의식 속의 긍정적 이미지가 재현된다. 하루에도 수천 개씩 스쳐가는 시각 자극보다 후각 자극이 훨씬 강력하게 소비자의 의식을 머무르게 할 수 있다는 얘기다.

새로운 경쟁 요소 촉각, '손맛'으로 실체감을 느끼다

『트렌드 코리아 2015』에서 언급한 자동차업계의 시트 경쟁이 이제는 한 걸음 더 나아가 차량 안에서 느낄 수 있는 총체적 감각의 경쟁으로 확대되고 있다. 그동안 자동차 기술 경쟁의 핵심이 '얼마나 잘 달리고, 잘 멈추느냐'였다면, 이제는 더 편안하고 안정적인 느낌·감각·경험을 종합적으로 제공하는 데 집중한다. 가족 단위로 많이 타는 중형차나 SUV는 거실 같은 편안함을 구현하는 것을 목표로 하며 고급 세단은 호텔에 머무는 듯한 화려한 느낌을 선사해야 한다.⁹ 이를 위해 탑승자의 눈과 귀를 즐겁게 하는 디스플레이 화면이나 음향 시스템에 대한 경쟁도 치열해지고 있다. 소비자의 오감을 만족시킬 수 있는 최상의 실내 환경을 구현하기 위한 것이라면 보이지 않는 감각이라도 경쟁을 피할 수 없는 것이다.

스마트폰도 빠질 수 없다. 이제까지 경쟁 요소가 화면의 크기·화질·카메라 화소 등이었다면, 촉각인 '손맛'이 새로운 차별화 요소로

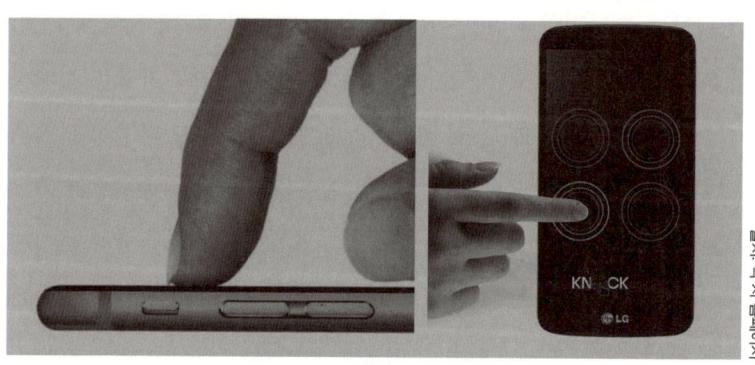

▲ 아이폰6S는 손으로 누르는 압력에 따라 각기 다른 기능을 선보이는 3D 터치 기술을 탑재했다. LG 스마트폰의 노크 코드는 화면을 두드려 잠금을 해제하는 방식이다.

떠오르고 있다. 애플은 2015년 9월 공개된 아이폰6S에 새로운 터치 기능을 추가해 눈길을 끌었다. 스마트폰 액정을 손으로 누르는 강도에 따라 선택할 수 있는 기능이 달라지도록 한 것인데 오감 중 다른 감각보다 더 강한 '실체감'을 주는 촉감을 강조함으로써 기존 스마트폰과 차별화했다. 이에 앞서 LG전자는 2014년 2월 G프로2를 출시하면서 '노크 코드Knock Code'라는 터치 보안 기술을 선보였다. 그동안 패턴 그리기가 적용된 보안 설정이 패턴의 흔적 때문에 취약하다는 단점을 터치 기술로 극복한 것이다.

혀와 귀를 공략하는 감각의 정교화

보이는 맛의 향연, 본품보다 더 화려한 맛으로 매혹하라

2015년 방송가를 사로잡았던 미각 트렌드는 TV 밖 유통 시장에서도 고급화·다양화되면서 뜨겁게 달아올랐다. 먼저 대형 백화점들의 유명 디저트 매장 유치 경쟁이 치열했다. 해외 디저트 브랜드의 국내 상륙이 이어졌고, 지방 곳곳의 맛집들이 입점하면서 백화점에 가면 세계 맛 기행, 전국 맛 기행을 따로 하지 않아도 된다는 농담이 회자될 정도였다. 현대백화점은 2015년 판교점을 오픈하면서 디저트 브랜드 유치에 큰 공을 들였다. 유명 '미드'에도 등장했던 뉴욕의 컵케이크나 덴마크의 유명 주스 브랜드를 입점시켜 쇼핑객들의 입맛부터 끌어당긴 것이다. 해외 디저트뿐이 아니다. 1953년 부산에서 시작된 전통 어묵 브랜드인 삼진어묵은 이 백화점에서 아주 인기 높은 식매장 중 하나라고 한다. 롯데백화점 잠실점에서는 우리나라 최초의 빵집으로 명성이 높은 군산 '이성당'의 빵을 맛볼 수 있고, 본점과 송탄점에서는 마약짬뽕으로 유명한 '영빈루'를 만날 수 있다. 맛있는 음식을 먹기 위해 유랑하듯 발품을 파는 대신 백화점 에스컬레이터에 오르는 풍경이 펼쳐지고 있다.[10]

명품 브랜드 또한 미각 트렌드를 이끌고 있다. 패션 명품 브랜드들이 본 매장보다 더 화려한 카페·디저트 카페·레스토랑을 품기 시작한 것이다. 대표적으로 2015년 6월 서울 청담동에 문을 연 디올의 플래그십 스토어는 화려한 외관과 인테리어도 물론 주목받았으나 정작 방문자들을 사로잡은 것은 매장 5층에 자리한 디저트 카페였다.[11]

달콤한 과일맛이 뜬다, 잊혀진 추억의 소리도 한몫

한편 가공식품 시장은 과일맛 전쟁이 한창이다. 특히 과일과 손잡은 과자들이 연달아 출시되면서 맛의 지평을 넓히고 있다. 롯데제과는 '바나나 먹은 감자칩'을 선보였고, 오리온은 기존 감자칩 제품인 포카칩에 라임맛을 더해 '포카칩 라임페퍼'를 출시했다.[12] 2015년 '허니버터칩'으로 '단맛 전성시대'를 이끌었던 해태제과가 출시한 '허니통통 애플'은 출시 20일 만에 186만 봉지가 팔리는 등 소비자들의 반응이 뜨거웠다.

과일맛 시장은 사실 과자보다 소주가 먼저였다. 2015년 3월 출시된 유자맛 칵테일 소주 '순하리 처음처럼'은 소주계의 허니버터칩이라는 별명이 붙을 만큼 높은 인기를 누렸다. 이후 무학의 '좋은데이', 하이트진로의 '자몽에 이슬' 등 각종 과일맛을 입은 저도수 소주가 봇물 터지듯 출시되어 희석주 열풍을 이어갔다. 이러한 주류 시장의 변화는 두 가지로 해석할 수 있다. 최근 젊은 세대와 여성들이 맥주나 소주의 쓴맛보다 달콤한 맛을 즐기고 있으며, 나아가서는 불황일수록 단맛처럼 쾌락적인 자극에 끌리기 때문이라는 것이다(『트렌드 코리아 2016』 **원초적 본능** 키워드 참조).

향기가 과거의 기억을 상기시킬 수 있듯이, 청각 또한 개인의 기억 속에 좋은 느낌으로 남아 있던 소리를 재현함으로써 긍정적 감정을 불러일으키는 효과가 있다. 고품질의 음향을 찾는 것에서 더 나아가 추억의 소리를 찾는 사람들이 증가하고 있는 이유다. 동영상 사이트 유튜브에는 '귓밥 파주는 영상', '두피 마사지해주는 영상' 등이 인기를 끌고 있다. 사각사각, 쓰담쓰담과 같은 편안한 소리가 듣는 이에게는 자장가처럼 느껴지는 탓에 이미 미국, 호주 등에서는 2008년부터 선풍적 인기를 끌었고, 국내에도 입소문을 타고 번지기 시작했다.[13] 각종 스트레스로 잠조차 제대로 이루지 못하는 현대인에게 잊힌 추억의 소리 혹은 자연의 소리가 새로운 테라피로 떠오르고 있는 것이다.

IT기술로 공감각화된 체험형 매장

이제 영화도 오감으로 즐기는 시대가 되었다. 2015년 6월, 서울 여의도 글래드호텔에서는 신 메뉴로 '심야식당'을 내놓았다. 일본의 인기 영화 〈심야식당〉에 소개되었던 문어소시지·버터라이스·감자크로켓·오코노미야키동 등 관객의 감성을 자극했던 대표 메뉴들이 테이블에 차려지고, 전문 셰프의 요리 퍼포먼스를 감상하고 나면 영화 상영까지 이어진다. 영화 〈심야식당〉과 호텔의 컬래버레이션 프로젝트였던 이 행사에 참가한 사람들에게 심야식당은 단지 눈으로만 보는 영화가 아닌 맛으로 느끼고 감성을 체험할 수 있는 기회가 되었다. 2015년 상반기 방송되었던 드라마 〈냄새를 보는 소녀〉에서도 시각·미각·청각을 총동원한 공감각을 선보였다.

앞으로 소비자들은 어떤 상품·콘텐츠·브랜드를 접하든지 이와 관련된 보다 다양한 감각의 경험을 원하게 될 것이다. IT 기술의 발달은 이런 공감각의 구현을 한층 더 앞당기고 있다.

미국 MIT 미디어랩에서는 책 읽기의 경험을 오감으로 느낄 수 있는 기기를 개발했다. 어깨끈이 달린 특수한 조끼를 입고 책을 읽으면 주인공의 심리적 변화, 신체 상태 등을 읽는 사람이 느낄 수 있다. 책 내용에 따라 특정 부위의 온도가 높아지거나 압박감을 전달하는 것도 가능하다. 이에 전문가들은 '감각 소설'이라는 새로운 장르의 등장을 예고하기도 한다.

비즈니스 공간도 오감 만족형으로 진화하고 있다. LG CNS의 EB-C Executive Briefing Center가 그러한 시도의 좋은 예다. 이곳에서는 내방객의 국적·성향·방문 목적에 따라 맞춤 시나리오를 적용해, 몰입도를 극대화한 멀티스크린, 입장을 환영하는 특유의 소리, 고유하게 제조된 향기, 그리고 터치로 제어하는 인터랙티브 미디어를 활용함으로써 시각·청각·후각·촉각을 총동원하는 프레젠테이션 공간을 글로벌 B2B 마케팅에 활용하고 있다고 한다.[14]

IT와 감각이 결합하다보니, 센서 기술의 발달 속도도 빨라지고 있다. 『트렌드 코리아 2015』에서 전자 혀의 개발을 언급한 바 있는데, 한국의 농촌진흥청은 전자 코를 이용해 향기 좋은 난을 육종 초기에 선별해내는 분석체계를 확립했다. 실제로 시각·청각·촉각과 관련한 센싱 기술은 상당한 발전을 이룬 것으로 알려져 있다. 이에 대해 IBM은 컴퓨터가 인간과 비슷한 오감을 갖게 될 것으로 예측한 보고서를 내놓았다. 미래에는 인간의 오감을 넘어 디지털 기술로 탄생한 감각들이 뒤섞이는 공감각의 향연이 펼쳐질 수도 있다는 얘기다.[15]

향후 전망
'소유'가 아닌 '경험을 공유'하는 데 열광하다

"의류나 화장품 등은 다른 백화점에도 똑같이 들어가 있는 게 많기 때문에 우리만의 차별화된 상품을 갖추는 게 중요합니다."

디저트 부문에서 치열한 경쟁을 벌이고 있는 백화점 담당자의 말이다. 사실 **감각의 향연**이라는 트렌드는 너도나도 똑같은 상품을 만들 수 있는 표준화된 기술력의 시대에 소비자에게 차별화된 가치를 제공하고 선택받기 위해 고군분투한 결과다. 그곳에 가야만 먹을 수 있고, 꼭 그곳에서만 경험할 수 있는 희소성이 소비자의 발길을 끄는 탓이다. 광고의 홍수 속에서 '콘크리트 소비자'라는 신조어가 등장할 만큼 어지간한 자극과 마케팅에도 무감각해진 현대의 소비자들이 더욱 세밀해지고 보다 복합적인 감각의 향연에 둘러싸이면서 소비 트렌드에 변화가 일고 있다.

공감각형 소비가 늘어나는 또 다른 배경은 한국 소비자의 성향이 이제 '타인 지향적 과시'에서 '자기 지향적 만족'으로 서서히 변화하고 있다는 것이다. 소비에서 과시가 차지하는 동기가 강할수록 타인에게 보이기 위한 시각적 요소가 중요하다. 하지만 타인과 관계없이 자기만족이 중요해지면 스스로 만족을 느끼는 미각·촉각·후각·청각 등을 찾는다는 것이다. 이처럼 '경험'을 중시하는 메가 트렌드의 변화를 눈여겨봐야 한다. 소비자들이 감각에 열광하는 것은 즐길 수 있기 때문이다. 감각은 소유하는 것이 아니라 경험하는 것이다.

이와 같이 다양한 감각적 요소가 중시되면, 특정 브랜드나 상품만이 가질 수 있는 소리·향기·모양 등의 가치를 상표권으로 등록하고 그 희소성을 유지하려는 경쟁이 뒤따를 것이다. 앞서 말했듯이, 아직 국내에는 활발하게 도입되지 않았지만 독특한 향기나 소리일수록 그 고유성을 권리로 지키는 사례를 국외에서는 많이 볼 수 있다.

감각의 열풍 중 미각이 그 중심에 있다는 점과 특히 그중에서도 달콤한 디저트들이 소비자들의 마음을 사로잡고 있다는 점이 무엇을 의미하는지 상기해볼 필요가 있다. 2010년 영국의 시사주간지 〈이코노미스트〉는 '인생은 달콤하다'라는 제목으로 미국의 설탕값 폭등기사를 실은 적이 있다. 기사는 미국발 금융위기로 인해 전 세계인들이 위안음식comfort food을 찾고 있다면서 씁쓸한 현실일수록 달콤한 음식을 갈구하게 된다고 지적했다. 2015년 한국에서 펼쳐지고 있는 달콤한 디저트 전쟁의 이면에도 역설적으로 팍팍한 일상이 있는 것은 아닌지 생각해봐야 할 때다.

Ultimate 'Omni-channel' Wars

옴니채널 전쟁

• •『트렌드 코리아 2015』예측 내용

온라인, 오프라인, 모바일을 자유롭게 넘나들며 쇼핑을 즐기는 크로스 쇼퍼들이 증가하고 있다. 유통채널이 다각화되고 통합화되면서 채널 간의 경쟁도 그 어느 때보다 치열해지는 양상이다. 오프라인·온라인·모바일·TV·홈쇼핑 등 여러 유통채널이 확장되고 결합되며 '옴니채널'로 진화하고 있다. 이에 따라 유통업체들은 채널 간 연속성 강화를 위해 통합 채널을 구축하고, 소비자의 노력을 최소화하는 쇼핑 환경 구축을 위해 노력 중이다. 오프라인 매장에 모바일 앱 기술을 접목하거나, 금융과 첨단기술이 결합된 핀테크를 도입해 구매 과정의 편의성을 극대화한다. 이제 소비자들은 시간과 장소에 구애받지 않고 끊임없이 연동되고 지속되는 확장된 쇼핑 경험을 하게 될 것이다. 최신 정보와 기술에 익숙한 현대인들이 옴니채널의 네트워크를 이용해 분주히 먹이를 찾는 물고기들처럼 멀티플레이 쇼핑을 이어가는 시대, 이 전쟁터에서 누가 최후의 웃음을 짓게 될 것인가?

『트렌드 코리아 2015』 247~268쪽

2015년 유통업계의 화두는 단연 옴니채널이었다. 옴니채널은 소비자가 이용 가능한 온·오프라인의 모든 쇼핑 채널을 대상으로 채널을 통합하고, 소비자를 중심으로 유기적으로 연결하여 끊김 없이

일관된 경험을 제공하는 유통 채널 전략이다. 기업들은 옴니채널 전쟁의 성패에 사활을 걸고 필사적으로 경쟁에 뛰어드는 모습이었다. 소셜 미디어와 모바일 기술이 발전하면서 다양한 구매 채널을 활용해 언제 어디서나 자신이 원하는 제품을 합리적인 방식으로 구매하고자 하는 고객의 필요와 욕구가 늘어나고 있기 때문이다. 옴니채널은 갑자기 등장한 일시적인 트렌드가 아니다. 기술, 소비자의 편의, 다각화되는 채널 등 급변하는 유통 환경의 변화를 인정하고 기업들이 대응책으로 찾아나선 전략이다.

이미 미국의 유통업계에서는 옴니채널을 선점하기 위한 치열한 경쟁이 펼쳐치고 있다. 특히 아마존은 옴니채널 시스템을 빠르게 도입하면서, 현재 세계 1위의 유통업체인 월마트를 위협하고 있다. 아마존은 사물인터넷IoT과 O2O Online to Offline(온·오프라인 통합) 서비스를 결합한 '대시 서비스' 등을 통해 공격적인 옴니채널 전략을 수행하고 있다. 대시 서비스는 소비자가 평소 자주 쓰는 제품을 등록한 대시 버튼을 누르기만 하면 자동으로 제품의 주문과 결제, 배송이 한번에 이뤄지는 방식이다. 최근에는 빠른 배송을 위해 드론이나 자전거를 활용해 한 시간 안에 배송하는 '프라임 나우' 서비스도 선보이고 있다.

우리나라도 옴니채널에 대한 관심이 나날이 증폭되고 있다. 다음 뉴스 검색 트렌드를 분석해보면 2015년 들어 옴니채널 관련 정보에 관한 검색이 급증한 것을 확인할 수 있다. 경기 침체가 장기화되는 상황에서 소비 시장의 구원투수로 당당히 2015년이라는 그라운드 위에 선 옴니채널, 기업은 이 스마트한 채널 전략과 함께 어떤 시너지를 창출했을까? 2015년 온라인과 오프라인을 가로지르며 활약한 옴니채널의 네트워크망을 따라가본다.

빅데이터 분석을 통해 본 옴니채널 트렌드

아버님도 어머님도 스마트폰으로 구매하게 하는 간편결제의 파워

신한카드 빅데이터센터의 분석 자료에 따르면 전 유통 채널에 걸쳐 모바일 채널의 매출액이 큰 폭으로 상승한 것으로 나타났다. 모바일 채널의 매출액이 증가하고 있다는 것은 동일 유통 브랜드 내에서도 모바일 채널을 중심으로 구매 경로가 다양해지고 있다는 것을 방증한다. 구체적으로 살펴보면 30~40대에서는 모바일을 제외한 전 채널에 걸쳐 구매액이 하락하고 있지만 모바일 채널에서는 매출액이 크게 증가하는 것을 볼 수 있다. 특기할 만할 점은 50~60대의 모바일 채널 이용률이 젊은 세대 못지않게 크게 증가하고 있다는 것이다. 이제 기성세대도 모바일 채널을 이용한 제품 구매에 능동적이고 적극적으로 나서고 있음을 보여주는 분석이다.

'옴니채널' 키워드 검색량 추이

출처: 다음뉴스 검색 트렌드

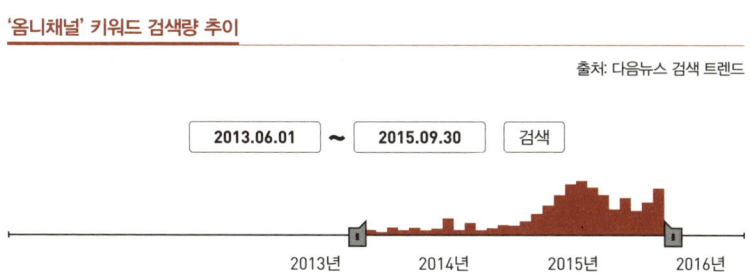

『트렌드 코리아 2015』에서는 옴니채널 전쟁 키워드를 소개하며 향후 간편결제 시장이 크게 성장할 것으로 전망했다. 핀테크 혁명으로 불리는 결제의 간소화와 첨단화를 통해 소비자는 편리함과 효율성의 가치를 획득하고, 유통업계도 더불어 크게 성장할 수 있는 환경이 조성될 것이라는 분석이었다. 실제로 다음 그래프를 살펴보면 2015년 간편결제 시장의 규모가 얼마나 극적으로 확대되었는지 알 수 있다. 2015년 상반기 기준으로 전년 대비 273%라는 놀라운 성장세를 기록하며 간편결제 시장의 막강한 시장 파워를 예고하고 있다.

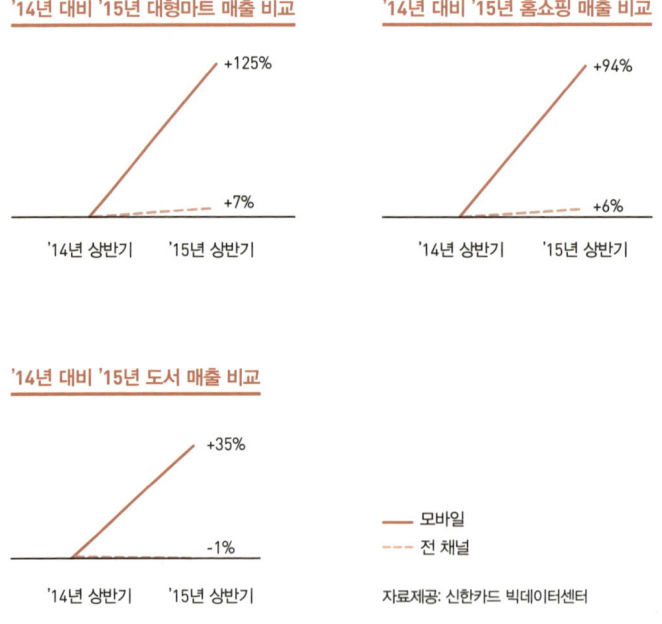

'14년 대비 '15년 대형마트 매출 비교

+125%

+7%

'14년 상반기   '15년 상반기

'14년 대비 '15년 홈쇼핑 매출 비교

+94%

+6%

'14년 상반기   '15년 상반기

'14년 대비 '15년 도서 매출 비교

+35%

-1%

'14년 상반기   '15년 상반기

── 모바일
---- 전 채널

자료제공: 신한카드 빅데이터센터

'삼성페이'에서 '클립'까지, 치열해지는 페이 시장

이 때문에 유통업체들도 간편결제 서비스에 더욱 적극적으로 뛰어들고 있다. 신세계는 2015년 간편결제 서비스인 SSG페이를 출시하고 모바일앱 구축에 나섰으며, 롯데백화점도 간편결제 서비스인 엘페이 서비스를 시작했다. 이들 간편결제 시스템은 온·오프라인 매장에서 사용 가능한 간편결제 앱으로, 미리 충전한 후 물건을 구매할 때 차감하는 선불제로 이용하거나 신용카드처럼 후불제로 사용할 수도 있다. 이들 서비스는 스마트폰에 해당 앱을 설치하면 각각의 유통 채널에서 포인트로 결제하거나 모바일로 신용카드 등을 손쉽게 사용할 수 있게 해준다.

간편결제 서비스 이용

(천 건)

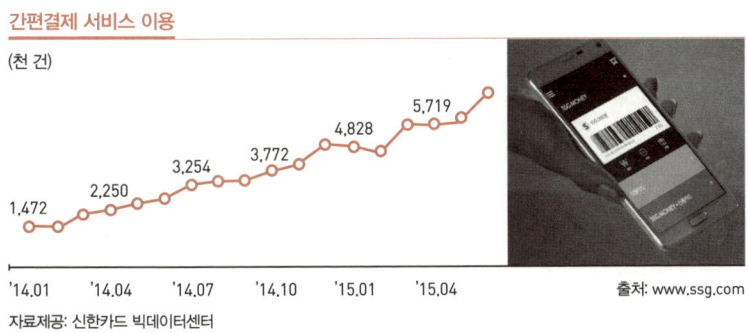

1,472   2,250   3,254   3,772   4,828   5,719

'14.01   '14.04   '14.07   '14.10   '15.01   '15.04

출처: www.ssg.com

자료제공: 신한카드 빅데이터센터

기존 카드를 대신해 스마트폰으로 결제하는 스마트페이 시장의 경쟁도 치열해지고 있다. 삼성전자가 2015년 8월 갤럭시노트5와 갤럭시S6 엣지플러스에 삼성페이를 채택했고, 이동통신사도 페이 시장에 본격적으로 뛰어들었다. LG유플러스의 페이나우, SK플래닛의 시럽페이, KT의 클럽도 가입자 유치 경쟁을 펼치고 있다.[1] 모바일이 온라인 매장의 축소판 형태에서 벗어나 고객이 원할 때마다 상품을 찾고 구매할 수 있는 손안의 쇼핑 공간이 되고 있는 것이다.

온라인과 오프라인의 결합: 옴니채널의 전방위적 확산

유통업, 고객이 어디에 있든 찾아가는 서비스

2015년 롯데마트는 드라이브앤픽Drive & Pick 서비스를 시작했다. 모바일앱이나 PC로 상품을 주문한 뒤 매장 내 드라이브앤픽 데스크를 직접 방문해 상품을 수령받는 방식이다. 일부 패스트푸드점에서 이용 중인 드라이브스루 서비스의 확장편이라고 볼 수 있는 이 서비스는 온라인으로 미리 주문한 상품을 매장에서 기다리는 시간 없이 바로 차 안에서 받아가게 해준다. 퇴근길에 미리 주문을 해놓고 점포로 차를 몰고 가면 선별한 물품을 포장까지 완료해서 직원이 차로 가져다주므로 시간에 쫓기는 직장인에게 유용한 서비스다. 온라인과 오프라인 간의 주문과 결제, 배송이 끊김 없이 이루어지는 옴니채널의 한 사례라고 볼 수 있다. 홈플러스도 매장 판매 상품을 기반으로 배송하는 '온라인마트'와 매장에는 없는 다양한 브랜드 상품을 판매하는 '온라인몰'을 운영하고 있다. 또한 매장 내에 키오스크(대형 화면)를 설치해 소비자가 매장에서 간편하게 제품 정보를 수집하고 결제 후, 집으로 배송까지 받을 수 있는 원스톱 서비스를 제공하고 있다. 이 밖에도 결제 후 바로 찾아가는 '픽업 서비스'를 확대하고, G마켓이나 옥션 등과의 제휴를 통해 다양한 채널을 구축하기 위한 노력을 기울이고 있다.

편의점업계도 옴니채널 바람이 한창이다. 세븐일레븐은 주요 매장에 비콘을 설치해 모바일과 오프라인의 연계·통합 시스템을 구축하고 있다. 비콘은 반경 50~70미터 범위 안에 있는 사용자의 위치를 파악해 메시지 전송, 모바일 결제 등을 가능하게 해주는 스마트폰 근거리통신 기술이다.[2] 이를 통해 전자지갑 시럽, OK캐시백, 세븐일레븐 앱 중 하나 이상을 사용하는 고객이 세븐일레븐 점포 앞을 지나면 환영 인사와 함께 할인쿠폰, '1+1 쿠폰' 등이 스마트폰에 뜨게 되고 이 쿠폰은 해당 점포에서 바로 사용이 가능하다. 세븐일레븐은 2016년 1월까지 전국 7천여 점에 비콘 서비스 설치를 완료할 계획으로, 편의점업계의 옴니채널 선두주자로 나서기 위해 노력하고 있다. CU도 2015년 6월 배달전문업체와 연계하여, GPS를 기반으로

출처: 각 사 홈페이지

▲ 옴니채널 열풍이 가장 거센 곳은 유통업계다. 최장 40분 내로 배달을 약속하는 CU의 '부탁해' 앱과 온라인으로 주문한 상품을 차 안에서 바로 인도받을 수 있는 롯데마트의 '드라이브&픽' 서비스.

주문자로부터 가장 가까운 매장을 연결해주는 근거리 배달 서비스를 도입했다. 이를 통해 소비자들은 스마트폰으로 CU의 배달 서비스인 '부탁해' 앱에 접속해 최대 40분 이내에 원하는 상품을 배송받을 수 있게 되었다.

유통의 기반이 되는 물류 시스템도 옴니채널 대응 방안 마련에 부산하다. 예를 들어 CJ대한통운은 기존 오프라인 채널과 온라인 채널의 재고 보관 기능은 통합하면서 채널별 피킹 방식을 다각화하여, 각 벤더vendor들의 재고를 물류센터 인접 지역에서 통합관리하고 공급에 소요되는 시간을 최소화하여 주문을 인지한 후 신속한 발송이 가능하도록 시스템을 정비하고 있다.

금융업, '포터블 브랜치'에 이어 '태블릿 브랜치'까지

수익성 악화에 시달리고 있는 은행권에서도 비용 절감과 고객 서비스 향상을 목표로 옴니채널을 강화하고 있다. 고정비용이 많이 드는 은행 점포를 통폐합하면서 오프라인·온라인·모바일·콜센터 등의 다양한 채널을 연계하여 금융 서비스의 옴니채널화를 꾀하고 있는 것이다. 예를 들어 KB국민은행은 휴대용 단말기로 다양한 은행 업무를 볼 수 있는 '포터블 브랜치'에 이어 '태블릿 브랜치'를 도입하기도 했다. 태블릿 브랜치란 은행원이 해당 은행의 전산 시스템에 접속 가능한 전자기기를 들고 고객을 직접 찾아가 각종 금융 업무, 금융상품 가입, 상담 등의 서비스를 제공하는 것이다.[3] 하나은행의 경우 269개 영업점에서 324대의 태블릿 PC를 활용해 태블릿 브랜치 서비스를 실시하고 있으며, 향후 신용카드 신청이나 담보 대출 신청

등으로 서비스를 확대할 계획이다. NH농협은행은 예적금이나 신용카드 신규 고객 유치에 태블릿 브랜치를 활용하고 있고, 증권계좌와 전자금융 서비스 등 활용도를 넓히기 위한 작업에 한창이다. 한국스탠다드차타드(SC)은행의 경우 이런 모빌리티 플랫폼을 활용해 영업하는 직원만 전년보다 7배 많은 540명에 달할 만큼 태블릿 브랜치가 고객을 위한 주요 서비스로 자리잡고 있다.[4]

패션업계, 생생한 오프라인 현장의 모습을 온라인에 담다

패션업계도 옴니채널과 더불어 통합성과 즉시성의 가치를 극대화하는 방향으로 발전하고 있다. ABC마트는 옴니채널 서비스 '스마트 슈즈 카트'를 선보였다. 이를 통해 소비자는 언제 어디서든 온라인과 오프라인을 가로지르며 상품을 구경하고 구매할 수 있다. 특히 온·오프라인 재고관리 시스템을 유기적으로 연결해 품절로 인한 고객 불편을 최소화하고 있다. MCM은 옴니채널 서비스인 'M5'를 시작했다. M5는 온라인에서만 경험할 수 있는 고객 상품 리뷰 및 주요 키워드 검색 서비스를 오프라인으로도 확대해 고객이 매장 내에서도 키오스크를 통해 확인이 가능한 서비스다. 또한 스마트폰을 통해 매장 내외에서 제품을 구매한 후 즉시 수령이 가능하며 서울 전 지역과 경기 일부 지역에서는 퀵서비스로도 제품을 받을 수 있도록 했다. 앱 서비스를 통해 제품 재고 내역을 고객과 공유하여 제품에 대한 접근성을 높이는 한편, 오프라인 매장에서의 제품 수령을 더욱 쉽게 만들어 온라인 매출 비중을 늘리기 위한 전략이다.

네이버의 '스타일윈도'는 시간과 공간의 장벽을 허물어 소비자에게 보다 생생한 오프라인 현장의 분위기를 전달하는 온라인 쇼핑채널이다. 백화점, 가로수길, 홍대 편집숍 등의 제품들을 온라인에 업로드하여 소비자가 스타일윈도를 통해 물건을 구매하고 오프라인에서 제품을 찾아가는 방식이다. 이 서비스가 기존의 온라인 서비스와 다른 것은 상품에 대한 사진이 편집된 이미지컷이 아니라 매장에서 근접 촬영한 현장감 있는 사진이라는 점이다. 오프라인 매장에 방문하기 힘든 고객을 겨냥해 제품 정보뿐 아니라 소비자가 간접적으로나마 경험할 수 있도록 홍대·가로수길·이태원 등 최신 트렌드 현장을 실시간으로 제품과 함께 노출하는 것이다.[5]

부동산, 숙박, 택시, 배달 음식에도 옴니채널 바람

옴니채널 서비스는 전통적인 오프라인 비즈니스 모델인 부동산 중개 시장에도 큰 변화를 불러일으키고 있다. 소비자들은 '직방'과 같은 앱을 통해 예전보다 훨씬 쉽게 매물 정보를 접하게 되었고, 해당 업체 또한 성공적으로 신규 고객을 창출하고 있다. '배달의 민족'이나 '요기요'의 배달 서비스 앱도 이러한 O2O 옴니채널 트렌드와 결합하면서 소비자의 편의를 더욱 높이고 있다.

숙박 O2O 서비스도 큰 인기를 모았다. 업계 1위 '야놀자'와 2위 '여기 어때'는 2015년 본격적인 고객 유치에 나서며 치열한 홍보와 광고 경쟁을 펼쳤다. 이외에도 택시 서비스의 O2O 역시 총성 없는 전쟁을 예고하고 있다. 2015년 3월 선보인 '카카오택시'에 이어 4월에는 SK플래닛의 'T맵택시'가 출시되며 영세한 택시 서비스 시장이 두 대기업의 등장으로 새로운 핫이슈로 떠올랐다. 특히 다음카카오는 공격적인 마케팅으로 단숨에 7만 명 넘는 택시기사를 확보하는 데 성공해 택시업계에 옴니채널 경쟁의 불을 지폈다.[6]

옴니채널에서 다루는 상품의 품목도 다양화되고 있다. 농산물의 경우 신선도 등의 문제로 온라인 판매가 활성화되지 못했던 점을 보완해 네이버 '푸드윈도'는 전국 산지에서 생산자가 키우고 가공한 식품들을 소개하고 판매하는 서비스를 실시했다. 전국적으로 570여 개 품목이 모바일 쇼핑 O2O 서비스를 통해 높은 판매 실적을 기록했다. 그동안 지역에서 소규모로 특화된 농작물을 생산하던 농민들

소규모사업 분야의 O2O 유망 업종

B2C 서비스별 시장 규모 및 1개 사업자의 평균 매출액(2010년 기준)
※ 원 크기는 전체 시장의 영업 이익 규모를 의미

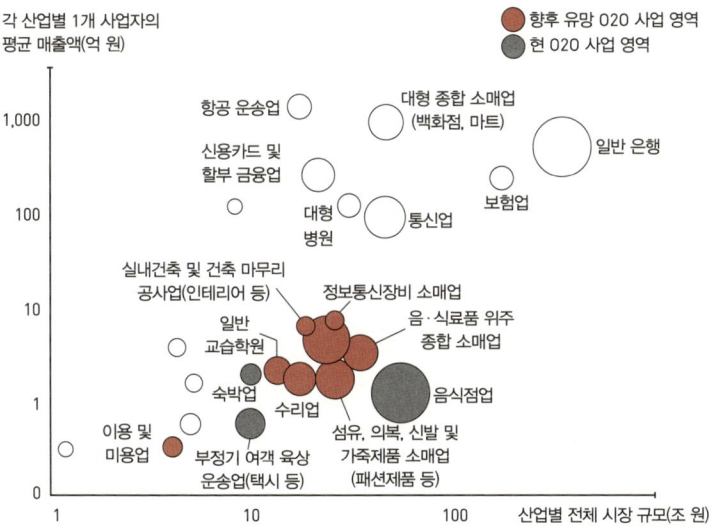

출처: 통계청 경제 총조사, LG경제연구원

은 이 서비스를 통해 새로운 판로를 개척하고 소비자 역시 신뢰할 수 있는 건강한 농산물 구매 루트를 확보할 수 있게 되었다.[7]

향후 옴니채널 서비스는 매우 다양한 영역으로 확장될 것이다. 무엇보다 난립하는 영세한 소규모 업체들을 하나의 네트워크로 결합시킬 수 있는 플랫폼 구축이 중요하다. 이 때문에 숙박·택시·배달·부동산을 넘어 자동차정비·인테리어·개인병원·미용업·세탁소 등 다양한 분야의 소매업체들이 대형업체의 네트워크 플랫폼을 통해 옴니채널화될 것으로 전망된다.

옴니채널 서비스의 경우 단순히 결합과 통합만이 능사가 아니다. 기존 서비스와의 차별화 전략이 더 중요하다. 예를 들어 '푸드플라이'는 배달이 안 되는 레스토랑의 음식을 배달해주는 서비스를 제공해 기존 음식 배달 옴니채널과 차별화된 가치를 만들었다. 이 업체는 수수료 외에 별도의 배달료를 받아서 새로운 수익 모델을 창출하기도 했다. 택시 O2O 서비스 '백기사'는 쉐라톤 그랜드 워커힐 호텔과 기사 서비스 교육 제휴를 맺는 등 서비스 품질로 차별화를 꾀하기도 했다. 택시 기사에게 '유아 동반자 있음', '수화물 많음' 등의 사전 메시지를 전달할 수도 있다.

현재 약 7조 원 규모인 O2O 비즈니스 시장은 향후 20조 원 규모로 성장할 전망이다. 이처럼 단순한 통합화를 넘어 차별화된 서비스를 제공하는 옴니채널 시스템 구축이 향후 옴니채널 전쟁의 화두가 될 것이다.[8]

마케팅의 새로운 기회가 된 옴니채널

옴니채널 구축은 유통업체들에 마케팅의 새로운 기회를 열어주고 있다. 고객들의 구매 데이터 등 정보 자료를 방대하게 축적시킬 수 있기 때문이다. 이는 빅데이터 분석의 기회가 커졌음을 의미하며 이에 최적화된 디지털 마케팅의 기회가 새롭게 열리고 있음을 뜻한다. 신한카드는 업계 최초로 빅데이터센터를 구축해 이를 활용한 '코드 9'이라는 체계에 기반한 신상품을 출시하고 자체 마케팅은 물론 고객기업이나 지방자치단체에 솔루션 컨설팅 정보를 제공하고 있다. 롯데카드 역시 빅데이터 분석을 위한 전담 부서를 설치하고 기존의 전자지갑인 '롯데카드 클러치'에 빅데이터 개인화 추천 기능을 추가한 서비스를 시작했다. 이 서비스는 다음 소프트와 진행한 쇼핑 트렌드 분석, 소셜 **오피니언 마이닝**을 통해 수집된 데이터를 기반으로 고객의 상황에 맞춤화된 다양한 서비스를 제공한다.

옴니채널이 확대되는 만큼 이를 활용하는 소비자도 늘어나면서 이들의 온라인과 오프라인 소비 행태를 분석하려는 시도가 두드러지고 있다. 2015년 대홍기획과 닐슨은 옴니채널 쇼핑객을 분석하기 위한 전략적 제휴를 맺기도 했다. 매체·광고·유통 분야가 연계된 옴니채널

오피니언 마이닝
Opinion Mining

웹사이트와 소셜 미디어에 나타난 여론과 의견을 분석하여 유용한 정보로 재가공하는 기술이다. 텍스트를 분석하여 네티즌들의 감성과 의견을 통계·수치화하여 객관적인 정보로 바꾼다. 구매 후기와 같은 많은 정보 중에서 유용한 정보를 찾아낼 수 있고, 묻고 답하는 방식을 넘어 이용자들의 생각과 표현의 파편을 모아 일정한 법칙성을 찾아내어 새로운 의견 형성을 발굴하고 탐사하는 방식이다.

출처: 네이버 지식백과

환경에 둘러싸인 소비자 행동을 분석하기 위한 특화된 플랫폼 구축을 시도하는 것이다. 이처럼 옴니채널을 통한 디지털 마케팅 시도가 활성화될수록 향후 소비자의 소비 행동과 습관을 더욱 정확하게 분석할 수 있어 맞춤형 서비스 영역도 확대될 것으로 전망된다.

향후 전망
고객 쇼핑 체험의 가치를 극대화하라
—

옴니채널 비즈니스를 구축할 때 온라인과 오프라인의 일대일 결합 방식의 1차원적 통합만으로는 고객에게 구매의 편리함 이상의 가치를 제공하기 어렵다. 다양한 온라인과 디지털 기술을 창조적으로 결합하고 이전에는 경험해보지 못한 새로운 쇼핑 체험을 고객에게 제공하는 것이 무엇보다 중요하다. 옴니채널을 통해 온라인과 모바일 채널이 활성화되면서 오프라인 매장은 여러 가지 측면에서 변화를 맞을 것이다. 이러한 변화에 대응하기 위해 필요한 전략은 무엇일까?

우선 오프라인 매장은 고객이 오감 만족과 브랜드 체험을 할 수 있는 다양한 기회를 만들어야 한다. 최근 가전·통신업계에서는 매장에서의 고객 경험을 극대화하기 위해 편안하게 꾸민 라운지형 매장이 확산되고 있다. 이러한 매장에서 소비자는 그저 편안히 앉아 테이블에 놓여 있는 제품들을 요모조모 살펴보다가 궁금한 점이 있을 때만 직원을 불러 물어보면 된다. 예를 들어 KT 올레스퀘어는 고객이 다양한 IT용품을 자유롭게 써볼 수 있는 라운지형 매장을 선보였는

데, 거실·욕실·침실·사무실 등 고객이 편안함을 느낄 수 있는 일상적인 공간의 테마로 장식해 고객 접근성을 높였다. 삼성전자의 디지털 플라자 홍대점은 부티크·액티브·트래블 등 다채로운 테마의 라운지를 갖추고 커피숍까지 입점시켰다. 이외에도 LG유플러스는 고객이 거울을 보면 거울 표면에 피부 상태를 진단해주는 매직 미러를 설치하기도 했고, 현대자동차는 강남역 인근 매장 안에 오디오 청음 시설을 갖추고 카페 등을 입점시켜 다채로운 체험형 라운지 매장으로 만들고 있다.

이런 사례는 옴니채널이 강화된다고 해서 오프라인의 가치가 사라지는 것은 아니라는 점을 말해준다. 오히려 옴니채널의 가치와 활용도를 높이는 동시에 오프라인의 장점을 활용해 고객의 체험적 경험 요소를 극대화할 필요가 있다. 3S 전략이 대표적이다. 즉, 제품을 사면서shopping, 정보를 검색하고searching, 친구들과 공유sharing하는 과정을 동시에 체험할 수 있는 전략의 리테일 마케팅을 활용하는 것이다. 고객이 매장에서만 느낄 수 있는 특별한 경험이나 모바일 스토어에서만 느낄 수 있는 재미 요소를 함께 제공해야 구매 전환율conversion rate이 올라갈 수 있다.[9] 구매 전환율이란 광고나 제품에 노출되고 나서 실제로 구매 행동에 나서는 비율을 말하는데, 구매 가능한 채널이 기하급수적으로 많아지면서 소비자 입장에서는 구매 선택의 폭이 넓어졌지만, 판매자 입장에서는 구매 전환율이 감소하는 상황을 맞고 있다.

런던의 리바이스와 나이키 매장이 체험을 통해 구매 전환율을 높이는 대표적인 사례다. 리바이스 매장에 가면 오래된 재봉틀·줄자·

초크 등이 진열되어 있다. 매장 안에서 고객이 원하는 청바지를 바로 재단해 맞춤으로 제작해주기 위해서다. 나이키 매장도 고객에게 맞춤화된 운동화를 제작해주는 서비스를 선보였다. 흔하게 살 수 있는 운동화와 청바지가 특별한 경험과 결합되면서 오프라인만의 새로운 가치가 창출되는 것이다. 런던의 일리커피 매장 역시 고객이 스스로 에스프레소 잔을 디자인해 구매할 수 있는 체험형 서비스를 제공하고 있다.

이처럼 앞으로 옴니채널 시대의 유통전략은 고객이 온라인, 모바일, 오프라인을 넘나들며 모든 채널에서 각 채널의 고유한 혜택과 즐거움을 누릴 수 있도록 콘텐츠 개발에 매진해야 할 것이다. 다가오는 2016년에는 유통의 혁명으로 불리는 옴니채널 비즈니스가 이질적인 채널 간의 창조적 통합을 통해 시공간을 허물고, 고객과의 스킨십을 더욱 친밀하게 확장하며, 공감각적 고객 체험을 가능케 하는 새로운 가능성의 영역을 개척해나가기를 기원한다.[10]

Now,
Show Me the Evidence

증거중독

• 『트렌드 코리아 2015』 예측 내용

"증거를 보여주세요." 확실한 증거를 보여주지 않으면 그 무엇도 믿지 않는다. 내 눈으로 직접 확인해야 직성이 풀리고, 지인들과 공유하며 검증해야 마음이 놓인다. 일종의 정보 강박증이다. 이제 막연하고 감성적인 광고 문구나 누군가의 '충동질'이 아니라, 객관화된 데이터가 소비자의 결정에 확신을 주는 중요한 역할을 하고 있다. 『트렌드 코리아 2015』가 전망하는 **증거중독** 키워드는 불안이 만연한 사회 분위기 속에서 증거수집이라는 새로운 방식에 기반해 구매 의사 결정을 내리려는 소비 현상을 의미한다. 공공 정보에 대한 불신과 믿을 사람 하나 없다는 세상에 대한 의심은 소비자를 정보의 바다 속에 직접 뛰어들게 만들었다. 시장의 '호갱'이 되지 않기 위해 사실에 대한 증거를 스스로 파헤치는 적극성을 띠게 된 것이다. 이러한 변화에 대응하려면 기업은 물론 정부나 공공조직 역시 막연한 이미지가 아니라 확고한 증거로 승부해야 하는 증명의 시대가 도래했다.

『트렌드 코리아 2015』 269~286쪽

• •

단 이틀 사이 주가가 30% 이상 폭락하며 무려 260억 달러가 넘는 시가총액을 허공에 날린 기업이 있다.[1] 전 세계 자동차 시장에서 품질의 대명사이자 기술과 신뢰의 상징이었던 폭스바겐 그룹이다. 친환경적이고 연비도 높은 '클린디젤'을 강조했던 폭스바겐이 차량

의 배출가스 저감 장치를 조작했다는 사실이 2015년 9월 발각된 것이다.

세계 정상급 자동차 기업이 자랑한 디젤 기술 혁명의 실체가 고의적인 조작이었다는 의혹이 확산되며 자동차업계뿐 아니라 소비자도 아연실색했다. 국가별 소비자들의 사태 규명 요구가 쏟아졌고 우리나라 고객들의 불만도 폭주했다. 국내에서 팔린 배출 가스 조작 차량은 폭스바겐이 9만 2,000대, 아우디가 2만 8,000여 대로 추산되고 있어 최대 12만여 대에 대한 리콜이 이루어질 전망이다.[2]

이번 사건이 소비자들에게 특히 충격을 준 것은 '증거 수치'를 조작했다는 점이다. 광고나 마케팅이라면 어느 정도 과장이 있을 수 있다. 하지만 배기가스 배출량과 연비 등 수치가 곧 성능의 증명과도 같은 자동차 제조업에서 의도적으로 그 수치를 조작해버린 폭스바겐을 향한 전 소비자들의 분노가 하늘을 찌른 것이다.

소비자 입장에서 상품에 대한 수많은 정보가 정글 숲을 이루는 환경에서 길을 잃지 않고 원하는 것을 얻어나가려면 믿을 수 있는 소비 가이드가 필요하다. 그중 가장 신뢰할 만한 것이 바로 '증거'다. 명품 브랜드라 추앙받던 기업마저 증거를 몰래 숨기고 조작하는 사태가 벌어진 2015년, 제품에 대한 확실한 정보를 얻기 위해 증거 수집에 집착하는 소비자의 모습은 당연한 일이 됐다. 자동차 배출가스뿐만 아니라 식품과 의약품, 가전제품의 검증 결과에도 의혹의 눈초리를 거둘 수 없었던 소비자들에게 이제 증거는 구매 결정을 위한 보조적 과정을 넘어 구매 후에도 끊임없이 의심하고 수집해야 하는 하나의 목적이 되고 있다.

『트렌드 코리아 2015』가 전망한 **증거중독** 키워드에서는 의심과 불안이 만연한 사회 분위기에서 확고한 증거를 바탕으로 구매 의사 결정을 내리는 새로운 소비 현상을 소개했다. 직접 눈으로 확인해야 직성이 풀리는 소비자들에게 시각적인 증거는 가장 효과적인 대응 전략이 됐고, 객관적인 정보를 절대적인 수치로 증명하는 것 또한 소비자에게 신뢰성을 제공하는 주요한 전략으로 자리잡았다.

더 나아가 아예 소비자가 직접 경험할 수 있는 기회를 제공하는 '체험화' 전략 또한 두드러졌다. 넘쳐나는 정보의 홍수 속에서 햄릿 증후군을 호소했던 일부 소비자들이 이제는 증거에 입각해 그 결정 장애를 극복하고자 한다. 이들은 더 이상 감정에 호소하는 마케팅에 휘둘리거나 선택의 칼자루를 기업에 쥐여주지 않기 위해, 조작되지 않은 확실한 정보와 증거를 움켜쥐기 위해 노력하고 있다.

다가오는 2016년, 소비자의 권리가 전방위적으로 확대될 것임을 예고하고 있는 시점에서 기업이 자발적으로 소비자에게 '증명'되기 위해 펼쳐놓은 2015년의 다양한 증거들을 먼저 들여다본다.

시각화 : 눈으로 증명하라

스마트폰 액정에 칼질하고, 세탁기 위에 쇳덩어리를

"보는 것이 믿는 것이다." 눈으로 직접 보여주는 것보다 확실한 것은 없다. 2015년 4월 출시된 삼성의 '갤럭시S6엣지'의 내구성을 시험하는 영상이 온라인에 퍼지며 네티즌들의 이목이 집중되었다. 스마트

출처: social.lge.co.kr

▲ "나, 이런 청소기야." 지상 100m 흔들리는 크레인 위, 고층빌딩 지붕 위, 오프로드를 달리며 쉴 새 없이 흔들리는 자동차 위에서 청소력을 검증하는 LG 로보킹의 극한청소 도전기의 영상물.

폰 액정을 마구 칼질하는 것을 시작으로 망치로 수차례 내려치기까지 하는 이 영상은 제품의 내구성을 보여주는 확실한 '시각적 증거'가 되었다. 이 화제의 영상이 등장한 이후 애플의 아이폰6와 삼성의 갤럭시S6엣지의 내구성을 비교하는 실험 영상도 등장했다. 무엇이 더욱 튼튼한가에 대한 평가는 서로 엇갈리고 있지만, 시각적 증거에 대해 소비자들이 얼마나 열광하는지 알 수 있는 대목이다.[3]

시각화의 노력은 연중 계속됐다. 가전업체마다 직접 실험 영상을 제작해 자사 제품의 견고함을 증명하기 바빴다. LG전자가 100미터 높이 크레인 위와 비포장도로를 달리는 차 위에서도 빈틈없이 청소하는 자사의 로봇 청소기 영상을 선보이며 제품의 우수성을 강조하자, 삼성전자는 접시를 깨뜨릴 정도로 무거운 추를 2미터 높이에서 자사의 세탁기 위로 떨어뜨리는 실험을 영상에 담았다. 또한 LG전자는 지난 6월, 멕시코시티에서 2시간 동안 746명의 사람이 한 대의 G4 전면 카메라로 연속해서 셀카를 찍는 실험을 펼쳐 해당 스마트폰의 배터리 수명이 얼마나 우수한지 증명했다. 흡입력이 우수한 로봇 청소기, 파워봇을 출시한 삼성전자는 청소기의 흡입력이 얼마나 강력한지 보여주기 위해 5킬로그램에 달하는 볼링공 2개를 너끈히 들어올리는 모습을 영상에 담아 증거로 내놓았다.

노트북 시장에서도 소비자에게 성능을 보여주기 위한 실험 영상 경쟁이 뜨거웠다. 먼저 LG전자가 자사의 노트북을 샤프심 위에 올려놓고, 벽에 붙여놓는 등 '초경량'임을 강조하는 실험을 선보였다. 이에 삼성전자는 노트북의 자판을 수십만 번 두들기고, 사람 허리 높이에서 반복해 떨어뜨려도 아무 문제 없이 작동하는 '내구성' 강조 실험으로 반격했다. 해당 업체들이 실험실 속 극한 테스트 영상을 공개하는 이유는 단 하나다. 소비자가 직접 눈으로 확인하는 이 시각화 과정을 통해 값비싼 전자제품을 함부로 테스트할 수 없는 소비자에게 안심하라는 메시지를 전하는 동시에 망설이는 소비자의 구매결정을 앞당길 수 있기 때문이다.[4]

방금 짜낸 주스와 오픈 키친, 내 눈으로 확인할 거야!

이와 같은 시각화 열풍은 의심 많은 식품 시장도 비켜가지 않았다. 2015년 국내 식음료 시장에서 가장 주목받은 아이템은 착즙 주스다. 2015년 봄, 대한민국에 독버섯처럼 퍼진 메르스의 여파로 호흡기 건강과 면역력에 대한 대중의 관심이 급증했다. 이에 따라 건강식품에 대한 수요가 증가하면서 100% 착즙 주스의 성장도 괄목할 만했다. 신세계백화점에 따르면 2015년 3~5월, 일반 주스의 매출 신장률이 19%에 그친 반면, 착즙 주스가 포함된 프리미엄 주스 신장률은 전년

동기 대비 45%를 기록했다.[5]

레스토랑의 오픈 키친 인테리어도 눈으로 확인해야 안심하는 소비자의 심리를 제대로 파악한 사례다. 테이블에 앉아 그 음식이 조리되는 과정을 지켜보는 것은 '내가 먹을 음식'에 대한 의구심을 잠재우고 신뢰감을 쌓을 수 있는 중요한 절차가 되었다. 이 때문에 외식업계는 '오픈 키친' 형태의 매장을 점차 확대하는 추세다. 재료의 신선함은 물론 조리 환경의 위생까지 중시하는 고객들이 조리 과정을 직접 확인할 수 있도록 주방의 문을 활짝 연 것이다. 최근 인기몰이를 하고 있는 한식 뷔페 중 이랜드그룹 외식사업부에서 새롭게 론칭한 '애슐리 퀸즈'는 고객이 전문 셰프들의 조리 과정을 볼 수 있도록 '라이브 스테이션'이라는 오픈 키친을 운영 중이고, 신세계푸드의 '올반'은 매장에서 직접 도정한 쌀로 밥을 짓고, 즉석에서 두부를 만드는 과정까지 보여줘 고객들의 호응을 얻고 있다.[6]

수치화: 객관적으로 증명하라

방사능 측정기에 휴대용 염도계까지, 테스트에 홀릭되다

"매일매일 하루에도 수십 번씩 전자저울에 올라가 몸무게를 확인해요."

다이어트에 중독된 사람들이 흔히 하는 말이다. 덜 먹고 더 움직이며 내 몸을 상당히 괴롭히고 있으니, 그에 대한 보상으로 이전보다 적은 수치의 몸무게를 확인해야 안심되기 때문이다. 거울을 보는 것만으로는 체중 감량의 여부를 정확히 알 수 없다. 저울의 숫자로 확인해야 하는 것이다. 그것이 단 몇백 그램일지라도 말이다. 육안으로 확인할 수 없는 것을 증명해줄 수 있는 유일한 대안은 '숫자'다. 이러한 현상은 결코 체중 변화에 집착하는 사람들만의 이슈가 아니다. 구매 의사 결정을 하는 소비자에게도 숫자, 즉 수치화된 데이터는 상당한 영향력을 가진 '증거'다.

2015년에도 어김없이 발생한 각종 안전사고와 황사, 미세먼지 등 유해환경에 이르기까지 사회불안 요인들이 끊이지 않았다. 설상가상으로 메르스의 유행은 국민들의 불신과 불안을 걷잡을 수 없이 키웠다. 이에 따라 증거를 확인하고 검증을 마쳐야 안심하는 이른바 '테스트홀릭testholic(테스트에 중독됐다는 의미)'족이 소비시장 곳곳에서 두드러졌다. 이들의 등장과 함께 관련 상품 판매율도 뚜렷한 신장세를 보이고 있다.

2015년 3월, 온라인 쇼핑몰 11번가는 방사능 측정기와 전류·전압 등을 측정하는 멀티테스터, 염도계 등 각종 테스트 기기의 판매가 증가했다고 밝혔다. 일본 후쿠시마 원전 방사능 유출 사건의 여파로 여전히 방사능에 대한 대중의 공포감이 팽배해 있는 가운데, 2014년 방사능 아파트 문제가 언론에 보도되자 방사능 측정기를 찾는 소비자들이 크게 증가한 것이다. 특히 2015년 1월 일본산 멍게 수입이 재개된 이후, 3개월 동안의 방사능 측정기 매출이 2014년 동기 대비 149%나 증가했고, 2015년 3월 한 달에만 매출액이 1681%나 급증하는 기현상을 보였다.[7] 소비자의 마음속에 한번 자리잡은 불신과 불안은 해가 바뀌어도 쉽게 사그라지지 않고 있음을 보여주는 사례다.

냉장고·에어컨·TV·컴퓨터·스마트폰 등 전자제품에서 발생하는 전자파 측정기의 매출 또한 눈에 띄는 신장세를 보였다. 특히 스마트폰에 연결해 사용할 수 있는 초소형 전자파 측정기가 인기 품목으로 부상하며 2014년 12월부터 2015년 3월까지의 매출이 전년 동기보다 63%나 늘었다. 납 테스트 기기나 염도계 또한 인기를 끌었다. 한 방송매체에서 국내 유명 도자기 업체 식기의 납 함유량이 높게 나타났다는 보도가 나간 후, 납 함유량을 측정하는 테스트 기기의 매출이 58%나 늘어났으며, 과도한 나트륨 섭취가 건강에 유해하다는 인식이 대중화되면서 간편하게 식품 속 염도를 측정할 수 있는 휴대용 염도계 매출도 83%나 증가했다.[8]

진짜를 표현하는 방식, '숫자 마케팅'

유통업계 곳곳에서 수치화된 데이터를 요구하는 증거중독형 소비자를 공략하기 위한 움직임이 눈에 띄었다. 임상실험 결과를 바탕으로 소비자에게 제조공법과 판매 기록 등 구체적인 제품 정보를 수치로 제시하는 '숫자 마케팅'이 바로 그것이다. 요거트 브랜드인 액티비아는 '14일의 음용 습관'의 효과를 강조하는 프로모션을 진행했다. 소비자가 14일 동안 매일 이 음료를 마신 뒤에도 아무런 개선 효과를 경험하지 못할 경우 구매 금액을 전부 환불해주는 이벤트다. '14일'이라는 구체적인 숫자를 전면에 내세워 소비자들에게 제품의 효능을 뚜렷하게 전달함과 동시에 환불을 약속함으로써 부담 없이 체험 기회를 누릴 수 있도록 유도한 것이다.

화장품업계에서도 제품명을 제조공법과 관련된 숫자로 표기하거나, 성분 함량 수치를 제품명에 그대로 적용하는 등 숫자 마케팅을 이용하는 사례가 눈에 띄었다. 네이처리퍼블릭의 '아르간 20° 리얼 스퀴즈 앰플'은 차별화된 제조공법을 드러내기 위해 이와 관련된 숫자를 제품명에 그대로 표기했다. 20도에서 120시간 자연발효시키는 자사만의 특허 공법을 강조한 것이다.[9] 스킨푸드의 '0.9 수분 크림'과 '0.9 수분 에센스'는 미네랄이 풍부한 안데스 호수염을 0.9% 함유했다는 점을 강조하기 위해 이를 제품명에 내세웠다. 더페이스샵의 '비피다 97.5 올인원 트리트먼트' 역시 에스티로더의 갈색병 에센스로 유명한, 비피더스균을 배양시켜 얻는 성분인 비피다BIFIDA 발효용해물이 97.5% 함유되었다는 점을 제품명에 직설적으로 드러낸 네이밍 방식으로 숫자 마케팅에 가세했다.

증거중독형 소비자들의 이목을 집중시키는 데 판매량이나 판매수익을 공개하는 '숫자 마케팅' 역시 효과적이다.

출처: 각 사 홈페이지

▲ 20도에서 120시간 자연발효, 안데스 호수염 0.9% 함유, 비피다 발효용해물 97.5% 함유.
"숫자는 당신을 속이지 않습니다."

예를 들어 이마트는 자사 매장에서 판매하고 있는 칠레 와인 G7의 인기를 입증하는 도구로 숫자를 이용해 눈길을 끌었다. 2014년 3월, 1분에 1.37개씩 팔린다는 흥미로운 수치가 공개되어 유명세를 탄 이 와인은 다시 그해 9월에는 하루에 2,000병씩 팔린다는 또 다른 수치가 나와 이목을 끌었다. 여세를 몰아 2014년 한 해에 '100만 병 판매 돌파'라는 대기록을 세워 인기를 입증했다.

이렇듯 기업이 판매와 관련된 직접적인 수치를 공개한다는 것은 구매 결과에 대한 강한 자신감을 드러내는 것이기도 하다. 숫자는 소비자에게 어떤 홍보 문구보다 더 확실한 신뢰와 좋은 인상을 심어주는 도구다.

향후 전망
꼼수 대신 장기적인 가치를 만드는 것이 관건

2015년 6월 SNS 등 온라인을 중심으로 소비자들의 이목을 집중시키는 의혹이 하나 제기됐다. 출시 당시 큰 화제를 모으며 한때 품귀 현상까지 벌어졌던 한 과일맛 주류의 맛이 변했다는 의혹이었다. 소비자들은 곧 구체적인 증거 수집에 나섰고, 병 뒷면에 표기된 원재료들 중 한 가지가 빠졌다는 것을 찾아냈다. 출시 초반에 생산된 제품에는 '증류식 소주(쌀 국산 100%)' 표기가 있었지만 이후 생산된 제품에는 해당 원재료명이 빠져 있었던 것이다.

이를 두고 일각에선 해당 기업이 원가 절감을 위해 슬그머니 증류식 소주를 빼는 꼼수를 부린 것 아니냐는 의견과 함께 초심을 잃었다는 비판의 목소리가 거세졌다. 이에 제조사는 적극적인 해명으로 사태를 수습해야 했다. 제품에서 빠진 첨가물은 맛에 영향을 미치지 않는다는 사실을 밝히고, 첨가물 변화는 자사의 모든 신제품이 그렇듯 많은 소비자의 입맛으로 테스트받아 맛에 변화를 주는 과정이었다고 밝힌 것이다. 다시 말해 꼼수가 아니라 개발 단계에서 당연히 거치는 업그레이드가 진행된 것이라는 해명이었다.[10] 요즘 소비자들이 얼마나 꼼꼼하고 깐깐한지를 잘 보여주는 작은 소동이었다.

불신과 불안이 만연한 의심 사회가 배경인 것은 유감스러운 일이다. 하지만 이를 바탕으로 보다 능동적이고 주체적인 소비자로 진화하는 것 자체는 고무적인 일이기도 하다. 게다가 소비자들이 증거 수집을 통해 구매 의사를 결정하는 과정에서, 소비자가 엔지니어 못지않은 지식을 가지고 있다는 의미의 '컨슈니어consuneer'나 제품 라벨의 성분명과 유의사항을 모두 꼼꼼히 읽는다는 의미의 '호모 도큐멘티쿠스homo documenticus'가 등장하는 등 소비자의 전문성이 부각되는 타이틀까지 얻을 수 있었다는 것도 긍정적인 현상이다. 물론 넘쳐나는 정보의 풍요 속에서 기업의 마케팅 전략에 동요되어 갈피를 잡지 못하는 햄릿증후군을 앓고 있는 소비자도 있다. 하지만 한편으로는 증거를 찾아 확신의 체계를 견고하게 만들어가는 주체적 소비자가 늘고 있다는 점은 주목할 만하다.

허위 정보가 난무하는 시대, 소비자들은 이제 자신이 검증한 정보 외에는 어떤 정보도 쉽사리 믿지 않는다. 이를 두고 미국 홍보대행사 에델만의 CEO 리처드 에델만Richard Edelman은 "미디어 기술이 급격히 발달한 이 시대엔 스스로 창출한 진실 외에 어떤 진실도 없다"고 말했다. 넘쳐나는 정보 속에서 오히려 진실을 찾기가 더 어려워지는 현실을 절묘하게 풍자한 말이 아닐 수 없다.

증거중독의 배경에는 소비자의 '불신'이 자리하고 있다. 소비자들의 적극적인 증거 수집 활동은 앞으로 더욱 진화할 것으로 예측된다. 사회에 대한 의심과 불안은 단기간에 해소될 수 있는 문제가 아니기 때문이다. 따라서 기업과 소비자 사이의 신뢰를 구축할 만한 선순환 구조를 확립하는 것이 무엇보다 중요하다. 기업은 제품의 성능을 과장해 구매 포인트를 만드는 전략보다는, 소비자에게 신뢰를 심어주는 가치를 경험과 증거를 통해 보여주는 전략으로 초점을 바꾸어나가야 할 것이다.

Tail Wagging the Dog

꼬리, 몸통을 흔들다

• •『트렌드 코리아 2015』예측 내용

지엽적인 것들이 본질에 앞선다. 본품은 사은품을 갖기 위한 수단이 되고, 밑반찬 하나 때문에 단골식당이 바뀌며, 부수적인 서비스라고 생각되던 것들이 제품과 결합해 새로운 제품군을 생성한다. 공짜였던 덤을 구하기 위해 기꺼이 지갑을 여는 사람들이 증가하면서 덤 자체가 핵심적인 구매 결정 요인으로 작용하는 새로운 시장이 탄생하고 있다. 덤이 소비자의 선택을 이끄는 결정 요인으로 부상하면서, '덤의 경제'가 시작된 것이다. 상품 간의 차별점이 사라지고 품질과 가격 경쟁이 극도로 치달으며, 있어도 그만 없어도 그만이던 '덤'의 지위도 변하고 있다. 제품 경쟁이 1군 리그라면, 덤 경쟁은 2군 리그다. 꼬리가 몸통을 흔드는 '꼬리 경쟁'의 시대, 창의적이고 소비자 지향적인 사고를 통해 수익 중심형 사고에서 벗어나, 2군 리그가 만드는 새로운 경쟁의 룰을 주도해나가야 할 것이다. 이제 꼬리 경쟁에서 승리한 기업이 결국 시장의 몸통을 차지하게 될 것임을 명심하라.

『트렌드 코리아 2015』 287~306쪽

"굿즈숍 좀 열어주세요, 현기증 난단 말이에요!"

한 인터넷 서점을 향한 SNS 이용자들의 요구가 빗발쳤다. 책을 구매하면 사은품으로 제공되는 다양한 '굿즈' 제품들이 소비자의 마음을 '심쿵'하게 만들며 책보다 더 큰 호응을 일으켰기 때문이다. 원래 굿즈는 아이돌 팬덤 용어로 스타의 얼굴이 그려진 컵이나 수건과 같

은 상품을 뜻한다. 영어 'goods'에서 온 말로서, 스타의 공식상품 시장이 일찌감치 발달한 일본 음악 시장에서 들어온 용어다.[1]

인터넷 서점 알라딘은 2015년 5만 원 이상 구매 고객을 대상으로 매월 독자적으로 만든 특별한 굿즈 상품을 증정했다. 셜록홈즈 키홀더, 배트맨 파우치, 빨간 머리 앤 틴케이스, 책 모양을 본떠 만든 북스탠드 등 세련되고 아기자기한 디자인의 굿즈들이 독자들의 마음을 사로잡았고, 급기야 따로 굿즈숍을 만들라는 요청까지 듣게 된 것이다. 이에 2015년 7월, 알라딘 굿즈 전문숍이 개장돼 온라인은 물론 오프라인 매장에서도 다채로운 굿즈 상품을 선보이고 있다.[2] 2015년 도서정가제 시행으로 도서 할인율이 15%로 제한되면서 오프라인 대비 저렴한 가격으로 사랑받던 온라인 서적의 소구 포인트가 사라질 위기에 처했지만 도서 콘텐츠를 활용한 영리한 '덤 전략'으로 새롭게 활로를 모색한 것이다. 실제로 자체 투표 결과 가장 인기 있는 서비스는 24.9%의 지지율을 받은 굿즈 섹션인 것으로 나타났다.[3]

이처럼 2015년은 덤 때문에 구매가 발생하고, 매출이 올라가고, 시장이 형성되는 '덤의 경제'가 본격적으로 자리잡기 시작한 한 해였다. 출판은 물론, 식품·유통·전자에 이르기까지 다양한 업종에서 꼬리의 활약이 빛났다. 제품의 품질 수준이 유사해지고 브랜드에 대한 고객 충성도가 갈수록 희미해지는 시대에 매력적인 꼬리를 앞세워 몸통을 흔들었던 기업들은 매출 상승과 더불어 그동안 타깃이 아니었던 소비자 집단까지 유인함으로써 시장을 확대하는 일석이조 효과를 누렸다. 소비자에게는 '공짜'로 인식되고, 기업에는 '비용'으로 지각되었던 덤이 일궈낸 새로운 시장, 2015년판 꼬리의 경제를 구체적으로 살펴본다.

정체된 시장에 활기를 더한 '덤'의 경제

장난감 증정 이벤트에 열광한 어른들

2015년 첫 번째로 주목해볼, 꼬리가 몸통을 흔든 현상은 역시 '덤'의 활약이다. 특히 그동안 정체되었던 산업에서 덤의 활약이 더욱 빛났다. 공짜로 제공되는 증정품에 그치지 않고 웃돈을 주고라도 구매하고 싶은 매력적인 덤의 등장은 침체되었던 시장에 귀중한 활기를 불러일으켰다.

대표적으로 패스트푸드업계의 덤 전략은 이제 깜짝 이벤트를 넘어 매출 증대로 연결되는 확실한 프로모션으로 자리잡고 있다. 예를 들어 M사는 2015년 7월과 8월 두 차례에 걸쳐 어린이 메뉴인 '해피밀' 세트를 구매하면 인기 캐릭터 '미니언즈' 피규어를 증정하는 이벤트를 진행했는데,[4] 행사 당일 대부분의 물량이 소진되어 '대란'이라는 수식어가 사용될 정도로 시장의 반응은 뜨거웠다. 이미 2014년에 진행한 '슈퍼마리오' 피규어 이벤트로 커다란 호응을 불러일으켰던 덤의 열기를 2015년에도 이어간 것이다. 흥미로운 사실은 어린이를 대상으로 기획된 장난감 이벤트였지만, 열성적으로 참여한 사람들은 대부분 30대 초반의 남성들이었다는 점이다. 새로운 타깃 고객의 확대는 물론, 새로운 시장 창출에서 탐나는 사은품이 어떤 역할을 할 수 있는지 증명된 셈이다. 이러한 사실은 빅데이터 분석에서도 잘

드러난다.

베스킨라빈스 역시 새롭게 출시한 아이스크림 케이크의 인기몰이

패스트푸드 M사에서 진행한 피규어 증정 행사와 구매 고객 수

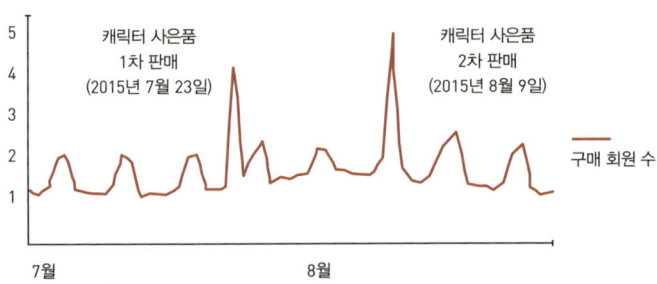

M사 피규어 증정 행사 참여 고객

단위: %

연령대	남성	여성
15~20세	1.3	1.2
20~25세	9.0	6.3
25~30세	9.1	6.6
30~35세	10.4	7.6
35~40세	9.4	7.3
40~45세	6.9	6.2
45~50세	4.3	4.6
50~55세	2.3	2.7
55~60세	1.2	1.4
60~65세	0.5	0.6
65~70세	0.3	0.3
70세 이상	0.3	0.3
계	54.9	45.1

자료제공: 신한카드 빅데이터센터

를 위해 케이크를 〈헐크〉와 〈아이언맨〉의 피규어로 장식했고,[5] 극장 CGV도 2015년 국내 외화 흥행 순위 1위를 기록한 영화 〈어벤져스 2〉 히어로인 아이언맨·캡틴아메리카·헐크·울트론의 정교한 피규어를 덤으로 주는 팝콘 세트를 만들어 소비자의 발길을 붙잡았다.

〈킹스맨〉의 장우산과 1+1 티켓, 덤을 탐하다

프랜차이즈 브랜드들이 새로운 메뉴를 출시하면서 고객들의 초기 경험을 유도하기 위한 전략에서 덤 전략은 유효했다. 새로 선보인 신제품이 고객의 눈길을 사로잡을 수 있도록 인기 아이템이나 희귀 아이템을 사은 선물로 제공하는 방식이다. 예를 들어 탐앤탐스는 고객이 매장에서 신메뉴를 마신 후 컵을 그대로 가져갈 수 있도록 하는 이벤트를 실시했다.[6] 신메뉴가 담긴 해당 컵은 2014년 여름에 큰 인기를 끌었던 유리병 모양의 '핸들드링킹자'로, 이 컵을 모으기 위해 여러 번 음료를 구매하는 사람들이 등장할 정도였다.

패션업체의 경우에는 장마철 매출 활성화를 위한 날씨 마케팅에 보다 적극적으로 덤을 활용했다. 남성복 코모도스퀘어는 7월 장마철 비수기를 타개하기 위한 전략으로 정장을 구매한 고객들에게 인기 영화 〈킹스맨〉에 등장한 영국풍 디자인의 검은색 자동 장우산을 증정했다. 사은품으로 특별 제작됐던 이 장우산은 고급 나무 소재로 손잡이를 제작해 슈트와 잘 어울린다는 입소문이 돌며 우산을 받으려는 구매 고객들이 크게 증가했다.[7]

특정 시장에 대한 경험이 없는 신규 고객을 유치하기 위한 전략으로도 '덤'의 매력은 빛났다. 일반적으로 공연예술업계는 마니아층이 두텁지만, 한 번도 공연 장르를 경험하지 못한 고객에게는 멀고도 낯선 영역이다. 무대와 대중 사이의 이 거리감을 좁히기 위해 문화체육관광부는 공연 티켓 한 장을 사면 한 장을 추가로 제공하는 '1+1 티켓' 사업을 선보였다. 인터파크에 따르면 시범사업 기간이었던 2015년 8월 18일부터 25일까지 총 1만 710명이 티켓을 구매했으며, 이 중에서 약 52%가 생애 첫 구매이거나 2015년 들어 첫 구매인 사실상 '새 손님'이었다고 한다.[8] 영화 시장에 밀려 관객 몰이에 어려움을 겪던 공연계가 덤 전략을 통해 관객 유치의 물꼬를 튼 것이다.

'제품＋서비스'를 결합한 '프로비스' 전략

덤이 꼭 제품일 필요는 없다. 서비스도 '꼬리' 마케팅의 주인공이 될수 있다. 특히 제품의 생산과 판매에 집중하고 사후 서비스로는 수리와 같은 A/S만을 제공하던 제조업체들이 본격적인 0서비스 품질 향상에 뛰어들면서 사은품 못지않은 사은 서비스 경쟁이 가열됐다. 제품product과 서비스service의 합성어로, 제품을 판매하는 것에만 그치지 않고 해당 제품과 연관된 서비스를 결합해 묶음 판매한다는 의미의 '프로비스provice' 전략이 전방위적으로 강화된 것이다.

　2015년 7월과 8월, 코웨이는 정수기의 위생 점검을 무상으로 제공하는 '섬머케어 서비스 캠페인'과 에어컨·매트리스의 오염도 측정은 물론 피톤치드를 이용한 집 안 살균 관리까지 포함된 '홈 디톡스 서비스'를 각각 실시했으며, LG전자 역시 시스템 에어컨의 세척

출처: www.linefriends.com, blog.kakaocorp.co.kr

▲ 어느새 브랜드의 대표상품이 되어버린 이모티콘 캐릭터.
신규 오프라인 사업의 한자리를 당당히 꿰찼다.

케어를 약 30% 할인해 제공하는 서비스를 시행했다.[9] 제품의 가격을 낮추거나 별도의 증정품을 제공하지 않아도 제조업체의 전문성 그 자체가 사은 서비스가 되어 긍정적인 반응을 얻었다.

로켓 배송과 호텔식 서비스, 제품보다 서비스를 앞세우다

2015년 성장 추이가 다소 둔화됐던 소셜 쇼핑 분야에서도 '서비스 강화' 전략을 새로운 동력으로 채택했다. 쿠팡은 서비스 차별화를 위해 '로켓 배송'을 실시했는데,[10] 자사만의 물류센터와 배송 시스템을 구축해 고객에게 더욱 빠르고 친절한 배송 서비스를 시작한 것이다. 로켓 배송은 기존 택배업계가 아닌 직접 고용한 배송 인력인 '쿠팡맨'을 통해 하루 배달 서비스를 목표로 신선식품까지 안전하게 배달하는 서비스다. 국내 택배업계와의 마찰에도 불구하고 해당 서비스를 이용한 고객들의 만족도는 높았다. 신한카드 빅데이터센터의 분석 결과에 따르면 쿠팡의 2015년 이용 건수는 전년 동기 대비 2배이상 성장해 업계 1위 자리를 공고히 다졌다. 특히 로켓 배송의 경우 작은 서비스에도 민감하게 반응하는 30대 여성 소비자의 만족도가 높아 이제는 배송과 같은 서비스의 속도와 퀄리티가 중요한 경쟁력이 되고 있음을 방증했다.

건설업계의 서비스 전략도 고객의 작은 편의까지 세심하게 배려하는 방향으로 진화하고 있다. 호황을 맞고 있는 아파트 시장과 달리 공급 과잉으로 어려움을 겪고 있는 오피스텔의 경우 아파트 같은 평면에 발렛파킹·조식·세탁 등 호텔에 버금가는 서비스를 제공하는 이른바 '호피스텔(호텔 같은 오피스텔)'로 승부를 걸고 있다.[11] 국내에서 처음으로 호텔식 서비스를 도입한 것으로 알려진 서울 마곡지구의 오피스텔 '럭스나인'은 21대 1의 경쟁률을 보이며 한 달 만에 분양을 마감했다. 서울 마포구의 '블루마리' 오피스텔도 피트니스센터 운영은 물론이고 주민들의 일상생활에 도움을 주는 세차·세탁 등의 서비스를 제공하고 주차요원을 배치하는 등 호텔식 주거관리 서비스 시스템을 도입해 주목받았다.

신규 시장을 창출하는 '꼬리' 경제

본품보다 더 매력적인 덤이나 서비스 때문에 해당 제품을 선택하는 경우가 늘어나면서 아예 이를 별도로 상품화해 새로운 사업 비즈니스 모델로 개발하는 경우도 생겨났다. 덤이 단지 기존 제품의 판매를 견인하는 역할에 그치는 것이 아니라, 새로운 이윤을 창출하는 역할까지 담당하는 것이다.

모바일 메신저인 카카오톡과 라인은 그동안 무료로 배포하던 이모티콘 캐릭터를 성공적으로 상품화했다.[12] 다음카카오는 이모티콘 캐릭터를 접목한 다양한 팬시 제품과 패션 제품 등을 판매하는 '프렌즈숍'을 서울 코엑스몰과 신촌 현대백화점 유플렉스몰 등 6곳에서 운영하고 있다. 네이버의 라인 역시 '라인프렌즈' 모바일 메신저 캐릭터를 의류·만년필·찻잔·액세서리 등에 접목한 컬래버레이션 제품을 제작했다. 이 제품들은 전 세계 15개 도시, 23곳의 팝업스토어에서 만날 수 있으며 이미 국내외 10여 곳에서 정규매장까지 운영하고 있다.

돈을 주고 산다, 신개념 화장품 샘플

증정품의 대명사였던 화장품 샘플을 상품화하는 신규 사업도 등장했다. 버치박스Birchbox와 글로시박스GlossyBox는 매달 일정 금액의 비용을 지불하면 화장품 샘플을 서브스크립션 형태로 배송하는 서비스를 시작했다.[13] 신제품의 교체 주기가 빨라지고 소비자의 니즈 역시 빠르고 다양하게 변화되며 판매를 도와주는 수단이었던 샘플이 화장품 시장의 또 다른 주인공으로 부상한 것이다.

서비스 자체를 상품화해 수익을 내는 플랫폼으로 확대시키는 경우도 있다. 다양한 배달앱이 소비자의 관심을 끌면서 배달 서비스의 불모지대까지 새로운 시장으로 확대되고 있다. '푸드플라이'는 그동안 배달이 불가능했던 유명 레스토랑의 요리를 소비자의 집까지 대

신 전달해주는 서비스로 인기를 끌었다. 또한 배달 전문앱 '배달의
민족'이 선보인 '배민수산'은 배달 서비스가 적었던 회를 전문으로
배달하며 소비자와 가맹 횟집업소 모두에 큰 호응을 얻은 바 있다.[14]

향후 전망
타깃 고객을 진심으로 이해하는 영리한 꼬리 전략이 필요

스마트폰 속에서 매일 접하던 이모티콘이 갖고 싶은 캐릭터 제품으
로 진화하고 무심코 당연하게 받았던 화장품 샘플이 구매 대상으로
부상했다. 레스토랑 요리 전문 배달, 빵 전문 배달, 회 전문 배달 등
동네에 머물던 배달 서비스가 전문화된 서비스 콘텐츠로 다각화되
고 있는 시대, 2015년은 더 이상 덤을 꼬리라 부를 수 없을 만큼 덤
의 경제가 몸집을 키운 한 해였다. 비핵심적 가치가 무시할 수 없는
핵심적인 판을 짜기 시작한 '꼬리 경제'가 2015년 이토록 다양한 영
역에서 적용될 수 있었던 배경은 무엇일까?

먼저 과잉 공급의 시장 상황에서 제품이나 서비스의 차별화가 쉽
지 않아 소비자들은 덤 같은 부수적인 요인에도 민감하게 반응한다
는 구조적인 요인을 들 수 있다. 더구나 날이 갈수록 소비가 부진해
지는 한국의 시장 상황 속에서도 지속적으로 새로운 돌파구를 찾고
자 했던 다양한 노력이 덤이나 부가적 서비스와 같은 '꼬리'의 개발
노력으로 이어졌다고 해석할 수 있다. 불황이라고 해서 가격을 할인
하는 전략으로 스스로의 가치를 낮추기보다는 소비자가 예상하지

못했던 추가 가치를 제공함으로써 매력 요인을 더하는 전략이 유효했던 것이다.

향후 꼬리 전략은 정체된 시장에 새로운 활력을 제공하는 역할을 지속적으로 담당할 것이다. 앞서 살펴본 다양한 사례에서처럼, 패스트푸드업종에서는 키덜트족을 겨냥한 영리한 덤 전략으로 타깃 고객을 확대했으며 출판 시장에서는 출구가 보이지 않는 상황에서도 매력적인 덤으로 신규 수요를 창출했다. 이처럼 톡톡 튀는 덤 전략을 잘 활용하면 타깃 고객과 시장 확대는 물론, 주목받지 못했던 브랜드에는 호감도와 인지도 상승을, 노후화된 브랜드에는 젊은 감각을 더하는 브랜드 리빌딩rebuilding 효과까지 기대해볼 수 있다.

온라인 판매 채널의 확장으로 어려움을 겪고 있는 오프라인 매장은 영리한 덤 전략으로 소비자의 방문을 견인할 수도 있을 것이다. 다양한 커피 브랜드에서 진행했듯 새로운 메뉴를 출시할 때는 매력적인 사은품을 제공하는 전략을 시행함으로써 소비자들의 발길을 매장으로 유인할 수 있다. 이러한 덤의 전략으로 고객들의 매장 방문 빈도를 높이는 한편, 방문한 고객들이 다른 제품을 함께 구매하도록 유도함으로써 덤으로 인한 비용을 상쇄하는 교차수익을 얻을 수도 있다.

꼬리 전략을 시행하는 데 무엇보다 중요한 것은 '내 고객은 무엇을 원하는가?'에 대한 집요한 질문과 관찰임을 기억해야 한다. 덤 상품이 쏟아져 나왔던 2015년, 이미 일부 소비자들 사이에서는 덤이 더 이상 기업의 배려가 아닌 또 하나의 상품일 뿐이라는 불만이 새어나오고 있다. 일정 금액의 구매 조건을 충족해야 하거나 본품을 구매하는 동시에 별도로 비용을 지불해야 하는 등, 소비자 입장에서는 사은 선물로 덤을 받는 것이 아니라 그저 '덤을 살 수 있는 권리'를 구매하는 것에 지나지 않는다고 느낄 수 있기 때문이다.

물론 기업 입장에서는 해당 전략이 얼마나 많은 수익으로 연결되는가가 가장 중요하겠지만, 이윤만 전면에 앞세우지 않고 고객에게 편익과 혜택을 제공하려는 자세가 무엇보다 우선시되어야 할 것이다. 서두에 소개한 알라딘 굿즈가 좋은 반응을 이끌어낼 수 있었던 것은 단순히 싸고 예뻐서가 아니다. 책 표지 디자인을 가져다 쓰거나 뻔한 문구 용품에 그치지 않고, 책을 읽는 사람들이 어떤 아이템을 좋아하는지, 책에서 굿즈로 살려낼 만한 실용성 있는 요소는 무엇인지, 그야말로 독자를 위한 고민이 사은품 그 자체에서 느껴지기 때문일 것이다.

다가올 2016년에는 2015년에 맹활약한 꼬리들의 긍정적인 기운이 몸통의 힘을 더욱 건강하게 키워 기업 스스로 고객과 더불어 수익과 혜택을 공유하는 꼬리 전략을 적극적으로 찾아나서는 사례가 더욱 풍성해지길 기대한다.

Showing off Everyday, in a Classy Way

일상을 자랑질하다

· 『트렌드 코리아 2015』예측 내용

타인과의 관계를 통해 나를 인식하는 소셜 미디어의 시대, 일상이 자랑이 되고 자랑이 일상이 된다. 이 '과시의 민주화' 시대에 소비자들은 '자랑질'을 위해 일상을 연출하고, 매 순간을 캡쳐해 SNS에 업로드한다. 주변의 평판에 의해 자존감을 느끼는 '타아도취'의 SNS 세상은 소비의 대상과 패턴의 변화를 가져왔고, 자랑하는 방식과 표현 방법도 바꾸어놓았다. 스스로의 모습을 촬영하는 셀피들에게 '타인 지향적 나르시시즘'은 인정받고 싶은 욕구이자 타인에게 말을 거는 커뮤니케이션의 한 방법이다. 이들은 자랑의 대열에 합류하기 위해 '누려야 할 것들(경험)'의 버킷리스트를 만들고 이미지 소비를 통해 존재감을 확인하는 새로운 공식을 따른다. 이제 기업들은 단지 '좋은 상품'이 아니라, 소비자들이 더 멋지게 자랑질하고 그들의 이미지를 채워줄 이야깃거리, 즉 라이프스타일을 팔아야 한다. 나아가 그것을 모방하거나 재창조할 수 있도록 편집권을 줌으로써 그들이 더 큰 영향력을 발휘할 수 있도록 거들어야 할 것이다.

『트렌드 코리아 2015』 307~328쪽

· ·

2015년, 어느 낯선 미국 여인의 삶을 조명한 영화와 사진 전시회가 우리나라에도 상륙했다. 전 세계적으로 셀피 열풍이 한창인 가운데 셀피의 원조라 불리며 뒤늦게 주목받고 있는 여성 비비안 마이어

Vivian Maier(1926~2009)가 그 주인공이다. 그녀는 2007년, 26살의 미국 청년이 동네 경매장에서 우연히 구입한 낡은 상자 속에 담긴 필름 더미와 함께 세상에 알려지기 시작했다. 무려 15만 컷에 달하는 이 필름 속에는 1950년대부터 40여 년간 비비안 마이어가 찍은 셀피들이 가득했다. 주로 거울과 거리의 쇼윈도를 이용해 촬영한 그녀의 셀피에는 과거 미국의 일상적인 풍경도 함께 담겼다. 청년은 사진 몇 장을 스캔해 웹사이트에 올렸고, 이름 모를 사진가의 작품들은 곧 엄청난 반응을 불러일으켰다.[1] 평생을 미혼의 보모로 살면서 한 번도 주목받지 못했던 평범한 여성이 셀피 덕분에 사진작가로 추앙받게 된 것이다.

그녀의 셀피들은 전 세계를 순회하며 전시되고 2015년 7월, 우리나라에도 도착해 서울 성곡미술관에서 성황리에 전시를 마쳤다. 그녀의 사진들을 보고 "마치 50년 전 망망대해에 던져진 유리병 속 쪽지를 읽는 기분이었다"라고 이야기한 어느 평론가의 표현처럼 셀피는 과거에도 지금도 개인의 사소한 일기와 같다. 다만 차이가 있다면 50년 전 비비안 마이어의 셀피가 필름 형태로 유리병 속에 갇혀 있었다면, 현대의 셀피는 SNS라는 열린 무대에 보란 듯 전시되고 있다는 것이다.

1950년대의 비비안 마이어는 남몰래 거울 속 자신을 찍었지만 2015년의 사람들은 드러내놓고 과시하듯 '자기 자신'을 찍는다. 사진을 찍어 올리기만 하면 언제 어디서든 실시간으로 공유할 수 있어 사람들은 자신을 주인공으로 하는 '모노드라마 같은 일상'을 타인들에게 공개하기 시작했다. 변화는 곧바로 시장에 반영됐다. 세계적인 잡지 〈타임〉지는 2014년 연말, 셀카봉-Selfie Stick을 '올해 최고의 발명품' 중 하나로 선정하기도 했다.

아이폰은 2015년 9월 업그레이드된 iOS9에 전면 카메라로 찍은 모든 사진이 따로 저장되는 '셀피 전용 앨범' 기능을 추가했다.[2] 2015년 10월 1일에 공개된 LG전자의 신작 스마트폰 V10은 전면에 각각 120도와 80도의 화각을 지닌 2개의 셀피 카메라(500만 화소)를 탑재했다. 셀피 촬영 시 더 넓은 배경과 많은 인물을 담기 위해 셀카봉이나 셀카렌즈를 사용한다는 점에 착안한 것이다.[3]

『트렌드 코리아 2015』는 어디서든 찍고, 무엇이든 SNS에 공유하는 사람들의 작은 행동이 한국의 소비 시장에 가져올 큰 반향을 예고한 바 있다. 스마트폰이 등장하고, SNS로 소통하는 방식이 보편화되면서 수시로 삶의 모습을 찍어올리며 타인에게 중계하는 **일상을 자랑질하다**Showing off everyday, in a classy way 트렌드가 곧 우리의 생활이 된 것이다. 일상이 곧 자랑이 되고, 자랑이 곧 일상이 되는 타인 지향적 나르시시즘의 시대, 이에 따라 변화한 한국인의 소비 행태를 하나씩 되짚어본다.

자랑질의 대상, 물질에서 경험으로

'과시의 욕망'이 소셜 미디어와 만나다

'과시 소비'는 필요 이상의 소비를 이끌어낸다. 사회학자 베블런은 사람들이 자신의 수입으로는 감당하기 어려운 비싼 값의 제품을 무리해서 구매하고, 그것을 다른 사람들에게 드러내 보이는 행동을 '과시 소비'라 명명했다. 과거 귀족들이 개최한 무도회는 가장 사치스럽고 낭비적이며 과시적인 재화의 대표적 사례였다. 오늘날 이런 '부유함'의 과시는 월급에 비해 비싼 자동차를 구매하고, 품질에 비해 터무니없이 값비싼 럭셔리 제품을 구매하는 것으로 표현된다.

이처럼 소비의 근원적 욕망인 '과시의 욕망'은 첨단 기술에 기반한 소셜 미디어와 만나 한층 더 강렬한 욕망으로 거듭났다. 가령 셀카가 등장하기 전, 사람들이 소비하고자 하는 대상은 주로 고가의 물건이었다. 여행, 고급 레스토랑 방문, 공연 관람처럼 한 번 소비하면 끝인 '경험재화'는 좀처럼 타인에게 자랑하기 어려운 반면, 가방이나 시계, 자동차처럼 손에 잡히는 '물질재화'는 지속적으로 손쉽게 자랑할 수 있는 과시의 수단이었기 때문이다. 하지만 수시로 업데이트되는 셀카는 사람들의 과시 방식을 바꾸고 아울러 사람들이 소비하는 아이템과 패턴을 바꿔놓았다. SNS를 통해 내가 어디서 무엇을 하고 어떤 좋은 경험을 했는지 자랑질하는 것이 가능해지면서 '물건'에서 '경험'으로 과시의 대상이 변화한 것이다. 한번 구매하면 교체할 때까지 반복해서 찍어올릴 수 없는 '제품'과 달리, '경험'은 매 순간이 달라진다는 측면에서도 셀카의 시대, 경험은 과시의 중요한 소재가 되었다.

'구매'보다 '경험'을 자랑하다

2015년 사람들이 SNS를 통해 자랑질한 대상이 곧 다양한 경험이란 사실은 각종 인증샷에서도 발견된다. 빅데이터 분석업체 다음소프트

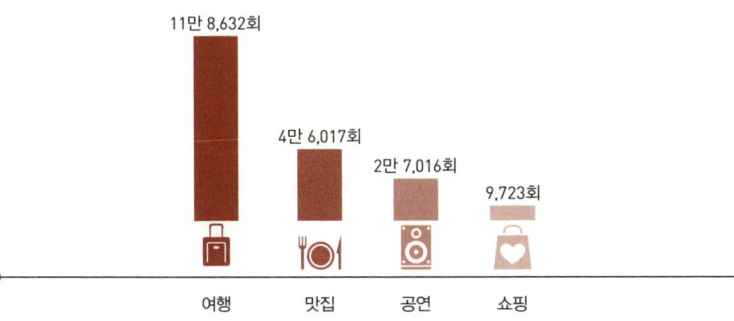

출처: 다음소프트(2010년 1월~2015년 8월)

가 2010년 1월~2015년 8월까지 올라온 블로그 116만 5,812건과 트위터 518만 8,480건을 대상으로 '인증샷'이란 키워드를 분석한 결과를 보면 현대인들이 타인에게 무엇을 많이 자랑질했는지 미루어 짐작할 수 있다. 이 기간 사람들이 가장 많이 업로드한 인증샷은 다름 아닌 여행(11만 8,632회)이었다. 다음으로 맛집(4만 6,017회)과 공연(2만 7,016회)이 뒤를 이었고, 택배로 인증하는 쇼핑(9,723회)은 4위에 그쳤다.[4] 이를 통해 이제 '구매'를 자랑하는 것은 어딘지 촌스럽고 유아적인 행위로 인식되는 반면, '경험'은 보다 세련되고 지적인 자랑으로 자리잡고 있음을 알 수 있다.

이미지 기반의 SNS인 인스타그램에서는 사진을 주제별로 분류하기 위한 기호로서 해시태그(hashtag, #)를 단어 앞에 붙이는데, 인스타그램에서 자주 발견되는 해시태그 역시 대부분 사람들의 '소비 경험'과 관련되어 있다. 내가 얼마나 맛있는 음식을 먹었는지, 어떤 영화를 봤는지, 어디로 여행을 떠났는지, 운동을 얼마나 열심히 하는지 등을 인증하는 사진을 찍어서 해당 사진 밑에 #먹스타그램, #영화스타그램, #여행스타그램, #운동스타그램과 같은 기호를 붙이는 것이다. 이 역시 가방이나 시계와 같은 물질재화보다는 사적인 경험과 관련된 해시태그가 주를 이룬다. 그중에서도 맛있는 음식 앞에서 포즈를 취하는 이른바 '먹방 인증'은 인스타그램에서 가장 흔하게 발견할 수 있는 사진이다.[5] 덕분에 인스타그램은 '먹스타그램', '맛스타그램'과 같은 별명으로 불리기도 한다.

경험을 자랑하고자 하는 소비자의 심리를 역으로 활용해 고객의 매장 방문을 유도한 사례도 등장했다. 반제품 케익믹스를 판매하는 백설은 2015년 8월, 가로수길의 유명 카페 '머그포래빗'에서 팝업 스토어 형태의 경험마케팅을 실시했다. 인스턴트 케익믹스로 과연 제대로 된 케이크를 만들 수 있을지 의구심을 갖는 소비자를 팝업 매장에 초대해 베이킹 체험의 기회를 제공했다. 무엇보다 직접 만든 케이크를 소비자 스스로 촬영해 SNS에 업로드하도록 유도해 온라인에서 널리 퍼지도록 했다. 결과는 성공적이었다. 이벤트가 열린 그 달에 주요 제품 키워드 검색에 대한 빅데이터 분석 결과, 전월 대비 검색 수가 1.4배나 증가했다.

자랑질의 방식, 은근하게 돌려서

대놓고 자기자랑질은 촌스러우니까 No

SNS를 활용한 자랑질이 확산되면서 사람들의 과시 방식도 바뀌었다. 대놓고 자랑하기보다는 겸손하게 자랑하는 '자랑인 듯 자랑 아닌' 과시 방식이 트렌드가 된 것이다. 예를 들어 "○○상을 수상했다"고 대놓고 자랑하는 것이 아니라, "엄청 큰 트로피 들고 있느라 팔이 정말 아팠다"는 식으로 돌려서 자랑한다. 멋진 자동차를 구매했을 때도 예전에는 자동차 사진을 대문짝만 하게 찍어서 자랑했다면, 이제는 밤늦게 드라이빙을 즐기는 자신의 셀피를 찍어 SNS에 올린다.

험블브래그 humblebrag
겸손한 척하면서 은근히 자랑하는 사람 혹은 행동. 가령 페이스북에 파리 여행에서 실수했던 사연 등에 대해 자책하는 듯한 글을 올리지만, 실제론 파리를 여행할 수 있는 자신의 멋진 삶을 과시하고자 하는 의도를 가진 경우를 의미한다. 유명인들이 SNS를 사용하면서 대중 앞에서 '얌전한 척 겸손한 척하는' 행보를 설명하기 위해 등장했다. **7**

여기서 가장 중요한 포인트는 자동차의 브랜드를 유추할 수 있는 로고나 상징적인 컬러가 셀카의 배경으로 아주 조금 노출되어야 한다는 점이다.[6]

이와 같은 '은근한 잘난 척'이 증가하자 이를 일컫는 신조어 **험블브래그**가 등장해, 옥스포드 사전에 등재되기도 했다. 겸손하다를 뜻하는 'humble'과 자랑하다를 뜻하는 'brag'가 합성된 이 단어는 '표면적으로는 자기비하적인 발언이나 평범한 행동이지만, 실제 의도는 남들에게 자랑하고 싶은 어떤 것에 관심을 끌기 위한 말이나 행동'으로 정의된다. 사진과 SNS를 활용한 과시의 세계에서 사람들은 점점 '은근한 잘난척쟁이 humblebraggers'로 변모하고 있다.

커피잔을 집는 내 팔목에 블링블링 명품 팔찌

은근한 자랑질의 증가로 2015년 수혜를 받은 업종도 있었다. 대표적인 사례가 바로 액세서리류다. 손목에 착용하는 팔찌의 경우 커피잔을 집는 등의 연출이 가능해 셀카를 찍을 때 언제든 손쉽게 등장할 수 있기 때문이다. 덕분에 국내에 진출해 있는 다양한 럭셔리 브랜드에서는 주력 제품인 가방보다는 오히려 주변 제품이었던 팔찌, 반지 등 소품의 판매량이 급증했다. 젤네일이나 네일스티커와 같은 손톱 꾸미기 열풍도 같은 맥락에서 해석할 수 있다.

일반적인 패션 브랜드에서도 2015년 작은 액세서리의 판매가 급증했다. 경기 침체가 장기화되면서 의류 시장의 성장률이 둔화된 것과 달리 액세서리 부문에서는 예상 외의 성장세를 보인 것이다. 패션 업계 조사에 따르면 국내 잡화 시장 규모는 2012년도 7조 원 수준이었지만 2014년도 9조 5천억 원으로 약 36% 성장했다. 같은 기간 의류 시장의 성장률이 5%에 그친 것에 비하면 7배나 높은 수치다.[8] 이러한 변화를 반영하듯 제일모직·빈폴·한섬 등 국내 대형 패션업체들도 액세서리 시장으로 눈을 돌리고 있으며 백화점 내의 편집숍도 늘어나는 추세다.

인테리어숍의 약진

이케아 코리아, 가구보다 인테리어 소품 매출이 더 높아

셀피와 SNS를 활용한 자랑질이 확산되면서 그동안 과시할 필요가 없었던 영역까지도 자랑질의 대열에 합류했다. 가장 사적인 영역, 바로 '일상'이다. 자신의 일거수일투족을 때와 장소에 상관없이 보여주는 것이 가능해지면서 저녁으로 먹은 메뉴는 무엇인지, 식사를 하면서 어떤 접시를 사용했는지, 그 접시 옆에는 어떤 꽃이 장식되어 있었는지 등 아주 사소하고 세밀한 일상을 타인들과 공유하는 사람들이 늘어나기 시작했다.

일상과 관련된 가장 사소한 영역은 역시 생활소품일 것이다. 가령 일반 가정의 식기류가 고급화되기 시작했다. 나이프·포크·스푼 등으로 구성된 커틀러리 세트에 큐티폴고아, 빌레로이앤보흐, 카사부가티 등 발음하기도 어려운 유럽산 브랜드가 급속히 스며드는 이유다. 이 밖에도, 일상에 대한 관심은 집 안을 꾸미는 작은 소품들의 구매로 이어졌다. 덕분에 소소한 일상 소품을 판매하는 라이프스타일 숍의 약진이 더욱 두드러졌다.

출처: 각 사 홈페이지

▲ 라이프스타일 상품의 소비가 급증하면서 글로벌 의류업체들도 속속 홈퍼니싱 시장에 뛰어들고 있다.

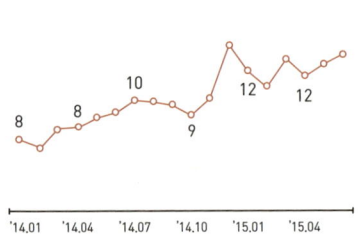

라이프스타일숍 이용 트렌드

'14년 상반기 대비 '15년
라이프스타일숍 이용률 비교

75 (천 건)

50

1.5배 증가

'14.01   '14.04   '14.07   '14.10   '15.01   '15.04

8   8   10   9   12   12

'14년 상반기   '15년 상반기

자료제공: 신한카드 빅데이터센터

2014년 경기도 광명에 문을 연 이케아는 가구 전문점을 표방하지만 실제 이케아 매출의 약 60% 이상이 인테리어와 생활용품에서 나온다고 한다. 신세계인터내셔날의 '자주'와 롯데에서 수입해 운영하는 '무인양품', 이랜드 계열에서 운영하는 '모던하우스' 등 가구와 인테리어, 생활용품을 판매하는 국내 홈퍼니싱 시장은 1년 새 플러스 성장으로 돌아서 셀피 트렌드의 수혜를 제대로 누리고 있다.[9]

주목해야 할 점은 이처럼 집 안을 꾸미는 **홈퍼니싱**의 주인공이 30~40대는 물론이고 20대까지 확대되었다는 것이다. 신한카드 빅데이터센터의 분석에 따르면 2015년 상반기 라이프스타일숍 이용객 중 특히 20대가 2014년 동기 대비 60% 이상 증가해 시장 성장의 동력임을 보여주었다. 작은 자취방마저

홈퍼니싱home furnishing

홈(home·집)과 퍼니싱(furnishing·단장하는)의 합성어로 가구나 조명은 물론 벽지나 침구, 카펫, 인테리어 소품 등으로 집 안을 꾸미는 것을 말한다.

출처: 네이버 지식백과

멋지게 꾸며 SNS에 과시하기를 원하는 20대의 변화한 라이프스타일이 반영된 결과다.

별것 아닌 소품이라도 자랑질할 수 있는 디자인으로

이처럼 불황 속에서도 라이프스타일 상품 소비가 급증하자 유사업종도 관련 시장에 적극 뛰어들었다. 문구 시장이 대표적이다. 지난 2007년 처음 생활용품을 매장에 도입한 모닝글로리는 해마다 약 2%씩 그 비중을 늘려 2014년 기준 15%가량의 매출이 생활용품에서 창출되었다. 정통 문구류의 지속적인 매출 감소를 타개하기 위해 생활용품군의 영역을 확대해 안정적인 활로를 뚫겠다고 판단한 것이다. 교보문고의 핫트랙스 역시 일찌감치 문구를 비롯한 음반·주얼리·메이크업·인테리어 제품 등 다변화 전략을 취하고 있다.[10] 의류업계도 라이스프타일 시장에 적극적으로 동참하고 있다. 글로벌 SPA브랜드인 H&M과 자라ZARA는 2014년 말 국내에 홈퍼니싱 매장을 열었으며, 일본의 SPA 브랜드인 니코앤드도 2014년 7월 한국에 상륙해 강남역에 첫 매장을 열었다.

일상을 자랑질하는 트렌드는 이제 작은 생활 소품의 인기를 넘어 그야말로 '일상' 전체로 확산되고 있다. 패션업체가 홈웨어homewear에 주목하는 이유이기도 하다. 집 안에서도 부지런히 셀카를 찍는 사람들은 이제 집에서도 대충 아무거나 걸치지 않는다. 목이 늘어난 후줄근한 티셔츠에도 아랑곳 않던 사람들이 이제는 편안하고 고상한 디자인에 유기농 면의 안전함까지 갖춘 실내복을 찾기 시작했다. 집 안에서만 입는 것이 아니라 집 밖 1마일 정도는 입고 외출해도 손색없

▲ 포크와 나이프의 화려한 외출. 앞치마와 오븐장갑도 자랑질하기에 손색이 없을 정도가 되어야 한다.

다는 뜻으로 '원마일 웨어one mile wear'라는 이름까지 생겨났다. 최근에는 이러한 변화를 반영한 국내 신진 디자이너 브랜드의 약진도 눈에 띈다. 에이펑크afunk는 앞치마·오븐 장갑 등을, 멜트melt는 목욕 가운·수면 안대·파자마 등의 홈웨어를 판매하는데, 이들의 공통점은 별 물건이 아닌데도 불구하고 '자랑하고 싶을 만큼 매력적인 디자인'이란 점이다.[11] 패셔너블한 오븐 장갑을 끼고 요리하는 모습, 앙증맞은 수면 안대를 하고 잠드는 자신의 모습을 상상하며 사람들은 이런 제품의 소비에 몰두한다.

향후 전망
일상이 곧 과시, 과시가 곧 삶의 만족

2015년 SNS와 셀카의 합작에서 비롯된 일상을 자랑질하는 트렌드는 보여주고자 하는 사람의 노출 욕망과 훔쳐보고자 하는 타인의 관음 욕망이 빚어낸 합작품이다. 그동안 남에게 보이지 않는다는 이유로 무심히 여긴 평범한 일상이 타인에게 노출되며 소비와 구매 영역으로까지 나온 것이다. SNS와 이미지를 매개로 하는 의사소통 방식이 지속되는 한 일상과 자랑질이라는 키워드는 좀처럼 트렌드에서 밀려나지 않을 것으로 보인다. 무엇보다 경제 불황이 지속되며 소비자의 지갑 역시 좀처럼 열리지 않는 상황에서 향후 성장 잠재력을 지닌 거의 유일한 영역이 바로 이 키워드와 맞닿아 있다. 그동안 가장 소비화되지 않았던 영역인 일상에 사람들의 관심이 집중되면서 새로운 고객이 유입되고 시장은 지속적으로 성장할 것이다. 그렇다면 일상의 자랑질 키워드가 담고 있는 기회 요인은 무엇일까?

첫째, '집'에 더 집중할 필요가 있다. 사실 한국은 그동안 다른 선진국에 비해 집 꾸미기에 다소 무관심한 편이었다. 한국 진출을 위해 한국 소비자들의 라이프스타일을 연구했던 이케아 본사 관계자들은 한국인의 주거 환경이 예상보다 '소박해서' 놀랐다고 한다. 손님을 초대하거나 홈파티 같은 것을 하는 일이 드물다보니 집 꾸미기에 별다른 관심이 없었던 것이다.[12] 하지만 이제 한국의 '집구석'이 달라지고 있다. SNS에 집 안 사진을 찍어 올리는 사람들이 증가하면서 집 안 인테리어에 관심을 갖는 사람들도 늘었다. 소품으로 집 안을 장식하는 '홈퍼니싱home furnishing'이 되었든, 집 안 인테리어를 변경하는 '홈드레싱home dressing'이 되었든, 화두는 '집'이다.

둘째, 소비자들이 마음껏 자랑할 수 있는 '거리'를 제공해야 한다. 자랑하고 싶은 공간과 자랑하고 싶은 물건, 자랑하고 싶은 분위기와 자랑할 만한 이야깃거리로 소비자를 공략하는 것이다. 일본 오사카의 도톤보리 거리에 위치한 가게들은 저마다 문 앞에 독특한 캐릭터를 세워두고 있다. 일본의 과자 브랜드 글리코는 달리는 사람이 그려진 독특한 입간판으로 유명한데, 이 역시 사람들의 셀카 명소로 손꼽힌다. 물건을 사는 사람도 많지만 캐릭터 앞에서 인증 사진을 찍기 위해 줄 서는 사람들이 더 많다. 이들이 올린 SNS 사진은 또 다른 소비자들을 다시 이 거리로 이끈다. 최근 고전하는 오프라인 매장이라면 이처럼 소비자를 매장으로 이끌 만한 경험적 유인에 대해 고민해볼 필요가 있다.

마지막으로 가장 중요한 점은 셀피에 자신만의 특별한 스토리를 담고자 하는 사람들의 니즈를 충족시켜주는 것이다. 이를 위해서는 때로 스페셜 이벤트가 필요한데, 자신이 만들지 못할 경우 기회를 기다리다가 누군가 멍석을 펼치면 기꺼이 참여하는 모습도 보인다. 홈쇼핑 방송에서 감히 넘볼 수 없는 모델 몸매가 아닌 '현실 핏'을 보여주자는 목적으로 CJ오쇼핑이 기획한 '일반인 모델 행사'에 무려 600여 명의 지원자가 몰려들었다. 지원자의 얼굴과 신체 사이즈는 물론 나이까지 공개됐지만, 사람들은 평소 꿈도 못 꾸었던 패션 모델을 할 수 있는 특별한 경험을 잡기 위해 과감하게 도전했다. 자신들의 SNS를 꾸미기에 이보다 더 흥미로운 경험은 찾기 힘들 것이다.

이와 같이 사진으로 소통하는 이미지 시대에 일상은 곧 과시요, 과시는 곧 삶의 만족이기도 하다. 시시각각 변하는 소비 욕망은 매 순간 다양한 모양으로 자신과 타인의 욕망을 자극하고 있다. 그동안 작은 자랑질로만 여겨지던 셀카 문화가 앞으로는 산업 전반의 무게중심을 흔들 만큼 큰 파란을 불러일으킬 것이다.

Hit and Run

치고 빠지기

• •『트렌드 코리아 2015』 예측 내용

치고 빠지듯, 가볍게 즐기고 부담 없이 누려라. 불투명한 현대사회를 넓고 얕게 간 보고 싶은 소비자들이 늘어난다. 이제는 남녀 간에만 '썸'을 타는 것이 아니라, 상품과 브랜드와도 썸을 탄다. 『트렌드 코리아 2015』가 다루었던 '치고 빠지기' 현상은 네 가지로 요약된다. 첫째, 연애는 설렘만 쏙 빼서 즐긴다. 둘째, 지속적인 인간관계를 부담스러워하는 사회 분위기 속에서 일회성 사교 모임이 늘어난다. 셋째, 상품과 브랜드는 써보고 결정한다. 넷째, 짧고 강한 콘텐츠가 살아남는다. 이러한 현상의 배경에는 모바일 커뮤니케이션의 확대와 정답이 아니면 선택을 주저하는 세대적 특성, 개인적 가치가 중시되는 문화와 장기적인 경기 침체가 있다. 책임은 싫지만 달콤한 이득은 포기하지 못하는 현대인의 갈대 같은 마음을 과연 어떻게 사로잡을 것인가? 선택과 비선택 사이의 회색 지대를 빠르게 인정하고 그 간극에서 소비자의 눈을 사로잡으려는 노력이 필요하다. 치고 빠지려는 소비자와 그들의 마음을 붙잡으려는 기업 간의 숨 가쁜 술래잡기가 본격적으로 시작됐다

『트렌드 코리아 2015』 329~350쪽

. . . .

YG 엔터테인먼트의 대표 그룹, 빅뱅이 가요계의 흥행 공식을 다시 썼다. 보통 10여 곡 안팎의 곡을 담은 한 장의 앨범을 발표하면 한두 곡에만 음악팬들의 이목이 쏠리고 나머지 곡들은 묻히기

마련이었다. YG엔터테인먼트는 이러한 국내 가요 시장의 특성을 역이용해 빅뱅의 정규 앨범을 한꺼번에 공개하지 않고 일부 곡을 조금씩 나눠서 발표하는 이른바 '음반 쪼개기' 전략으로 큰 성공을 거둔 것이다. 2015년 5월부터 9월까지 매달 1일에 공개된 빅뱅의 신곡은 발표될 때마다 각종 음원 차트를 석권하며 무려 5개월 동안 정상의 자리를 지켜 '음원 깡패'를 자처했다.[1] 타이틀곡 한두 곡 외에는 매출이 거의 나오지 않는 데다 차트 순위마저 실시간으로 바뀌는 국내 음반 시장의 '패스트뮤직' 현상이 만든 새 풍속도다.

『트렌드 코리아 2015』에서는 연애도, 인간관계도, 콘텐츠도 넓고 얕고 빠르게 치고 빠지는 사람들의 '간 보기' 전략을 소개했다. 핵심만 파악하기에도 바쁜 현대사회에서는 천천히 숙고할 여유가 없다. 치고 빠지기는 정보의 홍수 속에서 살아남기 위한 현대인의 고육지책과도 같다. 2015년은 더욱 다양한 분야에서 치고 빠지기 전략이 유효했다. 연애에서 비롯된 이 키워드는 방송·광고·SNS 등 콘텐츠 분야에서 두루 나타났다. 갈수록 타인과의 진지한 관계에 부담을 느끼는 사람들에게 짧고 간단명료하면서 쉬운 콘텐츠들은 새로운 커뮤니케이션 수단이 되었다. 반면, 무겁고 둔중하고 깊이 들어가는 콘텐츠들은 대중의 관심에서 멀어지고 있다. 가볍고 얕은 것에 대한 부끄러움도 없다. 오히려 가볍지 않은 것에 대해 불안을 느낄 정도라는 2015년의 소비자들은 무겁게 가라앉았던 이 나라의 분위기 속에서 어떻게 치고 빠지며 시대의 딜레마를 극복했을까? 한없이 무겁고도 덧없이 가벼웠던 한 해의 **치고 빠지기** 사례를 살펴보고, 앞으로의 방향을 논의해본다.

사랑도 대리가 되나요?!

한국보건사회연구원의 보건복지포럼에 따르면, 청년층의 연애 포기가 심화되고 있다고 한다. 연애 중인 커플의 비율은 고작 30%에 불과하다. '썸(이성 간의 설레는 마음)'조차 사치라는 말이 나온다. 사회적 관계 자체를 포기했다는 **N포 세대**에게 설렘은 거추장스러운 감정이 되고 있다. 따라서 썸도, 연애도, 결혼도 대리만족으로

N포 세대

N은 아직 정해지지 않은 수, 즉 부정수不定數를 뜻하며, N포 세대란 거의 모든 것을 포기했다는 의미다. '연애', '결혼', '출산'을 포기하는 '3포 세대', 그에 더해 '내 집'과 '인간관계'를 포기하는 '5포 세대', 그리고 '꿈'과 '희망'마저 포기하는 세대를 '7포 세대'라고 한다.

채운다. 지갑을 열지 않아도 즐길 수 있는 대체 불가의 파트너, TV 앞에서 말이다. 예능 프로그램의 기능이 바뀌고 있다. 이전 세대는 당연하게 생각해왔던 삶의 단계들을, 이들은 TV를 통해 대리만족한다. 〈5일간의 썸머〉를 보며 연애를, 〈우리 결혼했어요〉를 보며 신혼생활을, 〈슈퍼맨이 돌아왔다〉와 〈오! 마이 베이비〉 등을 보며 출산과 육아를 간접적으로 체험한다.[2] 평범한 일반인이 아닌 연예인 출연자들의 달콤하고 행복한 일상을, 혹은 군대에서 정글에서 죽도록 고생하는 모습을 관찰하며 행복과 고통을 대리체험하는 이른바 '관찰 예능'이 TV 예능 장르의 확실한 대세로 자리잡았다.

인간관계에 부담을 느끼는 사람들이 늘어나면서 소셜다이닝도 새로운 형태로 진화하고 있다. 최근 소셜다이닝의 추세는 가볍게 모이고 쿨하게 흩어지는 것이다. 좀 더 익명의 관계를 보장하는 형태로, 최소한의 자신을 드러내야 하는 부담조차 덜어주는 것이다.

종로의 한적한 카페에 사람들이 하나둘 들어선다. 하지만 이들은 서로 말 한마디 하지 않는다. 그저 하나씩 들고 온 책을 1~2시간 읽고 각자 카페를 벗어난다. 심지어 우연히 아는 사람을 만나더라도 아는 척해서는 안 된다는 것이 이 모임의 원칙이라고 한다. 모임이라는 이름이 무색할 만큼 개인적이고 삭막하기까지 하지만 평소 온라인, 스마트폰, SNS 등 다양한 매체에 끊임없이 노출되는 사람들에게는 오히려 이런 형태의 모임이 간절하다. 이처럼 모이고 헤어지는 것에 큰 의미를 두지 않는 무색무취의 소셜다이닝이 도시인들을 중심으로 조용히 퍼져나가고 있다.

팝업으로 하는 밀당, 광고도 빨리빨리

참으로 많은 것이 '패스트fast'해지는 시대다. 1980년대 기다리지 않아도 바로 음식을 먹을 수 있는 패스트푸드가 한국에도 등장해 많은 사람에게 새로운 라이프스타일을 제시한 이후, 옷도 패스트패션으로 입고 음악도 패스트뮤직으로 듣는 시대로 진입했다. 이제는 한 번 구매하면 사용 수명이 긴 내구재도 패스트 트렌드에 발맞춰 교체주기가 빨라지고 있다. 2014년 한국에 상륙한 패스트가구, 이케아가 대표적이다. 직접 조립해야 하는 번거로움이 있지만 가격이 저렴하고, 오래가지는 않지만 나름의 합리적인 품질을 갖추고 있어 소비자들에게 인기다. 오래 쓸 수 있지만 비싼 가구보다는 부담 없이 구매하고 쉽게 버릴 수 있는 가구가 더 합리적이라고 여기는 소비자들이 늘었기 때문이다. 이러한 현상은 정도의 차이가 있을 뿐, 다른 산업 영역에도 빠르게 확산되는 추세다. 이제 제품의 수명에 집착하지 않고 가격과 소재의 부담을 낮추는 것이 경쟁력의 관건이 되고 있다.

즉석 체험 팝업 스토어와 스타카토 광고 전략

2015년 팝업 스토어의 인기도 이와 같은 맥락에 있다. 일단 팝업 스토어에 들어서면 판매 매장임에도 불구하고 소비자가 제품 구매에 대한 부담을 느끼지 않을 만큼 자연스러운 체험 위주로 구성되어 있다. 소비자는 브랜드를 놀이처럼 체험해볼 수 있는 기회를 누리고, 기업은 소비자의 거부감을 최소화해 제품을 홍보할 수 있어 유익한 마케팅 전략이 되고 있다. 패션이나 화장품 브랜드 위주였던 팝업 스토어는 최근 빵이나 어묵 등 먹거리로 확장되고 있다. 유명 빵 브랜드를 한데 모아 팝업 스토어 행사를 진행한 현대백화점은 단 사흘 만에 4,500만 원의 매출을 올렸다고 한다.[3]

소비자의 취향에 맞춰 단기간에 승부를 거는 팝업 스토어처럼 TV 광고 시장에도 치고 빠지는 전략이 늘고 있다. TV 광고는 통상 3개월을 집행하는 것이 기본이었다. 일정 기간 반복적으로 노출이 지속되어야 시청자의 머릿속에 자연스럽게 각인될 수 있기 때문이다. 그런데 이제 광고업계에서는 한 달도 길다고 말한다. 보름 혹은 일주일, 심지어 딱 하루만 공개되고 사라지는 광고까지 등장하고 있다. 시청 타깃을 세분화하고 이에 따라 광고 콘셉트를 달리해서 아예 시간대별로 다른 광고를 노출시키는 전략이다. 대표적으로 아웃도어 브랜드인 '네파'는 실시간 타임 마케팅을 실시했다. 토요일, 일요일

◀ 2분짜리 다큐멘터리의 탄생. OtvN의 〈오! 진짜 짧은 다큐〉는 말 그대로 진짜 짧다. 자투리 시간에 인문학적 소양을 쌓고 싶은 사람들을 겨냥했다.

출처: OtvN 홈페이지

오전 9시부터 오후 6시까지 시간대별로 다른 광고를 진행한 것이다. '토요일 오전 11시. 지금 당신, 어디'라는 카피와 함께 나오는 광고를 보는 사람이라면 자연스럽게 야외로 나가고 싶은 기분이 들도록 만들었다.[4] 각 시간대별로 그 시간에 있음 직한 활동을 보여주기 때문에 집중도가 더 높다. 일명 스타카토 전술이라고 불리는 이러한 광고 전략은 소비자들의 흥미를 불러일으키고 SNS를 통해 회자되기 때문에 광고 온에어 시간이 짧아도 브랜드 인지도를 더 높이는 효과가 있다.

한없이 짧고 가벼운 콘텐츠

30초 멜로디, 2분 다큐, 29초 영화

패스트 트렌드를 이끄는 대표적인 문화산업으로 서두에서 언급했던 가요 시장을 꼽을 수 있다. KT뮤직이 2014년 1월부터 2015년 2월까지 자사의 실시간 차트를 분석한 결과 1위곡이 월평균 17.5개 나왔다고 한다. 1.7일에 한 번씩 1위곡이 바뀌는 셈이다. '하루 천하'로 끝나는 1위곡 싸움에 히트곡은 많지만 정작 대중의 기억 속에 오래 남는 노래는 드문 현상이 일반화되고 있다.[5] 이 때문에 음반 제작자들의 경쟁도 더욱 치열해졌다. 서두에 소개한 음반 쪼개기 전략과 함께 단시간에 대중의 귀를 사로잡기 위한 30초 전략도 등장했다. 핵심 멜로디를 음원 시작 30초 구간 안에 삽입해 승부를 본다는 것인데, 30초 안에 대중의 마음에 꽂히지 않으면 바로 다음 음악에 자리를 내주어야 하는 절박한 사정 때문이다. "시작이 반이다"라는 만고불변의 명언이 2015년 대한민국의 음반 시장에서는 "시작이 곧 끝이다"라는 표현으로 바뀌어야 될 것 같다.

재미보다는 진지함과 진정성을 추구했던 다큐멘터리 영상 장르에도 속도 경쟁이 붙었다. 케이블 TV 채널인 OtvN이 2015년 9월부터 방송하고 있는 〈오! 진짜 짧은 다큐〉는 2분 내외의 감각적인 다큐멘터리를 추구한다.[6] 첫 번째 다큐의 주제는 '겸재 정선'으로, 중화사상이 지배하던 조선시대에 조선의 산수강산을 담기 시작한 겸재 정선의 도전정신을 다루었다. 역사를 다루지만 시청자가 지루함을 느낄 틈이 없도록 군더더기 없는 영상과 자막으로 2분 내외의 시간에 핵심만 담았다. 자투리 시간에 인문학적 소양을 쌓고 싶은 시청자를 겨냥한 것이다.

홍보 부문에서는 '29초'가 대세로 자리잡았다. '29초 영화제'는 29초 분량으로 제작된 단편영화만 상영되는 행사인데, 국군 29초 영화제, 소방 29초 영화제, 법무부 29초 영화제, 경찰 29초 영화제 등 각종 기관의 홍보수단으로 각광받았다. 예컨대 '경찰은 나에게 ○○

○이다'라는 주제로 29초 이내의 영상을 제작하는 것이다. 사실 29초는 특정 메시지를 전달하기에 아주 부족한 시간이지만, 일반인도 제작하기 쉽고 출품작을 모바일의 SNS에서도 간단히 볼 수 있어서, '치고 빠지는' 세대에게 가장 적합한 홍보수단이라고 할 수 있다. '박카스 29초 영화제'의 수상작은 TV 광고로 제작되어 공중파로 전송되기도 했다.

거창한 예술이 아니어도 좋다, 가벼운 가치를 즐기다

SNS에서는 '신新문학인'들의 인기가 높다. 짧은 글 속에 함축적인 내용을 담을 수 있는 '시'가 SNS에서 재탄생되고 있다. 이들의 시는 스마트폰 화면에서 한눈에 볼 수 있는 길이에 직관적으로 공감할 수 있는 내용을 다루고 있어 많은 네티즌의 사랑을 받고 있다. 문학적 예술적 가치보다 팍팍한 일상을 가볍고 유머러스하게 풍자한 생활밀착형 시로 현대인에게 가볍지만 따뜻한 위로를 선사하기 때문이다. SNS 3대 시인이라고 불리는 최대호의 『읽어보시집』이나 하상욱의 『서울시』 등이 대표적이다. 문학평론가들은 SNS 시를 문학의 범주로 볼 수 있는지에 대한 논쟁을 벌이기도 했지만,[7] 이들의 반응은 쿨하기만 했다. 『이환천의 문학살롱』은 표지에 아예 '시가 아니라고 한다면 순순히 인정하겠다'라는 부제를 달아놓았다.

　2015년 40만 부의 판매고를 올리며 상반기 출판 시장을 강타한 '지대넓얕', 즉 『지적 대화를 위한 넓고 얕은 지식』은 학문적 지식마저 간편하게 간 보고 싶은 사람들의 욕구를 겨냥한 책이다.[8] 지식의 습득이 중요하다는 건 누구나 아는 사실이지만 바쁜 일상에서 전문

지식을 책으로 습득하기란 여간 버거운 일이 아니다. 내용의 깊이 때문에 이동 시간에 틈틈이 읽어서는 이해하기도 힘들다. 좀 더 읽기 편하게, 이해하기 쉽게 정리된 지식을 원하는 독자들에게 이 책은 가뭄의 단비가 되었다. 지식마저 가볍게 소비하려는 행태를 지적하는 비판의 목소리도 없지 않지만 늘 시간에 쫓겨 사는 현대인에게 '넓고 얕은 지식'은 모르는 것보다 나은 궁여지책의 방법일지도 모른다.

카드로 보는 뉴스와 웹으로 보는 드라마

뉴스도 더욱 짧고 가벼워졌다. 2014년 8월 SBS에서 처음 도입한 '카드뉴스'는 이제 시청자에게 익숙한 뉴스 포맷이 되었다. 카드뉴스는 텍스트형이 아닌 인포그래픽을 이용해 이미지로 정보를 전달하는 것이 특징이다. 조금이라도 길어지거나 복잡해지면 "그래서 뭐?"라는 핀잔을 받기 때문에 빠른 속도로 핵심만 짚는 것이다. 포털 사이트 다음도 텍스트 중심에서 탈피해 이미지 중심의 뉴스 콘텐츠 '이슈이슈'를 선보이는 등, 빠른 정보 습득을 원하는 대중의 니즈에 매체들의 움직임이 더욱 바빠지고 있다.[9]

야한 동영상도 1분이 넘으면 끝까지 보지 않는다는 농담이 유행할 만큼 긴 콘텐츠의 수난 시대다. TV 예능 트렌드를 선도하고 있는 나영석 PD도 이러한 흐름에 맞춰 짧게 소비하는 웹예능 분야에 진출했다. 그가 연출한 웹예능, 〈신서유기〉는 인터넷 환경에 맞춰 편당 5~15분 정도의 짧은 클립 5개로 구성되어 일주일에 한 번씩 업로드되었다. 〈신서유기〉는 짧게 보고 즐기는 '팝콘 컬처'에 익숙한 젊은 층에게 큰 인기를 받으며 TV 방송 시청률 부럽지 않은 높은 조회수

출처: www.news1.kr

▲ 뉴스의 짧고 가벼운 버전, '카드뉴스'.
시사에서 상식까지 폭넓은 이슈를 이미지와 짧은 문구를 넣은 그래픽카드로 보여준다.

를 기록했다.[10]

웹드라마 역시 차세대 콘텐츠로 발돋움하고 있다. 특히 드라마는 스토리 진행 속에서 자연스럽게 제품을 홍보하는 PPL의 기회가 많기 때문에 기업들의 관심이 높은 분야다. 이니스프리는 CJ E&M과 손잡고 총 10부작의 뷰티 웹드라마 〈달콤청춘〉을 공개했다. 취업과 연애 등 청춘들이 쉽게 공감할 수 있는 이야기에 뷰티 콘텐츠를 접목해 자연스레 자사 제품을 노출한 것이 특징이다. 삼성전자도 지난해 직장, 사랑, 인간관계 등 2030세대가 공감할 수 있는 스토리에 중점을 두고 〈최고의 미래〉를 선보인 바 있다.[11] TV보다 모바일이 더 편하고 익숙한 세대가 대중문화의 주역이 되고 있는 시대, 웹예능이나 웹드라마에 대한 관심과 투자는 더욱 가속화될 전망이다.

향후 전망
'강력한 한 방'보다 다방면을 겨냥한 '가벼운 잽'

심리학자들은 인간을 '인지적 구두쇠'라고 부른다. 본능적으로 복잡한 것을 단순화해 지각하려는 특성이 있다는 것이다. 이러한 인간의 특성은 모바일 SNS로 규정되는 현대사회에서 더욱 극대화되는 경향이 있다. 스마트폰을 손에서 떼지 않게 되면서 '언제 어디서나' 외부 정보환경과 연결될 수 있는 기반이 마련됐다. 정보 처리와 통신의 속도가 비약적으로 빨라지면서 무엇이든 기다리는 것을 견디지 못하게 된 것이다. 링크만 누르면 즉시 다른 콘텐츠로 날아갈 수 있는 하이퍼텍스트의 문화 아래서 사람들은 언제나 떠날 준비를 하고 있다. 이러한 성향과 기술과 문화는 갈수록 사람들을 조급하게 만든다. AP가 2012년 실시한 조사에 따르면 18~45세 성인의 집중력 지속 시간은 평균 8초에 불과하다고 한다.[12]

연애, 브랜드, 콘텐츠 등 다방면에 걸쳐서 나타나는 **치고 빠지기** 전략은 어쩌면 자연스러운 현상일지도 모른다. 일부 평론가들이 우려하듯이 현대사회를 살아가는 사람들이 딱 그 정도의 감성과 무게를 원하는 것이라면 말이다.[13] 사람이 그리울 때는 소셜 다이닝으로 만나고, 지식이 필요할 때는 검색해서 필요한 부분만 취하면 된다. 옷이나 가구는 트렌드에 맞춰 가볍게 소비하고, 대중문화는 이동시간에 틈틈이 즐긴다. 어느 방면에서나 짧고 얕게 핵심만 즐기려는 현상은 삶의 효율을 극대화해 살고자 하는 현대인의 당연한 선택일 수도 있다.

하지만 빠르게 치고 빠지는 문화는 분명 경계해야 할 점도 많다. 앞서 언급했던 SNS 시 열풍이나 간략하게 정리된 인문학 서적의 인기를 과연 문학과 인문학의 선호로 보아도 되는가의 논쟁은 지금도 끊이지 않고 있다. 사람들이 단순히 길이가 짧은 콘텐츠를 원하는 것이 아니라 말 그대로 넓고 얕은 콘텐츠를 소비하는 것에 익숙해져 깊고 전문화된 지식 습득에서 점점 멀어지고 있다는 점은 분명 우려할 만한 현실이다. 또한 무엇이든 빨리 읽으려다보니 내용을 읽지 못하고 눈길만 준 뒤 오독하는 부작용도 나타나고 있다. 일례로 배우 하정우가 뺑소니 운전자를 붙잡았다는 기사를 잘못 이해한 네티즌들의 댓글이 이어지며 순식간에 인기 배우를 뺑소니 운전자로 몰고 간 웃지 못할 상황도 벌어졌다.[14]

대중문화의 경우 과도한 상업화도 우려된다. 웹툰이나 웹드라마를 제품의 홍보 수단으로 사용하려는 기업이 늘다보니, 짧은 시간 안에 대중의 눈길을 끌기 위한 자극적인 콘텐츠 경쟁을 벌이는 경우도 적지 않다. 또한 사실관계가 확인되지 않은 제품의 홍보가 과도하게 이루어지기도 한다. 따라서 앞으로 웹을 기반으로 한 콘텐츠에 대한 규제도 점점 확대될 것으로 보인다.

모든 것이 너무 빨라지고, 짧아지고 있다. 모바일 환경이 삶의 중심을 차지하고, 현대인에게 충분한 여유가 주어지지 않는 한, 라이프스타일의 시계는 점점 더 빨라질 것이다. 강력한 한 방보다 다방면을 겨냥한 가벼운 잽이 더 유용한 시대다. 한정된 24시간을 바쁘게 쪼개어 살아가는 사람들에게 치고 빠지기 전략이 효율적이면서도 풍성한 삶을 가능하게 하는 유용한 도구로 자리잡기를 기대한다.

End of Luxury: just Normal

럭셔리의 끝, 평범

• •『트렌드 코리아 2015』예측 내용

사치가 대중화된 현대사회, 명품이 사치의 아이콘이던 시대는 지났다. 이
제 진정으로 럭셔리한 아이템은 유명 브랜드가 아니라 '평범함 속의 여유'
다. 여유는 우아함을 동반한다. 그 여유로운 우아함이란, 최대한 평범하고
심플한 멋이 만들어내는 라이프스타일에서 나온다. 자신의 부를 자랑하기
위해 로고를 뽐내는 블링블링한 졸부 패션은 하수의 것이요, 태어날 때부
터 부유함이란 당연했던 것처럼 어떠한 유행에도 전혀 동요하지 않는 평
범함이야말로 패션 고수들만의 신의 한 수다. 소비의 가치를 높이는 힘이
값비싼 물건에서 편안한 시간과 행복한 경험으로 이행하고 있다. 비범한
노력으로 자신을 소진시켜야 살아남을 수 있는 치열한 경쟁사회에서, 평
범한 여유를 갖는 것은 어쩌면 가장 어려운 일이 되었다. 여유로운 평범함
이 진짜 사치가 되는 역설적인 상황이 펼쳐진 것이다. 브랜드가 아닌 경험
의 사치, 취향으로 경쟁하고 절제미에서 배어나오는 꼿꼿한 분위기로 승
부수를 띄우는 '평범한 럭셔리'는 현대 과시 소비의 역사에 터닝포인트가
될 것이다.

『트렌드 코리아 2015』351~372쪽

• •

평범하고 한적한 삶을 찾아 떠나는 사람이 늘고 있다. 그중에서
도 제주도가 단연 각광받았다. 2015년 제주도로 이주하는 사람들이
새로운 '여유 사치족'으로 떠오르며 크게 늘었다. 특히 영구 이주가

부담스러운 이들을 대상으로 펼쳐진 '제주 한 달 살기' 프로젝트가 큰 호응을 얻고 있다. 서점가에서는 '제주 한 달 살기'를 다룬 콘텐츠가 높은 인기를 끌었고, 실제로 제주도 내 단기 임대 시장이 활성화되었다. 자녀들의 방학을 이용해 단기간 제주도에서 거주하는 것이 학부모들 사이에서 붐처럼 일었기 때문이다.

2015년 5월 통계청의 국내 인구이동 자료에 따르면 한 달 평균 1,100명(순 이동률 0.18%)이 제주로 이주하는 것으로 나타났다. 2015년 들어 1월부터 5월까지 5개월 동안 5,500여 명이 제주도로 이주한 셈이다. 이미 2014년 제주도 인구 증가폭은 전년 대비 1만여 명 이상이 증가하며 사상 최대치를 기록했다.[1] 빡빡한 도시 생활에서 벗어나 여유 있는 삶을 누리기 위해 제주도를 찾는 사람들의 행렬이 계속되고 있는 것이다.[2]

제주 이민뿐만이 아니다. 2014년 한 해 동안 귀농 가구는 56% 늘었다.[3] 이 중 30% 이상이 3040세대였다. 과거 유럽 각국에서도 1990년대 도시 속 치열한 경쟁에 지친 청년들이 새로운 기회를 찾아

2달 동안 제주도에 거주한 것으로 추정되는 제주도 이외 지역 고객 수

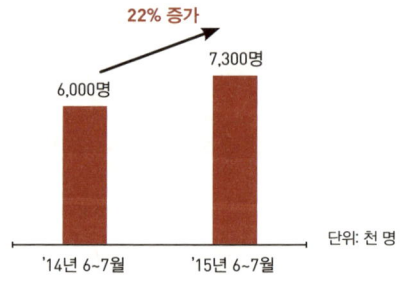

자료제공: 신한카드 빅데이터센터

22% 증가

6,000명　　7,300명

단위: 천 명

'14년 6~7월　　'15년 6~7월

▲ '도시농부'는 일상에서 자연과 가까이할 수 있는 간단한 방법으로 인기를 끌고 있다.

농촌으로 삶의 무대를 대거 옮겼듯 이제 한국에서도 3040세대의 농촌행 트렌드가 본격적으로 대두되기 시작한 것이다. 이 연령대의 귀농 통계를 보면, 제주도의 경우 2014년 한 해에만 3,569가구가 귀촌해 전년도 대비 1,649% 폭증했으며[4] 제주도 이외의 농촌 지방으로 옮겨가는 중장년층의 증가세 또한 끊임없이 이어지고 있다.

농사짓기, 현대인의 로망이자 새로운 사치

브라운관 속 세상도 농사짓기에 바빴다. 2015년 5월 새 시즌을 시작한 〈인간의 조건〉은 '도시농부'라는 부제를 달고 서울에서 농사짓기에 도전했다. 또한 2015년에도 인기몰이를 이어간 〈삼시세끼-정선편〉은 이른바 '자급자족 유기농라이프'를 더욱 적극적으로 보여주며 최고 시청률 16%대를 기록했다. 자연이야말로 어떤 촬영 세트보다 좋은 세트라는 담당 PD의 기획 의도처럼 〈삼시세끼〉는 일상에서 전하는 소소한 즐거움도 예능 콘텐츠가 될 수 있다는 것을 확실하게 보여주었다. 호화스러운 럭셔리가 아닌 '평범한 삶'이 주는 행복의 가치를 TV 예능 속에 자연스럽게 녹여낸 것이 시청자의 마음을 사로잡은 것이다(『트렌드 코리아 2016』 **10대 트렌드 상품** 참조).

　이처럼 잿빛 도시에서 벗어나 푸른 자연 속으로 떠나는 것은 현대인의 로망이자 새로운 사치가 되고 있다. 사치의 영역이 물질적 영역에서 정신적 영역으로 자리를 넓히고 있는 것이다. 『트렌드 코리아 2015』가 전망한 **럭셔리의 끝, 평범** 키워드에서는 사치의 영역이 평범함으로 진화된 대표적인 트렌드로 '킨포크 라이프'와 '놈코어' 스타일을 주목했다. '일상적인 것'과 '자연스러움'이 그 어느 해보다 가치 있고 특별했던 2015년, 대한민국은 얼마나 더 평범해졌을까?

집 안으로 들어온 킨포크 라이프

3만 달러 시대에는 가구를 바꾼다?

'1만 달러 시대에는 차를 바꾸고, 2만 달러 시대에는 집을 바꾸고, 3만 달러 시대에는 가구를 바꾼다'는 속설이 있다. 1인당 국민소득 3만 달러 시대를 앞둔 탓일까? 우리나라도 이제 보다 적극적으로 가구를 바꾸며 집을 꾸미기 시작했다. 자신만의 공간 안에서 누리는 휴식과 여유를 갈망하며 집치장에 나선 것이다. 느긋한 삶의 기쁨을 추구하는 '킨포크 라이프Kinfolk life(친한 사람끼리 자연스럽고 편안히 생활하려는 삶의 태도)'가 소소한 일상용품의 변화와 함께 집 안으로 들어왔다.

국내 리빙 시장은 2010년 15조 7,000억 원에서 2013년 20조 1,000억 원 규모로 최근 3년 사이 30% 이상 규모가 커졌지만, 최근 해외 거대 브랜드의 국내 진출을 계기로 더욱 몸집을 키우고 있다.[5] 한샘의 경우 부엌가구보다 생활용품의 매출 성장률이 더 가파르고, 2014년 1,800억 원의 매출을 올린 신세계 인터내셔날의 라이프스타일 브랜드 '자주'는 2020년 목표치를 무려 5,000억 원으로 잡고 있을 만큼 인테리어 시장은 고공행진 중이다.[6] 소비자들의 수요가 늘자 시즌별로 소품 가구, 커튼, 쿠션 등을 조금씩 바꾸는 홈인테리어 관련 가이드북부터 온·오프라인 강좌가 인기리에 운영 중이며 셀프 인테리어 상품 매출은 전년 대비 124% 성장한 것으로 조사됐다. 이러한 흐름에 맞춰 2015년 2월 말, 롯데백화점 잠실점은 기존 면세점으로 운영되던 9, 10층을 '프리미엄 리빙관'으로 탈바꿈시키기도 했다.[7]

2014년 10월 스웨덴의 인테리어 소품 브랜드 'H&M 홈'이 한국에 첫 매장을 오픈했을 때 첫날부터 1,300여 명에 달하는 고객이 장사진을 치는 진풍경이 벌어질 만큼 큰 관심을 모았다. 이어서 '자라 홈' 한국 1호점도 코엑스몰에 입점했

패스트리빙Fast Living
최신 트렌드를 반영해 빠르게 제작하고 빠르게 유통시키는 '패스트패션'과 같은 의미로 유행과 계절에 민감하게 반응해 재빨리 신상품을 구성하는 리빙 제품군을 말한다. 1인 가구의 증가와 개성을 중시하는 소비자들의 질적 변화에 맞추어 셀프 인테리어가 인기를 끌며 빠르게 성장하고 있다. 저렴한 가격으로 유행이나 계절마다 그에 맞는 리빙 아이템을 바꿈으로써 효과적으로 기분 전환을 하고 공간 꾸미기를 통해 미적 취향을 고취시키는 소비자들이 늘면서 주요한 트렌드로 자리잡고 있다.

으며 스웨덴의 세계적인 DIY Do-It-Yourself (자가조립) 가구업체 이케아가 경기도 광명에 문을 여는 등, 합리적인 가격에 디자인과 품질을 갖춘 **패스트리빙** 해외 브랜드들이 줄지어 들어오면서 인테리어·소품 시장의 판도를 바꾸어놓았다. 쉽게 구매하기 힘든 '고가高價' 아니면 품질에 대한 기대를 접어야 하는 '저가低價'로 양극화되어 있던 국내 가구 시장에 다양한 품질과 가격대의 아이템이 소비자의 발길을 끌며 활기를 더했다.

'여가생활'이자 '힐링'으로 자리잡은 '셀프 인테리어'

이처럼 인테리어 시장이 성장하는 배경은 소비자들의 변화된 라이프스타일이다. 다른 누구도 아닌, 나 자신을 위한 '평범한 사치'를 누리고 싶은 사람들이 집이라는 공간을 꾸미는 재미를 즐기기 시작한 것이다. 무엇보다 집의 가치가 투자의 대상 혹은 거주 공간 이상의 존재로 진화하며 끊임없이 가꾸고 설계해야 할 과시와 만족의 대상이 되고 있다. 실제로 홈 인테리어에 대한 설문조사 결과 전체 응답자의 87.8%가 인테리어를 자신의 개성을 표현하는 또 다른 수단이라고 답했다. 이들에게 셀프 인테리어는 여가생활인 동시에 휴식을 DIY하는 '힐링'의 영역이 되고 있다.[8] 익숙했던 공간의 작은 변화만으로 분위기 전환을 할 수 있고 미적 취향을 반영하는 등, 집은 이제 값비싼 재산이라는 위시리스트 품목이 아니라 여유와 안식의 공간 연출이라는 버킷리스트 목록으로 바뀌고 있다.

SNS 세상은 이러한 현상을 부채질하는 대표적인 무대다. 예쁜 패턴의 키친타월, 독특한 컬러의 주방장갑, 리넨 패브릭 등으로 한껏 멋을 낸 사진 속 여유로움을 공유하기 위해 계절에 따라, 날씨에 따라 소비자는 새로운 연출 아이템을 장만한다. 이렇게 SNS가 일정 부분 집단 소비심리를 부추기고 있는 것 또한 리빙 소품 시장이 탄력을 받고 있는 원인이다. 통계 자료에 따르면 2008년 7조 원 규모에 불과했던 국내 생활용품 시장은 2014년 약 10조 5,000억 원으로 성장한 데 이어 오는 2023년에는 17조 9,200억 원까지 늘어날 것으로 전망된다.[9] 자신이 추구하는 스타일을 좀처럼 버릴 수 없는 소비 세대에게 '집 안'은 바꾸고 채워야 할 것이 무궁무진한 놀이터로 점점 그 영역이 확대될 것으로 보인다.

무심한 듯 세련된 놈코어 스타일

2015년 패션계는 브랜드 인지도나 눈에 띄는 로고보다 '무심한 듯 시크하게' 자연스러운 룩으로 승부하는 '놈코어normcore' 스타일이 대세가 되었다. 기능성 혹은 소재와 핏fit으로 승부하는 놈코어 아이템 중 최고의 스타는 단연 래시가드였다. 하이힐을 벗고 스니커즈를 신는 여성이 늘어나듯 래시가드는 무심한 듯 세련된 놈코어 스타일의 선두주자로 돌풍을 일으켰다. 수중 레포츠 마니아들의 전유물이었던 **래시가드**는 2015년 시장 규모가 무려 1,022억 원으로 전년 대비 3배 이상 급증했다. 무엇보다 신체를 보호하고 패션 아이템으로도 손색이 없어 젊은 세대뿐 아니라 중장년층에게도 어필해 앞으로 확실한 피트니스 웨어로 진화해나갈 것으로 전망된다.[10]

2015년 패션의 거리에는 유독 평범해 보이는 옷차림으로 시크하게 거리를 활보하는 이들이 눈에 띄었다. 런웨이를 넘어 일반 소비자에게도 놈코어룩이 유행하며 멋쟁이들은 면 티셔츠, 단색 니트, 편한 청바지, 셔츠 등 심플한 기본 아이템으로 담백한 여유의 멋을 뽐냈다. 특히 아웃도어 시장이 커지며 이제는 등산할 때뿐 아니라 평소에도 편안하면서 기능적인 아웃도어룩을 입는 사람들이 늘었다. 이른바 '라이프스타일 아웃도어'라 불리며 활동에 따라 캐주얼 아웃도어, 스포츠 아웃도어, 도심형 아웃도어 등으로 세분화되고 있다. 아웃도어 브랜드 밀레의 경우 올리비에 드레본이라는 아웃도어

래시가드Rashguard

서퍼룩Surfer look으로 알려져 있는 래시가드는 스판덱스·나일론·폴리에스테르를 혼합하여 만든 워터스포츠용 복장 중 한 종류로 지나친 햇빛 노출에 의한 화상이나 찰과상에 의한 발진rash 등으로부터 착용자의 피부를 보호guard한다는 의미로 붙여진 이름이다. 주로 물에 강한 특수 소재 바지인 보드쇼츠board shorts와 함께 입는데, 체온 유지 등의 기능과 함께 가릴 곳은 가리면서도 몸매가 드러나 세련되어 보이기 때문에 비키니를 대신하는 수영복으로 큰 인기를 얻고 있다. 긴 소매가 일반적이지만 폭발적인 래시가드 붐이 일며 짧은 소매, 집업 형태 등 다양한 형태에 화려한 컬러와 패턴의 디자인이 소비자들의 구매욕을 자극하고 있다.

디자이너와의 협업을 통해 아웃도어의 기존 개념을 확장한 모던한 디자인의 라이프스타일 제품군을 따로 론칭하기도 했다.[11] 평상시에 튀지 않으면서도 세련되어 보이는 기능성 의류를 찾는 이들의 취향과 트렌드가 확산되면서 정형화된 아웃도어의 틀을 깬 패션들이 등장한 것이다. 편안하고 자연스러운 멋을 추구하는 사람들의 놈코어 사랑을 타고, 보다 세련된 2030 아웃도어룩이라는 새로운 카테고리가 주목받고 있다.

힐링으로 완성되는 작은 사치

━━

치맥 대신 '책맥', '심야책방'과 '북스테이'

조용히 혼자만의 시간을 즐기려는 사람들이 늘면서 이들이 찾는 서점의 풍경도 바뀌었다. 독특한 콘셉트의 부티크 서점과 심야서점이 고독을 즐기는 도시인들의 발길을 끈 것이다. 2014년 경기도 파주 출판단지에 24시간 운영하는 열린 도서관 '지혜의 숲'이 성공적으로 개관한 이후, 동네 책방 규모의 부티크한 서점부터 니치 소비자를 겨냥한 브랜드 서점까지 다양한 형태의 서점들이 등장하고 있다. 책 그 자체보다는 책과 더불어 누릴 수 있는 여유를 파는 공간인 것이다.

직장인들 사이에서 퇴근 후 '치맥' 대신 책 한 권 읽고 가는 '책맥'이라는 신조어를 만들어낸 상암동 북바이북은 술 파는 서점으로 유명세를 타고 있다. 국내 최초의 소설 전문 서점인 이곳은 맥주 한잔과 함께 소설 속 이야기에 흠뻑 빠질 수 있는 기회를 제공한다. 한없이 평범한 서점이라는 공간에서 결코 평범하지 않은 멋들어진 여유를 즐길 수 있는 곳이다. 콜라보 서점 북티크는 아예 '심야책방'을 콘셉트로 잡았다. 최근 중국과 대만 등지에서 인기리에 운영 중인 심야책방은 한국에서도 큰 관심을 끌고 있다. 책과 관련된 독특한 이벤트로 화제를 모으고 있는 현대카드의 디자인, 여행, 음악에 이은 네 번째 테마 역시 심야책방이다.

책과 함께 숙박 서비스를 제공하는 '북스테이'도 등장했다. 충북 괴산군에 가정집을 서점으로 만든 '숲 속 작은 책방' 등 6곳은 '책이 있는 집에서 하룻밤, 북스테이'를 결성해 '책과 함께하는 쉼' 문화를 조성하는 데 일조하고 있다. 술과 함께 진탕 취하고 노는 소진사회의 면모를 자랑하던 20~30대 젊은이들과 직장인들이 책과 함께 자신을 돌아보고 오롯한 여유시간을 즐기고 있다. 소비의 가치를 높이는 힘이 값비싼 물건에서 편안한 시간과 행복한 경험으로 이행하고 있음을 작은 인디서점 안에서도 확인할 수 있다.

작은도서관 세렌디피티#4
북 스테이
책 공간에서 하룻밤

▲ 책과 함께하는 하룻밤.
책이 주는 안온함과 숲 속에 자리한 집의 편안함이 조화를 이루는 북스테이.

아파트라는 일상 속 유럽 스타일, 스트리트형 상가

쇼윈도의 풍경도 변화를 꾀하고 있다. 최근 대형 아파트 단지 주변을 중심으로 스트리트형 상가가 들어서고 있다. 스트리트형 상가란 이미 판교의 쇼핑 명소가 된 아브뉴프랑과 같은 유럽형 쇼핑거리를 일컫는 말이다. 기존의 생활밀착형 점포들보다는 브런치카페, 뷰티숍, 패션숍 등 간단한 여가생활이 가능한 업종들로 구성되며 '스칸디맘 Scandi-mom(북유럽적인 가치를 추구하는 젊은 엄마)'들을 비롯해 '몰고어mall-go-er(쇼핑몰에서 여가를 즐기는 사람)'족을 불러모을 수 있도록 유럽의 카페거리를 연상케 하는 인테리어로 무장한다. 판교 카페거리, 송도 커낼워크처럼 탁 트인 공간이 주는 독특한 정취가 여가를 중시하고 차별화된 공간을 원하는 수요자들의 요구에 부합되면서 신도시와 도심을 중심으로 스트리트형 상가 조성에 많은 관심이 쏠리고 있다. '여유로운 삶의 질'을 중시하는 문화가 자리잡으며 건축 환경에도 유럽식 상가 스타일의 고풍스럽고도 우아한 멋이 퍼지고 있는 것이다.

향후 전망
'물질 소비'보다 '여유 소비'를 통해 만족을 추구하다

"칼질 못 해도 괜찮아, 채칼 쓰면 되유~"

"민트 없어도 괜찮아, 깻잎 넣으면 되유~"

"어때유, 고급지쥬? 있어 보이쥬?"

2015년 방송가를 종횡무진한 셰프테이너(셰프+엔터테이너)들 사이에서 단연 돋보인 인물은 백종원 씨다. 따라 하기도 벅찬 화려한 칼질과 보는 것만으로 만족해야 하는 복잡한 레서피들의 홍수 속에서 평범하고도 쉬운 재료로 뚝딱뚝딱 '있어 보이는' 집밥을 완성한 그는 "간편하면 그만이쥬~"라고 말하며 '집밥 신드롬'을 낳았다. 집에서 먹는 밥상이 이토록 주목받았던 시절이 있을까 싶을 만큼 외식업계의 트렌드까지 바꾼 집밥 열풍은 '화려함'보다 '평범함'이 강조된 2015년의 트렌드와도 맞닿아 있다. 하지만 한편으로 "백종원 씨는 '대체代替 엄마'다. 맞벌이 부부의 1호 자식들로 집밥에 대한 기억이 없는 젊은이들이 백종원 씨의 요리에 열광하고 있다"라고 설명한 맛 칼럼니스트 황교익 씨의 분석처럼[12] 집밥 신드롬은 '집밥 없는 시대'를 대변하는 우리 사회의 쓸쓸한 이면일지도 모른다.

이처럼 사회문화를 관통하는 트렌드 속에는 보이는 것 이면에 보이지 않는 시대의 그늘이 숨어 있기도 하다. 호화스러움을 지양하고 평범함을 추구했던 2015년의 소비 시장 역시 그 이면에는 평범함조차 누리기 힘든 사람들의 절절한 호소가 숨어 있었다. 실제로 2015년 10월, 한국소비자원의 발표에 따르면 한국인들의 최근 1년간 소비 생활 만족도는 10.9% 하락했으며 소비 생활 양극화지수는 1994년 조사 이래 최고치를 기록했다.[13] 갈수록 소비의 양극화가 심화되고 만족스러운 소비조차 쉽지 않은 상황에서 평범함은 과시의 대상으로 올라설 만큼 성취하기 힘든, 평범하지 않은 가치가 되고 있는 것이다.

이렇듯 소중한 평범함의 가치를 누리기 위해 부단히도 노력한 **럭셔리의 끝, 평범** 트렌드는 향후 대한민국 사회에 자아 성찰의 기회로 기능할 수도 있을 것이다. 기업은 물론 정부와 지방자치단체는 소비자의 만족을 넘어 행복을 채워줄 콘텐츠를 개발해야 하며 왜 이토록 자본과 물질이 포화를 이루는 시대에 평범함과 소박함이 주목받는가에 대한 진지한 고민을 시작해야 한다.

밝고 편안한 표정으로 평범함을 누리며 그것이 진정한 럭셔리라고 믿는 소신 있는 소비, 문화를 소비하고 취향을 소비하는 소비자들의 질적인 변화 속에 기회가 있다. 물질 소비보다 여유 소비를 통해 만족을 추구하는 현상은 계속될 것이며, 여전히 이상적인 여유로운 삶과 현실과의 괴리감도 존재할 것이다. 이 간극을 메워줄 현명한 소비는 과연 무엇일까? 2016년은 소비자와 기업 모두, **럭셔리의 끝, 평범**의 진정한 가치를 공유하기 위한 성찰이 필요한 시점이다.

Elegant 'Urban-granny'

우리 할머니가 달라졌어요

• •『트렌드 코리아 2015』예측 내용

희생의 아이콘인 할머니는 잊어라. 베이비붐 시기에 태어나 이전 세대와는 질적으로 다른 경제적, 문화적 향유를 누렸던 세대가 드디어 손자를 보기 시작했다. 며느리와는 거리를 두고 딸과는 독립을 추구하는 이들이 이제 본격적으로 자신의 인생을 즐기겠다고 선언한다. 젊어 보이는 것이 아니라 스스로를 젊다고 생각하고, 그 모습 그대로 죽고 싶다고 말하는 이들은 '인생은 60부터'라는 명제를 행동으로 실천하고 있다. 행복을 추구하는 꿈 많은 할머니들이 이제 가족이 아니라 자신을 위해 본격적으로 쌈짓돈을 풀기 시작한다. 기업의 스포트라이트도 집중된다. 생물학적으로는 할머니지만 심리적으로는 아직도 이팔청춘인 사람들, 그들의 근원적인 심리를 고려한 섬세한 마케팅이 필요한 시점이다. 밝고 유연한 사고로 소통이 가능하며 인생을 즐겁게 사는 것이 무엇인지 제대로 아는 새로운 시니어, 자신만의 멋진 라이프스타일을 추구하는 한국형 멋쟁이 할머니들을 우리는 '어번그래니'라고 부른다.

『트렌드 코리아 2015』, 373~392쪽

• •

"흰머리를 그대로 내버려두었더니 어느 날 개성이 되었다."
1931년생 85세의 모델 카르멘 델로피체가 남긴 유명한 말이다. 현존하는 세계 최고령 모델로 기네스북에 올라 있는 그녀는 하나하나 늘어가는 주름도 모두 의미 있고 아름답다며 흔한 보톡스 시술

한번 받아본 적이 없다. 최근까지도 각종 패션쇼 런웨이와 잡지 화보 촬영 등 왕성한 활동을 이어가며, 그녀가 모델을 했던 롤렉스 광고의 '클래스는 영원하다'는 말처럼 아름다움에 대한 클래스를 한층 높이고 있다. 30대 초반이면 정년이라는 말이 나올 만큼 수명이 짧은 모델 세계에서 카르멘 델로피체와 같은 근사한 할머니, 어번그래니의 활약이 두드러지고 있다. 런웨이뿐만 아니다. 프랑스의 럭셔리 브랜드 셀린느는 2015년 S/S 광고 캠페인 모델로 올해 81세의 미국 작가 조앤 디디온을, 같은 시기에 생 로랑은 72세의 캐나다 포크록 가수 조니 미첼을 주인공으로 내세웠다. 세계적인 화장품 브랜드 로레알 역시 1945년생인 영국 여배우 헬렌 미렌을 모델로 기용하여 실버뷰티 전선에 합류했다.

불과 몇 년 전만 해도 미디어에 등장하는 노인들은 부양의 대상으로 그려졌다. 하지만 요즘 시대의 노인들은 더 이상 뒷방 늙은이 취급을 원치 않는다. 그 변화의 중심에 건강하고 우아한 할머니, 어번그래니가 있다. 이들에게 세월은 견뎌야 하는 야속한 존재가 아니라 오히려 자신감과 역량을 쌓아주는 자연스러운 존재다. 연륜만이 가져다줄 수 있는 특유의 여유로운 자태로 새파란 젊음과 당당하게 경쟁하는 어번그래니, 지금 이들이 젊은 세대의 롤모델로 급부상하고 있다.

컨설팅 기관인 에이티커니A.T. Kearney는 60세 이상의 인구가 오는 2050년까지는 8억 명에 육박할 것으로 전망했다. 또한 50세 이상의 소비자가 지난 2010년 8조 달러 이상을 소비했고, 오는 2020년 이들의 소비력은 15조 달러에 이를 것으로 내다보았다. 게다가 이들은 과거의 노인 세대와 달리, 자신을 위한 소비에 더욱 집중하는 명실상부 강력한 소비자 집단이 되고 있다. 전 세계 명품 브랜드들이 백발에 주름진 얼굴의 모델을 기용하는 현상은 어찌 보면 당연한 일이다. 로레알의 CEO 장 폴 아곤Jean-Paul Agon은 고가의 명품 화장품에 대한 노년층의 수요가 급격히 늘어나면서 '실버 쓰나미'라는 새로운 용어가 등장했다며 이들이 시장의 새로운 기회가 될 것이라고 말했다.[1]

『트렌드 코리아 2015』는 **우리 할머니가 달라졌어요** 키워드를 통해 현재의 대한민국도 이러한 세계적인 흐름에 합류하기 시작했음을 밝혔다. 광복 이래 가장 여유로운 경제력과 당당한 자의식을 갖춘 이들의 2015년 한 해 모습은 어떠했을까? 이와 더불어 어번그래니, 시니어 계층을 겨냥한 다양한 업계의 전략들도 함께 짚어본다.

할머니의 발걸음, 시장을 주도하다

공연계의 큰손, 40~60대 중장년

"아직 50 끝줄밖에 안 된 게 어디 형님이랑 맞먹으려고 그래?"

2015년 3월, 서울 명동예술극장에서 개막한 〈슬픈 인연〉이라는 연극의 한 대사다. 60대 남자 배우들이 무대 위에서 티격태격 싸우는 극중 대화 장면에서 연신 관객들의 박장대소가 터져나왔다. 이 연극을 보러 온 관객의 약 60%는 40~60대 중장년층이었다. 최근 40~60대가 공연계의 큰손으로 떠오르고 있다. 20~30대 중심으로 움직이는 공연계에 지각변동이 일어난 것이다. 지난 4월, 장충동

◀ 공연시장에서 흥행불패 기록을 낳
고 있는 연극들. 모두 시니어 관객
층이 주를 이루는 것이 특징이다.

달오름극장에서 막을 올린 연극 〈3월의 눈〉은 15회 전회 매진이라
는 기록을 세웠다. 배우 신구와 손숙이 주연을 맡아 열연한 이 연극
은 2011년 첫 공연 이후 4년째 매진 행진을 이어갔다. 2014년 9월
부터 2015년 2월까지 전국 순회공연을 마친 연극 〈황금연못〉도 총
71회, 객석 평균 점유율 83%를 넘기며 장기 흥행작 대열에 합류했
다. 두 연극 모두 전체 관객 중 40대 이상이 60~80%에 달했다. 이처
럼 40~60대 관객이 늘어난 원인은 이들이 젊은 세대보다 비교적 시
간과 경제적 여유를 갖추고 있으며, 자연스럽게 이들이 공감할 만한
이야기를 소재로 한 공연도 점차 늘어나고 있기 때문이다.[2]

GG Grand Generation에 대응하는 일본의 움직임

이러한 **시니어 시프트**는 고령화가 일찌감치 진행돼온 일본에서는 아
주 일반화된 현상이다. 이에 따른 대응책 역시 활발하다. 예컨대 일
본 최대 유통업체인 이온AEON은 실버 세대를 겨냥한 GG몰, GG스토
어를 운영 중이다. 그랜드 제너레이션의 약자인 GG는 55세 이상의

소비 계층을 일컫는데, GG 전문숍을 통해 이들에게 친화적인 제품, 서비스, 구매 환경을 제공한다. 일본의 노년층은 주로 오전에 매장을 방문해 점심과 저녁에 먹을 음식이나 식재료를 매일 구입하는 것

시니어 시프트 Senior Shift
전체 연령대 및 주로 젊은 세대가 이끌어왔던 소비 시장이 최근 중장년 및 노년의 소비자 집단으로 이동하고 있는 현상

이 일반적이다. 이런 식문화를 반영한 이온은 즉석식품 매장을 강화하고 1~2인용 소포장 제품들을 적극적으로 선보이고 있다. 또한 매장에서는 그들이 젊었을 때 유행했던 음악을 틀고 문화·독서교실을 마련해 여가를 즐길 수 있는 서비스도 제공한다.[3]

학생이나 20대가 주요 고객이었던 일본의 편의점 역시 고령 소비자 집단으로 눈길을 돌리고 있다. 세븐일레븐 재팬은 29세 이하 고객 비율이 1989년 63%에서 2013년 29%로 낮아진 반면, 같은 기간 50세 이상 고객의 비중은 9%에서 30%로 증가한 것에 주목했다. 이에 따라 고령층이 먹기 좋은 소포장 신선 제품, 유기농 및 치료식 도시락 제품군을 선보였다.[4]

할머니, 대중문화 콘텐츠를 접수하다

모바일 채팅과 기프티콘을 즐기는 그들

우리나라 역시 이러한 '시니어 시프트' 현상이 두드러지고 있다. 특히 모바일 채팅 중 '이모티콘'을 사용하는 중장년층이 크게 증가하는 현상이 재미있다.

'좋은~ 하루 됐길. 나는 굿~나잇. 뿅.'

'응~ 집에 가는 중^^;'

요즘 중장년층이 모바일 채팅방에서 실제로 쓰는 말들이다. 말투만 젊어진 것이 아니다. 이들은 카카오톡이나 네이버 라인 같은 실시간 메신저를 자유자재로 사용하면서 이미지 이모티콘을 적극적으로 활용하는 것은 물론, 아이템 스토어에서 판매하는 다양한 이모티콘을 구입한다. 흥미로운 점은 이러한 메신저를 통해 중년 남성들의 감정 표현 방식이 변하고 있다는 것이다. 감정 표현 자체를 금기처럼 여겼던 50대 이상 남성들이 채팅창을 통해 감정을 발산하며 새로운 방식으로 소통하고 있다. 시장조사기관 마크로밀엠브레인의 설문조사에 따르면 '모바일 이모티콘을 사용하는 사람이 신세대'라고 생각하는 50대 비율이 44.4%로 전체 연령 평균(38.5%)보다 높았다.[5]

모바일 채팅창에서 다양한 이모티콘을 구사하며 수다의 묘미를 알게 된 이들이 이제는 '선물하기'에도 관심을 보이며 구매력을 행사하기 시작했다. 신한카드 빅데이터센터의 자료에 따르면, 2014년 상반기 대비 2015년 상반기에 50대 이상의 모바일 기프티콘 구매율이 360% 이상 증가했다. 성별, 연령별 이용 건수 비교 데이터에서 2014년에 비해 2015년 50~60대 이상의 남녀 모두 구매율이 지속적으로 증가하고 있는 추세임을 확인할 수 있다.

어번그래니를 향한 백화점의 프로모션 기획 또한 두드러졌다. 이 경우, 소비 시장의 큰손인 어번그래니의 수혜자들에게 초점을 맞추기도 하는데, 어린이날을 맞아 롯데백화점이 기획한 '손주의 날' 행사가 대표적이다. '붕어빵 손주 사진 콘테스트'를 개최해 1등 당첨자에게 '홍콩 디즈니랜드 가족여행권'을 증정하는 등의 행사는 손주에게 아낌없이 베푸는 조부모 고객들의 열띤 호응을 이끌었다.[6]

흥행을 주도하는 시니어의 아이돌, 이미자와 장사익

콘텐츠 분야에서도 이들의 영향력은 대단했다. TV·영화·연극·광고 등 대중문화 속에서 노인의 모습은 그 어느 때보다 많이 등장했고, 큰 인기를 누렸다. 매주 토요일 오전에 방송되는 KBS 〈황금연못〉은 '시니어들의 예능 토크쇼'다. 보통 시청률이 2~3% 정도였던 시간대에 편성되었지만 방송 3개월 만에 회당 10%를 넘나드는 시청률을 기록했다. 2015년 3월에는 지상파 3사의 월화 드라마 시청률이 이전 주보다 모두 1~2%씩 하락했는데, 높은 시청률을 자랑하는 지상파 드라마의 위용을 꺾은 주인공은 바로 가수 이미자와 장사익이었다. KBS 〈가요무대〉의 창사 특집에 출연한 두 가수는 노년층에게 추억 그 자체가 된 노래들을 선보이며 20.1%(닐슨코리아)라는 놀라운 시청률을 이끌어냈다. 이를 두고 방송가에서는 미인beauty, 아이baby, 동물beast에 이어 이제는 '노인'이 미디어 시장의 흥행 콘텐츠로 자리잡고 있는 것 아니냐는 의견이 나오고 있다.[7]

영화 시장에서도 노인의 이야기가 소재인 영화들이 연달아 흥행 가도를 달렸다. 2014년에 개봉하여 관객 수 860만 명을 돌파했던 〈수상한 그녀〉를 시작으로, 같은 해 11월 〈님아, 그 강을 건너지 마오〉가 독립영화로는 이례적으로 480만 명 넘는 관객을 동원하는 기염을 토했다. 특히 2014년 12월에 개봉한 〈국제시장〉은 중장년층의 압도적인 지지를 받으며 천만 관객을 돌파했다. 2015년 1월, CGV

리서치센터는 2014년 한 해에 CGV를 찾은 60대 이상 관람객이 2013년보다 40.2% 증가했다고 발표했다.[8] 공원 벤치나 골목 어귀, 노인정 같은 그들만의 세계에 갇혀 있던 노인들이 적극적으로 세상 밖으로 나와 소비 시장을 주도하기 시작한 것이다.

할머니들의 통 큰 나들이

관광버스는 NO, 꽃할배가 몰고 온 시니어 배낭여행

우르르 관광버스를 타고 경치 구경이나 하는 게 전부였던 할머니, 할아버지의 여행이 달라졌다. 여유로운 경제력과 시간을 가진 이들은 이제 트로트 멜로디 속 관광버스를 벗어나 비행기 티켓과 여권을 들고 공항 검색대 앞에 선다. 특히 tvN의 여행 예능 〈꽃보다 할배 - 그리스 편〉이 중장년 및 노년층의 여행 돌풍에 불을 지폈다. 모두투어의 2014년 유럽 여행상품 고객 현황 자료에 따르면, 방송 이후 50대 이상 고객이 급증했고, 이들이 50%를 넘는 비중을 차지하면서 유럽 여행 시장의 강력한 소비계층이 되었음을 보여주고 있다. 언어와 문화가 낯설 뿐더러 장거리 비행에 대한 우려 때문에 유럽 여행을 꺼리던 중장년층이 편견을 버리고 지구 반대편을 향해 떠나는 것이다.

일반적으로 패키지여행을 선호했던 이들이 자유여행으로 눈을 돌리게 되었다는 점 또한 흥미로운 변화다.[9] 배낭여행 전문 여행사 내일투어는 배낭여행 상품을 구매한 40대 이상 중장년층이 전체 배낭여행 고객 중 10~20%를 차지하고 있다고 밝혔다. 이 업체에 따르면,

불과 5년 전만 해도 배낭여행 상품을 구매하려는 중장년층이 매우 드물었으나 2~3년 전부터 수요가 급증하기 시작해 2015년 봄부터 여름까지의 예약이 2014년 같은 기간에 비해 50% 이상 늘어난 것으로 나타났다. 배낭여행에 대한 중장년층의 수요가 늘면서 몇몇 여행사에서는 자유여행과 가이드 투어, 각각의 장점을 결합한 '세미 배낭여행' 상품을 선보였다. 또한 배낭여행의 세세한 일정을 짜는 것이 어려운 중장년층 고객을 대신해 여행 일정 세우기만 대행해주는 상품도 있다. 뿐만 아니라 〈꽃보다 할배〉에서 배우 이서진이 담당했던 짐꾼 서비스가 포함된 상품도 등장했다.[10]

working이라는 런웨이를 향한 당당한 walking

인생을 즐기려는 이들의 행보는 패션업계에도 이어졌다. 런웨이에서 젊은 모델들 못지않은 당당한 워킹으로 노익장을 과시하는 할머니, 할아버지 들이 있다. 국내 첫 시니어 모델(노인 전문 모델) 패션 학교인 사회적 기업 '뉴 시니어라이프' 덕분이다. 이 기관은 2007년 비영리 민간단체로 출범해 50세 이상을 대상으로 워킹이나 포즈 등의 모델 교육을 진행하고 있다. 학생들의 평균 나이는 65세, 그동안 교육받은 학생 수만 1,400명에 달하며, 2015년 5월까지 국내외에서 총 99회의 패션쇼를 진행해왔다. 뉴 시니어라이프에서 구슬땀을 흘리며 워킹과 포즈 연습에 한창인 노인들의 열정과 진지함은 젊은 모델 못지않다. 게다가 모델 활동을 통해 경제적 소득까지 올릴 수 있어 만족감이 더욱 크다고 한다.[11] 소비 욕구의 충족뿐 아니라 성취 욕구의 충족은 시니어 계층의 즐거운 삶을 위한 중요한 축을 담당하고 있다.

이들의 성취 욕구는 취업 시장에서도 여실히 드러났다. 2015년 상반기 취업 시장에 50대 이상 중장년층의 유입이 눈에 띄게 늘어났다. 특히 50대 이상 여성들의 취업 시장 진입이 점차 늘어나는 추세다. 50대 이상 남성 이력서 증가율이 16%를 보인 반면 50대 이상 여성 이력서 증가율은 42%로 2배가 넘었다. 재취업에 성공하기 위해 새로운 분야에 도전하며 자격증을 취득하는 중장년층도 늘고 있다. 2014년, 50대 이상 자격증 소지자는 전체 자격증 소지자의 27%를 차지한 데 이어 2015년 상반기에는 그보다 1.5% 증가한 28.5%를 차지했다.[12]

CC보다 BC, 사랑은 영원하다

과거의 어머니·아버지들과 달리 어번그래니는 '자식'이 중심인 삶의 방식에서 벗어나 '자신'이 중심인 삶의 방식을 선택하고 있다. 자녀들이 결혼과 독립으로 떠나면 그들의 인생은 결혼 이전으로 되돌아가는 양상을 보인다. 철저히 자신을 우선으로 생각하는 사고방식과 그에 따른 삶의 방식은 요즘 미혼남녀와 다를 바 없어 보인다.

20대에게 연애의 로망이 CC, 즉 캠퍼스 커플Campus Couple이라면, 60대 이상에게는 '복지관 커플'을 뜻하는 BC가 로망으로 떠오르고 있다. 주로 백발의 연로한 노인들이 모이는 경로당과 달리 복지관은 보다 젊고 건강하며 매사 의욕 넘치는 어르신들이 모여드는 장소로 인기를 끌고 있다. 복지관 커플의 연애 방식은 대학 캠퍼스 커플과 다르지 않다. 공개 연애를 하는 커플부터 여러 이성을 동시에 만나는 복지관 내 카사노바까지, 그들은 나이 60이 넘어 새로운 연애의 역사를 쓰고 있다. 이들은 밸런타인데이에 초콜릿과 함께 사랑을 고백하는 것은 물론, 커플티에 커플모자까지 당당하게 커플룩을 맞춰 입는 등 과거와는 비교도 안 될 만큼 적극적으로 감정을 발산한다.[13]

아름다운 외모를 향한 열망 또한 대단하다. 업계 전반에서 강력한 구매·소비력을 발휘하고 있는 것도 모자라, 성형업계에서도 이들의 영향력이 증가하기 시작했다. 이른바 '실버 튜닝 세대'라 불리는 이들은 간단한 성형수술로 자신감과 만족감을 얻고자 한다. 비교적 간단한 보톡스, 필러 시술에 이어 최근에는 레이저 리프팅이 인기다. 미용 성형에 적극적인 '실버 튜닝 세대'를 잡기 위해 성형업계에서는 다양한 프로그램을 선보이고 있다.[14] 사랑과 아름다움을 되찾은 할머니의 미소가 얼마나 행복해 보일지는 굳이 확인할 필요 없을 것 같다.

향후 전망
'시니어 전용'이 아닌 '시니어도 사용'하는 젊은 브랜드

"나이야, 가라!"

MBC 예능 프로그램 〈나 혼자 산다〉에서 중견배우 김용건이 2015년 6월, 캐나다 여행에서 찾았던 나이아가라 폭포를 회상하며 했던 말이다. 이 프로그램에서 김용건은 젊은 세대를 능가하는 세련된 패션감각을 자랑했고, 그에 어울리는 유연한 사고방식을 자주 드러냈다. 다소 진부한 위트 같지만, 진정 나이에 얽매이지 않는 삶을 몸소 실천하고 있는 그이기에 위트 이상의 의미를 가질 수 있었다.

『트렌드 코리아 2015』에서 전망한 키워드 어번그래니는 2015년을 지나며 할아버지를 포함하는 '어번시니어'로 확장되고 있는 양상이다. 도회적이고 세련된 할머니와 그에 못지않은 할아버지가 더욱 증가하면서, 앞으로도 그들의 영향력은 상당할 것으로 전망된다. 또한 이들이 소비 시장의 주역으로 성장한 가운데 특히 문화 콘텐츠 분야에서 이들의 선전은 더욱 두드러질 것이다.

하지만 주의해야 할 점도 있다. 무조건 시니어용임을 표방한다고 해서 자동으로 그들의 사랑을 받는 것은 아니라는 것이다. 일본에서도 시니어 전용 상품이 다양하게 출시됐지만, 막상 성공을 거둔 브랜드는 많지 않았다. 자신은 아직 시니어가 아니며 따라서 젊은 브랜드를 사용하는 것이 더 맞다고 느끼는 이들이 많기 때문이다. 시니어를 타깃으로 하면서도 커뮤니케이션은 훨씬 젊게 하고, 그럼에도 시니어들이 '자신도 쓸 수 있는 제품'이라는 인식을 가질 수 있게 하는 것이 필요하다. 아주 어려운 과제다. 새로운 시니어 계층의 성장 배경과 가치관을 이해하고, 그들의 시각에서 상품과 서비스를 볼 수 있는 세심한 배려가 필요한 시점이다.

Playing in Hidden Alleys

숨은 골목 찾기

• ◦『트렌드 코리아 2015』 예측 내용

골목길이 새롭게 각광받고 있다. 낙후되고 촌스럽던 과거의 이미지를 벗고 개성 넘치는 미학과 여유를 간직한 채, 새로운 트렌드를 선도하고 있는 것이다. 이제 골목길은 젊은 예술가들의 개성이 다채롭게 구현되는 캔버스이자, 모험적이고 젊은 사업가들이 펼치는 '미니 자본'의 새로운 실험무대이고, 현대인의 노스탤지어를 자극하는 도심 속 오아시스다. 새롭게 뜨고 있는 골목들은 다양한 나라의 이국적인 문화를 오롯이 담아내기도 하고, 새로운 이야기들을 참여자와 함께 나누는 '스토리두잉'의 장이 되기도 한다. '획일'보다는 '다양'에 가치를 두는 개성 강한 젊은 소비자들이 많아지는 가운데, 첨단 위치기반서비스LBS 기술이 발달하면서 아무리 외진 곳도 어렵지 않게 찾아갈 수 있게 되었고, 개성 있는 골목 풍경을 SNS에 '인증샷'으로 남기면 그 골목의 매력이 빛의 속도로 전파되는 시대다. 첨단 기술이 역설적으로 오랫동안 잠자고 있던 골목길을 깨우고 있다는 것이다. 이러한 배경을 고려할 때, 골목길의 부활은 단지 일시적인 '유행fad'이 아니라, 주목하고 대응해야 할 '트렌드'로 다가온다.

『트렌드 코리아 2015』 393~411쪽

• •

"당신의 이름을 한국에 새겨보세요."
경남 창원의 대표적인 문화의 거리이자 예술인들의 아지트인 창동예술촌에 기발한 골목길이 등장했다. 외국인들의 이름을 새긴 블

록으로 만든 '상상길'이다. 2015년 8월 한국관광공사가 전 세계인을 대상으로 '당신의 이름을 한국에 새겨보세요'라는 주제로 글로벌 캠페인을 펼쳤다. 캠페인 시작 한 달 만에 30만 명 이상의 외국인이 신청했고 이 가운데 선착순 2만 3,000여 명의 이름을 블록에 하나하나 새겨 창동예술촌 길 위에 깔았다. 자신의 이름이 새겨진 거리가 먼 나라 어딘가에 있다는 자체만으로도 신나는 일이다. 창원은 앞으로 이 상상길이 한국을 방문한 외국인들을 불러 모으는 새로운 관광명소가 될 것으로 기대하고 있다. 유명 스타가 아닌 한국을 사랑하는 평범한 외국인들의 이름이 골목길 위에 한데 모여 세상에 단 하나뿐인 특별한 길이 된 것이다.[1]

그동안 도시의 대로大路에 치여 소외되어 있던 골목길이 글로벌한 체험의 공간으로 거듭나고 있다. 골목길은 이제 획일화된 현대 도시에서 대안적 문화 공간이자 여유와 휴식을 제공하는 제3의 공간으로 자리잡고 있다. 노인들이 주로 방문하던 서울 동묘 벼룩시장 거리는 젊은이들의 이색 데이트 장소로 떠올랐다. 통영의 동피랑마을, 부산의 감천문화마을, 동해 논골담길, 태백 상장동 등은 골목 어귀가 다채로운 벽화 그림으로 덧입혀지며 예술 마을로 거듭났다. 전국 구석구석의 골목형 재래시장들도 여행자들이 즐길 수 있는 다양한 콘텐츠를 들여와 관광명소로 탈바꿈해나간다.

골목 그 자체가 축제의 무대가 되기도 했다. 부산 동구는 '골목에 반하다'라는 주제로 2015년 '제1회 초량골목축제'를 개최했다. 골목의 매력을 극대화하기 위해 화려한 무대는 최소화한 대신 옛 추억에 빠질 수 있는 특별한 체험 프로그램으로 축제의 한 마당을 펼쳤다.

부산의 대표적인 헌책방 밀집거리인 보수동 골목길에서도 '책방 골목에서 문화를 만나다'라는 콘셉트로 방문객과 골목 상인이 어우러질 수 있는 축제를 열었다. 조용했던 전국의 골목길이 활기찬 생명력으로 살아 움직인 2015년 한 해, 골목길 위에는 또 어떤 변화의 바람이 불었는지 꼬불꼬불 길을 따라 떠나본다.

도심 골목: 도시 개발 패러다임의 변화

쇠락한 도시를 살려내는 방법, 골목길의 이름을 불러주다

골목길의 인기가 올라가면서 도시정책의 패러다임도 바뀌고 있다. 정부와 지방자치단체의 지역개발정책은 대로大路와 아파트 중심의 재개발이나 신도시 건설 중심이었다. 하지만 이제는 민관의 협력으로 쇠퇴하는 도시 구석구석을 되살리는 새로운 개념의 도시 재생 사업이 시작된 것이다. 국토부는 전국 12곳의 도시를 중심으로 도시재생 사업을 추진하고 있다. 예를 들어, 경북 영주에서는 근대시장과 철도역사 주변을 재생하고, 전남 목포에서는 유달산 주변의 구도심의 공·폐가를 활용하여 예술인 마을을 조성하는 사업을 추진 중이다. 충남 공주시도 백제 왕도의 문화유산을 활용하여 특화 거리를 조성하고 산성시장 등의 전통시장을 활성화하기 위한 정책이 진행 중이며, 전남 순천시는 노후 주거지역을 친환경 마을로 만들기 위해 옥상에 식물을 심는 작업을 추진하고 생태하천 조성 및 부읍성터를 복원하는 사업을 추진하고 있다. 생명력을 잃고 쇠락해가는 도심 지역에 역사와 문화의 생명력을 불어넣어 지역 유산을 살리는 것이다. 동시에 주민들의 자부심을 고취하고, 경제 활성화에도 기여하는 효과를 기대하고 있다.[2]

골목길의 인기가 높아지자 서울시에서는 『시민이 발로 찾은 서울 골목길 명소 30선』을 발간했다. 서울 최고의 관광명소인 '정동길', '인사동거리'는 물론, 맛집 골목인 '동대문 생선구이골목'과 예술가들의 아지트인 '홍대 땡땡거리' 등 도시 구석구석에 숨겨진 골목길을 한데 모아 소개하고 있다. 철공소와 예술품들이 묘한 조화를 이루고 있는 '문래 샤링골목', 강동 지역의 신흥 관광명소가 된 '강풀 만화거리' 등 도시인들에게 새롭게 각광받고 있는 다채로운 골목길들을 조명해 서울 시민뿐 아니라 국내외 관광객들에게 유용한 지침서가 되었다. 특히 이색 골목이 밀집한 구역을 먹거리가 풍부한 '먹자 골목', 놀거리가 풍부한 '놀자 골목', 아름답고 아기자기한 경치를 자랑하는 '보자 골목' 등 특색에 맞게 분류했다. 옛것이 많이 남아 있는 종로구 등 강북 일대에 명소로 꼽히는 골목길들이 집중되어 있는 것을 알 수 있다.

구불구불 골목길을 따라 상승하는 매출액

이렇듯 서울의 골목 거리가 관광의 변방에서 주요 무대로 부각되며 이를 찾는 사람들의 발걸음도 늘어 그 일대의 매출도 함께 급증하고 있다. 신한카드 빅데이터센터의 분석을 살펴보면 2015년은 2012년에 대비해 20대의 요식업 이용 소비 매출액이 기존의 지배적인 소비 구역에서 골목길로 확대되며 분산되고 있음을 확인할 수 있다. 도심

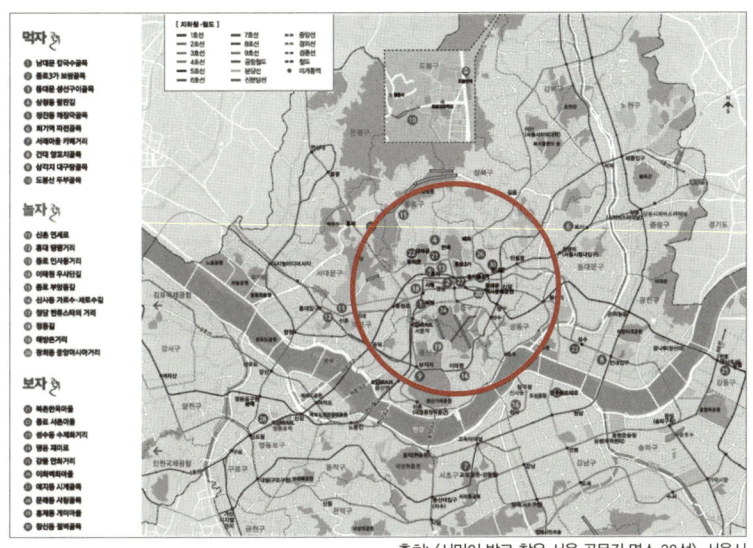

출처: 〈시민이 발로 찾은 서울 골목길 명소 30선〉, 서울시

▲ 옛것이 많이 남아 있는 종로구 등 강북 일대에 명소로 꼽히는 골목길들이 집중되어 있는 것을 알 수 있다.

지역의 소비문화 밀집 공간에서 발생하던 매출이 이제는 작은 골목길 굽이굽이 소공간 소매유통 지역으로 확대되면서 매출액이 높은 핫존hot zone지역이 소규모 다수화되어가고 있는 것이다.

서울시의 주요 골목길이 밀집된 종로구와 중구 지역을 살펴보면 북촌과 서촌, 광장시장 등이 해당 지역의 매출액이 3년 만에 극적으로 상승하고 있다. 특히 서촌 지역은 2012년의 매출 성적은 미미했는데 2015년 들어 눈에 띄게 활성화되었음을 확인할 수 있다. 원래 서촌은 무명 공간이었다. 한옥마을로 유명세를 치르고 있는 북촌과 달리 서촌은 관광객의 발길이 뜸한 곳이었다. 북촌의 서쪽에 있다고 해서 '서촌'이라는 고유명사가 자리 잡은 시기도 불과 4~5년 전이다. 이런 서촌에 소박하고 정돈되지 않은 아기자기한 건물들 사이로 사람들의 발걸음이 많아지면서 작은 카페, 편집숍, 전통공예 매장들이 속속 들어서며 지역이 크게 활성화되고 있는 모습이다.

새로운 인력과 자본이 유입되는 '골목형 상권'

톡톡 튀는 청년들의 활력 가득 골목길

순자씨 밥줘, 히치하이커, 소소한 무역상, 히스토리마켓⋯⋯.

전주의 재래시장인 남부시장에 가면 색다른 가게 간판들이 눈길을 끈다. 전통시장 안에서 유독 독특한 분위기를 풍기는 '청년몰'이다. 전주 지역의 젊은이들이 기존의 전통시장 안에서 창업을 해 죽어가던 골목시장에 새로운 활기를 불어넣고 있다. 주말에는 야시장을 운영해 평균 1만 명 이상이 다녀갈 정도로 전주의 대표 관광명소가 되었다. 입소문을 듣고 전국에서 찾아온 젊은이들의 발길이 이어지면서 기존 상인들의 매출도 30% 이상 증가했다고 한다. 이처럼 남부시장의 청년몰이 성공 사례로 떠오르며 기획재정부는 2016년 예산안에서 청년몰 조성에만 약 127억 원을 투입할 예정이라고 밝혔다.[3] 시장 상인들의 고령화와 젊은 층 소비자의 외면 등으로 죽어가는 골목형 재래시장에 활력을 불어넣기 위한 변화가 필요했기 때문이다.

골목길의 가치에 눈뜬 자본의 지원사격

중소기업청도 '전통시장 청년상인 창업 지원사업'을 통해 전통시장 안에서 스타트업을 하려는 청년들에게 빈 점포를 지원하고 창업 교육을 실시하는 등 시장 골목에 젊은 피를 수혈하기로 했다.[4] 울산 중앙시장의 '톡톡 스트리트'도 청년 장사꾼들의 신명 나는 장터로 거듭나며 주변 골목상권까지 기지개를 펴고 있다. 이처럼 쇠락한 골목형 재래시장과 청년들의 패기가 만나 시장의 풍경을 바꾸고 있다. 어두컴컴하고 정돈되지 않은 거리에서 나이 든 가게 주인이 몇십 년째 비슷한 제품만 파는 고리타분한 시장이란 고정관념이 깨지기 시작한 것이다. 첨단 디지털 시대에 녹아든 골목길의 아날로그적 감수성이 특별했듯 낡은 골목시장 안에 제 발로 뛰어든 청년들의 도전이 2016년 또 어떤 변화의 바람을 불러일으킬지 기대된다.

이처럼 골목길의 인기가 심상치 않자 벤처나 창업투자회사 등 투자자본도 들어오고 있다. 예를 들어 쇠락한 공장들이 밀집했던 서울 성동구 성수동에 벤처·사회적 기업들이 자리를 틀면서 동네가 다시 살아나고 있는데, 그 중심에는 현대해상화재보험 계열의 벤처 기업 '루트임팩트'가 설립한 사회적 기업 공동 공간인 '디웰'이 있다. 이외에도 골목길의 가치에 눈뜬 자본가들이 낡은 건물을 새로운 스토리를 입은 건물로 리모델링하는 골목들이 늘어나고 있다.[5]

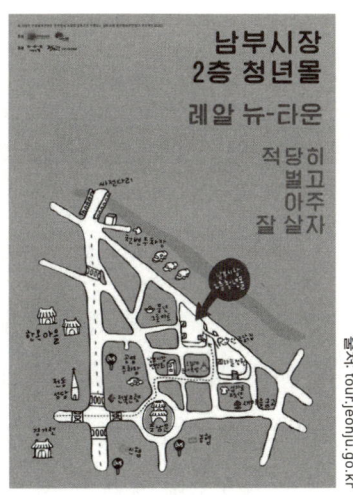

출처: tour.jeonju.go.kr

▲ 전주의 명물로 떠오른 남부시장의 청년몰. 죽어가던 상권에 활기를 불어넣었다.

소비문화의 중심으로 들어간 '골목가게'

유명 백화점으로 '상향 확산'되는 골목길의 맛

골목길의 반가운 장터, 전통시장의 맛집을 찾는 사람들도 크게 늘고 있다. 이 때문에 주요 백화점들도 전통시장의 이름난 맛집들을 속속 입점시키고 있다. 부산 국제시장의 승기찹쌀씨앗호떡과 서울 광장시장의 순희네 빈대떡은 신세계와 롯데백화점에 입점했다. 이외에도 서울 남대문의 가메골 손왕만두, 대구 서문시장의 납작만두, 속초 중앙시장의 만석 닭강정 등 관광객들의 입맛을 사로잡은 다양한 메뉴의 시장 맛집들이 유수의 대형 백화점에 입점하고 있는 상황이다. 소비문화가 하향 확산trickle-down되는 것이 아니라 재래시장에서 백화점으로 상향 확산trickle-up되는 현상이 강화되고 있다. 만약 몇 년 전에 이 작은 가게의 사장님들이 유명 백화점에 입점시켜달라고 사정했다면 받아주었을까? 트렌드의 변화가 전세를 완전히 역전시킨 것이다.

골목길 패션의 인기, 옴니채널로 강화되다

골목 상권의 인기 아이템 또한 유통업체가 무시할 수 없는 콘텐츠가 되었다. 골목길의 맛집뿐 아니라 패션 아이템 등을 유치해 백화점 등에서 이벤트 행사를 벌인 것이다. 현대백화점은 2015년 '골목길 패션 산책전'을 열었다. 가로수길·한남동·홍대·동대문 등 주요 패션 거리의 브랜드들을 옮겨놓은 것이다. 골목 브랜드의 선정 기준은 '모바일 O2O 쇼핑 플랫폼' 서비스인 네이버 숍윈도에서 1만 명 이상 단골을 보유하고 있는 브랜드들이었다. 골목길의 인기가 온라인숍으로 들어오고, 이러한 브랜드들이 오프라인 백화점 매장으로 다시 들어오는 형태이다. 온라인과 오프라인이 상호 시너지를 만들어가며 골목길의 인기가 옴니채널을 통해 더욱 강화되는 현상이 나타나고 있는 것이다. 해당 백화점은 소비자의 반응이 좋은 브랜드는 단독으로 팝업 스토어 행사까지 진행했다.

향후 전망
젠트리피케이션을 넘어 정체성과 스토리 지키기가 관건

골목길의 인기는 기본적으로 소외됐던 지역의 상권이 활성화된다는 측면에서 바람직한 측면이 강하지만, 최근 그 부작용에 대한 우려도 심상치 않다.

먼저 문제가 되는 것이 부동산 가격의 폭등이다. 제2의 가로수길·해방촌·서교동·연남동을 찾는 투자자들이 몰려들면서 이들의 돈맥脈이 닿는 곳은 부동산 가격과 임대료가 급등한다. 실제로 서울 합정역과 홍대역 사이의 서교동 카페 거리의 경우 오래된 골목길 이면도로에 위치한 주택의 가격이 3.3제곱미터당 4,000만 원에서 1년 만에 5,000~6,000만 원까지 훌쩍 뛰었다. 부동산 투자자들이 낡은 단독주택을 리모델링해서 1층에는 카페, 위에는 원룸 등을 차려 시세 차익이나 임대 수익을 올리기도 한다.[6] 골목이 소비 문화의 중심으로 떠오르며 골목길 구석구석 보이지 않는 돈의 전쟁이 펼쳐지고 있는 것이다. 또한 골목길의 높은 인기는 어쩔 수 없이 상업화로 이어지곤 한다. 대표적으로 신사동 가로수길의 경우 본래 소박한 예술 취향과 독특한 트렌드를 느낄 수 있는 거리였지만, 이제는 프랜차이즈업체들의 격전지가 되었다.[7]

이러한 현상을 이른바 '젠트리피케이션' 현상이라고 한다. 임대료가 저렴한 도심의 골목길에 작고 소박한 분위기의 갤러리나 공방, 작은 카페 등의 가게들이 생기면서 이 골목길이 사람들의 입소문을 타고 유명해지기 시작하면 유동 인구가 증가하고 이에 업체들이 경쟁적으로 들어오게 되어, 결국 임대료가 크게 상승하는 과정을 뜻한다. 그 결과 작은 가게들은 치솟는 임대료를 감당하지 못해 지역을 떠나면서 골목길이 거대한 '상업지구'로 변해버리는 것이다. 가로수길 이외에 홍대 상수동, 경리단길, 삼청동 거리도 동일한 과정을 겪고 있다.

이러한 **젠트리피케이션** 과정을 겪지 않기 위해서는 어떤 대책이 필요할까? 일본 도쿄의 '가구라자카'의 사례에 주목해볼 필요가 있다. 가구라자카는 도쿄 신주쿠구의 길이 700m짜리 거리다. 대표 골목으로는 게이샤 신도, 숨바꼭질 골목, 효고 골목 등이 있다. 일본의 여타 다른 번화가와 달리 이 골목길에서는 17세기부터 19세기에 걸친 에도 시대의 숨결을 느낄 수 있다. 다른 지역의 복합 개발에 밀려

젠트리피케이션
gentrification

1964년 영국의 사회학자 루스 글래스R. Glass가 노동자들의 거주지에 중산층이 이주를 해오면서 지역 전체의 구성과 성격이 변하는 것을 설명하면서 처음 사용했다. 이는 신사 계급을 뜻하는 '젠트리'에서 파생된 말로 본래는 낙후 지역에 외부인이 들어와 지역이 다시 활성화되는 현상을 뜻했지만, 최근에는 외부인이 유입되면서 본래 거주하던 원주민이 밀려나는 부정적인 의미로 많이 쓰이고 있다. 도시 환경이 변하면서 중·상류층이 도심의 주거지로 유입되고 이로 인해 주거비용이 상승하면서 비싼 월세 등을 감당할 수 없는 원주민들이 다른 곳으로 밀려나는 현상이다.

출처: 네이버 지식백과

쇠락의 길을 걸었지만 이 지역 주민들은 1990년대부터 전통 건물과 경관을 지키고 보존하기 위해서 고층 건물 등이 들어서는 것을 반대하며 거리의 정체성을 지키기 위해 노력해왔다. 에도 시대부터 계속되어온 전통적인 골목길에 자부심을 가져왔던 주민들의 굳은 의지로 거리의 정체성과 스토리를 지켜내며 이제는 그대로의 생명력과 개성을 유지하는 일본의 대표적인 골목길로 자리잡은 것이다.[8]

히라카와 가쓰미는 『골목길에서 자본주의의 대안을 찾다』라는 책에서 자본주의의 미래로서 골목길의 소상공인을 지켜야 한다고 말한다. 대량 생산과 대량 소비의 욕망만을 증식시키는 거대 자본주의를 지양하고 필요한 만큼만 축소하여 생산하는 자립 경제의 대안으로 골목길의 소상공인을 주목하고 있는 것이다. 또한 골목길의 '소상小商'이야말로 도시 공동체를 지켜주는 '오래된 미래'와 같다고 역설한다.[9] 2015년 그 어느 때보다 북적이고 시끌벅적했던 우리의 골목길도 반짝 관심이 아닌 오래된 미래로 지속 가능할 수 있도록 느리고도 조용한 변화가 필요해 보인다.

2

2016년
소비트렌드
전망

2016년의
전반적 전망

2014년의 세월호 사건에 이어 2015년에도 악재는 계속됐다. 5월에 시작된 메르스 사태는 전 국민을 불안에 떨게 했을 뿐만 아니라, 심각한 내수 부진에 시달리게 만들었다. 하반기에 들어서며 그 기세는 꺾였지만, 쉽게 끝나지 않았던 전염병처럼 국내외 경기 여건은 좀처럼 회복세로 돌아서지 못하는 모습이다. 중국을 주축으로 한 신흥국의 경기가 부진하고, 미국 등 선진국의 경제도 이렇다 할 모멘텀을 보여주지 못하면서, 세계경제의 영향을 크게 받는 국내 경기의 전망도 답보 상태다. 2016년에는 선진국의 경기가 다소 살아날 것이라는 희망적인 예상도 있지만 한국 경제가 과거와 같은 성장률을 기대하기는 어려울 것으로 전망된다. 이미 한국도 저성장기 국면에 진입했다는 해석이 주류를 형성하고 있다. 다가올 2016년은 저성장기라는 긴 터널에 진입해 성공적으로 적응하기 위한 고민과 대책이 필요한 한 해가 될 것이다.

빠른 속도로 퍼져나가는 바이러스처럼 현대사회의 갈등 요인도 커져만 간다. 전 세계적으로 사회적 갈등은 전방위로 확대되는 추세다. 난민이나 내전 등 대외적 이슈뿐 아니라 대내적으로도 성별·세대·지역 등 각 계층의 갈등이 수면 위로 떠오르고 있다. 이러한 갈등을 어떻게 관리하느냐가 저성장기에 진입하는 우리 사회의 피할 수 없는 과제로 대두할 것이다. 우리 모두가 불안이라는 거대한 짐을 지고 저성장기의 구름다리를 건너야 할 2016년, 안전하게 2017년에 도달할 수 있도록 경제·나라 살림·IT 기술·사회문화적 동향을 중심으로 간략히 전망해본다.

2016 경제 전망

서문에서 언급한 바와 같이 2016년 한국 경제에 대한 전망은 부정적 의견이 다수를 차지하는 모양새다. 유럽·중국·신흥국 등 세계경제 성장률을 견인할 국가가 보이지 않는 가운데 불확실성은 더욱 심화되고 있다. 그나마 미국이 다소 경기 회복의 모멘텀을 마련할 것이라는 전망이 나오지만, 미국채의 장단기 금리 역전현상 등을 근거로 다시 침체에 빠질 것이라는 비관론도 존재한다.[1] 저유가로 원자재 생산 국가들이 어려움을 겪고 있고, 선진국의 수입 수요 위축과 글로벌 분업 구조 약화로 수출 중심 국가는 더 큰 어려움에 직면할 것이라는 예측이 우세하다. 신흥국들의 외환위기 리스크가 지속되는 것도 교역 중심의 성장에 의지하는 한국 경제에는 불안한 요인이다.[2] 중국의 성장세가 둔화되고 있다는 점도 주목해야 한다. 중국이 기침을 하면 한국은 감기에 걸린다는 말처럼, 중국 경제의 성장저하는 한국 경제의 큰 부담으로 작용할 전망이다.

대내적으로 가계부채가 증가하고 소비심리가 위축되고 있다는 점도 악재다. 유가급락으로 가계의 실질 구매력이 높아졌으나 고용이 계속 둔화되면서 구매력이 소비로 이어지지 않는 상황이 지속될 것으로 보인다. 가계부채가 증가하면서 원리금 상환에 대한 부담도 경기회복의 저해요인으로 작용하고 있다. 혹시라도 금리가 인상된다면 이 부담은 더 커질 수밖에 없다. 고령화가 빠르게 진행되면서 노후 소득에 대한 불안으로 가계의 예비적 저축이 증가하는 것도 소비심리가 위축되는 원인이 될 전망이다. 전세 가격이 높아지고 월세가구가 늘어나면서 주거비 부담도 가중되고 있다.[3] 주거비 부담은 결과적으로 소비를 유예하거나 소비 자체를 부담스러워하는 양상으로 전개될 가능성이 높다.

하지만 개선의 여지가 없는 것은 아니다. 주택 경기가 회복세를 보이면서 건설 수주 회복에 따른 건설투자가 증가할 것으로 전망되고, 정부의 소비 활성화 대책 등에 힘입어 설비투자도 증가할 것으로 예측되고 있다. 고용 부문에 있어서도 2016년 일자리 예산이 증가하면서 청년 및 여성 층의 고용이 늘어날 것이라는 희망적 전망도 있다.

국내외 경제 전문기관들은 한국의 2016년 경제성장률을 2% 후반대로 예측하고 있다. 전년 대비 소폭 줄어든 수치다. 한국 경제를 둘

한국은행 및 국내연구소의 2016년 경제전망

경제 부문 \ 기관	한국은행	한국개발연구원	LG경제연구원	현대경제연구원
경제성장률(%)	3.2	3.0	2.7	2.8
원/달러 환율(원)	-	-	1,175	-
민간 소비지출(%)	2.2	2.6	2.2	2.1
소비자물가(%)	1.7	1.4	1.4	1.2
실업률(%)	3.5	3.5	3.8	
경상수지(억 달러)	930	1,100	1,160	1,110
무역수지 수출 증가율(%) 수입 증가율(%)	2.8 6.5	2.9 3.3	2.8 1.8	3.9 4.1
금리(%) (회사채 수익률)	-	-	2.4	-

자료: 각 기관 보도자료 취합

국제기구 및 투자은행별 2016년 한국 경제성장률 전망(%)

IMF	OECD	무디스	골드만 삭스	BNP 파리바	도이치 방크	모건 스탠리	노무라
3.2	3.6	2.5	3.3	2.4	2.9	2.2	2.5

자료: 각 기관 보도자료 취합

러싸고 있는 환경이 좀처럼 낙관적이지 않다는 의미다. 세계 경제성
장률이 하향조정되고, 선진국의 수요 회복이 서비스 산업을 중심으
로 이루어지고 있는 탓에, 수출 증대도 어려운 상황이기 때문이다.
결국 저성장 국면으로 들어선 시기에는 정부의 재정정책이나 부양
책이 얼마나 효과를 발휘하느냐가 핵심이 될 것으로 보인다. 성과를

위한 일시적 정책보다는 저성장의 터널을 무사히 지날 수 있는 근본적인 체질 개선이 요구되는 상황이다.

2016 나라 살림

기획재정부가 발표한 2016년 예산안에 따르면 우리나라의 총수입은 391조 5,000억 원으로 전년 대비 2.4% 증가했고, 총지출은 386조 7,000억 원으로 전년 대비 3.0% 증가했다. 2016년도 예산안의 목표는 '청년희망·경제혁신·민생안정'이다. 세부적 목표로는 ① 경제에 활력을 불어넣는 재정의 역학을 지속하고, ② 청년희망, 경제혁신, 문화융성, 민생안정에 중점투자하며, ③ 중장기 재정건전성 회복을 위한 강도 높은 재정개혁을 추진하는 것을 내세웠다. 기본 방향으로는 저성장이 지속되고, 중국 경제 둔화 등 대내외 불확실성이 증가함에 따라 청년고용 여건을 개선하고 창의·융합 기반의 새로운 성장동력을 창출하여 경제 재도약과 민생안정을 지원하고자 하는 목표를 세우고 있다.[4]

2016년도 예산안에서는 일자리 예산이 가장 큰 비중을 차지하고 있다. 보건·복지·노동 부문에 책정된 예산 총 122조 9,000억 원 중 일자리 예산에 15조 8,000억 원이 배정됐다. 수출 부진으로 경기 회복세가 낙관적이지 않은 상황에서 취업지원 정책으로 내수 활성화와 잠재성장률 회복에 집중할 것으로 보인다. 구체적으로 살펴보면 고용 디딤돌 프로그램이나 산학일체형 도제학교 등을 통해 일자리 기회를 확대하고 사회보험 보장성을 강화하여 고용안전망을 확충한다는 계획이다. 문화 분야에도 문화창조융합벨트 조성사업에 1,300억 원을 투입하는 등 총 6조 6,000억 원의 예산이 배정됐다. 이는 2015년도 예산 대비 7.5% 증가한 것으로 일자리 예산 다음으로 큰 증액이다.[5]

기획재정부 2016년 예산안 분야별 재원 배분

단위: 조 원

구분	2015년	2016년	증감	
	(A)	(B)	(B−A)	(%)
총지출	375.4	386.7	11.3	3.0
1. 보건·복지·노동	115.7	122.9	7.2	6.2
※ 일자리	14.0	15.8	1.8	12.8
2. 교육	52.9	53.2	0.3	1.5
3. 문화·체육·관광	6.1	6.6	0.5	7.5
4. 환경	6.8	6.8	-	0.4
5. R&D	18.9	18.9	-	0.2
6. 산업·중소기업·에너지	16.4	16.1	-0.3	-2.0
7. SOC	24.8	23.3	-1.5	-6.0
8. 농림·수산·식품	19.3	19.3	-	0.1
9. 국방	37.5	39.0	1.5	4.0
10. 외교·통일	4.5	4.7	0.2	3.9
11. 공공질서·안전	16.9	17.5	0.6	3.0
※ 안전예산	14.7	14.8	0.1	1.1
12. 일반·지방행정	58.0	60.9	2.9	4.9

경제혁신 분야도 일자리 예산의 목표와 맥을 같이한다. 창조경제 혁신센터를 중심으로 벤처·창업 생태계를 활성화하고 창업 2~5년 차 기업이 겪는 어려움을 해소할 수 있도록 예산안이 소폭 증가했다. 중소기업과 소상공인을 위한 다양한 예산 지원이 준비 중인 가운데 중소기업의 신시장 개척을 지원하거나 산업단지를 혁신하는 등의 예산안이 마련되어 있다. 소상공인을 위해서는 경영 컨설팅이나 특성화 지원을 통해 경쟁력을 강화하는 것을 목표로 잡았다.

메르스 사태 이후 감염병 예방 및 대응 역량을 제고하기 위한 예산도 대폭 확대되었다. 2015년 예산안에 비해 33%가 증액된 5,476억 원으로 감염병 유입 차단 및 예방·연구 인프라를 확충하고 현장 대응능력을 강화하며 진단 체계를 선진화하는 등, 부족했던 장비와 약품을 비축하는 것뿐만 아니라 상황 관리나 체계 정비도 목표로 하고 있다. 북한의 비무장지대DMZ 목함 지뢰 도발과 서부전선 포격도발 등 북한의 군사적 도발 위협에 대한 억지력 강화를 목표로 하는 외교·통일·국방 분야의 예산도 증가했다. 국방 예산안 중에서도 방위력 개선비가 2015년 대비 6.1% 증가했다.

2016 IT 기술 전망

글로벌 시장조사 기관 가트너는 2015년 10월 4일부터 5일간 미국에서 개최한 '2015 가트너 심포지엄 IT엑스포'를 통해 '2016년도 10대 전략 기술'을 공개했다. 선정 과정에서 IT나 비즈니스에 혼란을 가져올 가능성이 높은지, 대대적인 금전 투자를 요하는지, 또는 늦은 채택이 위험을 초래할 수 있는지 등을 고려했다고 밝혔다. 일반적으로 가트너가 선정한 기술들은 기업의 장기적 계획이나 프로젝트에 영향을 미치는 것으로 알려져 있다. 이제 가트너의 10대 기술을 중심으로 기술 변화의 방향을 살펴보자.

2016년의 가트너 10대 기술 동향은 3부분으로 나눌 수 있다. ① 디지털 메시digital mesh의 등장, ② 알고리즘 비즈니스의 부상, ③ 새로운 IT 현실과 아키텍처, 디지털과 알고리즘 비즈니스를 지원하는 데 필요한 플랫폼에 관한 것이다. 이 중에서 가장 주목할 요인은 역시 '디지털 메시'다. '메시mesh'는 그물망, 철망이란 뜻을 가지고 있으며 체의 그물 구멍 크기를 나타내는 단위이기도 하다. 따라서 디지털 메시는 다양한 기기들이 더 촘촘하게 연결된 상태를 뜻한다. 다시 말해 스마트폰과 노트북이 연결되는 정도에서 더 나아가 자동차, 전자제품 등 수십 대의 기기가 연결되고, 이렇게 연결된 기기들이 사람-커뮤니티-SNS-정부-기업과 실시간으로 정보를 주고받을 것이라고 예측했다.[6]

디지털 메시로 인해 이전에 사용자들이 제품을 사용하면서 느끼는 감정, 태도, 행동 등을 의미했던 사용자 경험ux은 그 범위가 더 넓어지며 한 가지 제품에 국한되지 않고 전방위적으로 확대될 전망이다. 또한 사물인터넷이 만물인터넷으로 확장된다. 모든 것이 인터넷에 연결되면서 텍스트, 오디오, 비디오 정보뿐만 아니라 센서나 문맥을 표현하는 정보까지 연결된다. 이전과 차원이 다른 정보량을 관리하고 처리하기 위한 스마트 기술이 발전할 것이라는 설명이다. 대표

가트너 선정 2016년 10대 전략 기술

	2015년 전략 기술	2016년 전략 기술	비고	
1	컴퓨팅 에브리웨어	디바이스 메시 (Device Mesh)	신규	
2	사물인터넷	앰비언트 사용자 경험 (Ambient User Experience)	세분화	디지털 메시
3	3D 프린팅	3D 프린팅 소재	유지	
4	보편화된 첨단 분석	사물 정보 (Information of Everything: IoE)	세분화	
5	콘텍스트리치 시스템 (Context-Rich)	첨단 기계 학습 (Advanced Machine Learning)	세분화	스마트 기계
6	스마트 머신 (Smart Machine)	자율 에이전트와 사물	신규	
7	클라우드·클라이언트 컴퓨팅	능동형 보안 아키텍처 (Adaptive Security Architecture)	유지	
8	소프트웨어 정의 (Software-Defined)	첨단 시스템 아키텍처 (Advanced System Architecture)	신규	새로운 IT 세계
9	웹 스케일 (Web Scale)	매시 앱 및 서비스 아키텍처 (Mash app and service Architecture)	유지	
10	위험 기반 보안과 자가 방어	사물인터넷 플랫폼	유지	

적으로 첨단 기계 학습이나 능동형 보안 아키텍처 들이 디지털 메시 시대에 정보를 관리하기 위한 스마트 기술이다. 3D 프린팅 대신 3D 프린팅 소재를 선정한 것도 주목할 만한 변화다. 첨단 니켈 합금, 탄소섬유, 유리, 전도 잉크, 생물학적 소재 등 다양한 물질을 3D 프린팅 재료료 활용하게 되면서 수요층이 넓어지기 때문이다. 가트너는 3D 프린터로 인쇄할 수 있는 범위가 확대되면서 기업용 3D 프린터 출하량이 연간 64.1% 성장할 것이라고 전망했다. 이 때문에 2016년

에는 다양한 소재를 적용한 3D 프린팅 사업이 활성화될 것으로 보인다.

2016 제도·문화·생활

사회적으로 큰 이슈를 불러일으킨 대규모 행사와 선거가 없었던 2015년과 달리, 2016년 상반기에는 제20대 국회의원 선거가 있다. 이 때문에 사회적으로 주요한 이슈가 있을 때마다 촉발되어온 진영 갈등이 수면 위로 드러나게 될 것으로 보인다. 하지만 이념적 요인보다는 계속되는 저성장 기조 속에서 어느 때보다 어려워진 나라 경제를 안정시킬 수 있도록 진정성 있는 정책을 선보이는 정당이 국민들의 선택을 받을 것이다. 항상 선거에 큰 영향을 주었던 지역 구도가 얼마나 완화될 수 있을지도 관심을 끈다.

2016년 8월에는 브라질 리우데자네이루에서 하계올림픽이 열린다. 우리 선수들의 활약이 어려운 시기를 지나는 한국 경제에 잠시나마 활력을 불어넣는 계기가 될 것으로 기대된다. 11월에는 미국 대통령 선거가 있다. 미국 대통령은 한국의 대외전략에 변화를 주는 요인 중 하나이기 때문에 주목해야 할 중요한 이벤트가 될 것이다.

가장 주목할 제도적 변화는 정년 60세 의무화와 임금피크제다. 2016년 1월 1일부터 300인 이상 사업장에 적용되며 2017년 1월 1일부터는 300인 미만 사업장으로 확대된다. 임금피크제란 현재 55세인 정년을 60세로 연장하면서 55세부터 임금을 매년 전년 대비 10%

감액하는 것이다. 고령화 사회에 대응하기 위한 방법으로 장년 인구에게 안정적인 일자리를 제공해 노후생활의 기반을 마련하도록 지원하고, 기업은 숙련 노동자를 확보하도록 유도해 국가적으로 고령화 관련 비용 감소 및 청년층의 부담 감소를 목표로 잡고 있다. 이 두 제도가 얼마나 잘 정착할 수 있느냐가 향후 경제 운용의 중요한 시금석이 될 것으로 보인다.

대중문화에서는 웹툰이나 게임이 스크린과 안방극장을 점령할 것으로 예상된다. 〈목욕의 신〉, 〈신과 함께〉, 〈내부자들〉 등이 영화 제작에 착수하고 있으며, 특급 웹툰이라 불리는 〈트레이스〉도 영화화한다는 소식이 들려 마니아층의 기대와 우려를 동시에 받고 있다. 게임을 기반으로 한 〈어쌔신 크리드〉와 〈워크래프트〉도 2016년 개봉 예정 라인업에 올랐다. 사극이나 시대극도 인기를 이어갈 것으로 보인다. SBS의 〈사임당, the Herstory〉, KBS의 〈장영실〉 등이 방송 예정이며, 일제강점기 당시 조선 최고의 명포수와 조선 마지막 호랑이를 다룬 〈대호〉와 조선 최초 여류 명창의 이야기를 다룬 〈도리화가〉도 개봉 예정이다.

2016년에는 전반적으로 빛바랜 톤이나 자연스러운 컬러가 유행할 것으로 전망된다. 세계적인 색채 회사인 팬톤에서 뉴욕 패션위크를 분석해 발표한 2016년 봄 트렌드 컬러를 살펴보면 피치 에코Peach Echo, 스노켈 블루Snorkel Blue, 로즈 쿼츠Rose Quartz 등 자연스러운 톤을 기초로 한 밝은 색채가 두드러졌다. 패션은 1970년대 보헤미안 스타일이나 핸드메이드 느낌이 나는 베이직 테일러드 스타일이 주목받을 전망이다. 경제와 사회가 불안할수록 역설적으로 밝은 색채를 선호하거나 과거의 스타일을 그리워하는 심리가 반영된 것으로 보인다.

소비 측면에서는 가성비가 뛰어난 중국 가전제품에 대한 열풍이 뜨거워지고, 프리미엄이나 럭셔리 제품보다는 성능이 뛰어난 실속형 가치를 내세운 제품들의 인기가 높아질 것으로 예상된다. 이와 함께 셀프 인테리어나 홈 스타일링에 대한 관심도 높아질 것이다. 실제로 생활공간의 스타일 자체를 제안하는 라이프스타일숍이나 소자본으로 즐기는 셀프 인테리어에 대한 소비자의 관심이 꾸준히 높아지는 추세다. 여가 분야에서는 집에서 피규어, 프라모델 등을 조립하거나 근교에서 드론이나 RC자동차를 조작하는 생활밀착형 취미의 인기가 지속될 것이다. 키덜트 인구가 증가하면서 이들에게 놀이터를 제공하는 도심 내 복합·종합놀이공간도 증가할 전망이다. 마트·라이프스타일숍·펫숍·완구숍 등이 결합된 복합 쇼핑몰이 서울 근교에서 가족 모두가 나들이를 갈 수 있는 새로운 여가 장소로 주목받고 있다. 식생활 부문에서는 1인 가구가 급증하면서 가정간편식HMR 시장이 더욱 커질 것으로 예상된다. 바쁜 현대인을 위한 간편하고 편리한 반조리 식품의 메뉴가 다양해질 것이다. 레서피도 간단하게 따라 할 수 있는 것을 선호하기 때문에 일상 속 식재료를 활용한 손쉬운 매뉴얼이 인기를 얻을 것이다. 또한 1구 계란, 2장 식빵, 한 조각 생선 등 작은 단위의 포장이 늘어날 것으로 보인다. 해외에서 즐기던 현지식에서 더 나아가 스트리트 간식 시장도 더욱 커질 전망이다. 대만식 길거리 간식, 스페인 간식 추로스, 프랑스 에클레어 등 디저트도 취향별로 즐기는 문화가 자리잡을 것이다.

저성장의 늪을 영리하고 신속하게 뛰어넘는
2016년을 기원하며

2016년은 한국뿐 아니라 전 세계가 예외 없이 장기 불황의 늪에 빠지지 않을까 하는 비관론이 우세한 해다. 다만 정도의 차이가 있을 뿐이다. 세계경제가 어려움을 겪고 있고 특히 내수시장이 얼어붙은 한국에서 2016년 저성장의 늪을 쉽게 건너기란 녹록지 않을 것이다. 하지만 기회는 위기 속에 있고 희망은 어려움 속에서 더 빛나는 법이다. 아슬아슬한 수평봉 구름다리에서 한 칸 한 칸 차근차근 앞으로 나아가다보면 어느 순간 끝이 보일 것이다. 원숭이가 멍키바(구름다리)를 건너듯, 저성장의 늪을 영리하고 신속하게 넘기를 기원하며, 'Monkey Bars'로 시작하는 2016년의 10가지 트렌드 키워드들을 하나하나 짚어보자.

Make a 'Plan Z'

'플랜 Z', 나만의 구명보트 전략

플랜 A가 최선, 플랜 B가 차선이라면, 플랜 Z는 최후의 보루다. 초대형 유람선도 최악의 경우를 대비해 구명보트를 준비하듯, 소비자들도 불경기의 파고에 대비하는 자기만의 생존전략에 입각한 삶의 방식, '플랜 Z'를 마련한다. 저성장·취업난·고용불안·양극화 등 우리 사회의 고질적인 문제들이 더욱 악화되는 가운데, 사람들은 이로 인한 스트레스로 몸살을 앓고 있다. 그러면서도 풍요의 시대를 경험한 소비자들은 여전히 소비를 통해 행복을 추구한다. 이 역설적인 긴장 속에서 나타나는 소비행태가 '플랜 Z 소비'다.

플랜 Z 소비는 단지 무조건 아끼고 긴축하는 것이 아니라, 나름의 수입 속에서 '적게 쓰지만 만족은 크게 얻으려는 전략'을 말한다. 구체적으로는 B급 상품·샘플세일·소분시장 등을 통해 살 것은 사는 전략, 앱테크와 미끼상품을 활용해 푼돈이라도 개미처럼 긁어모으는 전략, 그리고 집에서 스스로 해결하며 혼자 노는 전략에 이르기까지, 플랜 Z는 '우아한 서바이벌'을 지향한다. 플랜 Z 소비는 기본적으로 계속되는 경기침체의 결과지만, 장기적으로는 합리화·선진화하는 소비 관념의 결과이기도 하다. 소비자들의 불안과 합리성의 소산인 플랜 Z 소비를 지원할 수 있는 새로운 판과 전략이 필요하다.

이륙이 임박한 비행기 안, 승무원들이 비상사태 발생 시 탈출 요령과 구명조끼 착용 요령에 대해 열심히 설명한다. 사실 사고가 날 확률은 매우 낮지만 그래도 이 안내를 생략하지 않으며, 비행기는 폐기될 때까지 대부분 한 번도 사용되지 않을 각종 안전장비를 탑재하고 운항에 나선다. 만에 하나 있을지 모르는 최악의 사태에 대비하는 것이다. 사실 비행기뿐이 아니다. 혹시 있을지 모르는 위험에 대비해, 자동차에는 에어백이 장착돼 있고 여객선은 구명보트를 싣고 다닌다.

만약의 사태에 대비해 최후의 수단인 구명보트를 준비해야 하는 것은 비단 여객선뿐이 아닐 것이다. 우리 인생과 사업에도, 소비에도 구명보트는 필요하다. 더구나 경제가 승승장구하는 호황 국면이라면 모를까, 잿빛 짙은 불확실성으로 가득한 저성장 국면이 지속된다면 더욱 그럴 것이다.

세계 최대 비즈니스 SNS인 링크드인Linked in의 창업자 리드 호프먼은 자신의 저서 『어떻게 나를 최고로 만드는가』에서 '플랜 ZPlan z'라는 개념을 언급했다. 플랜 A가 원래의 생각과 의도대로 일을 진행하는 '최선의 대안'이고, 플랜 B는 문제가 발생할 경우 일의 방향과 목표를 수정하는 '차선의 대안'이라면, 이것도 저것도 되지 않을 경우를 대비한 '최후의 방안', 즉 구명보트 전략도 있어야 한다는 것이다. 그것이 바로 플랜 Z라는 개념이다. 다시 말해서 창업을 할 때에는 최선의 플랜 A, 차선의 플랜 B뿐만 아니라, 최악을 대비한 플랜 Z도 대비해두고 시작해야 한다는 것이다.

이 플랜 Z 개념은 오늘날의 소비시장에도 적용될 수 있다. 불확실한 경제 상황에서 사람들이 최악의 시나리오를 쓰는 자세로 소비하게 된다는 것이다. 쉽게 말해 통장의 잔액이 0원이 되더라도 살아남을 수 있도록 하는 소비생활 패턴이 바로 플랜 Z다. 그렇지만 이 경우를 무조건 안 쓰고 안 먹는 현대판 보릿고개 버전 정도로 치부해서는 안 된다. 현대의 소비자들은 지출을 위한 잔고가 부족하더라도 여전히 자신의 즐거움과 품위를 찾을 수 있는 소비 방안을 마련한다. 아무리 힘들더라도 구질구질해서는 안 된다. 부족하면 부족한 대로 우아해야 한다.

오로지 생존만을 위한 초절약 소비활동이 아닌, 삶의 여유와 즐거움을 누리는 소비활동이 가능하기를 소망하는 평범한 소비자들이 만들어가는 소비전략, 이것이 소비의 구명보트 전략 플랜 Z 소비의 핵심이다. 이에 『트렌드 코리아 2016』은 저성장 국면을 맞이하고 있는 소비자들이 불확실성 속에서 살아남기 위해 자신만의 구명보트를 준비하는 소비현상을 '플랜 Z 소비'라 명명하고 그 다양한 형태를 살펴본다.

최악의 경제 상황에서도 지속 가능한 소비 수준의 유지

경기 불황, 취업난 악화, 불평등 심화 등의 문제가 끝 모를 장기전 양상을 이어가고 있다. 불투명한 미래는 이제 세대와 계층을 막론하고 우리 모두의 숙제가 되었다. 특히 '청년백수 100만 시대'라는 사상 최악의 청년 실업난이 가져온 시대적 스트레스와 좌절감이 미치는

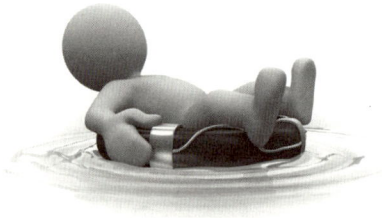

◀ "당신에겐 소비의 구명보트가 있습니까?"

영향은 심각한 수준이다. 취업포털사이트 '사람인'이 구직자 720명을 조사한 결과 10명 중 9명(87.5%)이 취업 과정에서 극심한 스트레스를 받았다고 응답했다. 이로 인해 가장 많이 나타나는 증세는 수면장애(45.2%)였고, 만성피로·우울증·소화불량·대인기피증·불안장애 등이 그 뒤를 이었다.[1]

　IMF 경제위기나 2008년 세계 금융위기 때도 상황은 좋지 않았다. 객관적인 지표는 지금보다 더 나빴다. 하지만 그때에는 '금이라도 모아서 재기하자'라는 희망과 도전정신이 있었다. 하지만 최근 몇 년간 지속된 국제경제 상황의 불확실성, 낮은 경제지표, 1,000조 원 넘는 가계 부채, 창업 후 3년 내 60%가 폐업한다는 자영업의 위기, 퇴직은 빨라지고 여명은 늘어났는데 준비 없이 맞게 된 길고 긴 노후기간 등…… 여간한 재력가가 아니라면, 누구라도 생활과 소비의 구명보트 하나쯤 마련하지 않을 재간이 없어졌다.

돈은 적게 만족은 크게, 플랜 Z로 버텨내라

세상에 근심만 끌어안고 살기를 원하는 사람은 없을 것이다. 절망스럽고 슬퍼할 일이 많은 절박한 현실 속에서도 행복을 찾고 또 때로는 우아하게 살고 싶은 것이 인간의 본성이다. 하지만 상황이 나빠질 것을 예측한다면 필연적으로 현재의 만족을 유예하고 궂은 날에 대비하려는 것이 합리적인 인간의 특성이기도 하다. 현대인들은 〈개미와 베짱이〉라는 동화 속 베짱이처럼 살 수도 없지만 그렇다고 개미처럼 살고 싶어 하지도 않는다. 개미처럼 일한다고 장밋빛 미래가 보장되지도 않을뿐더러, 베짱이처럼 분별없이 마냥 즐기며 살 수도 없는 노릇이기 때문이다. 통장 잔액 '0원'을 항상 고려하며 살아가는 플랜 Z 세대는 현재의 행복과 미래에 대한 준비 사이에서 위태로운 줄타기를 해야 한다.

이 때문에 원하는 만큼 소비할 수 없는 이들은 이전 세대와 다른 소비 개념을 도입하기에 이른다. 소비와 만족의 비례 공식을 깨고 '돈은 적게 쓰지만 만족은 크게 얻으려는 것'이 이들의 달라진 소비 개념이다. 현재 상황을 이성적으로 받아들이고, 그 안에서 슬기롭게 대처해나갈 방법을 선택한 것이다. 이제 이 플랜 Z 세대의 전략을 '우아한 서바이벌'이라 이름 붙이고, 구체적으로 어떠한 방식으로 살아남아 우아하게 버텨내려 하고 있는지 살펴보자.

우아한 서바이벌 전략 1
여유가 없어도 살 것은 산다

———

자본주의 사회에서 '소비'는 행복의 절대조건은 아니더라도 점점 필요조건이 되고 있다. 플랜 Z 세대는 경제적 여유가 부족해도 소비가 주는 행복을 결코 포기하지 않는다. 즉, 당장 돈이 없어도 돈 쓰는 '재미'를 누리며 살겠다는 것이다. 안 쓰고, 안 먹고, 변변한 옷 하나 없이 버티는 것은 이들에게는 마치 반세기 이전의 보릿고개 시절 이야기처럼 비현실적이다. 그들은 전쟁 이후 모두가 못 먹고 못 입던 절대빈곤의 시절이 아니라, 그 어느 세대보다 물질의 풍요가 넘쳐나는 세상에서 태어났다.

게다가 미디어의 발달은 이러한 풍요로움을 대중의 코앞까지 전달해주기에 이르렀다. 특히 SNS를 통해 유명인이나 연예인 들의 일상을 쉽게 접할 수 있게 되면서 대중의 '좋은 것'에 대한 소비 열망은 점점 더 커져가고 있다. 명품의 개념이 디저트와 식음료 등 생활 전반으로 확장되면서 가장 기본적인 생활 범위 안에서조차 사람들은 '좋은 것'에 노출되어 있다. 베짱이처럼 이 좋은 것을 마음껏 즐기며 살고 싶지만 현실은 개미처럼 일해도 부족할 지경이다. 이러한 상황에서 플랜 Z 세대는 일단 베짱이의 삶을 선택한다. 단, 개미의 정신을 탑재한 베짱이여야 한다.

못난이 과일, 라면용 전복, 리퍼브 매장… B급 상품이 뜬다

먼저 이들의 눈을 사로잡은 것은 'B급 상품'이다. 일명 '못난이 상품'이라고도 불리는 B급 상품은 제품의 품질에는 큰 하자가 없지만 정상적인 유통이 불가능하기 때문에 보통 40~60%, 최대 80% 이상 할인된 가격에 판매된다. 플랜 A, 즉 원래 갖고 싶었던 브랜드 제품을 구입할 수 없는 경우 차선책인 플랜 B, 다시 말해서 세일 기간을 기다려 정품을 사거나, 일류 브랜드가 서브로 내놓는 세컨드 브랜드

second brand를 구매하는 것이 아니라, 못난이 상품을 찾는 것이 가격 대비 만족도가 높은 최후의 보루 플랜 Z로 떠오른 것이다.

B급 상품의 판매 분야가 점차 다양해지는 가운데 특히 식품 분야 B급 상품의 인기가 날로 높아지고 있다. 요즘엔 유통기한이 임박한 식품에 대한 소비자의 인식이 너그러워졌다. 덕분에 이러한 제품만을 전문으로 취급하는 온라인 쇼핑몰도 점차 늘어나고 있다. '떠리몰', '임박몰', '이유몰' 등이 B급 상품 전문몰의 대표주자로 꼽힌다. 이 업체들은 간편식이나 과자 등 식품부터 화장품과 건강 보조식품까지 다양한 범위의 상품들을 취급한다. 이들이 판매하는 유통기한 임박 제품들은 대부분 최소 10일에서 최대 3개월 이상 보관 가능하며 최대 70%까지 할인된 가격으로 판매되고 있다.

B급 농산물에 대한 수요도 증가하는 추세다. 2014년 농협경제연구소가 실시한 'B급 농산물에 대한 소비자 태도' 조사에 따르면 19세 이상 소비자 1,000명 가운데 72.2%가 B급 상품 구매에 대해 긍정적이라고 답했다. 온라인 쇼핑몰 옥션에서는 낙과 또는 출하 과정에서 상품 가치가 떨어진 '흠과(일명 못난이 과일)'를 저렴한 가격으로 판매하고 있다. 이 업체에 따르면 제철 과일의 출하량이 부쩍 늘어난 8월 한 달 동안 'B급 고구마'의 판매량은 전년 동기 대비 343%로 크게 증가했고, 같은 기간 'B급 호박'이 57%, 몸통 없이 다리만 있는 '파품 오징어(장족)'가 23%의 증가율을 기록했다.[2]

단지 작고 못생겨서 고급 식품의 반열에서 내려온 식품들도 새로운 영역을 개척하며 소비자의 선택을 받았다. 10g 미만의 작은 전복은 상품성이 부족해 유통과 판매가 쉽지 않았는데 최근 '라면용 전복'으로 알려지면서 좋은 반응을 얻고 있다. '꼬마 한라봉' 역시 크기가 일반 한라봉의 40~50% 수준이지만 품질 면에서는 큰 차이가 없어 꾸준한 판매율을 기록하고 있다. 또한 깨진 쌀을 의미하는 '싸라기'는 일반 쌀보다 30% 이상 저렴하게 판매되어 소비자들이 떡이나 죽을 만드는 용도로 구입하고 있다.[3]

가전제품 및 가구 시장에서는 '리퍼브 매장'에 소비자들이 몰리고 있다. 리퍼브('새로 꾸미다'라는 refurbished의 준말) 매장은 포장 박스의 손상, 제품의 미세한 흠집, 구매자의 변심 등으로 반품된 상품이나 매장에 전시됐던 제품을 40~70%가량 할인된 가격으로 판매하는 곳이다. 이제는 대형 유통업체도 리퍼브 제품 판매에 돌입했다. 롯데백화점은 2014년 1월 프리미엄아웃렛 파주점에 전시제품들을 모아 판매하는 '전시몰' 매장을 열었는데 주로 중대형 가전제품과 컴퓨터를 사려는 사람들로 연일 붐비고 있다. 오픈 이후 월평균 1억 원 이상의 매출을 올리는 것으로 알려져 업계의 관심을 모으기도 했다.[4] 롯데백화점 본점에서는 2015년 3월 '디지털 가전 전시상품 대전'을 열었다. 에이수스, HP 노트북 등 인기 품목의 경우 2~3일 만에 매진되는 등 리퍼브 제품의 인기를 실감할 수 있었다. 리퍼브 매장에서는 정가가 200만 원 가까이 되는 스탠드형 김치냉장고나 리클라이너 소파가 거의 반값에 팔리고 있어 알뜰구매족의 수요가 높은 편이다.

패피들의 알뜰소비 '샘플세일', 나눠야 산다 '소분시장'

패피(패션피플)들의 소비도 점점 알뜰해지고 있다. 명품 브랜드의 일반제품 세일 기간이 아니라 '샘플세일' 기간을 공략하는 것이다. 이 기

◀ 주머니는 얇아도 멋은 포기할 수 없는 패피들
에게는 '샘플세일'이 딱이다. 주로 명품, 고가
브랜드가 진행하는 샘플세일은 때로 정가의
70%까지 가격이 내려간다.

간에는 광고 촬영이나 홍보 전시 등에 쓰였던 제품 혹은 제조 과정
의 실수로 인한 작은 흠집이나 미세한 색감의 차이가 있는 상품 들
을 할인된 가격에 구매할 수 있다. 스티브제이앤요니피, 디그낙, 솔
리드옴므, 로우클래식 등 국내 유명 디자이너 브랜드나 온라인 쇼핑
몰의 샘플세일이 점차 활성화되면서 대중의 호응도 커지고 있다. 샘
플 상품이나 매장 전시품 등을 싼값에 내놓는 샘플세일은 고가의 패
션 아이템을 일반 바겐세일보다 저렴한 가격에 구매할 수 있어 패피
들의 필수 체크 항목으로 확대되는 추세다.

개미 같은 베짱이 소비자들의 발길을 모으는 곳 중 가장 대표적
인 공간은 렌탈이나 중고거래 사이트일 것이다. 그 가운데 '소분시
장'은 '최소 비용 최대 만족'을 추구하는 플랜 Z 세대의 대안으로 인
기를 모으고 있다. 프리미엄 원두 구매를 원하는 소비자들이 모여 여
러 종류의 원두를 함께 구매해 나누기도 하고, 명품 화장품이나 향수
를 구매해 소분하기도 한다. 바비브라운, 나스, 입생로랑 등 명품 브
랜드의 인기 색조 제품을 여러 명이 각자 다른 색으로 구매한 후 인
원수만큼 나누는가 하면, 원래 용량보다 상대적으로 저렴한 500ml
이상의 대용량 제품을 2~3명이 함께 구매해 나누어 갖기도 한다. 주

머니 사정이 좋지 않은 젊은 남성들도 단백질 보충제와 비타민제 등을 소분 중고 시장에서 구입하는 것이 낯설지 않다. 이 밖에도 쓰다 남은 만년필 잉크나 반려동물의 사료 등 다양한 물품들이 소분시장을 통해 활발하게 거래되고 있다.[5] 소분으로 물건을 판매한다는 글이 온라인 물품 거래 사이트에 하루 수십 건씩 올라오는 등 **소분시장**이 확산되고 있지만, 유통

기한, 성분, 위생상태 등을 확인하기 어렵고 문제 발생 시 책임 소재가 분명치 않다는 점을 들어 우려를 표하는 목소리도 높다.

우아한 서바이벌 전략 2
아무리 푼돈이라도 개미처럼 모아라

'최소 비용으로 최대 만족'을 추구하는 플랜 Z 세대도 언제나 베짱이처럼 살 수는 없다. 개미처럼 열심히 모으고 쌓아놓는 활동도 이들에게는 중요한 생존전략 중 하나다. 평생을 한 푼 한 푼 아껴가며 개미처럼 살아도 온전한 내 집 하나 장만하기 힘든 세상이다. 쓰기만 하면서 살 수는 없는 노릇. 장기불황이 드리우는 그림자 속에서 플랜 Z 세대는 개미의 삶 방식도 버릴 수 없는 운명이다.

기업의 혜택만 따먹는 '체리피킹'과 돈 버는 앱 '앱테크'

그렇다고 헝그리정신으로 무장한 예전의 개미를 생각해서는 안 된다. 힘들게 모으는 것이 아니라 가능한 한 품을 덜 들이고 돈을 모으는 전략을 택한다. 한 푼이 아쉽기는 하지만 그 한 푼에 에너지를 소비하고 싶지는 않기 때문이다. 작은 노력으로 깜짝 선물 같은 보상을 추구하는 이들의 전략은 의외로 간단하다. 개인정보 제공이나 광고 노출을 감수하더라도 각종 고객 사은 행사의 포인트나 혜택을 찾아 체리피킹cherry-picking(기업의 혜택만 골라 따먹는 일)에 몰두하는 것이다.

먼저 늘 곁에 있는 스마트폰으로 재테크를 한다. 앱application과 재테크의 합성어인 앱테크를 이용해 돈을 벌거나 절약하는 전략이다.[5] 인터넷 검색창에 '앱테크' 혹은 '돈 버는 앱'을 입력하면 수많은 앱이 등장할 만큼 빠르게 대중화되고 있다. 손가락을 한두 번만 움직이면 포인트가 적립되어 현금처럼 사용할 수 있는 앱부터 신용카드의 지출 내역과 실적을 관리해주는 앱, 멤버십 포인트를 관리해주는 앱까지 다양한 용도의 돈 버는 앱들을 활용해 자신의 기호와 필요에 따라 앱테크를 할 수 있다. 특히 현금화가 가능한 포인트 적립 방식의 앱이 가장 큰 인기를 끌고 있다.

포인트만 쌓인다면 광고 노출, 개인정보쯤이야!

실제로 현대인이 하루에 스마트폰의 잠금화면을 해제하는 횟수는 약 50번이라고 한다. 이러한 스마트폰 유저들의 사용 습관을 활용한 앱 '캐시슬라이드'는 잠금화면에 특정 광고나 콘텐츠 이미지가 뜨면 사용자가 잠금 해제를 통해 일정 금액을 보상받는 방식의 앱이다. 손

끝으로 슬라이드나 패턴 풀기를 할 때마다 한 번에 3~5원 정도를 적립할 수 있고, 광고 동영상 시청이나 앱 다운로드 등의 특정 임무를 완수하면 보통 20원에서 최대 1,000원까지 적립이 가능하다. 이렇게 모은 적립금은 커피숍과 편의점 등 30여 개의 제휴 업체에서 현금처럼 이용할 수 있고 사용자의 은행계좌로 이체도 가능하다. 티끌 모아 태산은 못 되더라도 나를 위한 '깜짝 선물' 정도는 가능한 이 앱은 현재 1천만 명 이상이 사용할 정도로 큰 인기를 모으고 있다.[6] 인터파크에서 출시한 앱 '노티투미' 또한 인기다. 이 앱은 여러 쇼핑몰의 광고를 한데 모아 보여주고 사용자가 특정 광고를 터치하면 한 번에 10포인트(1포인트=1원)를 적립해주는 방식이다. 또한 이 앱에 올라와 있는 다른 앱을 다운로드하면 100포인트 이상의 적립도 가능하다. 이 적립금 역시 특정 쇼핑몰에서 현금처럼 사용하거나 문화상품권으로 교환도 가능하다. 최근 5개월간 이 앱을 통해 3만 포인트가량 모았다는 한 주부의 말은 이 시대 베짱이와 개미 사이를 부지런히 오가며 사는 소비자의 심리를 여실히 보여준다. "1년간 300만 원을 은행예금에 넣어도 이자가 3만 원이 안 되는 시대에 가만히 있느니 푼돈이라도 모으는 게 심적으로 위안이 됩니다."[7]

초저금리 시대 금융 미끼상품, 포인트를 잡아라 포토리뷰

플랜 Z세대는 금융 미끼상품도 놓치지 않는다. 이에 따라 금리가 연 1%대로 떨어진 초저금리 시대에 맞춰 기존 금융상품에 약간의 변화를 준 새로운 상품들이 좋은 반응을 얻고 있다. 2014년 7월부터 OK저축은행에서는 2~5명이 모여 영업점을 방문해 적금을 가입할 경우,

인원수에 따라 0.1~0.5%의 금리를 더 제공하는 'OK끼리끼리 정기적금'을 운영하고 있다. 각종 커뮤니티 사이트에 함께 적금에 가입할 사람을 구한다는 글도 자주 올라올 정도였다. 이 상품은 출시 1년 만에 가입자 7천 명 이상, 누적 잔액 404억 원을 기록했다.

적은 돈이라도 많은 힘을 들이지 않고 모으거나 아끼는 것에 큰 매력을 느끼는 이들은 일상생활 속에서도 개미정신을 발휘한다. 특히 취준생(취업준비생)들에게는 토익책과 같은 학습도서를 구입하는 비용도 큰 부담이다. 이 때문에 연필로 문제를 풀고 지우개로 지운 후 다시 중고서점에 되파는 이들도 많다고 한다.[8] 중고책 거래가 활발해지는 가운데 인터파크가 올해 초 출시한 현장 방문 중고책 매입 서비스인 '북버스'는 거래량이 매월 평균 2배씩 늘고 있다는 소식이다.[9] 온라인 쇼핑몰에서 구입한 상품의 사진을 찍어 올리는 '포토리뷰'도 같은 맥락이다. 포토리뷰를 올리면 일반 상품 후기보다 많은 마일리지를 적립할 수 있어 사용자 수가 점차 증가하고 있다. 이들은 이렇게 얻은 마일리지를 해당 쇼핑몰에서 현금처럼 사용하거나 배송비로 사용해 구매총액에서 비용을 절감하는 효과를 누리고 있다.

우아한 서바이벌 전략 3
집으로 가자, 스스로 하자

━━━

사실 플랜 Z는 최선의 답이 아니다. 마지못해 선택하는 최후의 보루다. 따라서 플랜 Z 생활로 인한 스트레스도 만만치 않다. 이 스트레스에서 탈출해 정서적 위안을 얻고 비용을 절감하기 위해 소비자들이 '집'으로 회귀하고 있다. 경쟁사회에 피로감을 느낀 이들이 사회생활에서 성취욕을 불태우기보다 기본적인 의식주의 가치를 더욱 중시하기 시작한 것이다. 집에서 요리를 해먹고, 취미생활도 즐기고, 집 꾸미기에 열중하면서 소소한 일상의 행복을 실현하고자 한다. 이상과 현실 사이의 상대적 박탈감을 호소하던 현대인이 편안함을 느낄 수 있는 최후의 보루가 바로 '집'인 것이다.

이런 의미를 갖는 집의 중심에 2015년의 핫트렌드인 '집밥'이 있다. 집밥 트렌드를 선도하는 가장 강력한 매체는 바로 미디어다. MBC 〈마이 리틀 텔레비전〉을 통해 집에서 간단히 해먹을 수 있는 요리들을 선보였던 요리연구가 백종원은 tvN의 〈집밥 백선생〉을 통해 '집밥'의 대명사로 자리매김했다. 이 프로그램에서 그는 쉽고도 저렴한 레서피를 선보여 일반 주부들은 물론 요리에 엄두도 내지 못했던 가장들까지 앞치마를 두르고 도마 앞에 서게 만들었다. 올리브 TV의 요리 프로그램인 〈신동엽, 성시경은 오늘 뭐 먹지?〉 역시 집에서 시도할 수 있는 간단한 레서피로 푸드 버라이어티의 인기를 이어가고 있다. 과거에는 전문 요리사들이나 고수들의 요리 대결 프로그램이 주를 이루었지만 2015년에는 집에서 '누구나' 실천 가능한 레서피가 강조되며 집밥 프로그램이 새로운 트렌드가 된 것이다. 이에 많은 식품기업이 이른바 '레서피 마케팅'을 펼치고 있다. 예컨대 CJ 제일제당은 빅데이터 분석을 통해 소비자들이 직접 해보고 싶어 하는 외식 메뉴를 선정해 집에서 해볼 수 있도록 영상물을 제작하고, 요즘 다양한 쿡방들을 통해 만능 소스의 인기가 높아지자 가루 형태가 아닌 액상 형태의 요리수를 내놓기도 했다.

'홈&데커레이션 브랜드'의 성장과 '셀프 인테리어'까지

집에서 오래 시간을 보내고 그 시간을 즐기기 위해서는 집이라는 공간 자체가 더욱 근사해질 필요가 있다. 주거 공간에 대한 애착은 곧 '꾸미기'로 이어져 홈 인테리어 시장이 뚜렷한 성장세를 보이고 있다. 비록 자신이 소유한 집이 아닐지라도 아름답고 쾌적한 환경에서 심신의 안정을 취하고자 하는 사람들의 욕구가 증가했기 때문이다.

적은 비용으로 집 꾸미기가 가능한 셀프 인테리어의 인기도 주목할 만하다. 사람들은 이제 가구 제작은 물론 도배나 페인트칠부터 장식, 심지어 부엌이나 화장실 개조까지 스스로 해결한다. 또한 블로그나 온라인 커뮤니티 등을 통해 셀프 인테리어의 과정과 그 결과물을 공개해 셀프 인테리어의 매력을 전파하는 데 앞장서고 있다. 이에 따라 셀프 인테리어에 필요한 시공 재료 및 소품 등 관련제품의 매출도 증가했다. 소셜커머스 티몬의 2015년 상반기 인테리어 관련 매출 데이터를 분석한 결과, 셀프 인테리어와 관련된 상품의 매출이 전년 동기 대비 약 124% 증가한 것으로 나타났다. 벽지와 페인트 상품의 매출이 29%가량 증가했고, 일반인도 쉽고 간단하게 설치할 수 있도록 제작된 바닥재 상품의 경우 출시와 동시에 252%의 놀라운 매출 성장세를 기록했다. 더불어 전동드릴이나 안전장갑 등 각종 공구의 매출도 256% 증가한 것으로 나타났다.[10]

이렇듯 공들여 가꾼 집 안에서
사람들은 무엇을 하며 여가시간을
보낼까? **혼자**서 논다.
집 밖에서 사람들과 어울리며
만족감을 느끼던 이들이 이제
집 안에서 혼자 놀기의 달인이 되어가고
있다. 카페에 가는 것보다 카페처럼
꾸민 집에서 손수 모카포트에 끓인
커피를 마시는 것을 선호한다.
누추했던 '집구석'이 소박하지만
우아한 휴식의 공간으로
거듭나면서 나만의 취미활동 무대가
되고 있는 것이다.

컬러링북, 나노블록, 홈 캠핑… 집구석이 힐링 공간이 되다

이렇듯 공들여 가꾼 집 안에서 사람들은 무엇을 하며 여가시간을 보낼까? 혼자서 논다. 집 밖에서 사람들과 어울리며 만족감을 느끼던 이들이 이제 집 안에서 혼자 놀기의 달인이 되어가고 있다. 카페에 가는 것보다 카페처럼 꾸민 집에서 손수 모카포트에 끓인 커피를 마시는 것을 선호한다. 누추했던 '집구석'이 소박하지만 우아한 휴식 공간으로 거듭나면서 나만의 취미활동 무대가 되고 있는 것이다.

서점가에서 '혼자'는 확고한 키워드가 되었다. 『혼자 있는 시간의 힘』, 『내가 혼자 여행하는 이유』, 『혼자의 발견』, 『나는 왜 혼자가 편할까?』 등 혼자를 테마로 한 책들이 인기몰이를 하고 있다. 나아가 혼자 놀기를 도와주는 책도 많이 등장했다. 좀처럼 식을 줄 모르는 성인용 버전의 색칠공부 책인 컬러링북의 인기가 그 대표적인 현상이다. 아름답고 다채로운 색감에 정신을 집중하면서 마음을 치유할 수 있어 효과적인 아트테라피로도 유명하다. 손으로 그린 그림문자를 뜻하는 캘리그라피 역시 2015년 관련 도서들이 베스트셀러 반열에 올라 현대인의 여가생활이 점점 집 안으로 들어가고 있음을 확인할 수 있었다.

방향제와 향초 등 실내 소품을 직접 만드는 활동도 새로운 취미의 영역으로 자리잡았다. 특히 대표적인 방향 제품인 '디퓨저'나 '소이캔들'은 집에서도 비교적 쉽게 만들 수 있는 데다 완제품을 사는 것보다 비용도 저렴해 집 안에서 즐기는 여가활동으로 인기가 높다. 크기가 작은 블록 장난감인 **나노블록** 또한 키덜트Kidult(어른이지만 아이 같은 취미생활을 유지하는 사람)들의 사랑을 받으며 집 안 구석구석을 놀이의 무대로 장식했다. 또 캠핑 붐이 집 안으로 들어와, 거실에 인디언 텐트를 설치하거나 야외용 랜턴을 거는 등 캠핑용품을 인테리어에 활용하는 '홈 캠핑'도 새로운 트렌드로 떠오르고 있다.

이처럼 집은 이제 각자가 추구하고자 하는 니치를 찾아내고 이를 구현하는 공간이 되고 있다. 억지로 취향을 맞춰야 하는 불편도 없고 비용까지 적게 드는 '집 안에서 놀기'는 앞으로 더 다채로운 콘텐츠로 무장해 궁상맞은 대안이 아닌 우아한 플랜 Z 전략으로 진화할 것으로 전망된다.

나노블록Nanoblock

나노블록은 레고보다 작은 초소형 조립 블록이다. 한 조각이 가로세로 8mm인 블록 320~600피스와 설계도로 구성되어 있다. 1만 원 이하의 가격으로 애니메이션 캐릭터나 에펠탑 등 건축물 모형을 제작할 수 있다. 1시간 내외의 짧은 조립시간과 장난감을 직접 제작해 소장한다는 점에서 키덜트족의 관심을 받고 있다.[11]

시사점
플랜 Z 세대를 위한 최적의 구명보트를 제공하라

마이크로 숏팬츠 아래로 드러난 앙상한 다리에 보통 10~12cm에 이르는 킬힐을 신고도 격한 안무를 소화해내는 TV 속 걸그룹 가수들의 모습은 거의 진기명기에 가깝다. 하지만 무대 위에 선 이들은 불안한 내색 하나 없이 심지어 힐의 높이가 무색할 정도로 완벽한 퍼포먼스를 선보이며 대중의 환호를 이끌어낸다. 이러한 자세와 균형감각을 기르기 위해서 하이힐을 신은 채 숱한 안무연습을 하겠지만, 그녀들만의 비장의 무기는 바로 테이프라고 한다. 구두 밑창에는 양

面테이프를 붙여 미끄러지지 않도록 고정하고, 구두와 발등을 폭이 넓은 투명테이프로 둘러 붙여 고정한다. 우아한 춤을 위해 테이프라는 플랜 Z를 숨겨놓고 있었던 것이다. 멋진 무대를 위해 고군분투하는 그녀들처럼, 플랜 Z 세대도 우아한 생존을 위해서는 '테이프'와 같은 비장의 무기를 준비해야 한다. 거창할 필요도 없다. 테이프처럼 쉽고 간단한 그 무엇이 필요한 것이다. 결국 플랜 Z 세대의 이 우아한 생존을 더 적은 노력으로 가능하게 만드는 지점을 고민해야 한다.

먼저 2015년에 유독 각광받은 'B급 상품'의 인기를 주목할 필요가 있다. 대형 유통업계에서도 이를 예의 주시할 정도로 그 성장세가 확실해 보인다. 다만 이상 있는 상품일수록 품질 관리에 더욱 신중해야 한다. B급 상품의 인기에 편승해 판매가 불가능한 수준의 상품들이 시장에 나오는 일이 종종 발생하고 있다. 이러한 문제가 지속적으로 대두되다보면 시장 전반에 대한 불신이 형성될 수 있다. 따라서 앞으로 이 시장의 성장을 좌우하는 핵심 동인은 소비자의 '신뢰'다. 정품과 진배없는 B급 상품이라는 신뢰를 얼마나 확보하느냐에 따라 이후 B급 상품 시장의 판세가 결정될 것으로 보인다.

소포장 제품이나 소분 중고 거래시장 또한 크게 활성화될 것이다. 특히 소포장 제품 시장은 1인 가구의 증가와 함께 가장 두드러진 성장세를 보일 것으로 예상된다. 고가의 상품을 소량 구입해 '비용 대비 큰 만족'을 얻고자 하는 플랜 Z 세대를 위해 자체적으로 소분판매를 기획해 선보이는 전략이 필요한 시점이다. 더 작고 잘게 소분하고 쪼개는 방법을 고민하고 연구한다면 제품의 파급력이 원제품을 한꺼번에 파는 수익보다 더 클 수 있음을 기억해야 한다. 소비자의 니

미국의 불황이 극심했던 2009년, 현대자동차 미국법인에서는 '어슈어런스assurance(보증) 프로그램'을 실시했다. 자동차를 구매한 뒤 1년 이내에 실직할 경우 차를 무상으로 반납할 수 있게 한 것이다. 이는 2008년 금융위기의 후폭풍으로 실직자가 급증하던 미국 소비시장의 불안을 잠재우며 당시 높은 실적을 견인한 프로그램이었다. 이 어슈어런스 프로그램이 하나의 플랜 Z 구매를 가능하게 한 것이라고 해석할 수 있다. 소비자의 불안을 달래줄 수 있는 적절한 구명보트의 마련은 중요하다.

즈에 대한 충족도의 크기가 기업의 차별화된 시장경쟁력으로 이어질 수 있을 것이다.

'집'을 향한 사람들의 열망은 이제 시작 단계로 보인다. 유럽·미국·일본 등 선진국의 '집 문화' 발달 역사에서 시사점을 구할 수 있다. 산업화 초기 기본적인 의식주 생활에 큰 비중을 두었던 선진국도 사람들의 인식 변화와 함께 홈 인테리어, 홈 쿠킹, 가드닝(정원 가꾸기) 등이 크게 발전했다. 또한 국내의 셀프 인테리어가 현재는 젊은 세대를 중심으로 인기를 얻고 있지만 시공과 조립이 좀 더 쉽고 간편해진다면 중장년층까지 확대될 것이다. 또한 실내에서 식물을 기르는 사람들이 점차 증가하고 있어 실내 가드닝에 대한 수요도 커질 것으로 전망된다.

집이 생활의 중심으로 등장하게 된 배경에는 지속적 불황으로 인한 소비문화의 변화가 자리한다. 이제 웬만한 일은 집에서 직접 해결하는 움직임이 감지되고 있다. 환갑잔치, 백일잔치 등 생일상은 물론이고 장례까지 집에서 치르는 사람들이 생기고 있다. 사실 예전에는 모두 집에서 치렀던 일들이지만 몇십 년 사이 외부에서 치르는 게 당연시되었다. 하지만 '집으로의 회귀' 트렌드가 가속화되면서 집에서 할 수 없다고 생각했던 것들이 점차 집으로 들어오고 있는 것이다.[12]

미국의 불황이 극심했던 2009년, 현대자동차 미국법인에서는 '어슈어런스assurance(보증) 프로그램'을 실시했다. 자동차를 구매한 뒤 1년 이내에 실직할 경우 차를 무상으로 반납할 수 있게 한 것이다. 이는 2008년 금융위기의 후폭풍으로 실직자가 급증하던 미국 소비 시장의 불안을 잠재우며 당시 높은 실적을 견인한 프로그램이었다.[13] 이 어슈어런스 프로그램이 하나의 플랜 Z 구매를 가능하게 한 것이라고 해석할 수 있다. 소비자의 불안을 달래줄 수 있는 적절한 구명보트의 마련은 중요하다.

우리는 '2016년'이라는 새로운 배를 타고 다시 넓은 바다를 항해할 준비를 해야 한다. 뜻하지 않은 비바람과 파도에 대비해 플랜 Z 세대는 구명보트를 챙겨 나갈 것이다. 확률이 높지 않더라도 침몰할 가능성을 인지하고 이에 대비하는 것이다. 다가오는 2016년, 플랜 Z 세대와 항해를 함께할 최적의 구명보트를 제공할 수 있는 기업과 조직이 끝이 보이지 않는 망망대해를 무사히 건널 수 있을 것이다.

Over-anxiety Syndrome

과잉근심사회, 램프증후군

불안정한 사회를 살아가는 현대인들에게 불안이 일상화되고 있다. 대중매체와 SNS 등을 통해 시시각각으로 일어나는 재난과 사건사고를 시각적으로 접하며 대리외상을 경험하는 사람들도 늘고 있다. 그런데 현대사회에서 발생하는 위험요소는 대중이 위험을 실제 수준보다 과장되게 인지한다는 특성이 있다. 이는 사람들의 불안과 공포를 더욱 심화시키는 요인이다. 기업들은 소비자의 불안과 공포를 역으로 이용하여 이를 상품화하고 있다. 불안감이 확산되는 상황에서 공포 마케팅은 기업에 자극적이고 더효율적인 무기가 되기도 한다. 이러한 상황에서 불안은 공포 마케팅의 요소를 넘어 새로운 산업의 요소로 활성화될 전망이다. 현대인에게 심리적 안정감을 줄 수 있는 새로운 형태의 상품과 서비스 들이 다양하게 등장할 것이다. 불안에는 더 훌륭한 업적을 가능하게 하고 활동을 신중하게 만드는 긍정적 측면도 있다. 한 치 앞도 내다보기 어려운 시대지만, 이럴 때일수록 불안을 현명하게 활용할 필요가 있다. 우리 사회의 수용범위를 넘고있는 걱정과 근심이 어떻게 전염되고 있으며, 이러한 상황을 기업과 소비자가 현명하게 타개하기 위한 방안은 무엇일지 함께 고민해보자.

걱정의 40%는 절대 현실로 일어나지 않는다.

걱정의 30%는 이미 일어난 일에 대한 것이다.

걱정의 22%는 사소한 고민이다.

걱정의 4%는 우리 힘으로 어쩔 도리가 없는 일에 대한 것이다.

걱정의 4%만 우리가 바꿔놓을 수 있는 일에 대한 것이다.

– 어니 젤린스키, 「모르고 사는 즐거움」

2015년 5월 20일 국내 메르스 환자가 처음 확인된 그날부터 대한민국은 온통 마스크로 뒤덮였다. 전염병은 불안도 함께 퍼뜨렸다. 국민안전처가 발송한 긴급재난 문자는 '긴급'이란 표현의 무게가 무색할 만큼 수시로 스마트폰에 도착했고, 보건용 마스크가 시장에 쏟아져 나왔다. 하지만 긴급재난 문자는 요란한 사이렌 소리와 달리 피상적인 내용일 뿐일 때가 많았고, 각종 방역용품도 엄청난 수의 종류만큼 실효성 있는 것 같지 않았다. 그 어느 해보다 근심이 깊었던 한 해였지만 지나서 생각해보면 위의 글처럼 걱정과 불안의 실체는 우리가 상상한 것보다 가벼운 경우가 많았다. 어쩌면 모르고 사는 게 약이 된다는 말이 참일지도 모른다. 그럼에도 이 시대의 많은 사람은 끊임없이 과잉 근심에 시달리고 불안해한다.

이러한 과잉 근심 현상을 묘사하는 표현으로 '램프증후군Lamp Syndrome'이라는 용어가 있다. 동화 속 알라딘이 마술램프에서 마법의 거인 '지니'를 깨워내듯이, 실현 가능성이 없는 걱정들을 램프에서 불러내 헤어나지 못한다는 의미에서 생겨난 말이다. 램프증후군은 근심이라는 환영의 마술램프를 들고 스스로를 지나치게 괴롭히는 현

과잉 근심 현상을 묘사하는 표현으로
'램프증후군Lamp Syndrome'이라는 용어가 있다.
동화 속 알라딘이 마술램프에서 마법의 거인
'지니'를 깨워내듯이, 실현 가능성이 없는 걱정들을
램프에서 불러내 헤어나지 못한다는 의미에서
생겨난 말이다. 램프증후군은 근심이라는
환영의 마술램프를 들고 스스로를 지나치게
괴롭히는 현상을 지칭한다.

상을 지칭한다. 이렇듯 실제보다 과장된 현대인의 걱정의 근원과 실체는 무엇일까? 『트렌드 코리아 2016』은 2015년 메르스 사태를 필두로 한 각종 사건사고들이 촉발한 걱정과 근심이 어떻게 현대사회에서 확대·전염되고 있는지와, 이러한 현상의 심리적 배경과 부작용, 그리고 산업적인 영향을 살펴보고, 이런 상황을 현명하게 타개하기 위한 방안은 무엇일지 함께 생각해보고자 한다.

불안사회가 등장하다

'불안사회'라는 표현이 이제는 익숙해졌다. 경제·정치·사회 등 다양한 분야에서 사람들의 불안이 가중되고 있다.

우선 경제 상황에 대한 국민들의 불안감이 가장 심각하다. 서문에서 지적한 바와 같이 세계경제의 위기감이 심화되며 한국 경제에도 먹구름이 끼었다. 실제로 중국의 증시 불안과 위안화 평가절하 등 글로벌 악재가 겹치면서 가장 큰 영향을 받는 시장으로 대한민국이 지목되었다. 국제통화기금IMF도 2015년 한국의 국내총생산GDP 예상 성장률을 줄곧 하향조정하고 있다. 고전을 면치 못하는 기업활동과 위축된 소비심리로 인해 경제 발전의 발목이 잡힐 것으로 예상한 것이다. 그 와중에 서민들의 주거 불안 문제도 첩첩산중이다. 전세 가격이 폭등하며 '미친 전셋값'이라는 말이 부동산 시장에 자주 오르내렸다. 매매 가격의 무려 95%까지 올라간 전셋값 때문에 서민들은 집 없는 설움으로 한껏 가라앉을 수밖에 없었다. 이에 더해 취업·고용

·노후 불안 등은 우리나라의 불안지수를 높이는 주요 요인으로 꼽힌다.

약해져가는 공동체, 자유로운 만큼 불안한 개인

2015년의 트렌드 키워드 **햄릿증후군**에서도 언급되었듯이, 현대 시장의 과다한 정보와 상품의 선택지 역시, 불안증후군과 연결되어 있다. 키르케고르는 선택을 할 수 있는 많은 가능성이 오히려 '자유의 현기증'을 만들어낸다고 했다. 지나치게 많은 선택 대안들이 불안심리의 근원이 될 수 있다는 이야기다. 상품 구매에서 직업이나 결혼까지 선택은 자유롭지만 그 결과에 대한 책임은 온전히 개개인 스스로의 몫이다. 이 때문에 사람들은 자유를 두려워하고 오히려 자신을 움직여줄 수 있는 권위를 택해 심리적 안정을 추구하는 성향을 보이기도 한다.[1]

매년 끊이지 않고 발생하는 대형 사건사고들도 사회 전반에 불안 수준을 높이는 요인이다. 보통 사회가 발전하면 점점 안전해질 것이라 기대하지만, 현대사회에서는 갈수록 위험 요소가 강력해지고 광범위해진다는 일명 '위험사회론'이 대두한다. 고도로 상호 연결되고 체계화된 인프라를 갖게 된 사회는 오히려 작은 사건 하나가 불러오는 파장이 재앙급 수준이 될 수도 있다.

더구나 고령화, 1인 가구화가 촉진되면서 이런 위험의 충격을 분산하고 완화시키는 가족이나 공동체가 와해되다보니 이 모두를 개개인이 고스란히 받아들여야 하는 사회가 됐다. 특히 혼자 거주하는 고령자와 여성 들은 범죄나 안전사고에 더욱 취약하다. 좀 더 근원적으로는 우리 사회의 공동체적 연대가 점점 약해지고 있다는 점을 지적할 수 있다. 경제협력개발기구OECD의 삶의 질 조사에 따르면 우리나라는 '사회 연계 지원perceived social network support'에서도 낮은 점수를 받았다. 사적으로나 공적으로나 의지할 곳이 없다고 느끼는 것이다. 비단 1인 가구 구성원만 절연감과 불안감에 시달리는 것은 아니라는 의미다.

인터넷·SNS·방송, 시각화된 위험 요소

나아가 요즘에는 CCTV와 블랙박스가 도처에 설치돼 있어, 작은 사건사고도 영상으로 녹화되는 경우가 많다. 같은 사고라도 구전이나 활자로 접하는 것보다 직접 보면 충격이 훨씬 강한 법이다. 이렇게 '시각화'된 위험 요소들이 인터넷·SNS·방송 등의 매체를 통해 매우 빠르고 광범위하게 확산된다. 그 결과 재난이 발생하면 직접적인 경험을 하지 않은 사람들도 자신이 사고를 겪은 것처럼 쇼크를 받고 심리적인 외상에 고통스러워한다. 이러한 현상을 가리켜 대리외상이라고 하는데 세월호 사고나 메르스 사태 등에서 경험했듯이, 현대인의 **대리외상**은 미디어와 SNS, 각종 소문과 괴담 등을 통해 그 강도와 범위가 점점 더 심화되고 있다.

사정이 이렇다보니, 국민들이 체감하는 삶의 만족도와 행복지수는 대단히 낮은 수준이다. 경제협력개발기구OECD가 조

대리외상Vicarious Trauma
부정적이거나 충격적인 사건을 다룬 뉴스 등에 반복적으로 노출되면 실제로 그 사건을 겪은 것과 유사한 정신적 문제가 나타날 위험이 높아진다. 이러한 증상을 '대리외상'이라고 하는데, 사건의 희생자를 접하거나 사건을 수습해야 하는 경찰관·소방관·의사 등이 겪을 가능성이 높다.[2]

사하는 행복지수Better Life Index는 개인의 욕구가 만족되어 '불안·불신·부실'을 느끼지 않고 '안정·안심·안전'을 느끼는 상태를 측정하는데, 주거·일자리·교육 등 11개 영역으로 구성되어 있다. OECD는 2015년에도 '삶의 질How's life?' 보고서를 발표했는데, 한국인이 평가한 삶의 만족도는 10점 만점에 5.80점으로 OECD 평균(6.58점)보다 낮은 점수를 기록하며 27위에 그쳤다. 세부항목으로 건강 만족도는 꼴찌이고, 밤에 혼자인 경우의 안전감도는 최하위권이다. 그나마 물질적 지수는 OECD 국가 중 가장 높은 수치를 기록했다. 이러한 조사결과는 한국인의 삶이 물질적 안정성에 비해 정신적 안정을 영위할 수 있는 여건을 매우 불안하게 받아들이는 상황인 것으로 해석된다.[3]

2015년 OECD '삶의 만족도' 지수 순위

출처: 연합뉴스

불안장애에 시달리는 사람들

경제·사회·인구·산업·안전 등 전반적인 분야에서 사람들의 불안지수가 높아지며 도처에 불안과 스트레스를 불러오는 상황이 계속되고 있다. 이처럼 스트레스와 불안의 수준이 심화되고 극단화되는 현상을 의학적으로는 '불안장애'라고 부른다. 불안장애는 정신과 질병 중에 가장 흔하게 나타나는 질환인데, 우리나라의 경우 불안장애의 유병률이 계속 높아지고 있다. 보건복지부 조사결과에 따르면 2011년 기준 불안장애 유병률은 8.7%로 2006년의 6.9%보다 증가했다.[4] 불안장애는 심리적·육체적으로 다양한 증상을 유발한다. 정상적인 일반인들도 최근에는 강한 충격과 심리적인 타격을 주는 심각한 사건들 때문에 이러한 정신적 장애를 겪을 확률이 점점 높아지고 있다.

어쩌면 불안과 근심은 인간의 숙명인지도 모른다. 삶이 계속되는 한 불안감과 걱정은 사라지지 않는다. 〈트렌드 코리아〉 시리즈는 그동안 **재테크 전쟁**Economic Anxiety(2008), **소진사회**Surviving Burn-out Socie-ty(2013), **낯 선 사람들의 도시**City of Hysterie(2013) 등 불안과 관련된 키워드들을 지속적으로 언급해왔다. 이처럼 해가 바뀌어도 잔존하는 불안 증후군을 해소하기 위해서는 보다 근원적인 노력이 필요하다.

불안은 왜 실제보다 과장되는가?

실제로 재난이 발생하면 사람들이 느끼는 위험과 불안의 수준은 실제 강도 그 이상이다. 2015년 메르스 공포가 우리 사회를 휩쓸 때 매일 발표되는 확진자 수와 격리자 수를 접하며 일반인들의 공포심도 극에 달했다. 질병으로 인한 직접적 피해에 비해, 이 바이러스에 대해 국민들이 체감하는 불안 수준은 너무도 높았다. 그렇다면 사람들이 실제 위험 수준보다 훨씬 더 위협적으로 느끼는 이유는 무엇일까? '위험 인식perception of risk'에 대한 연구결과에서 그 이유를 찾을 수 있다.

미지의 재난일수록 1,000배까지 극대화되는 체감 위험

미국의 폴 슬로빅 교수는 1987년, 전문과학저널 『사이언스』에 위험 인식에 대한 연구 논문을 발표했다. 이 연구결과는 전문가가 통계적으로 설명하는 실제 위험도와 일반인들이 받아들이는 위험도의 정도가 매우 다르다는 것을 보여준다. 다양한 분야의 사람들에게 사건의 위험도 순위를 평가하도록 했더니, 일반인들은 위험도를 '원자력 발전 – 자동차 – 총기 – 흡연' 등의 순위로 인지했는데, 전문가들은 '자동차 – 흡연 – 음주 – 총기' 순으로 평가했다. 일반인들에게 두려움 1위였던 원자력 발전이 전문가들에게는 20위 수준밖에 안 되는 위험에 불과했다. 즉, 일반인이 체감하는 위험 강도는 전문가들이 이야기하는 위험률 통계와 전혀 다르다는 것이다.

일반인들이 체감하는 위험의 순위는 ① 결과의 끔찍함 정도(dread), ② 자신의 인지와 지식 범위 밖에 있는 미지의 정도(unknown), ③ 위험에 노출된 사람의 수(실제 위험의 정도와는 무관)에 달려 있다고 한다. 2015년에 발생한 메르스 사태의 경우에도 온 국민이 처음 들어보는 바이러스가 불러일으킨 미지의 질병이란 사실이 공포감을 더욱 키웠다. 만약 그 바이러스 이름이 사람들에게 익숙한 것이었다면, 공포심이 덜했을지도 모른다. 그 경험해보지 못한 질병에 방역망이 뚫렸다는 불안감이 퍼지며, 자기 자신도 위험에 노출되었다는 생각에 공포심이 극에 달했던 것이다.[5]

위험인지학에서는 일반인들의 경우 갑작스럽고 불가항력적인 미지의 재난일수록 통상적인 사건의 1,000배까지 위험을 극대화해 받아들인다고 설명한다. 2015년 메르스로 인해 36명의 사망자, 186명의 환자, 1만 7,000여 명의 격리자가 발생했는데, 이 이론에 따른다면 사람들은 메르스의 위험을 3만 6,000명의 사망자, 18만 6,000명의 환자, 1,700만 명의 격리자로 인식했을 가능성도 있는 것이다. 실제 위험과 인지된 위험의 차이는 이토록 큰 것이다. 따라서 위험사회를 살고 있는 현대의 정부에는 실제적인 '위험 관리'뿐만 아니라 심리적인 '공포 관리'도 매우 중요하다.[6]

권력과 계층에 따라 불안을 느끼는 정도가 다르다?

권력과 계층에 따라 불안을 느끼는 정도가 다르다는 연구결과가 있다. 스트레스 분야의 세계적 권위자인 로버트 새폴스키 교수는 30여 년 동안 세렝게티에 서식하는 개코원숭이의 행동을 조사했다. 소음이나 포식자의 침입 등 스트레스 상황이 발생하게 되면 개코원숭이들은 불안 증상을 보이며 혈액 검사에서도 스트레스 수치가 상승한다. 문제는 이후 반응이다. 스트레스 상황이 종료된 이후의 반응은 무리의 상위 서열과 하위 서열이 크게 차이 났다. 스트레스 상황이 끝나면 상위 서열은 빠르게 정상으로 돌아오지만, 하위 서열의 개체들은 상황이 끝난 이후에도 오랫동안 불안 증상이 지속되고 스트레스 호르몬 수치도 정상으로 돌아오지 않았다.[7]

사람을 대상으로 한 비슷한 조사결과도 있다. 전 세계적으로 독감이 대유행했던 시기에 사람들이 체감했던 공포와 불안감 역시 직업이 불안정하고 교육과 소득 수준이 낮을수록 더 심했다고 한다. 이밖에도 많은 연구결과에서 사회경제적 지위가 낮을수록 스트레스 호르몬 수치가 더 높고 관련 질환의 발생도 많은 것으로 나타났다. 동일한 수준의 스트레스 상황에 처했을 때 경제적·사회적으로 상위에 있는 집단들은 빠르게 대처하고 곧 정상으로 돌아올 수 있지만 하위 집단들은 그러지 못한다는 것이다.[8] 이것은 양극화가 점점 심화되고 있는 우리 사회에서 위험 인식의 심리적 불안에 대해 어떻게 접근해야 하는지를 시사한다. 사건사고가 발생하면 학생·주부·고령자 등을 포함한 일반 시민들이 가장 불안해하고 괴담에 크게 휘둘린다. 이들에 대한 신속하고 정확한 정보 제공을 비롯해 특별한 불안 심리 관리가 질병 관리 자체만큼이나 중요하다.

과잉근심의 그늘: 불안에서 분노로

이와 같은 과잉근심 현상이 지속되면 여러 가지 사회적 문제점을 노정하지만, 그중에서도 가장 심각한 것은 분노가 심해진다는 것이다. 우리 사회의 분노 수준은 이미 도를 넘은 지 오래다. 층간소음 등의 문제로 이웃 간에도 분노범죄가 끊이지 않고 있으니, 익명의 타인에 대해서는 말할 것도 없다. 민원 접수나 텔레마케팅의 상담원들에게 과도한 폭언과 욕설이 난무하며, 사소한 끼어들기에 상향등을 켜고 경적을 울리며 300미터 이상 따라가는 것도 모자라 BB탄총을 상대 방 운전자에게 쏘는 등의 보복운전이 빈발하고, 아르바이트하던 PC 방에서 해고됐다고 주택가에 불을 지른 사례도 나타난다.[9] 포털 검색창에 '홧김에'라는 단어를 입력하면 몇만 건에 이르는, 분노를 참지 못한 우발적 사건보도가 줄을 잇는다.

사과謝過의 역치도 한층 낮아진 느낌이다. 백화점에서 무리한 요구를 하던 고객이 직원들의 무릎을 꿇리고, 네티즌은 다시 그들의 신상을 털어 사과를 요구한다. '코르셋' 교복 광고나 대부업체 광고에 출연했던 연예인들에 대한 비난이 빗발치자 해당 연예인들은 곧 물의를 일으킨 것에 대해 사과한다. 물론 이런 행동들에 문제가 없었던 것은 아니지만, 그래도 대중의 신상 털기와 집단 비난은 정도를 넘어선 느낌이다. 마녀사냥하듯 "군중이 잘잘못을 캐고 심판하는 풍토가 커지면서 누구라도 표적이 될 수 있는 불안한 사회" 상황이 지속되고 있다.[10]

그렇다면 사람들은 분노감을 느끼면 왜 이성을 잃고 강력범죄까지 저지르는 것일까? 이를 뇌 과학의 관점에서는 분노 폭발 과정에서 논리적인 판단을 하는 고위 중추인 대뇌의 전두엽 기능이 순간적으로 마비되기 때문이라고 설명한다. 적절한 통제와 조절을 하는 뇌의 기능이 순간적으로 정지되면서, 심각한 경우에는 폭행·살인·보복운전 등을 자행하게 된다는 것이다. 이러한 정도가 병적으로 심화된 경우를 '충동조절장애'라고 부르는데, 우리 사회의 충동조절장애 수준도 점점 심각해지고 있는 모습이다.[11]

공포 마케팅: 불안과 공포의 상업화

인간의 말초적인 감정인 공포심을 이용하여 제품을 판매하는 전략을 공포 마케팅이라고 한다. 공포 마케팅은 공포 소구fear appeal라고도 하는데, 소비자의 공포심을 극대화시켜 구매로 이어지도록 유도하는 것이다. 여기서의 공포심은 건강 등에 대한 위협 요소뿐만 아니라 타인에게 뒤처진다거나 소외될지 모른다는 사회적 공포까지 포함하는 개념이다. 이외에 재무나 경제적인 측면을 자극해 불안과 공포심을 유발하기도 한다. 전통적인 공포 마케팅은 금연이나 안전벨트 착용과 같은 공익의 영역에서 활용된다. 흡연의 위험성을 경고하기 위해 끔찍한 사진을 강조하는 방식이 대표적이다. 또한 대인관계에서 일어날 수 있는 잠재적인 두려움을 건드려 구매 욕구를 자극하기도 한다. 가령 데오도런트나 입냄새 제거제 등의 광고에서는 해당 제품을 사용하지 않았을 때 벌어질 수 있는 부정적인 상황을 강조하며 제품의 구매를 유도한다.

글루텐 프리 식품과 메르스 관련 상품의 공통점?

현대 소비시장에서 공포 마케팅은 다양한 분야에서 보다 교묘하고 은밀하게 이용되고 있다. 특히 민감하거나 애매한 영역에서 두드러진다. 예를 들어 글루텐 프리 식품은 글루텐을 스스로 소화시키지 못해 심할 경우 쇼크 상태에 빠지게 되는 셀리악병 환자에게 필요한 식품이다. 그런데 이 식품의 판매 대상을 확대하기 위해 글루텐 자체가 유해한 성분인 것처럼 강조하는 바람에 일반인들까지 글루텐 프리 제품을 소비하도록 유도한다. 이 밖에도 유해성 논란에서 결론이 나지 않은 블루라이트 차단 앱, 전자파 차단 앱, MSG 무첨가, 파라벤 무첨가, 카제인나트륨 무첨가 등의 제품들도 소비자들의 막연한 두려움과 공포를 교묘하게 이용했다.

2015년은 메르스 사태로 인해 그 어느 해보다 공포 마케팅이 성행했다. 온라인 마켓 등에는 메르스 관련 상품이 경쟁적으로 출시되었다. 실제로 당시 온라인 마켓 검색창에 '메르스'를 입력하면 각종 보건용품부터 면역 체계를 강화시켜준다는 건강식품까지 수많은 관련상품이 쏟아져 나왔다. 하지만 이러한 제품들의 대다수가 의학적으로 검증되지 않아 부작용이나 오남용 등을 지적하는 우려의 목소리도 높았다.

공포, 불확실성, 의혹, 전략이 되다

소비시장뿐 아니라 정치권에서도 공포 마케팅은 전략적으로 활용되곤 한다. 공포Fear, 불확실성Uncertainty, 의혹Doubt의 앞글자를 따온 FUD 전략이다. 사람들에게 발생 가능한 공포 상황을 보여주고 막연한 의심과 불안감을 형성해 유권자들의 판단에 영향을 끼치는 방식이다. 이러한 방식이 정치권에서 효과적으로 쓰인 대표적인 사례는 1964년 미국 대통령 선거 당시 제작된 '소녀 데이지daisy girl' 광고다.

어린 소녀가 데이지 꽃잎을 하나씩 따고 있는데, 마지막 꽃잎이 떨어질 때 소녀의 눈동자가 클로즈업되면서 핵폭발 버섯구름이 오버랩된다. 동시에 "아이들이 살 수 있는 세상을 만들 것인가, 모두가 암흑 속에 빠질 것인가"라는 문구가 등장하며 마치 해당 후보를 지지하지 않으면 핵 공격의 위협에 빠질 수 있음을 암시한다. 당시 상대 후보가 소련에 대한 핵 공격을 지지하는 상황의 위험성을 알리며 유권자들에게 공포심을 심어주기 위한 광고였다. 이 광고는 린든 존슨 대통령이 대선에서 압도적으로 승리하는 데 크게 기여한 것으로 평가되었다.[12]

본래 FUD 전략은 주로 IT 분야의 브랜드들이 자사 고객들의 이탈을 막기 위해 사용하는 전략이었다. 시스템 불안정성, 호환 불가능성, 보안 취약성 등 경쟁사의 서비스에 대한 부정적 정보를 확산시켜 자사 고객들이 막연한 불안감으로 인해 새로운 시도를 하지 못하도록 만드는 전략이다.[13] 백신 다운로드를 유도하기 위해 고객의 불안과 공포를 이용하는 사례도 빈번하다. 예를 들어 인터넷 팝업창에 "우리는 최근 성인 사이트의 악성 코드로 인해 귀하의 스마트폰이 28.1% 손상된 점을 감지했습니다. 곧 SIM 카드를 손상시키며 휴대전화 연락처·사진·데이터·앱 등을 손상시킬 수 있습니다"라는 경고 메시지를 띄워 해당 컴퓨터 사용자의 불안감을 자극해 다운로드를 유도하는 방식이다. 하지만 이러한 경고 메시지는 대부분 허위광고인 경우가 많아 소비자들의 각별한 주의가 필요해 보인다.[14]

불안한 시니어들, 금융상품과 '동행 서비스'

금융보험업체들도 노후 불안을 전략적으로 활용한다. 폐지 줍는 노인의 사진을 보여주며 이것이 당신의 미래가 될 수 있다는 방식으로 금융상품을 권유하는 식이다. 금융회사는 안정적인 노후생활을 위해서는 수십억 원이 필요하다며 과잉 근심을 조장해 연금 등의 상품에 가입할 것을 권유하기도 한다. 이처럼 불안을 넘어 공포심을 자극하는 다양한 광고가 보는 이들의 마음을 불편하게 만들면서도 뭔가 대비해야겠다는 강박증을 심어준다.

단순히 기존 제품의 마케팅에 '불안감'을 활용하는 불안 마케팅을 넘어 이제는 불안을 불식시켜주는 것이 하나의 산업으로 발전하고 있는 추세다. 이른바 '불안 산업'이 다양한 형태로 진화하고 있다. 각종 강력범죄가 이슈화되고 고령·1인·여성 가구가 늘어나면서 다양한 소비 분야에서 안전에 대한 니즈가 커지고 있는 것이 그 배경이다.

감시용 CCTV, 무인 전자경비 시스템, 출입통제 시스템 등 보안영역의 성장이 가장 두드러진다. 휴대전화 도청이나 해킹으로 인한 사생활 및 개인정보 침해에 대한 우려도 높아지고 있어 모바일용 보안 시장 등의 성장세가 두드러지는 모습이다. 치안·안전 산업 등은 사회적인 불안 심리와 맞물려 향후 중요한 미래 산업으로 떠오르고 있다. 미래에 대한 불안이 커지는 상황에서 개인이 무엇을 어떻게 해야 할지 모를 때 이를 도와주는 서비스의 중요성이 커지고 있기 때문이다. 자기계발을 위한 학원이나 코칭 산업도 장래 불안을 해소해주는 서비스 사업으로 영역을 넓힐 수 있다. 또한 심리적인 불안을 감소시켜주는 심리 카운슬링이나 힐링 프로그램 등도 더욱 중요한 산업으

불안감은 인간을 더욱 성실하고 건강하게 만드는 긍정적 작용을 하기도 한다. 비슷한 맥락에서 불안감이 성실성·도덕성과 비례한다는 주장도 있다. 일반적으로 범죄자가 느끼는 불안감의 정도가 일반인들보다 낮다는 연구도 있다. 적당한 불안감이 사람을 보다 성실하고 윤리적인 성격으로 만들어주는 건강한 측면도 있다.

로 떠오를 것이다.

특히 취약 계층인 시니어를 불안으로부터 보호하려는 이색 상품도 다수 등장하고 있다. 한 케이블방송 사업사는 '헬로안부알리미' 서비스를 상용화했는데, 독거노인 시청자가 일정 시간 동안 TV를 시청하지 않거나 채널을 변경하지 않을 경우, 보호자나 사회복지사에게 안부·확인·요청·경고 문자메시지를 자동으로 전송하는 것이다. 최근에는 혼자 사는 여성 등을 위한 '동행 서비스'의 수요가 급증하고 있다. 여성이 동행 서비스 요청을 하면 '가디언(현장 동행 서비스 직원을 이르는 업계 용어)'이 현장으로 출동한다. 가령 어두운 밤 인적이 드문 으슥한 주차장에 혼자 가기 두려울 때 동행 서비스를 요청할 수 있다. 그야말로 불안감에 동행을 해주는 서비스인 것이다. 걷기뿐만이 아니다. 무언가를 혼자하는 것에 불안을 느끼는 사람들을 겨냥한 동행 서비스가 서울 강남을 중심으로 호황을 누리고 있다. 전국적으로 이러한 신변보호 허가를 받아 사업하는 곳이 무려 200여 곳에 달하며 한 시간 이용하는 데 드는 비용은 2~5만 원 수준이라고 한다.[15]

이러한 서비스는 개인의 물리적인 신변을 보호하는 '육체적 경호'라기보다는 '정신적 경호'에 가까운 개념이다. 치안 상황에 대한 과도한 불안감이 동행이라는 새로운 형태의 불안 산업을 낳은 것이다.[16]

시사점
불안의 긍정적 측면을 살려내는 것이 관건

"불안은 탁월한 업적을 이루는 데 필요한 무한한 에너지를 제공한다. 유명한 음악가 중에는 실패에 대한 두려움에 시달리는 사람들이 많이 있다. 그들은 최고가 아니면 견딜 수 없다. 호평을 들으면 불안이 좀 줄어들고, 혹평을 들으면 불안이 심해진다. 그래서 그들은 더 뛰어난 음악가가 되기 위해 더 많이 연습하고, 더 독창적인 음악을 생각해낸다. 실패하는 것, 인기가 떨어지는 것, 평범해지는 것에 대한 불안이 사람들에게 인정받는 배우 · 작가 · 화가 · 스포츠선수 · 정치인 · 학자를 만드는 원동력인 것이다."

– 보르빈 반델로브, 「불안 그 두 얼굴의 심리학」

미국의 심리학자 로버트 여키스와 존 도슨은, 심각한 불안은 사람의 수행 능력을 저하시키지만 적당한 수준의 불안은 최고의 능력을 발휘하게 만드는 원동력임을 발견했다. 이를 가리켜 여키스-도슨 법칙이라고 하는데, 중요한 일을 앞두고 적당한 수준의 불안을 느끼면 최고의 결과를 만들어낼 수 있다는 것이다. 적절한 수준의 불안을 긍정적으로 이용한다면 불안과 근심이 마냥 부정적인 상황만 불러일으키지는 않는다는 반가운 결과다.

불안감은 인간을 더욱 성실하고 건강하게 만드는 긍정적 작용을 하기도 한다. 비슷한 맥락에서 불안감이 성실성·도덕성과 비례한다는 주장도 있다. 철학자 존 듀이는 사람들은 불안 등의 부정적 감정을 느끼기 싫어서 윤리적인 행동을 한다고 주장했다. 일반적으로 범죄자가 느끼는 불안감의 정도가 일반인들보다 낮다는 연구도 있다. 적당한 불안감이 사람을 보다 성실하고 윤리적인 성격으로 만들어주는 건강한 측면도 있다.[17]

그러나 오늘날 우리 사회의 불안감은 한 사회가 건전하게 수용할 수 있는 정도를 넘어서고 있다는 점에서 우려를 낳고 있다. 공중파와 케이블 TV 할 것 없이 늘 한반도 불안 정세에 대한 토론을 벌이는가 하면, 우리가 얼마나 잘못된 식습관을 가지고 있는지, 그로 인

〈여키스–도슨 법칙〉 그래프

일의 효율성은 스트레스가 중간 수준일 때 가장 높아진다.

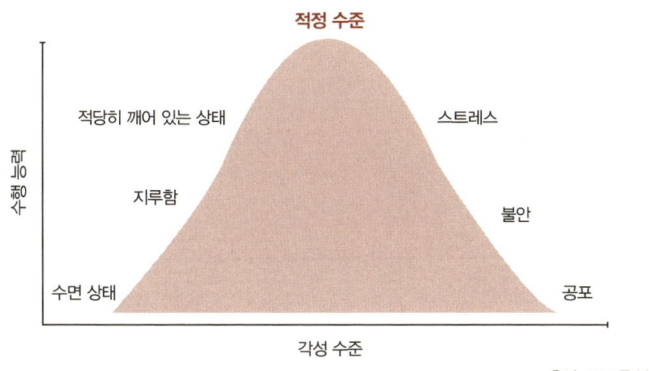

출처: SK그룹 블로그

해 얼마나 건강이 위협받고 있는지 쉴 새 없이 정보를 쏟아낸다. 아이를 키우는 엄마들은 해마다 바뀌는 입시 정보를 놓쳐서 혹시 우리 아이만 불이익을 당하는 것은 아닐까 불안해하며 입시 컨설팅 학원을 기웃거린다. 주거난민의 고통은 이루 말할 수가 없다. 이런 불안 사회에서 위험이 닥쳤을 때 의지할 사람, 의지할 곳이 없다는 사실은 불안을 더욱 가중시킨다. 때로는 불안이 도를 넘다보니 위험을 예방하기 위한 움직임에 불신의 시선을 보내기도 한다. 자신의 불안을 누군가 이용하는 것에 과하게 반응하는 것이다. 이런 현상이 지속될 경우, 가장 우려스러운 것은 실제로 위험이 닥쳤을 때, 늘 우려하던 사태가 벌어졌을 때, 오히려 그 위험을 제대로 감지하지 못할 가능성이 높다는 것이다. 불안에 대한 높은 역치가 오히려 불안에 대해 둔감한 사회를 만들 수도 있다는 점을 우리 모두 깊이 생각해봐야 할 때다.

구성원을 분노하게 하고 무력화시키는 과잉근심사회에서, 우리가 적정한 성취를 자극하는 적절한 근심으로 걱정의 긍정적 에너지를 살려낼 수 있는 2016년이 되기를 기대한다.

Network of Multi-channel Interactive Media

1인 미디어 전성시대

과거 비주류로 여겨지던 1인 방송이 최근 들어 메이저 콘텐츠로 급부상하고 있다. 공중파 TV에서도 1인 미디어를 전격적으로 수용한 포맷의 프로그램들이 큰 인기를 끌고 있으며, 한류 전파의 새로운 수단으로 부상하는가 하면, 브랜드의 제품 기획이나 마케팅에서의 활용도 늘고 있다. 1인 미디어는 과거 인터넷에 자기 이야기를 올리는 '블로그'로 시작해서 '사용자 제작 콘텐츠 UCC User Created Contents'로 성장했다가, 이제 1인 방송의 형태로 진화한 것이다. 개개인으로 파편화되어 있던 1인 미디어는 앞으로 MCN Multi-Channel Network을 통해 견고한 네트워크를 형성하며 미디어와 시장 부문에 강력한 변화의 바람을 일으킬 것으로 예상된다. 특히 1인 미디어는 극세분화되고 있는 소비시장에서 대중의 취향에 정확하게 부합하는 다채로운 콘텐츠를 생산하는 데 최적의 미디어가 될 수 있다. 콘텐츠가 지나치게 자극적이고 선정적이라는 비판을 받는 경우가 많지만, 1인 미디어는 현존하는 다양한 미디어 중에서 가장 젊은 세대에 속한다. 1인 미디어의 변화 속에는 비단 미디어 시장의 변화상만 담겨 있는 것이 아니라, 미래 세대 소비자의 시대정신과 소비가치가 담겨 있다. 향후 다양한 매체의 진화와 발전 속에서 1인 미디어의 변화양상을 주시해야 하는 이유다.

2015년 10월, 미국 경제지 『포브스』가 발표한 세계에서 가장 많은 수입을 올리고 있는 '올해의 유튜브 스타'로 스웨덴 출신의 남성이 선정되어 화제를 낳았다. '퓨디파이PewDiePie'라는 아이디를 쓰고 있는 이 남자는 유튜브에 6,000만 명의 구독자를 보유하고 있으며, 누적 조회수 40억 뷰 이상을 기록하며 2014년 한 해에만 무려 1,200만 달러(약 135억 원)를 벌어들인 것으로 밝혀졌다. 도대체 무슨 일을 하기에? 게임 마니아인 그는 인기 컴퓨터 게임의 영상을 틀어놓고 게임 해설을 한다. 그런데 그의 해설이 너무 재미있어 6,000만 명이나 되는 사람들이 그의 해설 동영상을 정기적으로 보고 있는 것이다. 혼자 컴퓨터 앞에 앉아 얘기하는 것만으로 웬만한 기업 이상의 수익을 올리고 있는 이 남자의 얘기가 전해지면서 제2의 퓨디파이를 꿈꾸며 1인 방송에 뛰어든 미국 네티즌들의 수도 급증하고 있다.

우리나라에서도 다양한 1인 방송 BJBroadcasting Jockey(방송 진행자)들이 대중의 사랑을 받으며 유명인으로 떠오르고 있다. 대도서관·양 땅·윰댕·김이브·엣지·밴쯔·최군 등 유명 1인 방송 BJ들이 수많은 팬덤을 형성하며 엄청난 수익을 거둬들이고 있다. 파급력 또한 예상을 넘어선다. 다양한 주제의 토크쇼를 진행하는 BJ 김이브는 2015년 8월 기준 누적 시청자 수가 1억 명을 넘어섰고, 〈리그오브레전드LoL〉라는 게임 방송을 진행하며 '롤계의 아이돌'로 불리는 BJ 러너교의 경우 팬클럽 가입자만 8만 명이 넘는다. 'BJ계의 유재석'으로 불리는 대도서관 역시 4만여 명의 팬클럽을 보유해 연예인 부럽지 않은 인기를 누리고 있다. 연예인을 대상으로 길거리 인터뷰를 진행하며 인기를 끈 BJ 최군의 경우 인터넷 방송임에도 인기 연예인들의 출연

▲ 올해 스물여섯의 스웨덴 청년, 퓨디파이. 『포브스』 선정 최고의 유튜브 스타로 선정된 그의 수입은 한 해 135억 원에 달한다. 전 세계 6,000만 명이 게임을 해설하며 소리 지르고 춤추고 노래하는 그의 모습을 지켜본다.

요청이 쇄도할 만큼 자신만의 미디어 채널을 확실하게 구축했다.[1]

컴퓨터와 웹캠만 있으면 누구나 스타가 될 수 있는 시대, 1인 미디어가 콘텐츠계의 큰손으로 떠오르고 있다. 플랫폼은 누구에게나 열려 있다. 유튜브나 아프리카 TV 등 동영상 플랫폼에 영상을 업로드하는 데 대단한 지식이 필요한 것도 아니다. 콘텐츠의 범위도 무궁무진하다. 영화·패션·뷰티·게임·스포츠 등 자신의 관심사 안에서 전문성을 살리거나 남이 시도하지 않은 새로운 분야를 파고들어 개인의 창의성을 자유롭게 펼칠 수 있다. 아프리카 TV에서는 하루 동안 약 5,000개의 채널에 무수한 동영상이 올라온다. 유튜브의 경우 2015년 3월 기준으로 구독자 수가 많이 증가한 상위 채널 20개 중 45%가 '1인 미디어'였다.[2]

이처럼 과거 비주류로 여겨지던 개인 방송이 메이저 콘텐츠로 급부상하고 있다. 공중파 TV에서도 1인 미디어를 전격적으로 수용한 포맷의 프로그램들이 큰 인기를 끌고 있으며, 한류 전파의 새로운 수단으로 부상하는가 하면 브랜드의 제품기획이나 마케팅에서의 활용도 늘고 있다. 인터넷 방송의 확산이 새로운 시장을 만들어내고 있는 것이다. 2016년 대중문화계를 넘어 소비·유통시장에서도 발군의 재능을 발휘하게 될 1인 미디어는 어떻게 새로운 라이프스타일과 문화를 창조해나가게 될까? 입맛대로 골라 즐기는 한 입 거리 콘텐츠, 1인 창작자들이 쏟아내는 미디어 파워의 위력을 확인해본다.

1인 미디어의 핵심은 친근한 소통

1인 미디어는 개인이 자신의 글·사진·영상 등을 대중에게 내보이는 매체 또는 행위를 폭넓게 의미한다. 1인 미디어 플랫폼의 출발점은 인터넷에 자기 이야기를 올리는 '블로그'였다. 이후 기술이 발전하고 동영상에 관심이 많아지면서 트렌드의 중심이 사용자 제작 콘텐츠인 UCC User Created Contents로 옮겨갔다가, 1인 방송의 형태로 진화한 것이다. 같은 동영상 콘텐츠이면서도 한번 올리면 그만인 UCC와 달리, 1인 방송은 수용자와 지속적으로 상호작용할 수 있다. 특히 주목할 점은 유선 인터넷 콘텐츠에서 모바일 콘텐츠로의 급격한 이동이 일어나고 있다는 것이다. 한국인터넷진흥원이 실시한 '2014년 무선 인터넷 이용실태 조사'에 따르면 스마트폰으로 인터넷을 이용하는 경우가 98.3%에 달했다.[3] 스마트폰의 휴대성과 가볍고 쉬운 콘텐츠가 만나 1인 미디어가 언제 어디서나 즐길 수 있는 인터넷 방송으로 진화하고 있는 것이다.

1인 미디어 제작자들은 간단한 동영상을 즐기는 젊은이들을 중심으로 확실한 수요층을 확보하고 있다. 1인 미디어는 무엇보다 솔직함과 다양성으로 무장한 개성 있는 콘텐츠가 장점이다. 대중적인 인지도와 관계없이 자기 취향에 전문성을 가진 사람들이 다양하게 등장해 일상적인 소재를 하나의 콘텐츠로 창조하고 대중과 소통한다. 보통 잡담과 다를 바 없는 이야기일지라도 시청자들의 관심과 공감을 이끌어내는 탁월한 재능을 보여준다.

퍼스널 프로듀싱personal producing**족**

퍼스널 프로듀싱족은 TV나 라디오 등 기존의 대중매체에 의존하지 않고 유튜브 등을 통해 스스로 기획·편집·유통까지 도맡으며 방송을 진행해나가는 사람을 가리킨다. 이들은 특정 관심 분야를 파고들어 이야기를 만들고 전달하는 작가script writer이기도 하다. 대개 일상적인 이야기를 토대로 특정한 콘텐츠를 만들어서 유통시키거나 특정 콘텐츠의 표적 시장을 명확하게 설정해 마니아층을 형성하기도 한다.**4**

1인 방송은 **퍼스널 프로듀싱**(개인 제작) 형태의 방송이다. 특별한 기술이나 장비 없이 자신의 끼를 발산할 수 있고 양방향 소통이 가능하다는 것이 큰 장점이다. 특히 연예인 못지않은 인기와 팬들을 보유하고 있는 유명 BJ들이 새로운 시대의 '프티 셀럽petit celebrity'으로 떠오르고 있다(『트렌드 코리아 2016』 **대충 빠르게, 있어 보이게** 키워드 참조).

1인 크리에이터들은 실시간 채팅이나 댓글을 통해 시청자와 쉬지 않고 소통하며 방송을 진행한다. 뷰티 관련 방송을 진행하는 다또아는 메이크업과 관련된 다양한 아이디어를 팬들의 댓글을 통해 얻는다고 한다. 섹시 콘셉트의 영어교육 개인 방송을 하는 디바제시카는 "매일 똑같은 시간에 생방송을 통해 그들의 취업·생일·승진을 축하하며 정을 쌓는 것"이라며 시청자와의 일상적이고도 진솔한 소통의 중요성을 강조하기도 했다.**5** '마인크래프트' 게임을 중계하는 1인 방송으로 유명한 양띵(본명 양지영)은 우리나라의 1인 방송 크리에이터 중 가장 많은 팬을 보유하고 있다. 유튜브 구독자는 185만 명이고, 아프리카 TV의 애청자는 96만 명에 달한다. 1인 방송의 시청자층은 주로 10~20대가 많은데 이들의 눈높이에 맞춘 감성과 언어가 대중의 호응을 이끌어냈다. 마치 입담 좋은 친구와 현실에서 대화하는 것 같은 착각을 불러일으키는 1인 방송인들은 쉬지 않고 수다를 떨며 신변잡기식 이야기들마저 콘텐츠로 창조하고 있다.[6] 이에 그들은 퍼스널 프로듀서이면서도 트렌드를 창조하는 **콘텐츠 크리에이터**라고 불릴 정도다.

인터넷 개인 방송의 강점은 검열이나 편집 없이 시청자들과 직접 소통할 수 있다는 점이다. 이 때문에 일방적으로 재생되는 TV 방송보다 창작자와 시청자의 접점이 더욱 크고 깊다. 영상매체의 특성상 매력적인 외모를 내세우는 경우도 많지만 대개 친근함을 무기로 평범한 사람들과의 소통과 공감에 탁월한 능력을 가지고 있는 사람들이다. 1인 방송인은 일반적인 연예인의 느낌이 아니라 우리와 같은 평범한 이미지로 대중에게 공감을 이끌어내며 다가서고 있는 것이다. 핵심은 친근한 소통이다.

콘텐츠 크리에이터
Contents Creator

콘텐츠 크리에이터란 스스로 콘텐츠를 기획·촬영·제작하여 아프리카 TV, 유튜브 등의 플랫폼을 통해 방송 활동을 하며 시청자들과 공유하는 사람들을 가리킨다. 기존의 매체보다 시청자들과의 소통과 교감을 중시하며 팬덤을 만드는 데 능숙하다. 방송의 콘셉트와 주제와 방향을 자유롭게 선택한 후 간편하게 촬영하고 영상을 업로드해 수익을 내고 부가적으로 상품 개발과 판매를 하기도 한다.

1인 미디어의 거침없는 '영역파괴'

1인 방송에서 다루는 주제는 무엇일까? 모든 것이다. BJ들이 다루지 않는 주제는 없을 정도지만, 그중에서도 가장 원조가 되는 인기 콘텐츠는 먹는 방송, 즉 '먹방'이다. 공중파에서 화제가 되고 있는 먹방 시리즈 역시 1인 방송에서 시작된 콘텐츠다. 피트니스요정·밴쯔·톡잉·엠브로 등의 먹방 시리즈가 일찌감치 유명세를 탔다. 별로 많이 먹을 것 같지 않은 자그마한 체구임에도 불구하고 피자 2판, 라면 5인분 등을 거뜬히 먹어치우며 보는 이들의 감탄을 자아내기도 한다. 이렇듯 폭식을 구경하며 즐거워하는 대중의 심리에 대해, 다이어트에 지친 사람들이 마음껏 실컷 먹는 BJ들을 보면서 대리만족을 느끼는 것이라는 해석도 있다.

먹방 열풍은 최근 가장 큰 트렌드이기도 한 요리방송, 즉 '쿡방'으로 자연스럽게 연결된다. 유튜브에 따르면 2015년 상반기 크게 성장한 유튜브 채널 순위에서는 요리를 소재로 한 '유지니키친'과 '소프' 채널이 각각 4위와 19위를 차지했다. 아기자기한 디자인의 간식거리를 만드는 모습을 방송하는 유지니키친은 특별한 말 없이 자막을 올리면서 음식 만드는 모습을 보여준다.

장난감, 게임에서 육아까지

보고 듣는 것만으로도 쉽게 따라 할 수 있는 '꿀팁' 주제도 인기를 끌고 있다. '넓고 얕은 지식'의 생산자로서 1인 미디어가 기능하는 것이다(『트렌드 코리아 2016』 대충 빠르게, 있어 보이게 키워드 참조). 만들기 관련 창작 콘텐츠로서 인기를 끄는 아이템은 '장난감'이다. 장난감의 사용법을 알려주거나 직접 장난감을 만들어 보여주는 형식이다. 현재 유튜브에서는 '캐리앤토이즈CarrieAndToys', '팜팜PomPom' 등 다양한 장난감 전문 채널이 인기를 얻고 있다. 단순한 장난감을 넘어 초소형 공예품 등을 만드는 미니어처 방송들도 두터운 시청층을 형성하고 있다. 대표적인 미니어처 채널인 '달려라치킨'과 '미미네 미니어처' 구독자는 각각 40만 명, 13만 명에 이른다.[7] 나아가 캘리그라피의 장인 같은 독특한 취향을 가진 '장인'의 1인 방송이 두드러지면서, 마니아층을 타깃으로 취향을 세분화한 독창성 있는 '만들기 콘텐츠'들이 분야별로 특화되고 있다.

젊은 네티즌들의 관심이 가장 높은 게임 관련 1인 방송이 인기를 끄는 것은 당연하다. 전술한 바와 같이 우리나라에서뿐만 아니라, 미국에서도 게임 관련 콘텐츠만을 선정해 방송하는 '트위치' 같은 곳이 대표적이다. 설립 3년 만에 월간 이용자 수가 5,000만 명을 넘어섰다. 매달 게임 경기 영상을 업로드하는 회원 수도 100만 명을 초과했고, 미국 동영상 중계 서비스의 트래픽에서 시장 점유율 1위를 차지했다. 우리나라도 게임 시장의 베스트셀러 '리그오브레전드'와 같은 게임을 해설하는 1인 방송의 경우 하루 평균 시청자가 6,000명에 달하고 있다.[8]

게임뿐 아니라 1인 미디어의 특화 영역은 매우 다양하다. 예를 들어, 미국의 MCN업체인 어섬니스 TV가 출범시킨 오스트릭은 육아와 교육 등에 관심이 많은 신세대 엄마들을 타깃으로 한 방송이다. 2014년 US 모바일 맘US Mobile Mom 조사에 따르면 약 80%의 신세대 엄마들이 온라인의 짧은 형태의 콘텐츠를 통해 육아와 교육에 도움을 받는다고 한다. 이 점에 착안해 육아 전문가가 실시간 방송을 하기도 하고 일반인들이 방송을 제작하고 참여하기도 한다. 이미 온라인 커뮤니티 등에서 육아 관련 콘텐츠가 활성화되어 있지만 동영상을 통해 더욱 생생한 정보를 얻게 되는 것이다(『트렌드 코리아 2016』 '아키텍키즈', 체계적 육아법의 등장 키워드 참조). 나아가 육아 과정에서 발생한 디테일한 문제점이나 사소한 고민까지 나눌 수 있어 새로운 소통의 장이 되어가고 있다.[9]

시청률 산정 방식에 이의를 제기하다

1인 방송은 기존의 대중매체와 미디어에서 벗어나 새롭게 진화해나가는 매체임에 틀림없다. 요즘은 젊은 소비자일수록 한 가지 매체만 사용하는 경우는 매우 드물다. 게다가 공중파를 통해 콘텐츠를 접하는 비율도 점점 떨어지고 있다. 시청자의 연령대가 낮아질수록 TV 시청률은 낮아지는 반면, 온라인이나 모바일 등을 통해 동영상 콘텐츠를 시청하는 비율이 높아지고 있는 것이다. 정보통신 정책연구원의 2014년 미디어 이용행태 조사에서도 연령층이 낮아질수록 TV 등의 대중매체 이용은 크게 줄고, 스마트폰 등의 미디어 활용 비율이 크게 증가하는 것을 볼 수 있다. 이러한 미디어 소비행태는 세계적인 추세로서 2013년도 『뉴욕타임스』 조사에서도 젊은 층일수록 TV가 아닌 여러 매체를 통해 다양한 동영상을 시청하는 소비자들이 늘고 있는 것으로 나타났다. 우리나라에서도 이러한 현상은 더욱 심화될 것으로 전망된다.

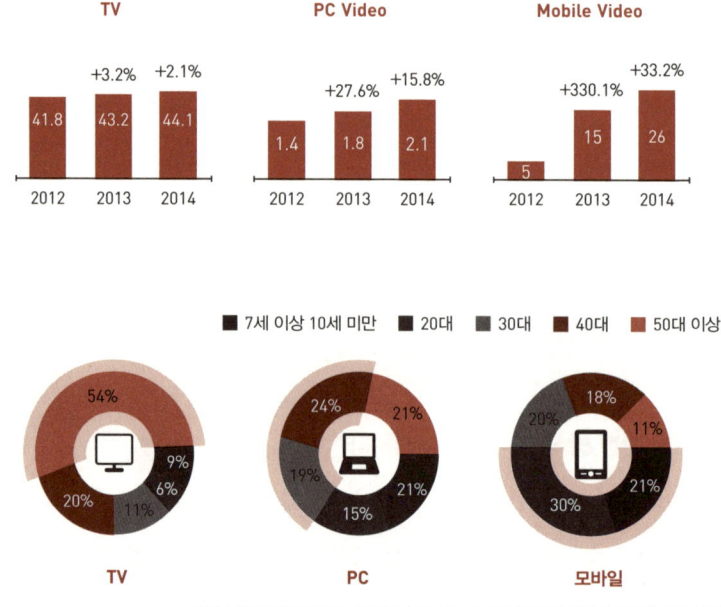

출처: 닐슨코리아 미디어 미래연구소(2014), 미디어 이용행태 변화의 함의와 대응 방안

    이러한 미디어 소비행태의 변화를 반영하여 기존 TV등의 시청률 산정방식을 완전히 바꿔야 한다는 논의도 활발하게 이루어지고 있다. 닐슨코리아의 미디어 이용행태 분석 자료에 의하면 기존 TV 시청 시간은 2012년 대비 2013년에는 3.2%, 2014년에는 2.1% 증가에 그친 반면, PC를 이용한 TV 시청은 같은 기간 27.6%, 15.8% 상승했다. 특히 모바일 웹과 앱 등 스마트폰과 태블릿 등을 통한 시청 시간은 2013년도에는 330.1%, 2014년도에는 33.2%로 크게 상승했다. 이러한 현상은 10~20대 젊은층 소비자에게서 더욱 극명하게 나타나고 있다.[10] 결국 콘텐츠의 파급력은 대중에게 도달률이 얼마나 되느

냐에 달려 있기 때문에 앞으로 공중파 채널도 미디어 플랫폼을 다변화하기 위한 노력을 기울일 것으로 보인다.[11]

라이브 스트리밍, 1인 미디어 확산의 기술적 조건

1인 방송의 중요한 기술적 기반은 '라이브 스트리밍live streaming'이다. 라이브 스트리밍이란 통신망을 이용해 음악·영상 등 모든 데이터를 압축해 실시간으로 전송할 수 있는 기술을 말하는데, 이를 이용해 다양한 형태의 퍼스널 방송이 등장하게 된 것이다. 다양한 방식의 라이브 스트리밍이 장소와 시간의 제약을 없애는 방향으로 발전하고 있으며, 신기술과 기기의 발전은 새롭게 진화된 형태의 라이브 스트리밍을 현실화시키고 있다.

미어캣Meerkat 서비스에서는 사용자가 '스트림' 버튼만 누르면 스마트폰 카메라로 동영상이 촬영되고 그 화면이 실시간으로 방송된다. 미어캣은 서비스를 시작한 지 한 달 만에 1,200만 달러(약 132억 원)를 투자받았다. 스위블Swivel 로봇은 개인 셀프 동영상을 촬영할 수 있는 기기다. 함께 제공되는 스위블 마커를 사용자의 목에 걸고 있으면 로봇의 전면 센서와 교신되면서 로봇이 사용자의 동선을 따라가며 자동으로 추적해서 촬영한다. 다양한 기기와 연동이 가능하며 흔들림 없이 자연스럽게 동영상을 촬영할 수 있고 즉각적으로 콘텐츠 제작 및 저장과 공유가 가능하다. 다른 사람의 도움 없이도 혼자서 셀프 동영상 촬영이 가능해진 것이다.[12]

1인 방송을 지원하는 솔루션들

기업명	솔루션	특징
대영엠씨	스위블 로봇	셀프 동영상을 편리하게 촬영할 수 있는 스마트 디바이스 거치대 및 앱 지원
에어라이브	에어라이브	끊김 없는 라이브 영상을 비롯해 다양하게 모바일 영상 소통을 지원하는 앱
디엔에이	미러티브	스마트폰 화면은 물론 사용자 모습까지 생중계할 수 있는 앱
에어브로드	에어브로드	파일 변환이 필요 없는 스트리밍 서비스

출처: 머니투데이

◀ 스마트폰으로 동영상을 찍어 바로 스트리밍으로 송출이 가능한 미어캣 서비스

앱의 진화, 세 번의 터치로 방송을 시작한다

여러 가지 앱도 속속 선보이고 있다. 에어라이브Airelive 앱은 사용자들이 영상으로 이야기를 나누는 라이브 방송 서비스를 제공한다. 자체 개발한 서비스를 통해 영상이 끊김 없이 상대방에게 전달되는 방식이다. 일대일, 그룹, 오픈 라이브 등 다양한 방식의 라이브 방송을 선택할 수 있다. 디엔에이DeNA의 미러티브Mirrativ 앱의 경우 스마트폰의 모든 화면을 그대로 다른 사람들에게 중계할 수 있다. 스마트폰에 미러티브만 설치하면 단 세 번의 터치만으로 간단하게 방송을 시작할 수 있다. 특히 미러티브는 추가 장비 없이 모바일 게임 화면 전체를 생중계할 수 있어 게임 분야에서 보다 전문적으로 사용될 것으로 보인다.[13]

이런 기술적 진보를 기반으로 게임 관련 콘텐츠 위주였던 라이브 방송들이 영화, 인기 스타의 일상생활, 공연 등의 영역으로 확대될 수 있었던 것이다. 최근에는 전시에도 라이브 스트리밍이 시작되고 있다. 2015년 국제 전시·컨벤션 센터인 킨텍스는 전시회 현장을 라이브로 볼 수 있는 킨텍스 TV를 개국했다. 이를 통해 시청자들이 전시 생방송 프로그램을 보면서 댓글을 다는 실시간 참여가 가능해졌다. 이제 시청자들은 전시회 현장의 모습을 모바일 기기 등을 통해 시간과 장소에 구애받지 않고 생생하게 경험할 수 있다.[14]

1인 미디어의 산업적 확산

이제 1인 미디어를 단지 아이들이 많이 보는 게임 해설 채널 정도로만 인식해서는 큰코다치게 됐다. 공중파 TV나 거대 이동통신사를 비롯한 주류 네트워크도 1인 미디어를 전격적으로 수용하고 있으며, 기존 산업의 제품기획이나 마케팅에서의 활용도 늘고 있다. 1인 미디어의 산업적 확산 현황을 살펴보자.

1. 주류 네트워크로 진격하다

나 홀로 만들고 진행하는 1인 방송의 포맷은 공중파를 통해서도 확장되고 있다. MBC의 〈마이 리틀 텔레비전〉은 1인 방송의 형식을 공중파에 접목시켜 좋은 반응을 얻었고, tvN의 〈신서유기〉는 TV가 아닌 오직 인터넷으로만 방송을 송출해 화제가 되기도 했다. 이외에도 KBS 〈예띠 스튜디오〉, SBS 〈18초〉, QBS 〈60초 모바일 뉴스〉 등도 1인 인터넷 방송의 포맷을 도입해 활용한 사례다. 특히 QBS 〈60초 모바일 뉴스〉는 1인 창작자 콘셉트를 적극적으로 살려, 뉴스 진행자를 기존의 아나운서 공채 시스템으로 선발하는 것이 아니라, 뉴스 크리에이터라는 명칭으로 선발하여 교육·방송·창작을 직접 하도록 했다.

유튜브, 아프리카 TV를 맹렬하게 추격하는 네이버, 다음카카오

이동통신사에서도 1인 방송을 위한 플랫폼 마련에 분주하다. LG유플러스는 사용자 본인이 직접 1인 방송의 진행자가 될 수 있도록 지원하는 모바일 게임 방송을 시작했다. KT의 올레 TV도 개인 방송을 열고 있는데, 이 서비스는 시청자 개개인이 자신만의 영상을 촬영하고 서로 공유하는 형태로 운영되고 있다.

구글의 유튜브와 아프리카 TV가 독보적으로 군림하고 있는 가운데 인터넷 포털 사이트도 1인 방송 플랫폼과 포맷을 강화하고 있다. 국내 최대 포털 네이버는 '브이' 서비스를 시작했다. 7월 말부터 시험 방송을 시작한 브이 서비스는 유명 스타들이 자신의 일상을 생중계하는 형식

주요 1인 방송 서비스(플랫폼) 현황	
구글	유튜브
네이버	브이
다음카카오	다음 tv팟
CJ E&M	다이아티비
LG유플러스	모바일 게임 방송
KT	올레 tv 개인 방송
MBC	마이 리틀 텔레비전
아프리카 TV	아프리카 TV
팟빵	팟빵스튜디오(팟캐스트)

의 1인 방송이다.[15] 또한 TV캐스트 내에 '플레이리그'라는, 개인이 촬영한 영상을 업로드하고 이를 맛있는·귀여운·유익한·훈훈한·자랑할·웃긴 등 공감형 형용사로 카테고리를 분류할 수 있는 콘텐츠 무대를 오픈했다. 다음카카오도 '카카오 TV'를 통해 라이브 방송 시 대화창을 열어 친구들과 채팅이 가능하도록 지원하고 있다.

이렇듯 수백만 구독자를 보유하고, 한 달 수입만 수천만 원에 달하는 인기 창작자들이 증가하면서 1인 방송 채널들도 네트워크를 통해 기획·관리되고 있다. 1인 창작자들을 전문적으로 관리하고 지원하는 전문 소속사 개념의 **MCN** 사업이 등장한 것이다. 이들은 역량 있는 개인 창작자들에게 촬영 스튜디오와 방송 장비, 교육과 마케팅 등을 지원해주고 유튜브 등 동영상 서비스업체로부터 얻는 광고 수익을 나눈다.

MCN Multi Channel Network
(다중채널 네트워크)

유튜브 등에서 인기가 높아지면서 수익을 내는 채널들을 묶어서 종합적으로 관리해주는 기획사의 개념이다. SM이나 YG 같은 연예기획사들이 소속 가수를 발굴해 육성하고 방송 활동을 지원하듯, MCN은 콘텐츠·프로그램 기획·유통·결제·프로모션·파트너 관리·디지털 저작권 관리·판매 및 시장 개발 등의 기능을 1인 방송 창작자들에게 지원한다. 1인 방송 콘텐츠 창작자들을 위한 매니저 역할을 하는 사업체다.

출처: 네이버 지식백과

동영상 광고시장의 성장, 커져가는 MCN의 막강 파워

우리나라에서는 아프리카 TV와 CJ E&M에서 MCN 부문을 강화하기 시작하는 단계지만, 외국에서는 매우 빠르게 사업 영역을 넓혀가고 있다. 예를 들어, 미국 월트디즈니의 경우 2014년 9억 5,000만 달러(약 1조 1,170억 원)를 투자해서 MCN 기업인 메이커 스튜디오를 인

수했다. 메이커 스튜디오는 5만 개 이상의 인터넷 방송 채널에서 매달 약 11억 건의 시청 건수를 기록하고 있다. 드림워크스테이션도 2013년 어섬니스 TV를 인수했고, 최근에는 페이스북도 이 시장에 뛰어들 준비를 하고 있다. 시장조사업체 이마케터에 따르면 글로벌 동영상 광고시장의 규모는 점점 확대돼 2018년에는 128억 2,000만 달러 수준까지 치솟을 것으로 전망된다. 국내의 온라인 동영상 광고시장의 규모도 2014년 1,500억 원 수준에서 2015년 2,000억 원에 달할 전망이다.[16]

이처럼 MCN의 기획 역량이 확대되면서 1인 방송의 개성 넘치는 콘텐츠들이 다양한 포털과 플랫폼 등에 풍부하게 제공되기 시작했다. 148개의 1인 방송 채널을 보유한 CJ E&M의 다이아 TV는 카카오 TV에 콘텐츠를 제공하고 있는데, KBS·MBC·SBS 등 지상파 방송들과 함께 또 하나의 방송사로 당당히 입점해 있다. 플랫폼을 통해 콘텐츠를 유통하고 있는 스타트업 MCN 사업체, 비디오빌리지의 콘텐츠도 페이스북 페이지를 비롯해 유튜브·네이버 TV 캐스트·피키캐스트·스낵·카카오 TV·판도라 TV·엠군 등 거의 모든 플랫폼에서 볼 수 있다. 뷰티 MCN 레페리도 유튜브를 기본으로 네이버 TV 캐스트와 스낵 등에 다양한 크리에이터의 채널을 개설하고 있다.[17]

이러한 MCN의 파워가 커질수록 1인 방송의 파급력도 더욱 커질 전망이다. MCN을 통해서 개인 창작자들이 상호 연결되어 강력한 네트워크 파워를 형성할 수 있기 때문이다. 1인 미디어 영역의 1세대 개인이 독립된 개인의 역량 발현에 초점을 맞췄다면, 이제 2세대 개인은 창작자들과의 네트워크를 중시하며 파워를 배가시키고 있는 것이다. 과거 1세대 개인은 아마추어리즘이라는 평가절하 속에서 지속적인 생존에 어려움을 겪었지만, 2세대 개인은 멀티채널 네트워크로 묶이면서 네트워크의 위력을 발휘해 공동의 이해와 수익을 배가할 수 있게 되었다. 다양하게 등장하는 MCN과 더불어 앞으로 개인 방송자들은 동료 간 협업 생산 네트워크를 구축해 시너지를 일으키며 이익창출 효과를 배가하게 될 것이다.[18]

2. 기존 산업과 손잡다

1인 방송 창작자는 어떻게 수익을 내는가? 일반적으로 유튜브 등의 동영상 플랫폼에 광고 등을 붙여 수익을 내거나 아프리카 TV처럼 시청자들이 진행자에게 자발적으로 제공하는 별풍선에 기반하고 있다. 그런데 이러한 기본적 수익 모델을 넘어 기업과의 컬래버레이션을 통해 새로운 수익 모델을 창출하고 있다.[19] BJ의 퍼스널 프로듀싱을 통한 제품의 기획과 제조, 그리고 마케팅 모델이 차츰 등장하고 있는 것이다.

1인 방송인과 기업의 컬래버레이션

먼저 제품의 기획과 제조 분야에서 이미 유명 1인 방송인과 기업이 컬래버레이션을 통해 제품을 기획해서 제조하는 사례가 늘고 있다. 유튜브 구독자 798만 명, 동영상 누적 횟수 11억 뷰(2015.09.01.기준)를 기록한 미셸 판Michelle Phan은 2013년 로레알 그룹에 스카웃되어 랑콤

출처: 유튜브

◀ 화장하는 동영상으로 스타가 된 미셸 판.
현재 랑콤 메이크업 아티스트로 활약하며
자신의 화장품 브랜드까지 론칭했다.

메이크업 아티스트로 활동하며 자신의 화장품 브랜드를 론칭했다.
우리나라에서도 비디오빌리지 소속 맹채연 씨가 한 화장품 회사와
협업해 '맹블리크림'을 출시하기도 했다.[20]

마케팅 영역에서도 1인 방송인의 역할이 커지고 있다. 즉 1인 미
디어가 광고와 마케팅의 창작자로 나서고 있는 것이다. 예를 들어 인
기 BJ 대도서관은 기업으로부터 광고 요청이 오면 자신이 기획하고
스태프 등도 구성해 촬영을 진행한다고 한다. 대기업들도 영상 시청
자들의 성향을 가장 잘 아는 1인 방송인의 의견을 반영하여 광고 제
작의 전권을 맡기는 경우가 늘고 있다.[21] CJ제일제당이 대도서관과
함께 자사의 '햇반컵밥'을 다양한 레서피로 먹는 '먹방' 광고를 아프
리카 TV 생방송으로 내보낸 것이 대표적이다.

1인 방송인과 기업의 컬래버레이션을 통해 제작된 광고는 광고
자체가 1인 방송인의 창조력이 반영된, 하나의 완성된 양질의 콘텐
츠로 거듭난다. 이처럼 광고 같지 않은 광고 영상은 2014년 유튜브

인기 영상 상위 10개 중에 4개를 차지할 정도로 트렌드가 되고 있다. 예컨대 뷰티 전문 MCN인 레페리는 다양한 글로벌 화장품 기업들과 함께 브랜디드 콘텐츠branded contents(상업적 메시지를 간접적으로 담은 광고 같지 않은 영상물)를 제작했다. 우리나라에서도 다이아 TV 소속 쿠쿠크루가 GS샵과 프로모션을 진행해 눈길을 끌었다. 쿠쿠크루가 자취 박스 제품으로 자취생들에게 밥상을 차려주는 콘셉트의 영상이었는데, 특정 제품의 광고였음에도 불구하고 한 달 만에 유튜브에서 약 50만 뷰, 페이스북에서는 100만 뷰를 상회하는 조회 수를 기록했다. 광고 자체가 하나의 인기 있는 완결된 1인 방송 콘텐츠가 된 것이다.[22]

팬덤을 위한 굿즈를 넘어 쇼핑몰, 소셜커머스까지

1인 방송의 퍼스널 프로듀싱은 일반적인 커머스의 형태로도 발전하고 있다. MCN 트레져헌터는 양띵·악어·최고기·김이브 등의 소속 크리에이터들의 취향과 개성을 담은 럭키 박스 등을 판매하는 크리마켓을 공개했다. 크리에이터 MD 쇼핑몰인 크리마켓에서는 에코백·지갑·캔들·부채·볼펜 등 다양한 상품을 구성하는 한편 1인 방송인들의 팬덤을 위한 다양한 굿즈 등도 조합하여 구성하고 있다.

이제 개인 방송은 MCN을 통해 주류시장에서 기존의 온라인 쇼핑몰은 물론이고 홈쇼핑, 소셜커머스 등과의 연계를 통해 더욱 다양하게 수익 모델을 창조할 것으로 기대된다.[23] 광고가 아닌 듯한 광고 영상으로 제품과 브랜드를 홍보해서 좋고, 크리에이터 입장에서는 자신이 일하던 방식대로 콘텐츠를 생산하며 수익을 낼 수 있어, 기업과 1인 방송인의 컬래버레이션은 더욱 진화할 것으로 예상된다.

3. 한류 전파에 앞장서다

국경을 넘나드는 디지털 미디어의 특성에 힘입어, 국내 1인 미디어 콘텐츠들이 외국에서 인기를 끄는 현상도 주목받고 있다. 1인 미디어가 한류 전파의 새로운 매체로 떠오르고 있는 것이다. 홍진기 씨는 '한국 사람들이 똠얌꿍 라면을 먹었을 때 보이는 반응'을 주제로 다양한 동영상을 찍어 태국어로 유튜브에 올렸는데 단 이틀 만에 20만 명이 시청하는 놀라운 반응을 얻었다. 이후 홍씨는 한국 문화를 태국어로 소개하는 동영상을 계속해서 올려, 구독자만 8만 4,000명에 이르고, 태국 TV 프로그램에 출연할 정도로 인기를 누렸다.[24] 태국에서는 한국 BJ들의 인기가 높아서 태국어로 다양한 한국 문화를 소개하는 '오빠까올리', 한국 여성 BJ 4인의 영상을 편집한 '큐트걸즈' 등이 제공되고 있다는 소식이다.

비슷한 사례는 계속 등장하고 있다. 한국 화장품과 화장법을 해외에 소개하는 '위시트렌드 TV'나 '다또아' 같은 1인 방송이 있는가 하면, 외국에 거주하는 한국인이 '한국 언니Korean Unnie'라는 이름으로 한국의 특징과 문화를 소개하기도 한다. 한국에 관심이 많은 외국인 BJ들도 한국 문화를 1인 미디어로 부지런히 소개하고 있다. 캐나다인 '해피'와 영국인 '밥먹자'가 한국 문화를 영어 콘텐츠로 소개하고 있으며, 매건 보웬이라는 미국인은 떡볶이 먹기 도전 등 한국인의 일상을 영상으로 올리면서 한국 문화 전도사를 자처하고 있다.[25]

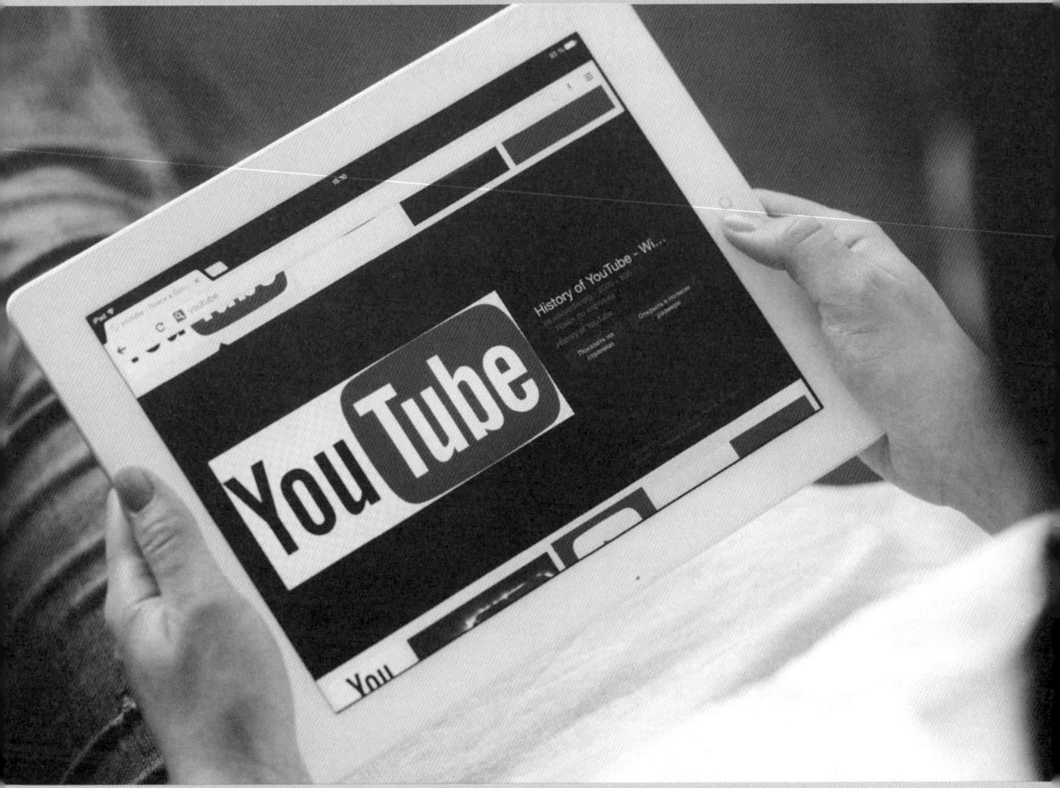

컴퓨터와 웹캠만 있으면 누구나 스타가 될 수 있는 시대, 1인 미디어가

콘텐츠계의 큰손으로 떠오르고 있다. 플랫폼은 누구에게나 열려 있다.

유튜브나 아프리카 TV 등 동영상 플랫폼에 영상을 업로드하는 데

대단한 지식이 필요한 것도 아니다. 영화·패션·뷰티·게임·스포츠 등 자신의

관심사 안에서 전문성을 살리거나 남이 시도하지 않은 새로운 분야를

파고들어 개인의 창의성을 자유롭게 펼칠 수 있다. 아프리카 TV에서는 하루 동안

약 5,000개의 채널에 무수한 동영상이 올라온다. 유튜브의 경우 2015년 3월

기준으로 구독자 수가 가장 많이 증가한 상위 채널 20개 중 45%가

'1인 미디어'였다.

시사점
우려와 기대를 안고 이 젊은 매체의 특징과 영향력을 주시해야 할 것

한국이 낳은 천재적 비디오 아티스트 백남준은 일찍이 "미래는 소통하는 자들의 것이 될 것이다"라고 말했다. 그는 또한 놀랍게도 몇십년 전에 이미 앞으로 TV가 지금과 같은 일방향이 아니라 쌍방향 미디어로 발전할 것이라고 말했는데, 그의 예언은 지금 우리 눈앞에서 실현되고 있다. 조지 오웰의 소설 『1984』를 경쾌하게 반격한 그의 비디오 작품, '굿바이 미스터 오웰'에서 그는 스크린이 더 이상 감시자가 아니라 사회적 소통 역할을 하는 도구가 될 것임을 예견했다.

가장 강력한 매체였던 TV마저 이제 1인 미디어의 새로운 도구로 재탄생하고 있다. 인터넷 기술의 발달은 우리가 미처 따라가지 못할 속도로 이 새로운 매체의 발전을 가속화시키고 하루아침에 스타가 되는 사람들이 속출한다. 이제 누구나 자기만의 방송국을 갖게 되었고 연출과 주연을 동시에 하는 것이 가능해졌다.

1인 방송이 혁신적으로 발전하는 가운데 역시나 지나치게 자극적이고 선정적인 콘텐츠들이 자연스럽게 불거져나온다. 실제로 치열한 경쟁이 펼쳐지는 1인 미디어 무대에서 시청자들의 주목을 끌기 위해 방송을 점점 더 자극적으로 구성하는 경향이 눈에 띄게 늘고 있다.

규제 VS. 자율의 팽팽한 논쟁 대상

대표적인 1인 미디어 플랫폼인 아프리카 TV에서만 20만 명 이상의 BJ가 활동 중이다. 저마다 차별화된 콘셉트가 없으면 살아남기 힘든

이제 초등학생마저 포괄하는 1인 미디어는 현존하는 다양한 미디어 중에서 가장 젊은 매체다. 다가오는 새로운 시대에 우리가 젊은 미디어 1인 방송에 주목해야 하는 이유다. 다양한 매체의 진화와 발전 속에서 1인 방송의 특징과 영향력을 예의 주시해야 할 것이다. 1인 미디어의 변화 속에는 비단 미디어 시장의 변화상만 담겨 있는 것이 아니라, 미래 세대 소비자의 시대정신과 소비가치가 담겨 있기 때문이다.

구조다. 아프리카 TV는 '별풍선'이라는 인터넷 캐시를 현금으로 환전하는 수익 구조인데, 이러한 별풍선의 구입가는 1개당 110원으로 이 중 70원 정도가 BJ의 수익이 된다. 스타급 연예인 부럽지 않은 BJ들의 천문학적인 월소득은 언론에 보도될 정도다. 이 때문에 BJ들은 시청자의 눈길을 사로잡아 더 많은 별풍선을 획득하기 위해 자극적이고 엽기적인 방송을 마다하지 않는다. 신체를 노출하는 것은 물론 막말이나 자학 등의 선정적인 행위가 방송을 탄다. 일부 BJ들이 소수자와 약자를 비하하거나 비방하는 자극적인 방송을 내보낸다는 지적도 있다. 장애인인권침해예방센터에 따르면 BJ들의 장애인 비하 발언에 대한 신고 등이 2015년 9월에만 30건 이상 접수되었다고 한다.[26]

시청자들도 익명성을 방패로 채팅창에 성적 비하나 욕설 등을 서슴지 않는다. 실제로 MBC 〈마이 리틀 텔레비전〉의 출연자들도 각종 악플로 인한 정신적인 고통을 호소하며 중도하차하기도 했다. 이에 대해 법적 규제의 필요성과 자율적인 미디어 환경 조성 사이에 팽팽한 논쟁이 지속되고 있다.[27] 앞으로 1인 방송이 대중 미디어로 지속적인 발전을 해나가기 위해서는 이러한 부작용들을 감시하고 개선해나가기 위한 정책적 노력이 필요한 시점이다.

마인크래프트 게임의 인기 1인 방송 BJ 양띵의 별명은 '초통령'이다. 초등학생의 대통령이라는 의미다. 이제 초등학생마저 포괄하는 1인 미디어는 현존하는 다양한 미디어 중에서 가장 젊은 매체다. 다가오는 새로운 시대에 우리가 젊은 미디어 1인 방송에 주목해야 하는 이유다. 다양한 매체의 진화와 발전 속에서 1인 방송의 특징과 영향력을 주시해야 할 것이다. 1인 미디어의 변화 속에는 비단 미디어 시장의 변화상만 담겨 있는 것이 아니라, 미래 세대 소비자의 시대정신과 소비가치가 담겨 있기 때문이다.

Knockdown of Brands, Rise of Value for Money

브랜드의 몰락, 가성비의 약진

구매의 나침반이던 브랜드의 역할이 흔들리고 있다. 소비자들은 이제 브랜드가 약속하는 환상을 믿지 않으며, 소비자끼리 소통하면서 자신만의 가치를 추구한다. 가격과 성능의 대비를 의미하는 '가성비'가 브랜드의 역할을 대신하고 있다. 탄탄한 정보력으로 무장한 소비자들이 브랜드보다는 제품의 질을 더 따지는 합리성으로 기울고 있기 때문이다. 브랜드 이름보다는 제품의 품질을 더 따지게 되면서, '사치의 시대'는 가고 '가치의 시대'가 오고 있다. 핵심은 가치다. 장기 저성장 시대의 소비자들은 이제 최고의 성능이 아니어도 최선의 질에서 타협하고 적당한 가격에서 포기할 줄 안다. 소비자들은 같은 값이면 대용량을 선택하고, 일부 품목에 불과하던 PB상품이 전방위적으로 확대되어 '노브랜드화'되고 있다. 가성비의 약진은 필요한 기능에 필요한 가격만 지불하겠다는 변화한 젊은 세대 소비자들의 선언이기도 하다. 상품의 절대가치를 추구하는 소비자에게 화려한 브랜딩의 가면은 통하지 않는다. '브랜드의 몰락, 가성비의 약진' 트렌드는 정보력으로 무장한 소비자 앞에서 복면을 쓰고 실력으로 승부하는 기업들을 위한 도전의 장이 될 것이다. 이 무대에서 살아남기 위해서는 말 그대로 실력을 키우는 수밖에 없다. 브랜드를 가린 복면 뒤에서도 절대가치라는 가창력을 뽐낼 수 있는 기업이 2016년 소비시장이란 무대의 가왕이 될 것이다.

'샤넬쇼크', '구찌대란'……. 절대 세일은 없을 것 같던 명품 브랜드들의 빗장이 풀리기 시작했다. 2015년 3월 샤넬이 일부 제품의 가격을 20%까지 인하하며 '샤넬쇼크'라는 말이 나왔다. 샤넬백의 가격은 내릴 줄 모르고 항상 오르기만 해 재테크하듯 샤넬백을 마련한다는 '샤테크'라는 신조어까지 등장했던 터여서, 이 가격인하의 놀라움은 배가됐다. 이어 5월에는 구찌가 유례없는 반값 세일에 나서 '구찌대란'이라는 말도 나왔다. 해외 명품 브랜드들이 국내시장에서 이례적으로 큰 할인행사를 벌인 배경에 대한 관심도 집중됐다.[1]

'세계적으로 제품가격을 균등하게 유지하기 위한 것' 혹은 '본사의 방침에 따른 것'이라는 설명과 달리 업계에서는 지속적인 실적 부진이 파격적인 할인에 나선 직접적인 이유라고 판단하고 있다. '명품'은 브랜드 하나만으로 초고가를 유지할 수 있다는 면에서 최상의 브랜드 파워를 가진 제품이라고 할 수 있다. 2015년 명품들의 세일 행렬은 단지 불경기 때문만이 아니다. 1997년의 IMF 경제위기, 1999년의 IT 버블 붕괴, 2002년 신용대란, 2008년의 세계금융위기 때도 명품의 매출은 건재했고, 세일은 남의 일이었다. 이번 세일을 브랜드의 측면에서 바라본다면 어떤 의미가 있을까? 명품뿐만 아니라, '브랜드' 자체에 위기가 다가오고 있다는 전조는 아닐까?

브랜드는 신뢰다. 소비자는 제품에 대한 정보를 잘 모를 경우 일단 유명한 브랜드를 선택하게 된다. 브랜드의 명성이 제품의 품질에 대한 보증이 되기 때문이다. 브랜드 제품을 소유하기 위해 비싼 값을 치르는 것 또한 당연하게 여겼다. 명품은 소비자를 배신하지 않는다는 믿음은 브랜드의 가치를 더욱 높이며 가격도 함께 높였다. 그런데

2015년 연이어 벌어진 샤넬쇼크와 구찌대란은 명품 브랜드의 콧대를 꺾는 사건이 되었다.

빛바랜 브랜드 후광효과

복면을 쓰고 실력만으로 승부를 거는 가요예능 프로그램 〈복면가왕〉처럼 소비시장에서도 복면을 쓴 제품들의 반전이 시작되었다(『트렌드 코리아 2016』 **10대 트렌드 상품** 참조). 유명 브랜드는 소비자의 기대심리가 더해져 실제 제품의 품질보다 더 높은 가치를 누리곤 했지만, 이러한 경향에 변화가 감지되고 있다. 미래학자이자 하버드 대학교 교수인 니코 멜레는 『거대 권력의 종말』에서 거대 브랜드의 종말이 가까이 다가왔다고 지적한 바 있다. 수많은 상품평과 SNS를 통한 정보 수집으로 무장한 현대 소비자들의 구매 관점이 달라졌다는 것이다. 그는 미국의 잡지 『와이어드』가 보도한 연구결과를 인용해 자신이 특정 브랜드에 충성도가 매우 높다고 응답한 사람들 중 거의 절반가량이 1년 후면 더 이상 충성도를 보이지 않으며, 경쟁사가 동일한 가격에 품질이 더 우수한 제품을 출시할 경우에도 원래 쓰던 브랜드를 계속 쓰겠다는 소비자는 4%에 불과했다고 밝혔다.[2] 브랜드를 지향하는 구매 태도가 약해지고 있는 것이다.

브랜드의 후광효과와 브랜드 충성도가 현저히 약해지고 있는 것이 사실이다. 후광halo이란 성자聖者들의 머리 뒤로 빛나는 광채라는 의미로, 그를 위대한 인물로 인식하게 한다. 구매에서는 브랜드나 제조국이 대표적인 후광이었다. 유명 브랜드 로고나 'Made in France' 같은 표시를 달고 있으면 더 비싼 가격에도 소비자들은 지갑을 열었다. 브랜드 충성도도 마찬가지다. 지금까지 소비자들은 일단 하나의 브랜드를 선택하고 나면 그것을 신뢰하고 충실하게 고수해줬다. 그러나 이제 그러한 브랜드의 힘이 약해지고 있는 것이다.

브랜드는 곧 품질? NO! 카테고리 선택 후 가성비가 높은 순

소비자들도 이제 브랜드를 선택하는 것이 아니라 카테고리를 선택하고 가격 대비 성능, 즉 가성비를 확인한다. 1등 브랜드와 2등 브랜드의 품질 차이가 미미하다고 생각하기 때문에 특정 브랜드를 고집하지 않는 것이다. 특정 브랜드에 충성했던 소비자도 더 좋은 조건을 제시하는 다른 선택안이 있다면 바로 돌아선다.[3] 글로벌 컨설팅업체 액센츄어의 조사에 따르면 2014년 약 64%의 글로벌 고객이 자신이 사용하던 브랜드에서 다른 브랜드로 이동했다고 한다.[4]

그동안 브랜드는 마케팅의 핵심 자산이자 개념이었다. 그러나 브랜드의 악몽이 시작됐다. 브랜드는 곧 품질이라는 명제가 흔들리며 소비자의 신뢰가 저가 제품으로 이동하고 있다. 가치, 즉 가격과 성능의 비율이 제품 선택의 중요한 기준이 되면서 소비자는 브랜드가 약속하는 환상에 의문을 품는다. 많은 시행착오와 소비생활의 풍부한 정보, 다양한 경험을 축적한 소비자들이 브랜드와 품질을 분리하고 보다 합리적인 가격에 좋은 제품을 선택하는 안목을 갖추고 있는 것이다. 바야흐로 브랜드의 시대는 가고 가성비의 시대가 개막했다.

겉으로는 멋있어 보이지만 그 안의 진실은 그렇지 않은 경우를 자주 보아왔다. 복면을 씌웠을 때 비로소 진실을 볼 수 있듯, 브랜드에 집착하지 않을 때 비로소 진짜 가성비를 판단할 수 있는 것이다. 그렇다면 브랜드에 대한 집착을 버린 소비자들이 찾는 가성비란 무엇일까? 가성비를 높이는 구체적인 전략은 무엇일까?

가성비 향상 전략 1
핵심가치에 집중하는 가격경쟁력

———

짝퉁 제조국이라는 오명이 무색하게 최근 중국 전자제품의 이미지가 완전히 바뀌고 있다. 그 최전선에 '샤오미'가 있다. '대륙의 실수'라는 역설적 수식어를 가진 샤오미는 저렴한 가격에 기대 이상의 제품을 선보이며 미국의 유명 경영 전문지인 『패스트 컴퍼니』가 뽑은 혁신기업 글로벌 랭킹 3위를 당당히 차지했다. 모방은 창조의 어머니라고 했던가? 사실 샤오미의 출발은 모방이었다. 샤오미의 창업자 겸 최고경영자인 레이쥔 회장은 자체 개발한 첫 스마트폰을 발표할 때부터 아예 작정한 듯 스티브 잡스를 그대로 따라한 청바지에 검은색 티셔츠 차림으로 나타났고, 그 자리에서 발표된 샤오미폰 역시 아이폰의 디자인을 쏙 빼닮아 있었다. 이 때문에 샤오미는 짝퉁 애플로 불리며, 브랜드라고 칭하기에도 민망한 어설픈 카피제품 정도를 판매하는 기업으로 인식될 뿐이었다.

전년 대비 3,823% 매출 폭등의 비결은 우수한 '가성비'

이제 IT기기에 관심 있는 사람이라면 샤오미를 모를 수가 없다. 휴대전화뿐 아니라 다양한 전자기기들을 출시할 때마다 돌풍을 일으키고 있기 때문이다. 창업 4년 만에 중국 스마트폰 시장에서 삼성전자를 제치고 시장 점유율 1위를 기록했고, 세계 3대 스마트폰 제조업체로 올라섰다. 샤오미가 이토록 짧은 기간에 많은 소비자의 지지를 받는 과정에서 애플과 삼성이라는 강력한 브랜드 파워는 큰 걸림돌이 되지 않았다.[5] 브랜드 인지도는 낮았어도 저렴한 가격에 그 이상의 가치를 제공한다는 입소문이 퍼지면서 샤오미는 IT업계의 스타가 됐다.

실제로 샤오미의 가전제품들은 저렴한 가격과 만족스러운 품질로 유명하다. 스마트폰 이용이 증가하면서 보조배터리 시장도 커지고 있는데, 샤오미의 보조배터리 '미 파워뱅크'는 2만 원도 안 되는 가격에 출시돼 스마트폰 유저들의 선택을 한 몸에 받았다. 이외에도 스마트 체중계 '미 스케일', 웨어러블 밴드 '미 밴드' 등 연달아 히트작이 나오고 있다. 오픈마켓 11번가가 집계한 샤오미 브랜드 제품의 매출은 2015년 8월까지 전년 동기 대비 무려 3,823%나 폭증했다고 한다.[6] 아직 정식 한국법인조차 설립되지 않은 상황이라는 점을 감안할 때 이례적인 현상이다(『트렌드 코리아 2016』 **10대 트렌드 상품** 참조).

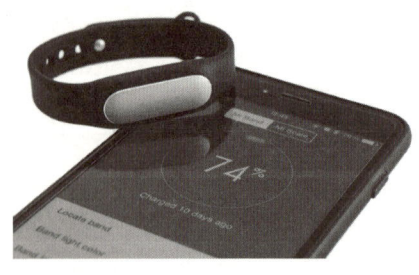

◀ '대륙의 실수'라고까지 불리는 샤오미는 놀라운 가성비로 타 브랜드를 압도하고 있다.

새로운 강자 '중저가 루나폰', 승승장구 '저비용 항공사'

저렴한 가격에 적정 수준만 충족되면 유명 브랜드가 아니어도 제품을 선택하는 소비자가 증가하면서, 국내 시장의 대응도 가성비에 초점이 맞춰지고 있다. 2015년 9월 출시된 '루나LUNA'는 SK텔레콤과 TG앤컴퍼니가 함께 제작한 중저가 스마트폰이다. 출고가가 44만 9,900원으로 비슷한 스펙의 갤럭시S5의 절반 가격밖에 안 된다.[7] 이에 더해 TG앤컴퍼니가 보유한 AS센터 52곳과 SK네트웍스의 56곳을 더해 108개에 달하는 오프라인 AS센터를 갖추는 등 서비스에도 파워브랜드 못지않은 공을 들이고 있다. 루나폰은 출시 열흘 만에 4만 대가 완판되며 가성비 시장의 새로운 강자로 떠오르고 있다.

지속적으로 성장하고 있는 저비용 항공사Low Cost Carrier도 같은 맥락에서 이해할 수 있다. 저비용 항공사는 대형 항공사Full Service Carrier가 제공하는 자리 배정·수하물·기내식 서비스 등을 제한하는 대신, 70% 정도의 운임을 받는 가성비 전략으로 승승장구하고 있는 것이다. 2011년에 국제선 승객 분담률이 3.6%에 지나지 않던 것이 2015년 상반기 현재 13.2%로 크게 높아졌다. 특히 부산·제주·대구·청주 등의 지방 도시에서 방콕·오키나와·다낭·오사카·상하이·괌 등 동남아 각국으로 노선을 확장하고 있다.[8] 비본질적인 서비스를 제외하고 안전하고 편안한 이동이라는 핵심가치에 집중해서 항공사 본연의 가치를 높인 것이 성장비결이라고 볼 수 있다.

이러한 현상이 발생하는 이유는 전술했듯이 국내 소비자들이 더이상 브랜드가 약속하는 성능의 환상에 집착하지 않기 때문이다. 소비자에게 중요한 것은 나에게 그 제품이 얼마나 가치 있는가에 대한

▲ 폰도 커피도 브랜드보다 가성비가 먼저다. 중저가폰 시장에 돌풍을 몰고 온 루나와 저렴한 가격대의 100% 아라비카 원두커피를 마실 수 있는 맥카페

판단이다. 이제 소비자는 제품의 절대가치를 계산한다. 적정 수준 이상의 품질이 보장된다면 감정적이고 상대적인 과시의 만족감 따위는 중요하지 않다. 즉, 품질을 압도하는 절대적인 가격 경쟁력이 이성적인 소비자의 마음을 확실하게 사로잡을 수 있다.

가성비 향상 전략 2
최고보다 최선의 품질

가성비의 특징 중 하나는 완벽한 품질이나 최고의 수준이 아니라 적당한 가격에 적당한 품질, 즉 '적정'을 추구한다는 것이다. 가성비가 높은 브랜드로 이름난 이케아는 가구란 그저 몇 년 정도 필요에 맞게 사용할 수 있으면 그만일 뿐, 그 이상의 품질은 의미가 없다고 강조한다. 책장을 상상해보자. 책장의 표면은 주방의 싱크대 상판만큼 단단한 내구성을 가질 필요가 없다. 이케아는 책장의 용도에 맞는 적당한 수준의 품질로 제작하고 대신 합리적 수준으로 가격을 낮춘다.[9] 평생 사용해도 망가지지 않을 만큼의 튼튼함은 아니지만 '소비자가 기대하는 사용 기간 동안에는 큰 하자 없는 정도의 제품'으로 가성비의 약진을 이끌고 있다.

　소비자는 불황이라고 해서 소비 자체를 포기하는 것은 아니다. 대신 좀 더 합리적인 소비를 하려고 한다. 대표적인 기호식품으로 여겨지는 커피도 마찬가지다. 2015년 1월 새롭게 단장한 맥카페는 가성비 좋은 카페로 알려져 있다. 100% 아라비카 원두를 사용하지만 가격은 3,000원이 되지 않는다. 커피 외에도 빙수와 프라페까지 메뉴를 확장하며 새 단장 3개월 만에 3배 이상의 판매 성장을 기록했다. 이외에도 가격과 품질의 균형을 맞추고 있는 다양한 외식업체들이 소비자의 발길을 잡고 있다. 저렴한 가격의 수제버거를 지향하는 마미쿡은 치킨과 쇠고기 패티 등을 냉장육으로 사용하는 대신 가격을 3,000~4,000원 수준으로 낮췄고, 단돈 9,900원에 스테이크와 무료 샐러드 뷔페까지 제공하는 스테이크 전문점이 화제를 모으기도 했다. 비록 점심 한정 메뉴이긴 하지만 위치가 강남이라는 점이 다시 한번 네티즌의 호응을 얻은 요인이었다.

편의점 자체 브랜드 상품 PB의 부상

패밀리 레스토랑도 변화하고 있다. 그동안 고기 위주로 고가의 메뉴를 선보였던 것에서 탈피해 저렴한 가격에 전채요리·일품요리·디저트까지 맛볼 수 있는 뷔페식 레스토랑으로 바뀌고 있다. 1~2만 원대의 대중적인 가격이지만 호텔 뷔페 못지않은 분위기와 서비스가 인기 요인이다.[10] 편의점에서도 전문식당 부럽지 않은 메뉴들을 즐길 수 있다. 편의점 도시락이 간단한 한 끼의 개념이 아닌 미식의 일부분으로까지 진화하고 있기 때문이다. 편의점 CU에서 판매하는 도시락 세트의 경우 3,000원이라는 가격에도 불구하고 소불고기와 미트볼이 메인 반찬으로 구성되어 있다. 저가 도시락이지만 두 가지 이상의 메인 반찬을 육류로 푸짐하게 구성하되 나머지 반찬은 김치나 어묵과 같은 밑반찬으로 가성비를 극대화했다.[11]

사실 국내 편의점은 가성비의 전시장이라 해도 과언이 아닐 만큼 가격 대비 좋은 품질의 제품들이 포진해 있다. 예를 들어 2015년 여름 편의점업계에서는 자체 브랜드PB 상품 빙수들이 소비자의 사랑을 받았다. GS25가 아이스크림 전문 중소기업 라벨리와 함께 개발한 25% 망고빙수는 출시된 이후 약 40만 개가 팔리며 아이스크림 전체 매출 1위에 올랐다. 세븐일레븐이 롯데푸드와 함께 개발한 우유빙수설도 출시 1년여 만에 100만 개 이상 팔렸으며, CU의 우유팥빙수 판매량도 전년 동기 대비 21% 증가했다. 편의점 PB 빙수의 가격은 3,000원 정도로 커피 전문점에서 파는 빙수에 비해 저렴하면서 용량도 커 얇아진 주머니 사정에 시름하는 소비자의 입맛을 단기간에 사로잡았다.[12]

Price

Value

소비자들은 더 이상 브랜드가 약속하는 성능의 환상을 믿지 않는다.

그들에게 중요한 것은 나에게 그 제품이 얼마나 가치 있는가에 대한 판단이다.

이제 소비자는 제품의 **절대가치**를 계산한다.

적정수준 이상의 품질이 보장된다면 감정적이고 상대적인 과시의 만족감 따위는

중요하지 않다. 즉, 품질을 압도하는 절대적인 가격 경쟁력만이

이성적인 소비자의 마음을 확실하게 사로잡을 수 있다.

가성비 향상 전략 3
같은 가격과 품질이면 대용량으로

가성비의 약진을 이끄는 또 다른 요소는 용량이다. 같은 가격이면 대용량을 선호하는 소비자들의 니즈에 맞춰 질보다 양으로 승부하는 제품이 많이 등장했다. 〈집밥 백선생〉으로 인기를 끌고 있는 '서민형 요리사' 백종원이 창업한 것으로 화제를 모은 빽다방에서 커피를 주문하면 일반 커피 전문점 레귤러 사이즈의 2배 정도 양을 내민다. 가격은 아이스 아메리카노 기준 2,000원에 불과하다. 가격 대비 압도적인 사이즈가 이 다방의 매력이다. 스타벅스가 아니면 어떠한가? 2,000원이면 하루 종일 먹을 수 있는 대용량 커피가 가성비의 매력을 제대로 즐기게 해준다.

식음료업계도 대용량 열풍에 동참하고 있다. 푸르밀은 카페베네 블랙 1,000ml짜리를 출시했다. 가정이나 사무실에서 200ml 아메리카노 다섯 잔을 먹을 수 있는 분량이다. 커피 한 잔의 가격이 3,000원 이상인 점을 감안하면 3,000원에 다섯 잔의 커피가 나오는 것이니 가성비 차원에서 매력을 느낄 만하다. 현대약품의 미에로화이바도 1.5L 대용량 제품 '미에로화이바 패밀리'를 출시했다. 롯데푸드는 국내 최고 높이 최대 용량을 자랑하는 허니 더블콘 타워 아이스크림을 선보였는데 이는 기존 더블콘을 230ml 용량으로 리뉴얼한 것이다.[13]

용량 경쟁에서도 PB 상품의 상승세가 두드러진다. GS25의 '위대한' 시리즈가 대표적이다. '위대한 피자', '위대한 핫도그', '위대한 더

블버거' 등은 기존 제품보다 2배 이상 크지만 가격은 비슷한 수준으로 맞췄다. 경쟁사인 세븐일레븐과 CU도 이에 질세라 '더The커진' 시리즈와 '자이언트' 시리즈를 내놓았다.[14] 한 입 거리의 대명사였던 요구르트도 몸집을 키웠다. 대용량 요구르트 열풍을 주도한 CU 빅 요구르트는 기존 요구르트의 4.5개 수준인 270ml의 대용량 제품이다. 이 제품은 20~30대 여성 소비자들에게 좋은 반응을 얻었는데, CU는 450ml로 용량을 더욱 늘려 남성 소비자까지 공략할 계획이다.

화장품을 사는 게 아니라 제품 용기를 사는 것 같다는 비아냥거림을 받을 만큼 용량에 인색했던 화장품 시장에도 변화가 시작되었다. 마크로밀엠브레인의 트렌드모니터가 만 19세 이상 성인 남녀 1,000명을 대상으로 화장품 소비 태도에 대해 조사한 결과, 소비자 2명 중 1명이 대용량 화장품을 구입한 경험이 있는 것으로 나타났다.[15] 또한 신세계백화점에서는 화장품 브랜드 중 대용량 제품을 선보인 브랜드 비중이 2012년 7.4%에서 2014년 28.7%까지 늘었다.[16] 특히 스킨케어 제품의 경우 브랜드를 가리지 않고 순한 제품으로 대용량을 선택해 가족과 함께 사용하는 소비자들이 늘어나는 추세다.

가성비 향상 전략 4
브랜드가 없는 게 브랜드

브랜드가 더 이상 힘을 발휘하지 못하자, 아예 브랜드를 없애는 **노브랜드** 전략으로 소비자를 공략하는 업체도 등장하고 있다. 일본의 경우 일찍이 노브랜드 전략으로 성공을 거둔 기업이 있다. 1970년대 초반 일본의 슈퍼마켓 체인점 '세이유Seiyu'가 만든 '무인양품'이 바로 그것이다. 당시 일본은 1973년 세계경제를 강타한 제2차 오일쇼크의 여파로 소비자들이 저가상품을 구매하는 경향이 높아지고 있었다. 세이유는 단순히 물건의 가격만 낮추는 것이 아니라 품질관리와 가격인하를 함께 추구했다. 무인양품은 지금도 패키지 디자인을 단순화하고 간장·비누·수건처럼 단순한 보통명사만을 표기하는 전략을 고수한다. '브랜드는 없지만 품질과 디자인이 좋은 제품'이라는 가치를 지키고 있는 것이다.[17]

이러한 노브랜드 현상이 한국 시장에도 상륙했다. 가성비 열풍을 주도하고 있는 자체 브랜드 상품인 PB 상품들의 영역이 확장되면서 향후 이 제품들이 아예 노브랜드로 자리매김할 가능성이 점쳐지고 있다. 초기, 즉 'PB 1.0 시대'의 상품은 단순 제조기술만으로 만들 수 있는 제품을 중심으로 출시되었다. 대개 생수나 우유 같은 생필품 위주로 생산되었으며 제조사 브랜드 상품인 NB 상품에 비해 품질은 다소 떨어지지만 가격이 저렴하다는 이미지가 강했다. 경기 불황이 계속될수록 저렴한 상품이 인기를 끌면서 PB 상품의 영역이 생필품을 넘어 가공식품이나 애견용품 등 다양한 영역으로 확장되었다. 품질도 NB 상품 못지않게 향상되었다. 롯데마트의 PB 상품인 '통큰'

노브랜드

아예 독자적인 브랜드를 붙이지 않음으로써 제품의 가격을 낮춘 상품을 뜻한다. 1976년 프랑스의 하이퍼마켓에서 시작된 노브랜드 운동은 브랜딩 비용을 절약해 저렴한 가격으로 소비자에게 재화를 서비스하자는 취지로 전개되었다. 미국에서는 저네릭 브랜드generic brand 라고 하는데, 제품에 브랜드명·로고·마크 등을 일절 표시하지 않고 아주 단순한 보통명사로만 표기하여 판매한다.[18]

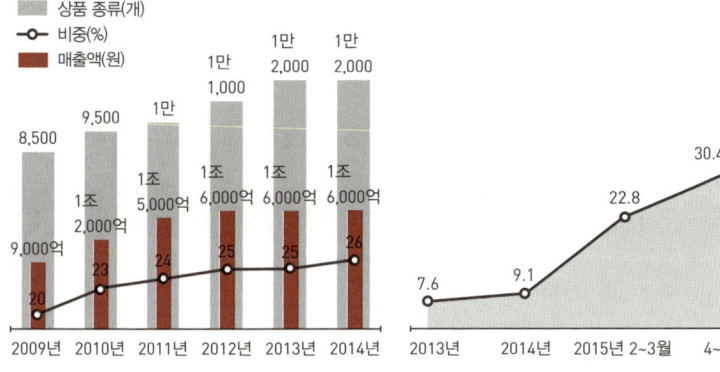

| 대형마트 PB 매출액 | 편의점 PB 매출 신장률 |

대형마트 PB 매출액

- 상품 종류(개)
- ○ 비중(%)
- 매출액(원)

편의점 PB 매출 신장률

출처: "요즘 PB, A+ 학점", 〈중앙일보〉, 2015.09.04.

·'손큰' 시리즈는 'PB 2.0 시대'를 연 대표 사례로 꼽을 수 있다.[19]

'PB 3.0 시대'는 상품의 카테고리가 전방위적으로 확대되며 '프리미엄 PB'의 도래를 촉진할 것으로 보인다. 국내 대형마트 가운데 처음으로 PB 상품을 선보인 이마트는 기존 PB보다 더 저렴한 '노브랜드 상품'을 출시했다. 상품의 디자인과 포장 등 기능 외의 것은 모두 제거하고 노란 바탕에 샴푸·린스·세제와 같은 보통명사만 넣은 디자인이 특징이다. 상품 포장에 들어가는 인쇄 횟수를 줄이고 포장 재질도 기능에 영향을 주지 않는 선에서 최소화했다. 예를 들어 브랜드 제품 가격이 3,500원 정도인 미용티슈의 경우 종이 갑을 없애고 비닐에 담아 2,200원에 판매하는 식이다. 소비자의 반응도 긍정적이어서 이마트 노브랜드의 원통형 감자칩은 심플한 디자인에 저렴한 가격이 SNS에서 회자되면서 43일 만에 25만 개나 팔렸다.[20] 이마트는 앞으로 지속적으로 이러한 품목을 늘려 '이마트 에브리데이' 매장을

PB 상품을 전문으로 파는 노브랜드 슈퍼마켓으로 활용할 계획이라고 한다. 일본의 경제 불황이 무인양품을 탄생시켰듯이, 한국의 저성장기도 유통업계의 노브랜드 전략을 가속화시키고 있다.

가성비는 어떻게 브랜드 파워를 추월했는가?

미국 시카고 경영대학원 교수 팀은 소비자가 정보가 많아지고 제품의 절대가치를 잘 파악할수록 브랜드 파워가 급속히 약해진다는 사실을 아스피린을 통해 증명했다. 본래 아스피린은 바이엘이 정통 브랜드지만 특허 만료 후에 값싼 복제 제품이 쏟아져 나왔다. 직종에 따라 구입하는 아스피린의 브랜드를 조사했더니 일반인들은 바이엘의 제품을 구입하는 반면, 약사의 91%는 복제 아스피린을 선택하는 것으로 나타났다. 약사는 복제약과 바이엘 약품의 절대가치를 판단할 정보를 갖추고 있기 때문에 굳이 비싼 브랜드 제품을 선택할 이유가 없는 것이다.[21] 이에 대해 미국 스탠퍼드대학교 이타마르 시몬슨 교수는 사람들의 선택 기준이 절대가치로 이동하고 있다고 지적했다. 이전에는 품질을 평가하고 분석하는 데 많은 노력이 들었기 때문에 브랜드의 비교에 의존해왔으나, 완전 정보 시대에 근접할수록 상품의 절대적 가치가 더 중요해졌다는 설명이다.[22]

배경 1: 소비자 정보력의 향상
이러한 연구를 통해 알 수 있듯이, 브랜드보다 가성비를 우선순위에 두는 합리적 소비자가 등장한 첫 번째 배경은 소비자 정보력의 향상이다. 수분크림을 하나 산다고 가정해보자. 온라인 검색창에 수분크림이라고 치면 수많은 리뷰를 확인할 수 있다. 몇 개만 읽어봐도 나에게 맞는 제품이 무엇인지 금세 알 수 있다. 정보가 많아진다는 것은 결국 제품의 성능을 비교 분석할 수 있는 데이터를 얻는 것이다. 즉 비슷비슷한 제품들 사이에서 나에게 가치를 주는 제품을 찾아내고 선택하게 된다. 브랜드가 약속하는 질에 대한 보증이 아니어도 정보력을 갖춘 소비자는 스스로 제품의 질을 판단할 수 있다.

배경 2: '소유'보다 '경험'이 중요, 세대 효과

두 번째로 세대 효과를 들 수 있다. 대학내일 20대 연구소가 쓴 『2015 20대 트렌드 리포트』에 따르면 20~30대 젊은 소비자들은 무엇을 '소유'하는 것에 대한 가치를 중시하지 않는다. 값비싼 상품을 소유하는 것보다 얼마나 잘 '즐기느냐'가 더 중요한 **쏠로몬족**이다.[23] 중국에서도 저가 스마트폰 시장의 성장 이면에 주링허우의 변화된 소비 성향이 있었다는 해석이 나오고 있다.[24] 중국의 1990년대생을 일컫는 주링허우는 비교적 저렴한 가격에 다양한 브랜드를 경험하고 싶어 했다는 것이다. 명품시장의 계속되는 침체 배경에도 이러한 세대적 특성이 숨어 있다. 1980년에서 2000년 사이 출생한 Y세대는 브랜드 로고가 박힌 과시형 명품보다 오히려 대중에게 덜 알려진 컨템퍼러리 명품을 선호한다. 또한 저

쏠로몬족
하나의 제품을 오랫동안 간직하는 '소유' 중심의 소비가 아닌, 필요에 따라 기본 기능에 충실하면서 가격을 낮춘 제품들을 그때그때 구입하는 '가성비'를 고려한 소비를 즐기는 이들을 일컫는다.[26]

가 제품이라도 그 이상의 가치를 지닌 상품을 선별할 수 있는 합리적인 안목을 더 중요하게 생각한다.[25] SNS에 값비싼 명품 브랜드를 찍어서 올리는 것보다는, 저렴하지만 센스 있는 아이템을 올리는 것이 더 쿨하게 받아들여지는 까닭이다.

배경 3: 지속되는 불경기

마지막으로 소비자가 가성비를 중요시하는 데는 무엇보다 지속되는 불경기의 영향이 크다. 사실 가성비의 개념이 그리 낯설지 않은 것은 경기가 좋지 않을 때마다 '거품을 뺀', '실속 있는'과 같은 말에 솔깃했던 경험이 있기 때문이다. 큰 화제를 불러일으켰던 롯데마트의 PB 상품 '통큰' 시리즈의 등장 배경을 떠올려보자. 2008년 리먼브러더스 사태의 여파로 경기침체가 이어지던 때 지갑이 얇아진 소비자 입장에서 저렴한 가격의 상품이 반갑지 않을 리가 없었다. 소비자가 유명 브랜드를 외면하는 이유는 본질적으로 비싼 브랜드를 살 만큼 경제적 여유가 없어졌기 때문이다. 일본에서도 소위 '잃어버린 20년' 동안 불경기가 지속되자, 가격 대비 성능을 중시하는 **코스파 세대**가 등장했었다.

코스파 세대

코스파란 일본에서 유래된 말로, 코스트퍼포먼스Cost Performance의 약자다. 비용 대비 효과라는 의미로 자신이 얼마의 비용을 들였을 때 그 이상의 효과, 만족이 있느냐를 따지는 것이다. 코스파 세대의 특징으로는 절약이 몸에 밴 생활을 영위하며, 포인트나 쿠폰 등을 꼼꼼히 활용하고 중고품에 대한 거부감이 적으며 렌탈 등의 서비스 이용률도 높다. 또한 사회공헌 의식이 높고 실리를 중요시하는 특징이 있다고 평가된다.[27]

시사점
말 그대로 실력을 키워라! 절대가치가 관건

일시적 경기침체기에는 일단 저렴한 상품을 찾지만, 저성장이 지속되면 소비자들은 '소비의 구조조정'에 돌입한다. 가장 비싼 것도, 무조건 저렴한 것도 아닌 가장 가치 있는 상품을 찾아나서는 것이다. 브랜드가 지고 가성비가 뜨는 이유다. 정보로 무장한 저성장기의 소비자들은 더 이상 브랜드가 약속하는 성능의 환상을 믿지 않는다. 소비자에게 중요한 것은 나에게 그 제품이 얼마나 가치 있는가에 대한 판단이다. 이제 소비자는 제품의 절대가치를 계산한다. 다시 말해, 무조건 저렴한 것만 찾지는 않는다.

'프리미엄' 김밥에 기꺼이 돈을 지불하는 짠돌이 소비자

대표적인 사례가 소위 '프리미엄 김밥'이다. 전자기기에서는 짠돌이 짠순이 같았던 소비자들이 과감하게 돈을 지불하는 곳이 있다. 바로 김밥이다. 2013년 7월 론칭한 이후 고속성장하고 있는 '바르다 김선생'은 김밥 한 줄에 3,200~4,800원 정도 한다. 다른 가게의 김밥들이 1,500원인 것에 비하면 매우 비싼 가격이다. '한 끼 때우는' 저가식품의 대표 주자인 김밥조차 '프리미엄'한 가치를 입고 소비자의 인기를 이끌어냈다는 것은 놀라운 일이다. 비슷한 사례는 이외에도 적지 않다.

　이렇듯이 가성비는 무조건적인 절약과 개념이 다르다. 저렴한 가격만이 판단 기준이 아니라는 말이다. 값이 조금 비싸더라도 나에게 가치 있다고 판단되면 소비자들은 지갑을 열기 마련이다. 한 번에 큰 값을 지불해야 하는 내구재를 살 때는 꼼꼼하게 그 가치를 따지다가도 한정판 피규어를 소유하기 위해서는 돈을 아끼지 않는 사람들도 늘고 있다. 과도한 포장·광고·브랜딩 등에 투자하기보다 기본적인 가치, 즉 상품의 절대가치를 키우는 데 투자하는 게 더 중요하다.

카테고리 전략, 브랜드보다 킬러 아이템에 집중하라

저성장기 일본에서 글로벌 히트를 기록한 유니클로의 성공 사례를 이런 각도에서 해석할 수도 있다. 의류의 기본적인 가치에 집중해 전 세계적인 소품종 대량생산을 이룩함으로써 가치의 극대화에 성공했다고 말이다. 세계 최고 수준의 식자재를 미슐랭 스타급의 셰프가 요리하면서도 식사를 2시간 이내에 마쳐 회전율을 높이고 단가를 낮춤으로써 일본 외식산업의 신화를 새로 쓴 '오레노' 체인의 식당이나, 룸서비스나 어메니티 등 불필요한 서비스를 모두 없애고 저가격으로 깨끗하게 하루 묵을 수 있는 여건을 마련한 '슈퍼호텔' 역시 산업은 다르지만 모두 비슷한 논리로 큰 성공을 거두었다.[28] 핵심은 가치다. 사치의 시대는 가고 가치의 시대가 오고 있다.[29] 가성비 약진의 시대를 맞아 기업이 살아남기 위해서는 어떤 전략이 필요할까?

먼저 브랜드보다 아이템에 집중해야 한다. 하버드 대학교의 문영미 교수가 쓴 저서 『디퍼런트』에 따르면 카테고리가 성숙해질수록 제품들은 이종의 단계에서 동종의 단계로 진화한다. 다시 말해 카테고리 내의 브랜드들이 서로 비슷한 성능이나 스펙으로 닮아가면서 소비자 입장에서는 개별 브랜드 간의 차이를 인지하기 어렵게 된다

그동안 기술력이 곧 기업의 능력으로 인식되며 과잉기능·과잉기술·과잉가격 등 스펙 과잉의 경쟁이 벌어진 것이 사실이다. 가성비의 약진은 이러한 과잉의 시대에 피로감을 느낀 소비자들이 필요한 기능에 필요한 가격만 지불하겠다는 선언이기도 하다. 이 무대에서 살아남기 위해 기업들은 말 그대로 실력을 키우는 수밖에 없다. 브랜드라는 가면 뒤에서 절대가치라는 가창력을 뽐낼 수 있는 자가 2016년 소비시장이란 무대의 가왕이 될 것이다.

는 것이다.[30] 결국 브랜드보다는 하나의 카테고리를 기억할 가능성이 크다. 패션잡화를 예로 들어보자. 레인부츠라는 카테고리가 유행할 때 사람들은 다양한 브랜드의 차이를 인식하기보다 레인부츠라는 아이템을 사고 싶어 한다. 2015년 유행했던 래시가드도 마찬가지다. 꼭 특정 브랜드의 래시가드여야만 한다는 기준은 없다. 그저 래시가드라는 아이템이 유행했을 뿐이다.[31] 따라서 소비자에게 브랜드의 뛰어남을 인지시키려는 노력보다 소비자의 니즈에 맞는 카테고리가 무엇인지 찾아내는 게 더 중요한 전략이 될 수 있다.

절대왕좌는 없다, 트렌드 대응능력이 성공의 필요조건

나아가 절대왕좌는 없다는 것을 기억해야 한다. 이제 한 브랜드에 맹목적으로 충성하는 소비자는 점차 사라지고 있다. 지금 1등 브랜드라도 언제든지 그 순위가 뒤바뀔 수 있다는 말이다. 따라서 무엇보다 소비자의 소리에 귀 기울여야 한다. 단순히 소비자의 니즈를 잘 파악하라는 말이 아니다. 성공의 열매에 취하지 말고 마케팅뿐 아니라 제품 개발에도 소비자를 적극적으로 끌어들여 이들의 취향을 저격할 만한 킬러 아이템을 내놓아야 한다는 뜻이다. 샤오미의 공동창업자 리완창은 브랜드 소비 다음은 체험 소비이며, 체험 소비 다음은 사용자가 제품 개발 전 단계에 참여하는 소비가 될 것이라고 말했다.[32]

이러한 트렌드는 특히 중소기업에 기회이자 동시에 위기다. 브랜드라는 계급장을 떼고 대기업 제품과 경쟁할 수 있는 기반이 마련됐다는 측면에서는 큰 기회를 맞고 있지만, 물·우유·화장지·물티슈·종이컵 등 중소기업이 주로 생산하고 납품하던 품목들이 대거 PB 상품화되면서 해당 산업이 고사할 수 있다는 우려가 나오고 있다.[33] 해당 카테고리에서 누구도 따라올 수 없는 가격대비 가치를 만드는 가치창조 능력, 수시로 변화하는 소비자의 요구를 발빠르게 따라갈 수 있는 트렌드 대응 능력이 필요한 것이다. 『트렌드 코리아 2017』의 리뷰에서 많은 중소기업의 성공사례를 담을 수 있길 기대한다.

그동안 기술력이 곧 기업의 능력으로 인식되며 과잉기능·과잉기술·과잉가격 등 과잉 스펙 경쟁이 벌어진 것이 사실이다. 가성비의 약진은 이러한 과잉의 시대에 피로감을 느낀 소비자들의, 필요한 기능에 필요한 가격만 지불하겠다는 선언이기도 하다. **브랜드의 몰락, 가성비의 약진** 트렌드는 정보력으로 무장한 소비자 앞에서 복면을 쓰고 실력으로 승부하는 기업들의 도전의 장이 될 것이다. 이 무대에서 살아남기 위해서는 말 그대로 실력을 키우는 수밖에 없다. 브랜드를 가린 복면 뒤에서도 절대가치라는 가창력을 뿜낼 수 있는 기업이 2016년 소비시장이란 무대의 가왕이 될 것이다.

Ethics, on the Stage

연극적 개념소비

즐기면서 놀이처럼 기부하는 젊은 세대를 주목하라. '착한 것은 겸손하다'는 고정관념도 깨졌다. 어느덧 소비의 대세로 자리잡은 '착한 소비'는 더 이상 희생적으로 남을 돕거나 무조건적인 선의를 베푸는 자선이 아니다. 일방적인 물질적 기부가 아닌 공감과 공유, 교환을 통한 행복한 나눔이 '개념 있는' 착한 소비의 중요한 가치가 됐다. 하지만 기부자의 만족감을 높이기 위해 유희적 요소에만 치중하거나 특정한 목적에 집중하는 기부 방식들은 때로 남에게 과시하기 위한 '연극적' 소비행태를 낳곤 한다. '착한'이라는 수식어의 본래 뜻과 달리 착한 소비 그 자체가 상업주의와 결합하면서 착하게 소비하기 위해 비싸게 값을 치러야 하는 역설적인 상황도 발생하고 있다. 또 유행처럼 번지는 기부에 기꺼이 동참하지만 자발성보다는 부분적 강요로 기부 피로를 느끼는 소비자도 늘고 있다. 이러한 착한 소비의 새로운 국면을 '연극적 개념소비'라고 명명하고자 한다. 이타적인 선의와 이기적인 과시의 조화가 중요해지면서 대의 마케팅을 비롯한 기업의 CSR · CSV 활동이 활발해졌지만, 그 순수함과 진정성을 인정받기 위해서는 지속 가능하고 성숙한 개념소비의 본질과 변화하는 트렌드에 대한 고민을 계속해야 할 것이다.

소비시장만큼 찬바람이 불고 있는 기부시장에 한 온라인 게임 업체가 훈풍을 불어넣어 화제가 되었다. 국내의 대표적인 스테디셀러 온라인 게임으로 누적 회원만 1,300만 명을 보유한 '테일즈런너'가 그 주인공이다. 2015년 10월 '마음씨 고운 김런너'라는 이름으로 게임 이용자들과 함께 다문화가정 어린이들을 돕기 위한 기부 캠페인이 진행됐다. 그런데 기부 방법이 재미있다. 캠페인에 동참하고 싶은 이용자들이 게임 플레이 중 획득한 TR(게임 재화)을 게임 속 '기부자 기념 석상'에 전달하는 방식이다. 후원 신청서 한 줄 쓸 필요도 없이 그저 평소처럼 게임을 즐기는 것만으로도 자연스럽게 기부가 이루어져 이용자들의 참여가 폭주했다. 캠페인 시작 3시간 만에 목표 수치를 넘겼고, 일주일이 채 안 되어 목표치의 2,000%를 초과 달성하는 기염을 토했다.[1] 사회문제로까지 거론되며 부정적 인식이 주를 이뤘던 온라인 게임이 긍정적인 행동 변화를 유도하며 마치 게임을 하듯 이용자들로부터 '기부경쟁'을 이끌어낸 것이다. 모바일 세대가 만들어낸 새로운 기부문화의 풍경이다.

오른손이 한 기부를 왼손은 물론 모두가 알게 하라?!

'오른손이 한 일을 왼손이 모르게 하라'는 격언도 달라진 기부문화와 함께 수정돼야 할 것 같다. 2015년 10월 4일 국내의 대표적 e스포츠 리그인 '액션토너먼트 2015' 개막전이 펼쳐진 행사장에 이색적인 장면이 연출됐다. 엄청나게 많은 사람의 이름이 무대 위 대형 스크린에 가득 공개된 것이다.[2] 스크린에 정렬된 이름의 주인공들은 다름 아닌 이날 행사를 관람하기 위해 티켓을 구매한 사람들이었다.

관람 티켓 판매금 전액을 아프리카 지역 우물 개발 사업에 기부하는 행사 주최 측에서 관객들이 얼마나 좋은 일에 참여했는지 직관적으로 보여주기 위해 관람객 전원의 이름을 스크린에 띄운 것이다. "몇백 명의 이름이 스크린에 올라갔지만 내 이름을 한 번에 발견했고 왠지 모르게 보람된 느낌이었다"고 소감을 밝힌 현장 관람객의 말처럼 그저 명단을 공개한 작은 시도 하나로 관람객들의 뿌듯함은 배가 됐고, 기부를 더 하고 싶다며 나선 사람들도 많았다고 한다.[3] 나눔이나 기부와 전혀 어울릴 것 같지 않았던 게임 시장에 이렇듯 착한 소비를 내세운 기부 마케팅이 재미를 싣고 퍼지고 있다.

이제 착한 소비는 더 이상 희생적으로 남을 돕거나 무조건적인 선의를 베푸는 개념이 아니다. 돕고자 하는 동기유발에 연민보다는 즐거움이 크게 작용하고, 새로운 만족감으로 기부자를 들뜨게 해줘야 한다. 일방적인 물질적 기부가 아닌 공감과 공유, 교환을 통한 행복한 나눔이 중요한 가치가 된 것이다. 소비 욕구와 나눔 확산의 두 마리 토끼를 잡으며 '개념'을 장착한 새로운 소비문화가 펼쳐질 것으로 보이는 2016년, 새로운 기부와 착한 소비는 어떻게 변화하고 있는지 살펴본다.

변화하는 개념소비의 양상

소비사회 도래 이후의 트렌드 변화를 되짚어보면, 가격과 품질이 최우선이었던 시대에서, 재화를 만드는 과정의 환경·동물·인권 등의 윤리를 고민하는 시대로 변화해왔다. 나아가 제품을 선택할 때 상품의 판매 이윤이 어떤 좋은 가치를 위해 사용되는지 고려하는 '착한 소비'가 대두되었다. 최근에는 생산과 판매를 통한 이윤 추구보다는 기부 자체를 목적으로 제품을 만들고, 기부와 관련된 캠페인 활동을 알리는 것을 주목적으로 하는 상품들이 속속 등장하고 있다. 소비의 자유가 커지면서 경제적 이득 그 이상의 가치를 추구하는 구매가 활발히 이뤄지고 있기 때문이다. 이러한 변화에 발맞춰 소셜 기부업체들은 돈 한 푼 내지 않고도 기부에 적극 동참할 수 있는 기발한 방법을 활용해 새로운 기부문화를 만들어가고 있다.

운동할수록, 쇼핑할수록 기부금이 쌓이는 착한 소비

'빅워크'는 이용자가 걷는 거리만큼 기부금이 쌓이는 마술 같은 앱이다. 위성위치확인시스템GPS을 이용해 사용자가 어디에서 얼마나 걸었는지 체크해 10m마다 1원씩 후원을 위한 기부금으로 적립한다. 실제로 2011년부터 2015년 7월 말까지 이 앱과 함께 전 세계 25만여 명이 지구 80바퀴에 해당하는 320만 km를 걸었고, 약 3억 2,000만 원의 적립금이 절단장애 아동등의 후원에 쓰였다.

신나게 몸을 흔들면 흔들수록 굶주리는 사람들을 도울 수 있는 기발한 행사도 있었다. 2013년 뉴욕에서 열린 '더 그레이트 칼로리 드라이브The Great Calorie Drive'라는 줌바 행사다. 사람들이 무대 위에서 단체로 줌바를 추면 소비된 칼로리가 운동에너지 변환장치를 통해 스크린에 실시간으로 표시됐다. 그리고 이 행사에서 소비된 총 칼로리는 실제 음식으로 계산되어 주최자인 '줌바 피트니스'에 의해 모두

출처: 구글 플레이

▲ 기부하고 싶은데 방법을 모른다? 이제 기부도 스마트폰 앱으로 하는 시대다.

미국 구호단체인 피딩 아메리카Feeding America와 유엔세계식량계획에 기부되었다.

쇼핑을 많이 할수록 마음속 깊이 쌓이는 죄책감을 나눔으로 털어 버릴 수 있는 사이트도 등장했다. 2007년부터 굿서치GoodSearch가 제 공하는 서비스 굿샵GoodShop이다. 3,000여 개의 온라인 스토어를 갖 고 있는 굿샵은 소비자가 제품을 구매할 때마다 구매 가격의 일부를 대신 기부해주는 이색적인 쇼핑 포털이다. 굿샵은 파트너사로부터 받는 광고비의 50%를 기부에 사용한다. 돈을 지출하는 동시에 기부 도 할 수 있도록 만든 굿샵의 전략은 성공을 거두었고, 2014년 중간 추산 약 1,096만 7,440달러(한화 112억 5,000만 원)가 모여 어려운 이웃 에게 기부되었다.[4] 이처럼 나도 즐기고 타인의 어려움도 배려할 수 있는 참신한 프로그램들이 속속 등장하고 있어 기부에 대한 심리적 장벽이 무너지고 있다.

제3세계를 위한 '적정기술', 예술가를 돕는 '크라우드 펀딩'

디자인계는 일찍부터 '착한 디자인'이라는 콘셉트로 제3세계 사람들을 위한 디자인 개발에 적극적으로 나섰다. '소외된 90%를 위한 디자인'이라는 모토로 생태계를 파괴하는 대량생산 기술이 아닌 인류를 위한 **적정기술**에 대한 고민을 이어가고 있다. 더러운 흙탕물을 마실 수밖에 없어 각종 질병에 시달리는 사람들을 위해 정수기가 내장된 빨대 '라이프 스트로 life straw'와 타들어가는 뙤약볕에 물을

적정기술 Appropriate Technology
1960년대 경제학자 슈마허 E. F. Schumacher가 만들어낸 '중간기술'이라는 용어에서 시작되었다. 적정기술은 거대 자본으로 대량 제품을 생산하는 것과는 거리가 먼 제3세계 등에서 적은 자본으로 현지 재료와 간단한 기술을 활용하여 그 지역의 소규모 생산 활동을 지향하는 기술이다. 최근에는 개발과 보존의 균형을 추구하면서 환경적·사회적으로 '지속 가능한 발전'을 이루는 개념으로 쓰인다.[5]

길러 수 킬로미터를 걸어가는 어린이들을 위해 고안된 도넛 모양의 '큐-드럼 Q-drum'이 대표적인 발명품들이다. 적정기술 디자인의 바이블로 통하는 이 두 가지 사례가 매스컴을 통해 소개된 이후 전국 대학의 디자인학과에는 제3세계를 위한 디자인 붐이 일었다. 학생들이 참여하는 수업은 물론 각종 공모전이나 동아리 활동 등에서 디자인의 기획이 상당 부분 제3세계를 위한 기부에 맞춰져 있는 경우가 많았다.

문화예술계를 위한 기부는 본래 순수한 의미에서의 자선 개념이 주를 이뤘다. 부자가 불우한 이웃을 돕는 것이 당연한 책무이듯, 어려운 여건에서 창작활동을 하는 예술가를 돕는 것도 당연시됐다. 하지만 시대가 변하면서 이제는 단순한 자선 차원이 아닌 투자의 개념으로 문화계에 힘을 실어주는 사례가 늘어나고 있다. 군중 crowd으

▲ 적정기술을 이용해 만든 '소외된 90%를 위한 디자인'으로 아이들의 힘을 덜어주는 물통, '큐—드럼' 과 빨대 형식의 간단한 정수기, '라이프 스트로.'

로부터 자금조달funding을 받는다는 의미의 '크라우드 펀딩'은 자금이 필요한 개인이나 단체가 온라인 네트워크를 이용해 불특정 다수에게서 투자받는 방식을 말한다. 2015년 여름 개봉한 영화 〈연평해전〉의 경우 크라우드 펀딩을 통해 3,000여 명이 소액투자에 참여해 20억 원의 제작비를 마련했고, 일본군 위안부 문제를 다룬 영화 〈귀향〉도 4만여 명의 후원자에게서 5억 원에 달하는 제작비를 지원받은 바 있다. 사회적으로 민감하거나 상업적 가치를 인정받지 못해 투자비 유치에 실패한 영화를 위한 크라우드 펀딩은 투자자에게 자아실현의 만족을 주는 동시에 집단적 성취감을 높여주는 집단 참여적 개념소비로 볼 수 있다.

'착한 소비'를 위해 비싼 값이 따라붙는 역설적 상황까지

이처럼 개념소비를 실천하는 데 진입 장벽이 낮아진 것은 매우 고무적인 현상이다. 특히 젊은 세대를 중심으로 기부는 하나의 문화로 자리잡고 있는 추세다. 하지만 기부자의 만족감을 높이는 데만 치중하거나 과정보다 결과에 집중하는 방식들은 때로 남에게 보이기 위한 쇼처럼 보이곤 한다. 경쟁적인 기부가 나눔의 확산을 촉진하는 것은 분명하지만 기부 본연의 가치보다 경쟁이 더 앞설 경우 과시적 소비로 이어질 수도 있다. 또한 '착한'이라는 수식어의 본래 뜻과 달리 착한 소비 그 자체가 상업주의와 결합하면서 착하게 소비하기 위해 비싸게 값을 치러야 하는 역설적인 상황이 펼쳐지기도 한다. 이런 경우를 『트렌드 코리아 2016』에서는 '연극적 개념소비'라고 명명하고자 한다. 이제 개념소비의 단순한 양적 성장이 아닌 질적 향상을 도모하기 위해, 연극적 개념소비의 진행 과정에서 드러난 소비트렌드를 짚어보고 이를 개선하기 위해 필요한 것은 무엇인지 알아보자.

연극적 개념소비 유형 1
과시가 된 착한 소비

'나는 비닐백이 아닙니다I'm not a plastic bag'라는 문구를 가방에 새겨 비닐봉지 사용을 줄이려는 차원에서 시작된 친환경 천 가방인 '에코백eco bag'의 인기가 좀처럼 식지 않고 있다. 에코백은 캔버스 천이나 헝겊으로 만들어 재사용할 수 있기 때문에 썩지 않는 1회용 비닐과 달리 환경오염을 줄일 수 있는 장점이 있다. 패션 감각도 살리고 친환경 제품을 소비하

▲ "에코백도 이 정도는 들어야."
초심을 잃은 에코백

친환경을 위한 선택이 상업주의와 맞물려 결과적으로 허영심 가득 찬 과시적 소비심리를 부추기고 있다. 가볍게 에코백을 메고 1회용 컵 사용을 줄이기 위해 텀블러를 든 소비자의 모습은 개념소비의 주인공 같다. 그런데 가까이 다가가 살펴보면 에코백과 커피 텀블러 모두 고가의 브랜드다. 친환경적이라고 칭찬해야 할지, 사치스럽다고 비판해야 할지 모호하다. 착한 소비가 과시 대상이 되며 무대 위의 연극처럼 연출되는 새로운 소비트렌드가 펼쳐지고 있다.

는 의식 있는 '개념인'으로 거듭날 수 있는, 값싸고 실용적인 아이템이다. 그런데 이러한 에코백이 유행하기 시작하더니 스타일이 더해지고 브랜드와 결합하며 홍보용 수단을 넘어 고가의 명품으로 판매되는 등 에코백의 본질적 의미가 변질되고 있다. 환경을 살리자는 의미로 만들어 배포하던 에코백이 여기저기서 쏟아져 나오며 필요 이상으로 넘쳐나 보통 서너 개 이상의 에코백은 기본으로 소유할 만큼 쇼핑백처럼 남용되고 있다. 에코백의 오용도 개선이 필요한 소비문화로 지적된다. 출시 초기 우리 돈 1만 원 내외였던 에코백의 가격이 명품 브랜드를 내세워 수십만 원에 달하는 가격표를 단 채 출시되고 있기 때문이다. 값싼 천으로 단순하게 만든 백이 고가의 가격으로 선보이자 '비싼 쓰레기'라는 별명이 있을 정도다.

친환경 가방 or 상업주의와 맞물린 브랜드 파워?

스위스 가방 브랜드 프라이탁Freitag은 독특한 기획 스토리로 성공한 **업사이클링** 제품으로 정평이 나 있다. 버려진 트럭용 폐방수 비닐막을 재단해 수공업으로 만든, '세상에 하나뿐인 가방'이라는 브랜드 스토리는 소비자가 비싼 비용을 지불하고서라도 소유하고 싶은 주요한 소비 동인이 되었다. 업사이클링은 현 세태에 잘 들어맞는 진화된 개념소비 방법이다. 문제는 이 업사이클링 제품도 재활용 제품이라는 특성과 다르게 너무 비싸다는

업사이클링up-cycling

리사이클링recycling의 상위 개념으로, 단순히 재활용하는 차원에서 더 나아가 디자인을 가미하는 등 새로운 가치를 더해 upgrade 전혀 다른 제품으로 다시 생산5하기 때문에 완벽한 상품성을 갖는다. 1993년부터 트럭용 방수 천막이나 에어백 등을 재활용해서 가방을 만들고 있는 스위스 브랜드 '프라이탁', 업사이클링을 통해 가구 업계의 명품으로 떠오른 '리바1920', '박스터' 등이 대표적 브랜드다.

것이다. 개념소비의 만족감도 갖고 싶고 브랜드 파워도 과시하고 싶은 소비자들은 비싼 업사이클링 제품을 선택하며 착한 소비를 위해 비싼 값을 치른 것이라 자위한다.

친환경을 위한 선택이 상업주의와 맞물려 결과적으로 허영심 가득 찬 과시적 소비심리를 부추기고 있는 것이다. 가볍게 에코백을 메고 1회용 컵 사용을 줄이기 위해 텀블러를 든 소비자의 모습은 개념소비의 주인공 같다. 그런데 가까이 다가가 살펴보면 에코백과 커피 텀블러 모두 고가의 브랜드다. 친환경적이라고 칭찬해야 할지, 사치스럽다고 비판해야 할지 모호하다. 착한 소비가 과시의 대상이 되며 무대 위의 연극처럼 연출되는 새로운 소비트렌드가 펼쳐지고 있다.

연극적 개념소비 유형 2
강요된 이타주의

우리나라 중고생들은 누구나 봉사활동을 한다. 아니 해야만 한다. 1996년 교육부는 더불어 사는 사회를 구현한다는 취지에서 '학생자원봉사활동' 점수제도를 도입했다. 이후 본격적으로 이루어진 중고생들의 봉사활동이 학생들에게 덕성을 교육시키는 측면이 없지는 않겠으나, 그 취지와 무관하게 점수를 받기 위한 활동으로 변질되는 경우도 있다. 극단적인 경우에는, '무늬만 봉사'인 엉터리 봉사활동이 오히려 봉사 수혜자들에게 상처를 주는 부작용까지 낳고 있다. 자발적으로 우러나와 할 수 있는 아름다운 봉사가 아니라 학습하고 강요받는 분위기 속에서 점수와 직결되는 활동으로 변질될 때 생길 수 있는 부작용이다.

학생들뿐만이 아니다. 기부문화가 확산되면서 이것을 강요하는 모습이 포착되고 있다. 통계청이 발표한 '국내 나눔실태 2013'에 따르면 15세 이상 개인의 기부 참여율이 34.5%에 육박했다. 중고생 봉사활동 점수제의 영향도 있겠지만 이제 기부는 더 이상 마음먹고 하는 특별한 일이 아닌 일상에서 실천하는 습관적인 일로 자리잡고 있다. 하지만 한편으로는 점수를 받기 위해 혹은 자신의 이미지를 지키기 위해 싫거나 내키지 않더라도 해야 하는 상황이 생기면서 그에 따른 '기부 피로'도 쌓이고 있다.

도덕적 억압을 느낀다면 그게 과연 기부일까?

재능기부가 그 대표적인 사례다. 실제로 온라인 커뮤니티 사이트 등에서 원치 않는 재능기부를 강요받아 정당한 대가를 받지 못했다고 호소하는 억울한 사연들을 심심찮게 볼 수 있다. 기업의 사회공헌활동이 늘고 사회적 기업이 등장하면서 **프로보노**라는 단어가 부쩍 많이 쓰이고 있다. 미국변호사협회가 소속 변호사들에게 연간 50시간 이상의 사회공헌활동을 규정함으로써 지식이나 기술 또는 재능을 공익적 차원에서 나누도록 했던 것이 '프로보노 운동'이 되었다.

프로보노 pro bono

전문가들이 자신의 전문성을 활용해 사회적 약자와 소외계층을 돕는 활동을 의미한다. 이는 '공익을 위하여'라는 의미의 라틴어 '프로보노 퍼블리코Pro Bono Publico에서 나온 용어다. 프로보노의 대표적 예는 의사의 의료봉사, 변호사의 무료 법률 상담 등이다. 가진 자의 도덕적 의무를 뜻하는 노블레스 오블리주와도 일맥상통한다.

출처: 네이버 지식백과

물론 유명인이 프로보노 활동을 하는 것은 매우 바람직한 현상이다. 하지만 이타성만 강요하는 재능기부에 도덕적 억압을 느끼는 유명인들도 많다. 예를 들어 유명 연예인 등에게 출연 요청을 하며 자기 행사의 취지는 훌륭한데 예산이 적으니 재능기부로 해줄 수 없느냐는 청탁을 하는 곳이 부쩍 늘었다고 한다.

'열정페이'가 사회적 문제로 대두되고 있는 것도 청년들에게 꿈을 이룰 수 있는 기회를 줬으니 낮은 보수와 부당한 대우는 감내하라는 암묵적 강요가 사회적으로 큰 공분을 샀기 때문이다. 공익이라는 명목하에 강요되는 재능기부도 비슷한 양상을 보이고 있다. 기부는 자발성에서 비롯되어야 한다. 강요된 이타주의는 기부가 아니라 착취

일 수도 있음을 상기해야 할 때다. 주는 자와 받는 자 둘 중 하나라도 만족하지 못한다면 기부의 의미는 금세 변질되고 말 것이다.

연극적 개념소비 유형 3
놀이가 된 기부

기부를 놀이처럼 즐기는 젊은 세대를 주목해야 한다. 착한 것은 심심하다는 고정관념도 깨졌다. 기부에 대한 인식이 달라지면서 참여 방식과 그 만족도도 함께 변하고 있다. 과거 소외된 이웃의 불우한 상황을 보여주며 감정에 호소하는 전통적인 방법에서 탈피해, 윤리소비를 하나의 즐거운 놀이로 인식하는 젊은 소비자들이 크게 늘었다.

게임 미션에 성공하면 '나무 한 그루'

특히 서두에 소개한 모바일 세대의 기부 형태에 주목할 필요가 있다. 온라인 게임과 SNS라는 이들의 주요 무대가 기부의 새 바람을 불러일으킬 착한 놀이터로 기능할 수 있기 때문이다. 예를 들어 '트리플래닛'이라는 게임은 사용자가 특정한 미션에 성공하면 세계 곳곳에 나무를 심어준다. 보통 3~7일 동안 게임에 몰입하면 나무 한 그루를 기부할 수 있다. 트리플래닛 게임을 하고 나무를 심는 비용은 무료이고, 실제 나무는 게임의 아이템에 로고를 새긴 스폰서 기업의 광고비로 조성된다. SNS를 통해 친구들에게 인증 사진을 보내고, 게임 노하우를 공유하며 즐거움을 찾고 사회공헌도 하고, 자신이 이름 붙인

연극적 개념소비 **303**

나무가 실제로 세상에 존재하게 된다는 점이 매력적이다. 2010년에 사업을 시작한 트리플래닛은 현재까지 세계 72곳의 숲에 총 48만 그루의 나무를 심었다.[6] 이러한 **게이미피케이션**은 모바일 세대의 자발적인 호응을 얻을 수 있는 전략으로 보인다.

오락과 기부의 절묘한 조화, '좋아요' 횟수만큼 쌓이는 기금

다수의 대중에게 홍보를 하고 싶은 기업들의 입장에서는 소셜 참여가 늘어날수록 유리하다. 따라서 대중이 페이스북·트위터 등 SNS에 클릭하고 댓글을 달고 공유하도록 유도하는 이벤트가 많다. 이런 이벤트를 통해 대중은 기부를 한다는 뿌듯함과 게임을 한다는 재미를 느끼고 기업들은 자사를 홍보하는 효과를 누릴 수 있다. 따라서 기업들은 이러한 이벤트를 기꺼이 기부 개념으로 후원하는 것이다. 실제로 페이스북에서는 '좋아요' 횟수만큼 기금이 쌓이는 많은 프로그램이 개발되었다.

국제구호개발 NGO 세이브더칠드런(사무총장 김미셸)은 최근 아프리카 생계지원 사업을 경험할 수 있는 모바일 게임 '아프리카 빨간 염소 키우기'를 출시했다. 게임 참여자가 '사이버 염소'를 키우는 미션을 달성한 뒤 해당 홈페이지와 SNS에 자신이 키운 염소를 등록하면 구호기관에서 아프리카 가정에 진짜 염소를 보내주는 게임이다. 참여자는 실제 염소를 기르는 것과 똑같이 먹이가 되는 콩, 밀, 모링가 등의 곡식 재배, 정기 예방접종, 염소 젖 짜기, 치즈와 버터 생산, 염소 번식 등의 미션을 수행한다. 오락과 기부, 현실과 가상세계의 절묘한 조화가 사용자들에게 기부 이상의 희열을 느끼게 해준다. 즉각적인 피드백과 참여 과정이 투명하게 확인되는 SNS를 활용한 기부와 착한 소비는 훨씬 더 빠른 속도로 발전할 것이다.

Ethics, on the Stage

대의는 어떻게 마케팅의 대세가 되었는가

최근 수년간 '기업의 사회적 책임CSR'이 중요한 가치로 부각되면서 기업의 기부활동도 매년 꾸준히 증가하고 있다. 특히 대의大義, 즉 **코즈 마케팅**cause marketing 열풍이 뜨겁다. 남을 돕는 일에 마케팅이라는 단어가 붙었다는 것이 아이러니하지만 이윤이 목적인 기업 입장에서는 기부도 마케팅의 영역일 수밖에 없다. 기업의 사회공헌 활동은 ① 전략적인 자선으로서의 기능, ② 노블레스 오블리주, 즉 기업 시민정신 혹은 사회적 책임이자 의무로서의 기능, ③ 기업의 정당성 확보 및 유지를 위한 기능, ④ 최고경영자의 명성을 높이기 위한 기능을 수행한다.[7] CSR 역시 해당 기업의 '정당성legitimacy'을 확립

코즈 마케팅cause marketing
기업의 대의명분과 결합한 마케팅이라는 의미로, 제품 판매와 기부를 연결하는 것이 주요한 특징이다. 기업들은 자사의 제품과 가장 자연스럽게 연관되는 기부 대상을 정하고 대의명분을 설정해 기부 활동을 하면서 사회공헌과 동시에 기업의 이미지를 만든다. 하버드대학교 마이클 포터 교수가 제시한 '공유가치 창출csv' 전략의 구체적인 실천 방안이라 할 수 있다.

하기 위함이며 사회의 기대와 기업의 윤리를 접합시킴으로써 궁극적으로 조직을 성장시키고자 하는 활동의 일환이라는 것이다.

'선한 의도'가 장사 수단으로 변질되지 않도록

그런데 그 선의를 보다 효과적으로 전달하기 위해 가시적 성과에만 관심을 기울이다보면 역효과를 불러일으키는 경우도 많다. 종종 기업의 '선한 의도'인 줄 알았던 나눔 활동이 제품 판매를 위한 장사 수단이었다는 오해를 받기도 하는 것이다. 착한 일을 하고도 오히려 역효과가 생길 수 있다. 한 가지 예로 기업 후원을 받고 있는 이주민 지원단체들에 따르면, 기업이 후원을 할 때 상당수는 피부색이 다른 이주민들에게 기부금을 써달라고 대놓고 요구한다. 사실 사회적 약자층에 속한 국내 이주민들을 보면 중국 동포가 압도적인 비율을 차지하고 있음에도, 지원 대상을 이렇게 특정하는 것은 여러 민족이 함께해야 기념사진이 더 그럴 듯해 보인다는 속내가 있다는 것이다. 기부의 순수성이 의심되는 순간이다. 또한 연말연시나 명절 등 특정 시점에 '반짝' 기부하는 단체나 기업이 많아 자원의 효율적 배분이 어려운 경우가 많다.[8]

'노 마케팅의 마케팅', 진정한 개념 소비자를 지원하라

그렇다면 어떻게 해야 그 선행의 순수성을 유지하면서 기업의 이미지에도 효과적일 수 있을까? '노 마케팅의 마케팅marketing of no marketing' 개념에 주목할 가치가 있다. 브랜드 인지도나 마케팅에 휘둘리지 않고 본인의 신념에 맞는 패션을 추구하는 개념소비자들 사이에서 큰 인기를 얻고 있는 힙스터hipster 브랜드의 대명사 '팹스트 블루 리본PBR, Pabst Blue Ribbon'이 좋은 예다(『트렌드 코리아 2016』 **대충 빠르게, 있어 보이게** 키워드 참조). 이 맥주 브랜드는 인기상품이 되고도 공격적인 마케팅 대신 5년간 TV 광고를 하지 않겠다는 노 마케팅 전략으로 저자세를 유지했다. 팹스트 블루 리본은 대신 힙스터들이 추진하는 소규모 이벤트를 집중적으로 지원했다. 로컬 아티스트들이 제작한 자사의 포스터를 볼링장이나 바에 전시하는 행사는 정기적으로 자리잡았고, 힙스터들이 자주 찾는 바의 바텐더가 다리를 크게 다치자 치료비를 부담하기도 했다.[9] 모두 브랜드가 지향하는 '작은 관계 맺기'를 위한 노력으로 개념 있는 소비활동을 추구하면서도 쿨한 멋을 챙겨야 하는 힙스터들의 눈높이에 맞춘 노력이었다. 타인의 평가보다 자기만족을 중시하며 기업의 미사여구에 휘둘리지 않고 상품의 본질적 가치를 주관적으로 판단하려는 개념 소비자를 위해 어떤 활동을 지원해줄 수 있는지 진지한 고민이 필요해 보인다.

시사점
'적선'도 '보상'도 아닌 기부에 대한 진정한 고민이 필요한 시기
———

가장 근원적인 질문으로 돌아가보자. 이기적인 인간이 왜 이타적인 행동을 하는 걸까? 소비사회의 현대인들은 왜 자기 돈을 지불해 구매하면서 기부도 함께 하려는 걸까? 이 질문에 답할 수 있을 때, '연극적 개념소비'의 본질을 이해할 수 있고, 나아가 코즈 마케팅이 효

베푸는 것은 '단순한 적선'이 아니라

'행복을 위한 선택'이다. 자신을 사랑해서 남도 사랑하는 것이다.

이제 기부는 헌신적인 기부에서 **본인의 존재가치를 확인**시켜주는

기부로 바뀌고 있다. 그러나 국내 기업의 기부 및 관련 마케팅 활동은 일정 부분

한계에 봉착해 있다. '주는 행복'이라는 기부의 본질적인 의미를 유지하면서

바람직한 기부 문화를 확산시키기 위해 변화하고 있는 개념소비의 양상과 발전

방향을 점검해봐야 한다. 화려한 조명이 비치는 빈 무대에서 내려와

지속 가능하고 성숙한 **개념소비**에 대한

시나리오를 다시 써볼 때다.

과를 거두면서도 그것이 단순한 영리 획득을 위한 '또 하나의 마케팅'으로 전락하는 것을 막을 수 있다.

인간의 이타주의적 행동에 대한 사회학습 이론에 따르면 인간의 행동은 다른 사람을 관찰하고 그 관찰한 사람을 본보기로 하여 행동함으로써 학습되는데, 이는 이타성·자원봉사·기부행위 등의 친사회적 행동에도 적용할 수 있다. 사회적으로 기부가 하나의 트렌드가 되자 특별한 사람이 아니어도 기부할 수 있다는 인식이 퍼지면서 일반인들에게도 학습 효과가 전파돼 기부 참여로 이어지는 것이다.

자선 행동을 사회적 교환이론으로 설명할 수도 있다. 다시 말해서 자원봉사나 기부 등의 자선활동에는 보상 요인이 수반된다는 것이다. 이러한 보상은 심리적 보상, 사회적 보상, 경제적 보상으로 구분할 수 있다. 심리적 보상은 개인의 기부 행위에 대한 심리적인 안정이나 만족감을 의미하는 것이고, 사회적 보상은 직접적인 물질적 보상은 아니지만 사회문화적 측면에서 이에 상응하는 보상을 지급하는 것을 의미한다. 예를 들어 사람들은 기부를 통해 칭찬·감사·인사·존경 등의 보상을 기대한다는 것이다.[10] 본인의 활동을 온라인에서 언제든 기록하고 공유하는 SNS 세대는 즉각적으로 이러한 사회적 보상을 받기 때문에, 다른 세대에 비해 기부의 동기가 강하다고 해석할 수 있다.

물론 기부를 '보상을 기대하는 일종의 이기주의'라고 재정의하는데 이의를 제기하는 사람도 있을 것이다. 하지만 이타적 행동에 이기적 동기가 내재되어 있다는 측면을 완전히 배제할 수는 없을 것 같다. 진화심리학자 제프리 밀러도 『스펜트Spent』라는 책을 통해 사람들의 기부가 과시적 소비 개념, 즉 자신이 특정한 사회계급에 속해 있다는 것을 나타내고 부를 과시할 목적으로 의식하면서 행하는 소비와 연관되어 있다고 분석했다. 이타적 행동 그 이면에는 결국 자신의 사회적 평판을 높이려는 전략이 숨어 있다는 것이다.[11] 자아실현·자아성취·자긍심·체면 등 타인을 통해 인정받기 위한 자아 중심적 경향은 모두 어느 정도 이타주의에 가려진 이기성이라고 할 수 있다. 지금까지 살펴본 '연극적 개념소비'는 윤리소비의 개념과 기부자들의 특성이 변하는 상황을 직시하고 기부와 관련된 소비 패턴과 새로운 동인을 짚어보기 위한 논의다.

메리 제인 라이언의 저서 『줌: 행복한 사람들의 또 다른 삶의 방식』에서는 '주는 행복론'을 설파한다. 베푸는 것이 '단순한 적선'이 아니라 '행복을 위한 선택'이라는 것이다. 자신을 사랑해서 남도 사랑하는 것, 이제 기부는 헌신적인 기부에서 본인의 존재가치를 확인시켜주는 기부로 바뀌고 있다. 그러나 국내 기업의 기부 및 관련 마케팅 활동은 일정 부분 한계에 봉착해 있는 듯하다. 기업들 사이에서 나눔 캠페인이 유행을 타는 것은 나눔의 본질, 즉 '행복을 위한 선택'을 생각한 개념소비라기보다는 영리적 목적을 위한 과시적 소비 활동에 가깝기 때문이다. '주는 행복'이라는 기부의 본질적인 의미를 유지하면서 바람직한 기부 문화를 확산시키기 위해 변화하고 있는 개념소비의 양상과 발전 방향을 점검해봐야 한다. 화려한 조명이 비치는 빈 무대에서 내려와 지속 가능하고 성숙한 개념소비에 대한 시나리오를 다시 써볼 때다.

Year of Sustainable Cultural Ecology

미래형 자급자족

'늙어갈 용기'를 필요로 하는 100세 시대가 본격적으로 도래하면서 오래 건강하고자 하는 욕망은 커졌지만, 환경오염과 자연재해가 심각해지고 도시생활의 사회경제적 조건이 악화되면서 자족적인 삶을 추구하는 사람들이 많아졌다. 이 새로운 자급자족은 물물교환 시대 이전으로 돌아가려는 것이 아니다. 어떻게 하면 현대 자본주의의 도회적 교환경제 시스템을 유지하면서 그것을 보완해 좀 더 '지속 가능하고 인간적인 삶'을 누릴 것인가에 대한 고민이 늘어가는 것이다. 우리는 이 새로운 시도를 '미래형 자급자족'이라고 명명한다. '미래형 자급자족'은 100세 시대를 맞았지만 갈수록 척박해지는 도시생활에 대응하기 위해 친환경·생태주의적 삶을 실천하려는 현대인들의 노력이 반영된 트렌드다. 전 세계적으로 크고 작은 환경사고가 끊이지 않는 가운데, 어떻게 사는 것이 건강하게 잘 사는 것인가에 대한 고민이 깊어지는 시점이다. 눈에 쉽게 드러나지는 않지만 우리의 소비문화에 많은 영향을 미치는 보이지 않는 손과 같은 미래형 생태주의. 그 변화를 감지하고 실천적인 생태주의와 현실적인 자급자족에 대한 산업과 소비생활을 점검하게 될 2016년은 기존의 환경 이슈가 새로운 생태운동으로 발돋움하는 변곡점의 한 해가 될 것으로 보인다.

2015년 10월 개봉한 할리우드 영화 한 편이 관객들에게 깊은 인상을 남겼다. 불의의 사고로 화성에 홀로 남겨진 한 남자의 생존기를 그린 영화 〈마션〉이다. 어떠한 생명체도 없는 화성 탐사기지 안에서 주인공은 400여 일 이상 버텨야 지구로 귀환할 수 있다. 부족한 식량을 충당하기 위해 주인공이 선택한 것은 '자급자족', 즉 기지 안에 밭을 일구고 감자를 기르는 것이다. 물도 산소도 없는 화성에서 감자농사를 짓기 위해 고군분투하는 주인공의 상황은 마치 〈삼시세끼〉 '화성편'을 보는 듯한 느낌까지 준다.

자급자족에 대한 고민은 화성의 기지 안에만 있는 것은 아니다. 실제로 자족적인 삶을 추구하는 사람들이 많아졌다. 하지만 이 새로운 자급자족은 물물교환 시대 이전으로 돌아가려는 것이 아니다. 어떻게 하면 현대 자본주의의 도회적 교환경제 시스템을 유지하면서 그것을 보완해 좀 더 '지속 가능하고 인간적인 삶'을 누릴 것인가에 대한 고민이 늘어가는 것이다. 우리는 이 새로운 시도를 '미래형 자급자족'이라고 명명하고자 한다. 지속 가능한 새로운 생태주의ecology를 지향하는 문화적 흐름이라는 의미에서 'Year of Sustainable Cultural Ecology'라는 영문 키워드도 함께 제시한다.

'미래형 자급자족'은 100세 시대를 맞았지만 갈수록 척박해지는 도시생활에 대응하기 위해 친환경·생태주의적 삶을 실천하려는 현대인들의 노력이 반영된 트렌드다. 구체적으로는 ① 생태적 소비를 실천하려는 신新자급자족 소비, ② 노년기를 건강하게 보내며 '잘 늙고well-aging', '잘 죽는well-dying' 생활을 지향하는 개인적인 노력, ③ 환경과 삶의 질을 생각하는 대안도시의 조성을 위한 공공의 정책적 노력을 포함한다.

전 세계적으로 크고 작은 환경사고가 끊이지 않는 가운데, 어떻게 사는 것이 건강하게 잘 사는 것인가에 대한 고민이 깊어지는 시점에서, 진화된 '미래형 자급자족'의 현재와 그 생태주의의 실천적 방법을 모색해보고자 한다.

신개념 자급자족: 생태소비의 확산

화성에서 생존하기 위해 기지 안에서 감자밭을 일구는 영화 속 주인공처럼, 콘크리트 도심 속에서 자급자족을 실천하려는 도시 농부들이 늘고 있다. 과거 유행처럼 퍼졌던 주말농장의 인기가 식고, 아예 시골로 이주하는 귀농과 귀촌도 경제적 여건상 쉽지 않은 상황에서 도시를 탈출할 수 없는 현대인들이 도심 속의 텃밭을 선택한 것이다.

공동체 텃밭, 상자텃밭… 도시에서 농사를 짓다
서울 강동구의 '공동체 텃밭'은 서울이라는 대도시에서 노랗게 익은 황금벼가 일렁이는 장관을 볼 수 있는 곳이다. 지역 주민들이 모여 함께 농사를 짓고 있는 이곳은 텃밭을 일구며 이웃 간의 정과 공동체 정신을 실천하고 있다. 화학비료나 농약, 비닐 등은 절대 사용하지 않고 낙엽이나 남은 음식물을 퇴비로 쓰다보니 자원순환에도 효과적이라고 한다.[1] 자연과 공존하며 시대에 맞는 이상적 자급자족 도시 건설을 위해 차근차근 미래를 준비하고 있는 것이다. 현

▲ 도심 속 자급자족 공동체인 강동구의 '공동체 텃밭'. 토끼와 염소를 기르는 것은 물론 함께 모내기도 한다.

재 6,000구좌의 친환경 공동텃밭을 운영하고 있는 강동구는 2020년까지 '1가구 1텃밭 조성' 실현을 목표로 다양한 사업을 추진하고 있다.[2] 서울 광진구도 도심 속 자급자족 사업을 펼치며 베란다와 옥상 등의 주거공간을 활용한 도시 농업을 활성화하기 위해 '친환경 상자 텃밭 보급사업'을 추진하고 있다. 특히 이 상자텃밭은 노는 땅이 없는 도시에서 농사를 지을 수 있는 대안으로 떠오르며 전국적으로 퍼지고 있는 추세다. 과밀한 도시 속에서 생명이 숨 쉬는 치유 공간 역할을 하는 도시 농업은 지속 가능한 미래형 생태도시를 향한 작지만 큰 움직임이다.

콘크리트 빌딩 숲에서 잘 먹고 잘 사는 법, 에코라이프

우리나라는 급속한 경제성장과 근대화의 과정에서 아파트라는 공동 주거문화를 매우 빠르게 받아들였다. 그러나 그로부터 50여 년이 흐른 지금, 공동주택에서의 삶에 답답함과 불편함을 호소하는 현대인의 목소리가 높아지고 있다. 여행지에서 식사를 해결하기 위해 낚시를 하거나 현지에서 아르바이트를 하면서 끼니를 때우는 자급자족 배낭여행족들, 적은 평수라도 땅을 밟을 수 있는 집을 짓거나 농촌으로 터전을 옮기는 귀촌인들, 이들은 모두 신개념 자급자족의 의미를 받아들이고 생활의 변화를 꾀하는 사람들이다.

TV 채널을 돌리면 〈인간의 조건〉처럼 생활의 편의를 돕는 전자제품이나 화학용품 없이 살아가는 법, 혹은 빌딩 옥상에서 텃밭을 일구는 법, 〈정글의 법칙〉처럼 원시림에서 생존하는 법에 관한 예능 프로그램을 유독 많이 볼 수 있다. '정말 저렇게 살 수 있을까? 내가 저 상황이라면 어떻게 할까?'라며 스스로에게 질문을 던지는 시청자도 많다. TV 속 연출된 상황처럼 극단적이지는 않지만 불편함을 감수하면서라도 실천하는 에코라이프는 이제 도시 속 현대인들의 생활 습관으로 자리잡고 있다. 기업도 녹색 상품을 개발하는 데 여념이 없다. 환경전문 시민단체인 녹색구매네트워크는 매년 '올해의 녹색 상품'을 선정해 기업의 친환경 상품 개발을 유도하고 있다. 2015년 올해의 녹색 상품은 화학약품을 첨가하여 만드는 일반적인 세정제와는 달리 물에 포함되어 있는 수소 이온을 분해하여 물의 수소 이온을 증가시키는 방식의 무공해 천연 세정제 '아쿠아낙스'였다.[3] 또한 온실가스 배출량을 줄이는 저탄소 농법으로 재배한 친환경 과일이 등장해 2015년 추석에는 '저탄소 인증 상품'이라는 스티커가 붙은 과일들이 명절 선물로 유통되기도 했다.

환경보호를 이유로 채식을 선택하는 사람도 증가하고 있다. 국내 채식주의자는 50만 명으로 추산되며 해마다 증가세가 매우 높은 편

▲ 2000년 화력발전소를 있는 그대로 리모델링해 현대미술의 메카로 거듭난 런던의 테이트 모던 갤러리.
과거 굴뚝이 그대로 남아 있으며 내부도 예전 구조를 활용했다.

이다.[4] 집단적 활동이 아닌 개인이 실천할 수 있는 미래형 자급자족
의 방법으로는 건강한 삶을 영위하는 과정이자 동물을 보호하고 가
장 손쉽게 온실가스를 줄일 수 있는 채식이 손꼽히고 있는 것이다.

리뉴얼한 폐공장이 핫플레이스가 되다
폐창고나 폐공장을 개조한 카페와 레스토랑도 인기를 끌고 있다. 화
려함과 세련됨에 무뎌진 현대인들이 허름하고 낡은 공간의 분위기
에 심취하며 오래됨의 미학을 반기기 시작했다. 폐공장이 문화공간
으로 탈바꿈한 세계적인 성공 사례로 런던의 '테이트 모던 갤러리'
가 손꼽힌다. 템스 강의 화력발전소를 있는 그대로 리모델링해 현대
미술의 메카로 거듭난 이곳은 근대 유산을 재활용해 도시재생 사업
의 새로운 방향을 제시했다. 건물을 부수고 새로 짓는 '불도저식 개

발주의'로 악명 높은 한국도 이러한 도시재생의 가치를 수용하기 시작했다. 대표적인 제조업 지역이었던 서울 성수동의 경우 1960년대부터 정미소와 창고로 쓰였던 건물을 개조해 복합문화공간으로 변신시킨 '대림창고'를 시작으로 폐공장들을 리뉴얼하며 새로운 핫플레이스로 등극했다(『트렌드 코리아 2016』 회고편 **숨은 골목 찾기** 키워드 참조).

'기계의 추억'은 산업화의 추억이자 근대의 기억이다. 거대한 원동기가 돌아가며 무언가를 생산하던 공장이 쇠퇴기를 맞아 기능을 잃어버린 시간의 흔적을 고스란히 간직한 공간에 새로운 문화적 감수성을 더할 때 사람들은 열광한다. 옛 건물을 보존하고 개조해 사용하는 시도는 새로운 것만 찾던 한국 소비자들에게 낡은 것의 가치를 재조명하는 기회가 되고 있다. 30~40년 넘는 세월의 역사성을 지닌 공간에 새로운 생명력을 불어넣는 일은 미래형 생태주의의 또 다른 대안이자 실용적인 면모라 할 수 있다.

시커먼 배기가스는 No, '전기차'의 급성장

환경에 대한 패러다임의 진화는 우리 생활 전반에 변화를 가져왔다. 이산화탄소 배출을 줄이기 위해 휘발유차에서 디젤차로 갈아탄 소비자들이 이제 디젤차를 넘어 배기가스를 전혀 유출하지 않는 전기자동차에 관심을 보이기 시작했다. 국내 전기차 등록률은 2014년 기준 전년 대비 33.4%가 증가했다.[5] 인기가도를 달리던 디젤차가 2015년 하반기에 불거진 폭스바겐의 배출가스 조작사건으로 부정적 인식이 퍼지면서 전기차에 차세대 자동차 산업의 주인공 자리를 내준 모양새다.

▲ 기아의 전기차 '쏘울 EV'. 도시형 대체에너지 차량으로 선정되었다.

특히 외국 시장에서 전기차 판매량이 큰 폭의 상승세를 이어가고 있다는 점은 주목할 만하다. 먼저 세계 최대 자동차 시장인 중국의 전기차 시장은 중국 정부의 세제 혜택 및 보조금, 가솔린 자동차 규제 강화, 정부의 인프라 보급으로 급성장하고 있으며, 2015년 상반기에만 2014년 판매량에 육박하는 7만 2,711대를 기록해 미국을 제치고 글로벌 1위 전기차 시장이 될 것으로 분석되고 있다. 유럽자동차공업협회ACEA는 2015년 7월 유럽연합 25개국의 대체연료 차량의 신차 등록 대수가 15만 9,103대로 21%나 증가했다고 밝혔다.[6] 여기에 전통적인 자동차 회사들을 위협하며 혁신적 기업으로 군림하고 있는 미국의 전기차업체 테슬라가 보급형 전기차 '테슬라 X'를 발표했다. 테슬라의 전기차는 2015년 3분기 판매량만 1만 1,580대로 전년 동기 대비 49% 증가하며 6분기 연속 분기별 최고 판매량을 경신

했다.[7] 애플과 구글 등 IT업체도 전기차 개발에 나선 상태라 전기차 시장의 규모는 앞으로 폭발적으로 증가할 것으로 예상된다. 국내에서 전기차는 여전히 가격이 높고 충전시설 등의 인프라가 제대로 갖춰지지 않아 전기차 보급률이 세계 점유율의 0.45%에 불과한 상태지만 점차 관심이 확대되고 있다.[8] 현대기아차의 전기차가 국내에서 꾸준히 판매되고 있으며 최근에는 기아자동차의 전기차 '쏘울 EV'가 프랑스 기자들이 뽑은 '도시형 대체에너지 차량'으로 선정되기도 했다. 이러한 바람을 타고 자동차 업계에서는 하이브리드카, **플러그인하이브리드카**를 중심으로 친환경 자동차의 상용화를 서두르고 있다.

'카셰어링'과 '탄소포인트제'의 활성화

공유 자동차 서비스도 더욱 활성화되고 있다. 낯선 타인과 차량을 공유한다는 불편함과 차량에 대한 소유욕을 포기하지 못하는 국내 소비자들의 성향 때문에 좀처럼 자리잡지 못하던 차량 공유 시스템이 최근 들어 무서운 속도로 성장하고 있다. 2012년 처음 서비스를 시작한 '쏘카'는 2014년에 이어 2015년 괄목할 만한 성장세를 보이며 2년 8개월여 만에 공유 차량 3,000대, 회원 백만 명을 돌파했다. 2012년 말 공유 차량 100대로 시작한 쏘카는 공유 차량 1,000대까지 1년 8개월이 걸렸는데, 이후 2,000대까지는 8개월, 다시 3,000대까지는 5개월밖에 소요되지 않는 등 가파른 성장세를 보이고 있다. 세계 최대 카셰어링업체인 미국 집카Zipcar의 경우 공유 차량이 3,000대가 되기까지 무려 8년이 걸린 것에 비하면 이 기록은 놀라운 속도다.[9] 낯설게만 느끼던 카셰어링의 효율성과 환경보호에 대한 인식이 맞아떨어지면서 국내 운전자들의 선입견과 고착화된 습관이 변하기 시작한 것이다.

탄소포인트제 가입 가구 수도 2015년 들어 활발한 증가세를 띠고 있다. 탄소포인트제는 생활 부문에서 전기·수도·도시가스의 사용량을 줄여 온실가스 감축률에 따라 포인트를 부여하고 이에 상응하는 경제적 인센티브를 제공하는 전 국민 온실가스 감축 실천 프로그램이다. 2009년 대구시에서 시작한 탄소포인트제 가입 가구수는 당시 2만 9,000가구에 불과했지만 2015년 6배 가까이 늘어 17만 5,000여 가구가 동참하고 있으며 전국적으로도 346만 가구가 참여하고 있다. 덕분에 2014년 한 해에만 소나무 1억 7,000만 그루를 심는 것과 비슷한 효과인 총 112만 톤의 온실가스 감축 효과를 거두었다. 어렵고 복잡한 개념에 좀처럼 움직이지 않던 소비자들이 이제 찾아서 공부하고 이해하며 각종 제도에 자발적으로 가입하고 있다.[10]

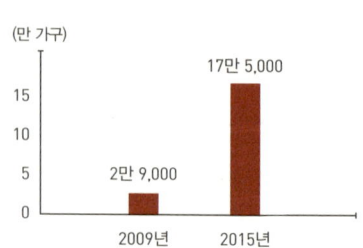

탄소포인트제 가입 가구수 추이

(만 가구)

17만 5,000

2만 9,000

2009년 2015년

웰에이징의 시대: 잘 늙는 것에 대하여

1980년 200명에 불과하던 우리나라의 100세 인구가 2000년엔 2,200명으로 11배나 증가했다. 일본에서는 2010년 오사카에서만 120세 이상 인구가 5천 명을 넘어섰고, 2015년 미국에서는 역사상 처음으로 60세 이상 인구수가 15세 이하 인구수를 앞질렀다. 바야흐로 100세 시대가 온 것이다. 이에 따라 현대인의 관심도 자연스레 잘 늙는 법, '웰에이징well-aging'을 실천하는 방법에 집중되고 있다. 사람이 사람답게 사는 것을 중요하게 여기던 '웰빙wellbeing 시대'에서 이제는 사람답게, 아름답게 늙어야 하는 '웰에이징 시대'가 도래한 것이다.

나이를 거슬러 젊게 살자는 안티에이징anti-aging이 시대의 트렌드로 떠오른 적이 있지만(『트렌드 코리아 2010』 **나이야 가라!** 키워드 참조), 자연적 노화를 거스르는 부자연스러움보다 현명하고 건강하게 늙어가는 웰에이징에 헬스케어업계의 초점이 맞춰지고 있다. 노화를 자연스러운 현상으로 받아들이고 그에 걸맞은 멋진 인생을 살겠다는 현대인의 바람이 구체화되며 웰에이징 관련 산업이 각광을 받고 있다.

저염 된장, 천연콩 두유… '웰이팅'과 '홈케어 기기'

가장 먼저 채비를 시작한 것은 먹거리 분야다. 친환경 오개닉 상품을 넘어서 웰에이징에 특화된 상품들이 눈에 띈다. 예를 들어 건강을 배려한 자연 원료형 제품이나 합성 첨가물을 뺀 무첨가·저열·저당의 마이너스형 식품들이 있다. 일본의 경우 아지노모토, 산토리, 기코망 등 대표 식음료 회사들이 앞장서 새로운 웰이팅well-eating 콘셉트의 식품을 내놓고 있다. 천연콩을 사용한 두유나 나트륨의 양을 크게 줄인 저염 간장과 된장, 흑초 원액 등이 대표적이다.[11] 고지방 고칼로리의 인스턴트 식품 섭취와 운동 부족으로 인한 비만이 각종 질병의 원인으로 지목되며 '좋은 것'을 '잘 먹는 것'이 건강을 지키는 가장 쉽고 중요한 선택이 된 것이다. 유기농으로 재배된 식재료에서 한 단계 더 나아가 맛과 영양의 균형까지 고려한 웰이팅은 식품업계의 주요 트렌드로 성장할 것으로 전망된다.

전자제품 분야에도 웰에이징 바람이 불고 있다. 노화가 시작되면서 흔하게 겪는 각종 질병을 예방하거나 관리할 수 있는 홈케어 기기들이 개발되고 있다. 2007년 자기 혈당 측정기용 센서를 업계 표준으로 만들며 일찍이 헬스케어 시장에 뛰어든 파나소닉은 초음파 자기진단장치, 세라믹 다층기판 등 더욱 다양한 제품을 선보이며 웰에이징 전자기기 시장을 선도하고 있다. 소비재 가전 부문에서는 뷰티케어, 눈피로 완화기, 나노 이온 두피관리기 등 웰에이징을 돕는 신제품들이 출시되면서 시장을 형성하고 있다.

특히 웨어러블 디바이스 발전의 붐을 타고 각종 건강 체크 기기들이 현대인의 생활 속으로 들어왔다. 핏비트Fitbit, 런키퍼Runkeeper 등의 헬스케어 기기들은 손목에 착용 후 스마트폰 앱과 연동해 운동량과 소비열량을 측정할 수 있다. 또 다른 헬스케어 기기인 조본업Jawbone Up은 운동량 측정 외에 수면 패턴 측정 기능이 추가되어 양질의 수면이 건강과 컨디션에 어떤 영향을 미치는지 데이터로 보여준다. IT 기기를 활용한 자가 측정은 평소 자신의 운동량이나 수면량과 수면의 질을 체크하고 잘못된 생활습관을 개선할 수 있도록 도움을 주어 앞으로도 웰에이징 세대에 맞춤화된 다양한 기능이 추가될 것으로 보인다.

웰다잉, 100세 시대에 필요한 어른학교

웰빙에서 웰에이징으로 현대인의 관심이 특화되어가면서 함께 떠오르는 단어가 바로 웰다잉well-dying이다. 2015년 국민건강보험공단은 '죽음, 그리고 아름답고 존엄한 나의 삶'이라는 주제로 웰다잉 교육과정을 운영했다. 웰다잉 교육은 그동안 일부 복지관 등에서 산발적으로 운영돼왔으나 공적 영역에서는 공단이 처음으로 시도한 것으로, 죽음에 대한 준비교육을 정부 차원에서 시도했다는 점이 눈여겨볼 만하다. 웰다잉 교육은 삶의 자연스러운 과정으로서 죽음을 바라보고 존엄한 죽음을 선택할 기회를 제공하며, 죽음에 대한 사회적 인식이 변화하고 있음을 보여준다. 진지한 자세로 죽음에 대해 생각해보는 것은 현재의 삶을 되돌아보는 기회가 되기도 한다. 이 때문에 웰다잉에 대한 관심은 현대인에게 성찰의 시간으로 이어져 성숙한 사고와 삶의 태도를 만드는 계기가 되고 있다.

이러한 시대의 흐름과 함께 삶 속의 크고 작은 질문들을 주제로 공부하는 학교, 영국 작가 알랭 드 보통이 시작한 '스쿨 오브 라이프 The School of Life'는 국내에서 '인생학교'로 불리며 세간의 화제가 되었다. 2008년 영국 런던에서 알랭 드 보통과 큐레이터 등이 의기투합해서 만든 이 특별한 학교는 현재 세계 도처에 분교까지 열면서 유명세를 이어가고 있다. 어른들을 위한 학교로 통하는 인생학교는 '좋

100세 시대, 웰에이징이라는 메가 트렌드의 물결 속에서 우리는 어떻게 나이 들어갈 것인가, 어떻게 살아가야 할 것인가라는 본질적인 문제에 맞닥뜨리게 되었다. '늙는 다는 것'은 '나이의 문제'가 아니고 '습관과 선택의 문제'라는 인식의 변화와 함께 우리의 삶을 지속 가능하게 할 선택과 습관에 대한 고민도 더욱 진지해질 것이다.

은 삶'의 의미에 대해 질문하고 함께 답을 찾기 위한 목적으로 출발했다. 핵심 커리큘럼은 크게 일, 사랑, 자아, 문화의 범주로 짜여 있다. 이는 100세 시대를 현명하게 준비해 더 나은 삶을 살고자 하는 현대인의 니즈를 잘 반영한 것이다. 우리나라에도 2015년 10월 이태원에 인생학교 서울점이 개교했다. '인생학교 서울'은 런던 본교에서 개발한 약 25개의 커리큘럼 중 한국인에게 꼭 필요하고 도움이 될 만한 주요 수업을 선보인다. 대표적인 수업으로는 '일과 삶의 균형을 잡는 법', '가슴 뛰는 직업을 찾는 법', '가족과 더 행복하게 사는 법', '사랑을 지속하는 법', '창의적인 사람이 되는 법', '죽음, 어떻게 받아들일 것인가' 등이 있다.[12] 길어진 인생에 대한 사람들의 지적·감성적·문화적 소양에 대한 논의가 시작된 셈이다.

대안 도시의 등장

지속 가능한 인류의 생존에 대한 질문을 던진 할리우드 영화 〈인터
스텔라〉에서 미래의 지구는 환경오염으로 황폐화되어 극심한 식량
난에 시달린다. 〈인터스텔라〉뿐 아니라 많은 SF 영화들 속에서 미래
지구의 풍경은 모래먼지로 가득한 황무지로 그려지곤 한다. 우리 앞
에 펼쳐진 미래가 유토피아가 아닌 디스토피아라는 수많은 영화 속
메시지와 경고를 지켜보며 현대인의 시선도 지속 가능한 미래에 대
한 성찰로 향하고 있다. 보다 안전하고 건강한 미래를 준비하기 위한
'미래형 자급자족의 삶'에 대한 고민이 본격화된 것이다. 문명화 이
전 시대의 과거형 자급자족이 아니라 미래 지구 환경의 변화에 대처
하고 예방하기 위한 현명한 생활습관에 관한 고민이다.

스스로 생존하는 똑똑한 '생태도시' 건설

현대인들의 관심이 가장 높은 분야는 에너지 자급자족에 대한 것이
다. 실제로 도시인들은 열섬 현상으로 여름이면 극심한 무더위를, 겨
울이면 높은 빌딩 그늘 탓에 매서운 추위를 겪고 있다. 냉난방을 위
한 에너지 소비가 더욱 증가하는 상황에서 현실적인 방안은 에너지
를 최소화할 수 있는 태양열과 지열 등의 대체에너지를 사용하는 것
이다. 또한 지나치게 큰 주택은 그만큼 더 많은 에너지 소비를 가져
오기 때문에 대체에너지 사용과 더불어 생활의 규모를 줄이는 것도
덕목이 되고 있다. 지속 가능한 미래를 위한 실천 가능한 전략들이
곧 미래형 자급자족적 삶이 되고 있는 것이다.

도시의 근간이 되는 핵심 시스템들도 기능화되고 상호 연결되며 새로운 차원으로 지능화되고 있다. 우리나라는 이미 2008년에 '저탄소 녹색성장'을 국가 비전으로 선포한 바 있다. 저탄소 녹색도시에 관한 이론들은 20세기 초 '전원도시'의 개발로부터 1970년대 중반에 등장한 '생태도시'를 거쳐, 2000년대에 들어서면서 기후 변화에 대응하려는 저탄소 녹색도시로 확대되었다. 최근에는 그린 IT기술을 근간으로 제로 에너지Zero Energy, 제로 탄소Zero Carbon, 제로 쓰레기Zero Waste를 목표로 하는 '스마트 그린 시티Smart Green City'로 패러다임이 변하는 추세다. 이렇듯 전 세계적으로 에너지와 자원을 절약하고 효율적으로 사용하여 지구 온난화 현상이나 환경 훼손을 줄이는 방향에 대한 요구가 높아짐에 따라 선진국들은 물론 국내에서도 다양하면서도 유사한 개념의 그린 시티 조성이 활발하게 추진되고 있다.

그린 시티가 화두가 되면서, **스마트 그리드**라는 말은 이제 잘 알려진 용어가 되었다. 이는 도시의 생존과 유지를 위한 교통·물·에너지·통신과 같은 주요 기반시설에 대한 광범위한 위협을 종합적으로 해결하기 위한 대안이다. 이 때문에 향후 10년 내에 세계 주요 도시들이 '스마트 시티Smart City'로 새롭게 거듭날 것이라는 전망이 대두되고 있다. 도시 인프라에 IT를 적용한 '똑똑한' 도시의 탄생을 준비하는 것이다. 세계의 스마트시티 기술 매출 규모는 2014년 88억

스마트 그리드smart grid

스마트와 '망'을 뜻하는 그리드의 합성어로 말 그대로 지능형 전력망을 뜻하는 차세대 에너지 신기술이다. 기존의 전력망에 정보통신기술(IT)를 접목해 전력 공급자와 소비자가 실시간으로 전기 사용 관련 정보를 주고받음으로써 에너지를 효율적으로 사용하게 한다. 전기자동차에 전기를 충전하는 기본 인프라나 태양광, 풍력 등 신재생에너지를 안정적으로 이용할 수 있다.

자료: 네이버 지식백과

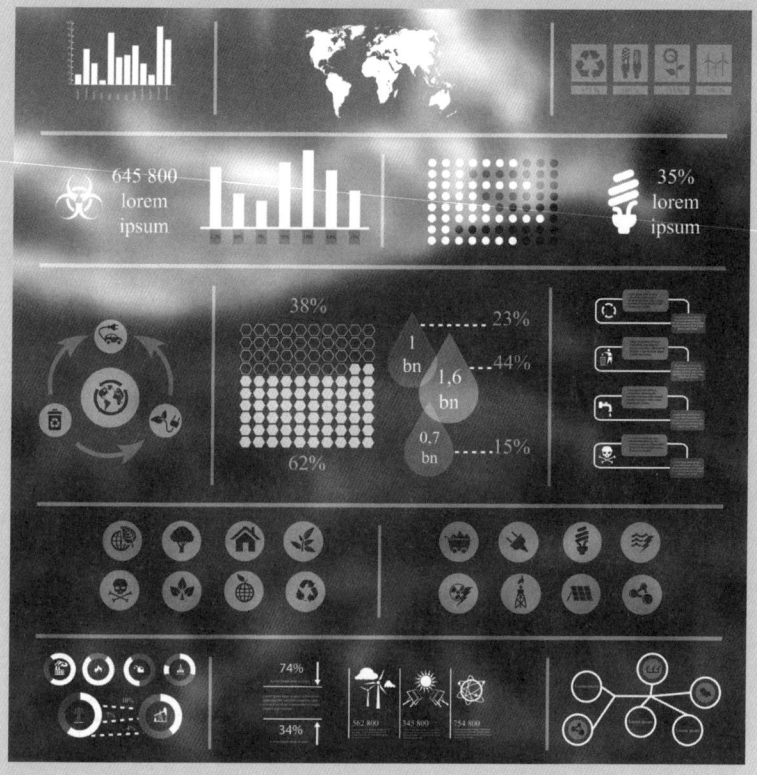

우리 앞에 펼쳐진 미래가 유토피아가 아닌 **디스토피아**라는 수많은
영화 속 메시지와 경고를 지켜보며 현대인의 시선도 지속 가능한 미래에 대한
성찰로 향하고 있다. 보다 안전하고 건강한 미래를 준비하기 위한
'미래형 자급자족의 삶'에 대한 고민이 본격화된 것이다.
문명화 이전 시대의 과거형 자급자족이 아니라 미래 지구 환경의 변화에
대처하고 예방하기 위한 **현명한 생활습관**에 관한 고민이다.

달러에서 2023년 275억 달러로 성장할 전망이며 우리나라 역시 지자체들의 적극적인 대체 에너지 개발에 힘입어 이러한 흐름에 합류하고 있다.

대체에너지를 잡아라, 친환경 에너지 혁명

『에너지 혁명 2030』의 저자 토니 세바는 향후 15년 안에 지금의 에너지 판도를 뒤엎을 강력한 대체에너지로 태양광을 꼽았다. 국내외를 막론하고 주택 및 전자제품에 태양광 기술을 도입하는 방안이 집중적으로 연구되고 있다. 태양광 충전으로 사용이 가능한 보조배터리부터 이동형 주택의 천장까지 사용 범위가 넓고 다양하다. 특히 애플의 경우 스마트 기기 디스플레이 표면에 태양광 센서를 탑재하는 특허를 출원하기도 했다. 이 기능이 현실화되면 스마트폰을 사용하면서 지속적으로 태양광을 받아 충전이 가능해진다.

세븐일레븐은 가평에 친환경 편의점 '가평 자전거 테마파크점'을 오픈했다. 이 편의점은 태양광 발전 시스템을 설치해 점포 운영에 필요한 전력을 자체 생산할 수 있도록 고안되었다. 이러한 친환경 편의점은 국가적인 에너지 절감 노력에 동참할 뿐만 아니라 점포에서 지출하는 비용 중 높은 비중을 차지하는 전기료를 줄이기 위한 것이다. 자체 테스트 결과 기존 점포 대비 전체 전기요금을 23% 정도 절감하는 효과가 있는 것으로 나타났으며 이산화탄소 배출량도 30%가량 축소할 수 있을 것으로 세븐일레븐 측은 내다보고 있다. 뿐만 아니라 에너지저장장치ESS의 하이브리드 시스템을 도입해 태풍, 지진 등의 자연재해로 인해 외부 전력이 차단되더라도 최대 4시간까지 운영을 지속할 수 있다.[13] 지금은 편의점에 국한되어 있지만 이 시스템은 점차 확장될 것으로 전망된다.

현재 한국전력은 친환경 에너지 자립섬 사업을 추진 중이다. 친환경 에너지 자립섬이란 디젤을 사용하고 있는 섬 지역의 에너지원을 태양광, 풍력, 지열, 연료전지 등 신재생에너지와 에너지저장장치ESS를 결합한 친환경 에너지로 대체하는 에너지 사업의 신 모델이다. 에너지의 97%를 수입하며 외국에 에너지 대부분을 의존하는 우리나라에 에너지 자립은 꿈 같은 일이지만 섬 지역과 같은 일부 지역에 한정한다면 가능하다. 섬의 경우 전기가 육지와 연결되지 못해 섬 자체에 설치한 소규모 디젤 발전기를 이용해 전기를 생산하는데 발전비용이 육지에 비해 보통 5배가 넘으며 주민 수가 적은 섬은 10배가 넘기도 한다. 따라서 육지라면 상대적으로 발전 단가가 높아 엄두도 못낼 신재생에너지를 이런 섬 지역에서는 애초에 발전단가가 높은 디젤 발전보다 더 저렴한 비용으로 활용할 수 있는 것이다.[14]

제주 서귀포시 가파도가 디젤 발전을 대신해 신재생에너지 구축에 성공한 국내 최초의 섬이 되었다. 2015년 10월 22일 착공한 울릉도 자립섬 프로젝트도 있다. 현재 울릉도는 디젤 발전소가 전체 전력의 95%를 생산하는데, 2017년까지 이를 신재생에너지로 대체하면서 전체 전력의 30%까지 구축한다는 방침이다. 이후 2020년까지 점차적으로 디젤 제로화를 꿈꾸고 있다.[15]

생태공원 '붐'을 이루다

스마트 시티와 함께 생태도시 조성도 미래형 자급자족을 위한 대안으로 꼽힌다. 각 지자체에서 경쟁적으로 생태공원을 조성하는 것에 대해 전시행정이라는 비난의 목소리가 없는 것은 아니나 실제로 생태공원은 지역구민은 물론이고 자연의 품을 찾는 전국 각지 사람들의 발걸음을 불러모으고 있다. 현재 네이버에서 '생태공원'을 검색하면 무려 190여 개가 넘는 생태공원 사이트가 소개된다. 그만큼 생태와 자연에 대한 현대인의 갈증이 크다는 방증이기도 하다. 대표적인 생태공원으로 자리한 순천만 자연생태공원은 탐방객 수가 지난해에만 155만 명, 1일 최다 3만 5,000여 명에 이르는 전국적인 명소로 부상했다. 탐방객 급증으로 오히려 생태계가 훼손될 수 있다는 우려의 목소리가 나와 하루 입장객을 1만 명으로 제한하고 사전예약제를 실시할 정도로 인기가 높다.[16]

전국적으로 생태하천이나 생태공원을 조성하려는 시도가 붐을 이루고 있는 가운데 거제시는 반딧불이 서식지 복원을 통한 힐링 생태 도시 조성을 선언했으며 충청남도 서천시는 4,500여 종의 동·식물이 살아 숨 쉬는 국립생태원 에코리움을 조성해 여행객의 발길을 끌어들이고 있다. 이처럼 생명력을 잃어가던 우리 땅 곳곳이 생태공원으로 재탄생하며 대안 도시의 청사진을 만들고 있다.

시사점
친환경적인 삶은 웰에이징 시대의 최대 관심사가 될 것

―

길어진 인간의 수명과 함께 오랫동안 지구라는 공간에서 잘 먹고 잘 살기 위해서는 환경에 대한 관심이 커질 수밖에 없다. 웰에이징 시대에는 생태운동에 대한 논의가 중요해진다. 환경은 이용의 대상이 아니라 돌봄의 대상이다. 국가적인 과제로 떠넘기기에 환경문제는 이미 개인의 일상과 깊이 관련되어 있다. 기업적 차원에서도 생태자원의 보존과 활용에 대한 연구가 필요하며, 개인적 차원에서 인식과 습관을 변화시키기 위한 노력도 중요하다. 환경운동가가 아니더라도 우리가 사는 환경을 보살피기 위한 정보를 공유하고 생활습관을 개선하는 미덕이 필요한 때다.

2016년은 과거 어느 때보다 자족적인 환경과 생태적인 에너지에 대한 관심이 사회 전반에 확산될 것으로 보인다. 신재생에너지 산업이 어디까지 발전해 있는지, 태양광 산업에 대한 투자와 발전은 얼마나 빠른 속도로 진행 중인지, 구글이나 애플 등 글로벌 기업들의 신재생에너지에 대한 행보가 어떠한지 등도 함께 지켜봐야 한다. 지속가능한 성장과 미래, 그 중심에 에너지가 있기 때문이다.

제주도는 오는 2030년까지 '탄소 없는 섬 제주'를 실현하기 위해 모든 차량을 100% 전기자동차로 도입하겠다는 정책을 발표했다. 야심차게 기획된 정책인 만큼 이를 현장에서 이끌 수 있는 인력을 확보하는 것도 중요하다. 현재 신재생에너지는 그 중요도와 심각성에 비해 경기침체와 공급과잉으로 균형 잡힌 발전이 이루어지지 못하고 있는 실정이다. 향후 신재생에너지 사업이 올바르게 정착하기 위해 지금부터 관련 분야의 전문 인력을 육성하기 위한 제도가 수반되어야 할 것이다.

이웃나라 일본의 대지진으로 인한 방사능 유출 사고로 우리나라 국민들 역시 방사능에 대한 불안감을 느끼며 살아가고 있다. 2015년에는 중국 톈진 항 폭발 사고 등 환경을 위협하는 사고 소식들을 접하며 유해물질 누출에도 민감해졌다. 자연환경을 거스르며 산업발전에만 급급했던 과거의 행보를 청산하고 잘 늙으며 안전하고 건강하게 살기 위해서는 친환경적인 미래형 자급자족의 삶이 개인의 일상까지 뿌리내려야 한다.

'미래형 자급자족'은 쉽게 인지하지 못하지만 우리의 소비생활에 많은 영향을 미치는 보이지 않는 손과 같다. 기업은 그 변화를 감지하고 실천적인 생태주의와 현실적인 자급자족에 대해 고민하면서 사람들의 소비활동을 점검할 필요가 있다. 2016년은 기존의 환경 이슈가 새로운 생태운동으로 발돋움하는 변곡점의 한 해가 될 것이다.

Basic Instincts

원초적 본능

자극적인 것이 주목받는다. 단기 불황에는 매운맛, 장기 불황에는 단맛이 뜬다고 했던가? 수년간 지속되는 경기침체와 사회적 좌절이 소비자 반응의 역치를 올리고 있다. 드라마보다 눈물겹고 소설보다 초현실적인 현실 속에서 젠체하고 미화하는 것보다는 말초적이고 적나라한 자극에 더 쉽게 반응한다. 하드코어급의 극단적 콘텐츠에 주목하고, 세련된 A급보다 촌스러운 B급이 사람들의 시선을 끌고 있다. 자신을 망가뜨리는 적나라한 솔직함에 공감하며, 질서정연함보다는 어이없는 부조화에 열광한다. 사회 전반에 확산된 절망·분노·갈등은 사람들로 하여금 더욱더 원초적이고 자극적인 감각에 탐닉하도록 주문한다. '원초적 본능' 키워드는 '잔인하고 유치하고 솔직한 것들을 적나라하게 추구'함으로써 힘든 현실을 돌파해 나가고자 하는 사회적 현실을 반영한다. 부조리한 현실과 기존의 질서에 도전장을 던지는 초현실 사이에서 현대인들은 아슬아슬한 줄타기를 하고 있다. 이 줄타기가 어느 정도 균형감각을 갖추게 되면 사회의 다양성을 인정하는 방향으로 발전해 비주류로도 충분히 살아갈 수 있다는 긍정의 에너지로 진화할 수 있을 것이다. 이러한 현상이 단순히 사회적 냉소와 조롱의 차원이 아니라 문화적 다양성을 확보하고 건강한 소비문화를 이끌어가는 계기가 될 수 있기를 기대한다.

극심한 스트레스 상황에서 공포영화를 보면 스트레스를 해소하는 데 도움이 될까? 답은 "그렇다"이다. 미국 밴더빌트대학교 심리학과의 데이비드 잘드 교수에 따르면 사람들이 공포영화를 볼 때 신체는 공포가 일으킨 여러 가지 생리적인 반응들을 상쇄하기 위해 교감신경에서 아드레날린이나 도파민 같은 흥분성 신경전달물질을 분비한다고 한다.[1] 이렇게 의도적으로 분비된 호르몬이 쾌감을 느끼게 해 스트레스 때문에 한쪽으로 쏠렸던 감정을 균형점으로 돌려놓는다. 공포 반응의 일부로 나타나는 마약 성분 같은 신경전달물질의 작용이 스트레스 해소에 도움을 준다는 것이다. 달콤하거나 매운 음식 먹기, 달리기, 소리 지르기, 잠자기 등과 같은 스트레스 해소 행동도 대개 이러한 메커니즘을 따른다.

불황이 계속되어서일까? 부쩍 증가한 우리 사회의 스트레스 수준만큼 이를 해소하기 위한 반대 기제의 움직임이 두드러지고 있다. 경제가 점점 저성장 기조로 치닫으면서 안정적인 미래는 계속 멀어져 간다. '금수저', '흙수저'라는 표현이 유행할 만큼 '노력이 성취를 보장한다'는 명제도 흔들리고 있다. 잇달아 발생하는 재난은 자연재해인지 인재인지 구분하기조차 어렵고, 주변에서 발생하는 흉흉한 사건·사고는 일상을 상시적 공포감으로 채운다. 드라마보다 더 드라마 같은 현실을 살며, 이제 사람들은 적나라하고 말초적이며 원초적인 자극을 찾아 나서고 있다. 이 원초적 자극이 스트레스를 누그러뜨려 주는 공포영화처럼 현실을 맞닥뜨리게 하는 해법이 되기도 한다. 겹겹이 싼 포장지들을 벗어던지고 본능에 충실할 때 한쪽으로 치우친 우리의 감정이 다시금 균형을 잡고 항상성을 회복하기 때문이다.

『트렌드 코리아 2016』이 전망하는 **원초적 본능** 키워드는 잔인하고 유치하고 솔직한 것들을 적나라하게 추구하는 트렌드를 일컫는다. 아마도 우리가 부딪혀야 하는 현실이 그만큼 엄혹하기 때문일 것이다. 성장기 시장에서는 우리가 가진 원초적 욕망을 억누르고 희생하는 것이 어렵지 않았다. 이 순간만 참고 견디면 곧 보상받을 수 있다는 희망과 미래에 대한 긍정적인 기대감이 있었기 때문이다. 하지만 지금은 다르다. 장기 불황이 이어지며 아무도 미래를 낙관하기 어렵다. 그렇기에 더 이상 현재의 욕망을 참고 견딜 필요가 없다. 오히려 '힘들다, 어렵다'라고 솔직히 이야기하는 편이 지금의 상황을 받아들이는 데 도움이 된다. 조화로움보다는 부조화에, 세련됨보다는 극단적인 촌스러움에, 얼굴이 화끈거릴 만큼 솔직한 고백과 비명을 지르게 하는 하드코어적인 자극에 반응함으로써 비극과 희극, 현실과 초현실을 넘나든다.

2016년 한국 사회를 불편하지만 짜릿하게 움직일 것으로 보이는 원초적 본능의 시대는 어떤 형태로 소비시장에서 발현될 것인지 차례로 살펴본다.

원초적 본능을 찾아가는 다양한 모습들

1. 하드코어: 극단적으로 선정적이다

청소년관람불가 등급에도 불구하고 2015년 600만 관객을 동원한 외화가 있다. 바로 '감각적인 잔인함'을 앞세운 할리우드 영화 〈킹스맨〉이다. 피가 튀고 살이 찢기는 장면이 난무한 〈킹스맨〉에서 가장 주목을 끈 장면은 수많은 사람의 머리가 폭발하는 신이다. 대학살을 떠올릴 만큼 잔인하지만 한편으로는 마치 오렌지 불꽃이 터지는 것처럼 아름답게 표현되었다.[2] 잔인함과 폭력성마저 세련되게 그려내 오히려 더 감각적으로 느껴진다. 대중의 원초적 본능을 자극하는 첫 번째 전략도 이와 같다. 잔인하지만 세련됨을 유지하는 하드코어적 '선정성'에 주목해야 한다. 선정적lascivious이라는 표현은 성적인 표현의 수위가 높을 때 주로 사용하지만, 성性과 관계없이 사람의 감정적 측면을 지나치게 선정적sensational으로 자극하는 경우에도 사용된다.

한 아이돌 그룹의 뮤직비디오도 이러한 원초적 자극을 잘 보여줬다. 2015년 컴백한 샤이니의 '매리드 투 더 뮤직Married To The Music'은 잔인하고도 매력적인 뮤직비디오로 유명세를 탔다. 대형 회전 다트판 위에 고정돼 있던 샤이니 멤버 '키'는 날아오는 칼에 목이 잘리는데, 댕강 잘린 목이 몸과 분리돼 바닥에 뒹굴고 구둣발에도 채어 굴러다닌다. 또 다른 멤버 '태민'은 야구 배트에 뒤통수를 맞아 안구가 튀어나온다. '온유'는 코가 사라지고, '민호'의 얼굴은 통째로 화염에 뒤덮인다.[3] 호러 영화 속 장면 같은 선정적인 설정이지만 실제 뮤직비디오는 마치 행위예술처럼 경쾌하기 그지없다. 형형색색의 효과들로 오히려 감각적으로 느껴지기도 한다. 팬들 역시 좋아하는 가수를 끔찍하게 표현한 것에 대해 분노하기는커녕 "멋지다, 쿨하다"며 엄지를 척 들어올렸다.

가식 없는 리얼리티 TV 프로그램이 주는 카타르시스

끔찍한 장면을 여과 없이 보여주는 이미지들이 말초적 자극을 선사하는 가운데, 상대적으로 규제가 엄격한 TV 프로그램도 독한 설정과 발언들을 여과 없이 노출하며 시청자의 눈길을 끌었다. 2015년 6월 시작된 KBS 예능 〈나를 돌아봐〉는 출연 배우 김수미가 비속어를 남발하는 바람에 수차례 방송통신심의위원회의 징계를 받았다.[4] "출연료가 어떻게 되나요?"라는 질문에 김수미는 조금도 주저 없이 "출연료 묻지 마 XX야"라고 욕설을 한다. 해당 내용은 삭제되지 않고 '삐' 소리로 살짝 숨겨 방영됐다. 함께 출연한 가수 조영남도 매니저로 출연한 이경규에게 욕설과 막말을 일삼아 논란이 되기도 했다. 시청자들은 출연진의 매너 없는 행태에 눈살을 찌푸리기도 하지만 이런 가식 없는 리얼리티에 카타르시스를 느끼기도 한다.

오디션 프로그램의 선정성도 그 수위가 높아지고 있다. Mnet의 〈쇼미더머니 4〉는 손가락 욕설이나 여성 비하 발언 등으로 방영 내내 구설수에 올랐다. 출연자의 랩 가사 중 여성 비하성 표현이 그대로 방영돼 산부인과협회가 반발했고 방송통신심의위원회로부터 최고 수준의 중징계를 받기도 했다. 여성 래퍼들이 등장하는 〈언프리티랩스타 2〉 프로그램도 마찬가지였다. 상대방의 외모나 참가자 개인의 과거사에 대한 조롱과 힐난으로 참가자가 눈물을 뚝뚝 흘리는 장면이 그대로 시청자에게 전해졌다. 문제는 이러한 힙합 프로그램의 극단적 선정성이 시즌을 거듭할수록 더 자극적으로 변하고 있다는 데 있다. 랩의 수위가 하드코어적으로 높을수록 시청률이 오르기 때문이다. 일례로 〈쇼미더머니〉 시즌 1과 시즌 2는 당시 평균 1%의 시청률도 넘기지 못했지만 더 과격해진 출연자들을 내세운 시즌 3는 평균 시청률 1.9%를 기록했고, 논란이 됐던 시즌 4는 2.1%를 기록했다(닐슨코리아, 유료가구 기준). 시청률 상승뿐 아니라 포털 사이트 검색어 순위 상위권을 유지하며 계속 이야깃거리를 낳았다.

'ㅇㅇ충', 극에 달한 혐오감의 표출

온라인에서 네티즌들이 사용하는 표현도 점점 더 살벌해지고 있다. 특히 특정집단을 매도하는 'ㅇㅇ충'과 같은 단어가 일상적으로 사용되는 현상은 사회적으로 우려를 낳고 있다. 자전거를 타고 도로를 달리는 이들은 '자전거충,' 대학 수시전형 입학생들은 '수시충,' 토익 공부에 매달리는 학생은 '토익충,' 아르바이트생은 '알바충,' 아이를 키우는 엄마는 '맘충' 등 지극히 평범한 사람들이지만 자신과 다르다는 이유로 '충'이라는 혐오 표시를 내세워 적대시한다. 이처럼 사회 전반에 걸쳐 선정적 단어의 사용이 급속도로 확산되자 급기야 국회가 나서 선거운동 기간 지역감정을 자극하는 발언을 하면 처벌하는 내용의 공직선거법 개정안을 처리하기에 이르렀다.[5]

2. B급 감성: 싼 티 나게 유치하다

"너는 너무 '니마이'야, PD는 '쌈마이'여야 해."

KBS에서 방영된 드라마 〈프로듀사〉에서 주인공 탁예진이 신입 PD 백승찬에게 던진 조언이다. 니마이는 일본에서 온 방송계 은어로 출연 배우 일람표에 두 번째로 이름이 쓰인 사람, 즉 '조연'을 의미하고, 쌈마이는 세 번째로 이름이 들어가는 익살스러운 단역배우를 일컫는다. 통속적으로 니마이는 멋있고 고상한 사람과 그러한 취향을, 쌈마이는 싸구려와 저급한 감성을 가리킨다고 한다.[6] 원초적 본능을 건드리는 감성은 바로 이 쌈마이 느낌이다. 싼 티와 저급함, 그리고 촌스러움이 한데 어우러진 'B급 감성'이 부상하고 있다.

이제는 외모와 멋이 비례하는 시대가 아니다. 오히려 근사한 배우가 스스로 망가지는 캐릭터를 선택하기도 한다. 훤칠한 키에 잘생긴 외모로 인기가 많은 가수 겸 배우 옥택연은 tvN의 〈삼시세끼〉란 예능 프로그램에서 원래의 별명인 '짐승돌' 대신 '옥빙구'란 새 별명을 얻었다. 털털하면서도 다소 어수룩한 모습을 보고 '바보스럽다'는 의미에서 '빙구'란 캐릭터를 부여받은 것이다. 시청자들도 멋진 모습에만 집착하지 않고 자연스럽게 촌스러움을 발산하는 그의 모습에 더 큰 매력을 느꼈다.

멋있지 않아 더 멋있는 '병맛' 코드

작정하고 B급을 자처해 스타덤에 오른 개그맨도 부쩍 눈에 띈다. 데뷔 17년 만에 '슈퍼파워'를 과시하는 개그맨 김영철은 그동안 다소 과장된 특유의 개그 형태로 시청자에게 '과잉되다'는 핀잔을 받기 일쑤였다. 하지만 지금은 다르다. 세련되지 않지만 촌스럽게 망가지는 것을 두려워하지 않는 독특한 매력에 각종 프로그램의 섭외 1순위로 올라섰다. 쌈마이 캐릭터의 대표주자라 할 수 있는 유병재도 마찬가지다. 사람이라면 누구나 조금씩 숨기고 있는 '찌질함'을 여과 없이 드러내며 자신만의 캐릭터를 구축했다.[7] 멋있지 않아서 더 멋있는 **병맛**의 매력이다.

병맛
어떤 대상이 '맥락 없고 형편없으며 어이없음'을 뜻하는 신조어. '병신 같은 맛'의 줄임말로 받아들여진다.
출처: 위키백과

가요계에서는 이미 오래전부터 한결같은 싼 티와 촌스러움으로 승부를 거는 그룹이 있다. 1집부터 싼 티로 이름을 날린 '노라조'는 모태솔로와 백수 등 입시·연애·취업·결혼·출산·승진 등 경쟁에서 낙오된 을z들의 설움을 '촌발 날리며' 노래한다.[8] 광고와 예능 프로그램을 주름잡고 있는 '장미여관'도 마찬가지다. 여관에서 잠깐만 쉬었다 가자는 내용의 〈봉숙이〉 같은 솔직한 노랫말뿐만 아니라, 무대 위에서의 의상이나 안무도 의도적으로 촌스럽다. 그럼에도 비웃을 수가 없다. 오히려 우리 내면의 경박함을 대신 노래해주는 것 같아 귀를 기울이게 만든다.

B급 정서가 입지를 넓히자, 기업 광고도 촌스러움을 적극적으로 활용하고 있다. 꽃미남만 등장한다는 화장품 광고에 코믹한 이미지의 광고 모델을 기용하는 식이다. 자연주의 콘셉트의 화장품 브랜드 이니스프리는 2015년 광고 모델로 '김보성'과 '강균성'을 전격 발탁했다. 의리로 인기몰이를 한 김보성이 "닦아쓰~으리"를 외치는 모습, 휘날리는 단발머리를 귀에 꽂는 강균성 특유의 몸짓은 옛날 옛적 개그 무대를 보는 것 같다. 우아하고 아름다운 모델은 없지만 촌스러움이 선사하는 부담 없는 경쾌함이 소비자에게 친근함으로 다가와 기억에 오래 남기도 한다.

3. 직설: 과도하게 솔직하다

트럼프에 '돌직구' 한인 하버드생 "완전 사이다~"

2015년 10월 미 공화당 대선주자 도널드 트럼프의 막말에 적극적으로 반격한 어느 한인 2세 하버드 학생이 국내외 언론의 주목을 받았다. 차기 미국 대통령 후보 앞에서 한 치의 머뭇거림도 없이 자신의 의견을 쏟아내던 젊은이의 모습은 그야말로 통쾌한 한 방을 날리는 것만 같았다.[9] 뉴스가 퍼지면서 다양한 온라인 커뮤니티에서는 "완전 사이다~"라는 네티즌들의 표현이 주를 이뤘다. 여기서 **사이다**는 '속이 시원하다'는 뜻의 신조어다. 그동안 예의와 매너를 지키기 위해 꾹꾹 참을 수밖에 없었던 이야기를 밖으로 속 시원하게 내뱉는 상황을 톡 쏘는 쾌감을 주는 '사이다'로 비유한 것이다. 때로는 도를 넘는 직언에 얼굴이 붉어지기도 하지만 주변을 의식하지 않고 해야 할 말은 하고야 마는 극단적인 솔직함에 대중은 꽉 막혔던 속이 확 풀리는 쾌감을 경험한다. 바로 이 '솔직함'이 원초적 본능을 일깨우는 세 번째 유형이다.

유기농·무첨가 식품이 곧 올바른 식단의 정답으로 여겨지는 분위기 속에서, "맛있으면 그만"이라며 통쾌한 '사이다'를 날려주는 전문가가 등장했다. 백종원 씨는 설탕과 화학조미료 좀 쓰면 어떠냐고 속 시원히 얘기하며 셰프테이너 열풍을 이끌었다. 어쩐지 위로를 받는 기분까지 든다. 대중의 이러한 반응

> **사이다**
>
> 통쾌하고 시원하다는 의미로 쓰이는 감탄사 또는 답답한 상황이 막힘없이 시원하게 전개되는 것을 의미하는 신조어. 반의어는 고구마.
>
> 출처: 위키백과

을 김헌식 문화평론가는 "유기농 제품만 구입해야 한다는 강박관념, 유기농 피로증"이라고 설명한다.[10] 뭔가 잘해야 한다는 강박에 시달리던 소비자들이 백종원 씨의 "쉽쥬?" 하는 식의 솔직한 표현들에 해방감을 느끼고 있는 것이다.

'부럽다', 속물적인 욕망을 겨냥하다

인간이라면 누구나 가지고 있는 보편적인 욕망을 애써 가리지 않고 솔직하게 표현하려는 시도도 늘고 있다. 그동안 예의를 차리기 위해 혹은 체면 때문에 숨겨왔던 욕망이 적나라하게 표현된다. 예를 들면 대신증권 크레온 광고에서 모델들은 자신보다 좋은 차를 타고 지나가거나 해외 휴가 계획을 세우는 타인의 상황을 마주하며 대놓고 '부럽다'고 혼잣말한다. 상대적 박탈감을 감추지 않고 노골적으로 드러낸 것이다.

배출가스 조작 사건으로 이미지가 추락하기 직전까지 국내 수입차 시장을 독주했던 폭스바겐도 비슷한 직설화법을 구사했다. 2015년 광고 속에 등장하는 남자는 지하주차장에서 만난 후배를 만나 "어, 김 과장, 폭스바겐?"이라고 외친다.[11] '당신이 외제차를 탈 정도의 경제력을 가졌는지 꿈에도 몰랐다'는 어투로 부러움과 시샘을 대놓고 표현한 것이다. 광고의 마지막에 등장하는 "남들에겐 질투, 당신에겐 기회"라는 카피는 사람들의 속물적인 욕망을 꼭 찌른다.

적나라한 솔직함은 정치권에서까지 의외의 영향력을 발휘하고 있다. 특히 대선을 앞둔 미국 정치권은 직언직설이 난무한다. 앞에서 언급한 공화당의 차기 대선후보 도널드 트럼프가 대표적이다. '리얼

클리어폴리틱스'의 통합여론조사에 따르면 2015년 9월, 트럼프의 지지율은 20%를 넘어섰다.[12] 전문가들은 트럼프의 인기 비결을 그의 막말에서 찾는다. 보통 미국 공화당의 주축인 백인·보수·중산층들은 점점 증가하는 히스패닉계 인구에 대한 막연한 두려움을 갖고 있는데, 트럼프는 이러한 계층의 불안심리를 정면으로 파고들어 "불법 이민자를 추방하자"와 같은 과격한 표현으로 해소시켰다는 것이다. 트럼프의 인기가 미국 대선에서 어떤 결과로 이어질 것인지는 알 수 없지만, 2016년 총선이라는 빅이슈를 앞둔 대한민국에서도 선거가 가까워질수록 이런 식의 직설적인 표현이 많아질 것으로 보인다.

B

Basic Instincts

4. 부조화: 뻔뻔하도록 안 어울리다

\#. 핏이 좋은 블랙 수트에 자칫 밋밋할까 싶어 횡성한우의 선홍빛 마블링으로 포인트를 줬더니 꽤나, 멋스럽다.

\#. 고급스러운 쿠튀르 케이스의 한정판 립스틱 61호와 천연 라텍스 고무장갑의 강렬한 레드 컬러를 매치시켰더니 팜므파탈이, 따로 없다.

2015년 TV 광고 속에 등장한 광고 속 카피 문구들이다. 멋진 수트 차림의 남자가 등장해 행커치프 대신 난데없이 한우 한 점으로 패션을 완성한다. 신상 립스틱을 바르고는 유사한 레드 컬러의 라텍스 고무장갑으로 '깔맞춤'하고, 신상 페도라에는 은갈치를 둘러 포인트를 준다. 수백만 원짜리 쇼퍼백을 장식하는 건 트윌리 스카프가 아니라

▲ 극히 조화롭지 않은 것들이 '신세계적 만남'을 통해 예술이 된다. 부조화로 화제를 모은 ssg.com의 광고.

대파 한 단이다. 일반적인 상식으로 '너무나 부자연스러워서' 오히려 눈길이 간다. 분명 재미 요소가 있지만 배꼽 빠지게 웃기기보다는 어이가 없어서 실소가 나온다는 표현이 더 정확할 것 같다. 한마디로 비정상적인 웃음, 키치Kitsch(의도적으로 촌스럽고 상투적인 예술장르)적 재미다.

2016년 사람들의 본능을 자극하는 마지막 유형은 바로 '의도적인 부조화'다. 어울리지 않는 것들을 함께 배치함으로써 보는 이들을 당황시키는 것이다. 이때 이런 넌센스를 보고 가볍게 "아, 하!"해주는 센스가 필요하다. 부조화의 극치가 주는 해방감을 느끼고 기존의 질서에 반하는 통쾌함을 공유하자는 것이 바로 이 넌센스의 메시지이기 때문이다. 상식적이어야 하고 올곧아야 하며 늘 가지런해야 한다는 고정관념에 대한 도전이 도처에서 이루어지고 있다. 기존 질서를 따르는 것만이 정답일까? 내가 하고 싶은 대로 아무렇게 배열한다고 해서 큰일이 발생하는 것도 아닌데, 그동안 우리는 너무나 천편일률적인 기준에 따라온 것은 아닐까? '부조화의 감각'은 우리에게 본능적인 일탈의 감각을 일깨운다.

떡볶이와 화덕피자의 만남, 정미소와 럭셔리 패션쇼의 만남

비상식적인 극단적 조합에 이끌리는 현상은 이미 먹거리 시장에서 두드러지고 있다. 상식 밖의 두 가지 맛이 공존하는 메뉴가 오히려 매력이 되어 소비자의 입맛을 잡아끈다. 단맛과 짠맛처럼 서로 상반된 맛을 동시에 제공하는 일종의 불협화음 전략이다. 최근 매장을 확대하고 있는 '바풀'은 즉석떡볶이와 화덕피자를 동시에 판매하는 가게다. 일반적으로 떡볶이의 단짝은 오뎅이나 튀김, 순대인데 떡볶이 세트를 주문하면 화덕피자를 공짜로 제공하는 전략을 짰다. 매콤한 맛과 느끼한 맛이 조화되어 의외로 반응이 좋다. 짬뽕과 피자를 함께 판매하는 '뽕신', 여기에 탕수육까지 결합한 퓨전 음식을 판매하는 '감피탕' 등도 상상 이상의 미각을 즐기자는 전략으로 소비자의 호기심을 자극한다.

  어울리지 않는 조합을 제품 콘셉트에 적용한 사례도 있다. 일명 '부조화' 상품이다. '장어파이'는 장어를 가공해 파이 형태로 만든 과자인데, 어린이나 수험생을 겨냥한 영양 간식으로 2015년 4월 기준, 전년도 같은 기간보다 매출이 123% 증가했다. '강글리오 커피'는 커피에 녹용 성분을 넣어 몸에 좋은 커피를 지향한다. 단맛과 신맛이 조화를 이루기보다는 엇박자를 낼 것만 같은 '바나나 식초,' 말에서 추출한 기름으로 만든 '마유 크림'처럼 상식 밖의 제품들이 의외로 시장에서 선전하고 있다.[13] 2000년대 초반 모양과 기능이 불일치하는 키치적 제품이 인기를 끌던 때와는 분위기가 사뭇 다르다. 당시의 부조화 상품은 오로지 우스꽝스러움을 지향하는 오직 싼 티 나는 제품이었다면, 최근의 부조화 상품은 나름대로 고객층을 거느리며 차별화된 포지셔닝으로 승부를 걸고 있다.

광고 캠페인이 아예 '이상함', 즉 '낯섦'을 지향하기도 한다. SK텔레콤이 2015년 진행하고 있는 광고 캠페인 '이상하자'는 정말로 이상하다. TV 광고의 시대적 배경은 조선시대 즈음으로 추측되는데, 전통복장을 한 배우가 저자거리에서 스마트폰을 들고 지나가고, 저 멀리 보이는 한옥들 위로 디지털 전광판이 불쑥 솟아 있다. 의도적으로 부조화스러움을 연출해 보는 이들의 관심을 집중시킨 것이다.

공간도 부조화될수록 반응이 좋다. 서울 성수동에 있는 '대림창고'는 말 그대로 창고 건물이다. 1960년대 정미소로 사용되다가 이후 창고로 쓰이던 건물인데, 간판과 외관은 과거의 모습 그대로다. 하지만 건물 안으로 들어가면 완전히 다른 이야기들이 펼쳐진다. 럭셔리 브랜드 기업들이 이 창고를 대여해 패션쇼나 행사장으로 사용하고 있기 때문이다. 2015년 1월에는 미국 자동차 브랜드 '포드'가 모터쇼를 펼쳤다. 화장품 브랜드에서 고객행사를 진행하기도 하고 패션 브랜드에서 **캡슐 컬렉션**을 진행하기도 했다.[14]

뜨는 동네 성수동에서도 가장 뜨는 핫플레이스로 자리매김한 대림창고는 그러

> **캡슐 컬렉션**capsule collection
> 봄·여름(SS), 가을·겨울(FW) 단위로 발표하던 기존 컬렉션과 달리, 급변하는 유행에 민감하게 반응하기 위해 제품 종류를 줄여 작은 단위로 발표하는 컬렉션을 말한다. 급변하는 유행과 예측할 수 없는 날씨 변화 등에 유연하게 대응하고 최신 트렌드를 반영하기 위한 패션 업체의 노력으로 시작되었다.
> 출처: 네이버 지식백과

나 작정하고 찾지 않으면 눈에 잘 띄지 않는다. 아직도 예전 창고 그
대로의 외관을 하고 있기 때문이다. 겉과 속이 완전히 다른 공간. 과
거와 현재를 넘나드는 공간의 마력에 사람들은 묘한 매력을 느낀다.

이름과 용도가 맞지 않는 경우도 있다. 서촌에 위치한 '나의 아름
다운 세탁소'에 세탁물을 들고 갔다가는 낭패를 보기 쉽다. 이곳은
이름과 달리 프랑스 가정식을 파는 작은 식당이다. 이름과 용도가 불
협화음을 내지만 "아, 하!"하고 유쾌하게 웃을 뿐 왜 그러냐고 따지
는 사람은 없다. "나 오늘 세탁소에서 밥 먹었어"라고 말할 수 있는
것 또한 부조화가 주는 작은 즐거움이다.

원초적 본능에 탐닉하는 이유

'키치'가 주는 일탈의 쾌감

고상함보다는 경박함에, 조화보다는 부조화에, 현실을 미화하지 않
는 솔직함에, 그리고 하드코어적인 잔인함에 사람들이 이토록 열광
하는 이유는 무엇일까?

먼저 일반론적으로 해석하면, 이러한 원초적 자극들이 치열한 주
목 경쟁 속에서 소비자들의 주의을 끄는 데 유리하다는 점을 들 수
있다. 특히 키치의 영향을 받은 유치하고 뻔뻔하고 솔직한 광고나 상
품은 대중에게 재미와 일탈의 쾌감을 줄 수 있다. 하지만 최근에 관
찰되는 원초적 본능 트렌드는 단지 키치적 유행 이상의 의미를 지
니는 것으로 보인다. 특히 우리 사회 전반에 확산되고 있는 저성장

에 따른 좌절감과 이에 대한 반발로서의 성격이 감지된다. 현대경제연구원이 실시한 설문조사에 따르면 10명 중 8명(81%)은 '우리나라에서 개개인이 열심히 노력해도 계층 상승 가능성은 낮은 편'이라고 응답했다.[15] 서두에서 지적한 바와 같이 이러한 좌절감과 우리가 살아가야 하는 현실 사이의 균형감각을 회복하기 위해 그 반대급부로서 극도의 말초성과 원초성에 집착하게 된다는 것이다.

덜 중요해진 '타인의 시선'과 '수면자 효과' 전략

다음으로 마음속에 잠재되어 있던 본능을 솔직하게 드러내는 것에 대한 주저함이 사라진 것에서도 이유를 찾을 수 있다. 사람이라면 누구나 '주류'에 끼이고 싶어 한다. 비주류가 되는 것은 괴로운 일이다. 동조성이 강한 한국 문화에서는 비주류란 곧 배제 대상을 의미하기 때문이다. 하지만 변화가 시작되었다. 타인의 시선과 평가에서 자유로워지려는 사람들이 늘고 있다. "인정 욕구를 버리는 것을 두려워하지 말라"고 충고하는 내용의 책『미움받을 용기』는 2015년의 베스트셀러가 됐다. 남의 눈을 의식하느라 가식적인 삶을 사는 것보다 극단적이더라도 본능에 충실한 삶이 더 솔직하고 자연스러운 인생으로 받아들여지는 것이다.

 마지막으로 원초적 본능 현상이 확대되는 이면에는 기업의 의도적인 부추김도 있다. 사람들의 말초 감각을 건드리면 소비자의 주목도가 상승하고 기억에도 오래 남는다. 특히 유명인들의 사건사고는 기업이 쉽고 빠르게 소비자의 관심을 받을 수 있는 홍보 수단이 되었다. 대표적으로 〈띠동갑내기 과외하기〉라는 예능 프로그램 제작

키치의 영향을 받은 유치하고 뻔뻔하고 솔직한 광고나 상품은 대중에게 재미와 일탈의 쾌감을 줄 수 있다. 하지만 최근에 관찰되는 **원초적 본능 트렌드**는 단지 키치적 유행 이상의 의미를 지니는 것으로 보인다. 특히 우리 사회 전반에 확산되고 있는 저성장의 **좌절감에 대한 반발**로서의 성격이 감지된다.

중 불거진 배우 이태임과 가수 예원 간의 다툼은 수많은 기업 광고에서 패러디됐다. "언니 저 맘에 안 들죠?"라는 직선적인 말 한마디가 에뛰드 광고에서는 "광고인데, 언니 마음에 들죠?", 마크제이콥스는 "언니, 제 향기 맘에 안 들죠?", 기발한 치킨은 "어디서 반 마리니?" 등으로 재생산된 것이다. 기업의 이러한 시도는 한편으로는 패러디의 재미와 통쾌함을 주지

수면자 효과 sleeper effect

발언자나 발언 내용의 정보에 대한 신뢰성(신빙성)과 상관없이, 시간이 경과함에 따라 강하게 전달받은 내용만을 기억하게 되는 심리 현상. 광고의 경우 나쁜 내용으로라도 화제를 만들어놓으면, 어느 정도 시간이 지났을 때 결국 나쁜 이미지는 잊히고 그 브랜드만 기억하게 된다.

출처: 네이버 지식백과

만 지나치면 독이 될 수 있다. **수면자 효과**를 노리고 소비자의 관심만 끌면 된다는 태도로 의도적인 선정성을 활용한다면, 원초성 전략으로부터 형성된 제품과 브랜드 이미지도 장기적으로는 결코 긍정적이지 않음을 명심해야 한다.

시사점
B급 비주류와 다양성의 가치에서 긍정 에너지 찾아야 할 것

대개의 현상이 그렇듯 원초적 본능 요소에 몰입하는 사회적 변화는 양면적인 함의를 갖는다. 기본적으로 원초성이 극대화되는 근간에 다양한 형태의 '불만족스러운 현실'이 자리잡고 있다는 사실은 우려스럽다. 말초적이고 원초적인 자극에 탐닉하는 것이 자아를 방어하기 위한 일종의 도피이자 치료책이 되고 있다. 하지만 원초적 자극은

한국 사회에 불고 있는 '원초성에 대한 몰입' 현상은 갈수록 첨예하게 대립하는 개인 간 갈등, 집단적 분쟁, 사회적 분노 등이 더 이상 미룰 수 없는 의제임을 시사한다. 한편으로는 그 반발로서 더 이상 원초성과 말초성에 의지하지 않는 대안적 문제해결 방식이 상품화될 가능성도 있다. 원초성에 기인한 사회문화적 세태는 오히려 새로운 시장의 등장을 예고하는 작은 트리거trigger 역할을 할 것이다.

현실의 문제를 해결하는 직접적인 대책이 아니다. 그저 잠시 일상을 잊고자 하는 대중의 일시적인 유희이자 미봉책에 불과하다.

이 때문에 원초적 본능 키워드가 가지고 있는 본질적 문제 상황을 회피하지 말고 보다 정확하게 현실을 직시하려는 노력이 필요하다. 예를 들어 사회경제적 어려움으로 답답해진 사람들이 유희적 가치에 탐닉한다고 해서 이보다 더 극단적인 유희를 제공하는 것은 근원적인 해결책이 될 수 없다는 것이다. 근본적인 해결책으로서 사회적 갈등 상황을 해결하려는 노력이 선행되어야 할 것이다. 한국 사회에 불고 있는 '원초성에 대한 몰입' 현상은 갈수록 첨예하게 대립하는 개인 간 갈등, 집단적 분쟁, 사회적 분노 등이 더 이상 미룰 수 없는 의제임을 시사한다.

한편으로는 그 반발로서 더 이상 원초성과 말초성에 의지하지 않는 대안적 문제해결 방식이 상품화될 가능성도 있다. 가령 심리적 안정을 지원하는 음료와 식품의 출시, 심리상담과 심리치료의 확대, 분노조절 의료산업과 서비스의 등장 등은 충분히 예측 가능한 대안들이다. 원초성에 기인한 사회문화적 세태는 이렇듯 오히려 새로운 시장의 등장을 예고하는 작은 트리거trigger(방아쇠라는 의미로서 트렌드의 촉발을 불러일으키는 사건)와 같다.

원초성이 갖는 긍정적인 측면을 살려내는 것도 중요하다. 원초성은 솔직함과 유쾌함, 타인이 아닌 다양한 자기중심적 가치의 인정 등의 측면에서 분명 긍정적인 에너지를 가지고 있다. 이러한 점을 활용해 사회에 만연한 각종 고정관념과 편견을 깨뜨리는 역할을 기대할수 있을 것이다. 원초성은 우아하고 고상하지는 않지만 촌스럽고 어수룩한 매력, 예의를 차리지 않는 싼 티 나는 경박함, 때로는 솔직하다 못해 노골적이고 자극적인 표현으로 기존의 질서와 가치를 전복하는 쾌감을 준다. 이때 한발 나아가 심각해지고 장황해지면 쾌감과 매력은 반감된다. 원초성의 미덕은 부담 없는 경쾌함과 쿨한 유머러스함이다.

2016년 한국 시장을 소란스럽게 할 원초적 본능 현상은 결국 우리 사회에 출현하는 다양성의 가치가 어떻게 자리잡아가는가를 보여주는 하나의 흐름으로 작용할 것이다. 말초적이고 선정적인 자극은 지금은 비록 비주류이나, 향후 대중의 선택을 받아 새로운 주류로 성장해나갈 수도 있다. A급만 살아남는 세상이 아니라 B급과 루저, 때로는 기존의 질서를 파격적으로 깨뜨리는 파괴자마저도 충분히 살아남을 수 있다는 긍정의 에너지로 진화할 가능성을 찾아야할 것이다.

All's Well That Trends Well

대충 빠르게, 있어 보이게

자원이 충분하지 않고 정식正式이 아니더라도 무언가 대단히 '있어 보이게' 만드는 능력, '있어빌리티'가 SNS 시대를 살아가는 새로운 역량이 되고 있다. 있어 '보이게'를 강조하면 있는 '척'이 되지만, '능력'에 방점을 찍으면 포장력이자 연출력이 되고 자신을 브랜딩하는 하나의 기술이 되는 시대다. '꿀팁'과 '야매'로 무장하면 지금 가진 몇 가지만으로도 '그럴싸해 보이는' 무언가를 만들 수 있다. 대충 빠르게, 그러나 있어 보이게 무언가를 하기 위해서 반드시 필요한 것이 꿀팁이다. 꿀팁을 찾아서 헤매는 꿀벌 소비자들은 오랜 시간이나 노력을 들이지 않고 남에게 검증된 정보를 손쉽게 얻는 것에서 큰 만족감을 느낀다. 다른 한편으로는 남에게 뒤지지 않는 생활에 대한 압박으로 현명하고 알뜰하게 생활해야 한다는 강박관념이 낳은 정보검색 패턴으로도 볼 수 있다. 전국적 리더보다 '작은 유명인사'를 더 많이 키워내는 디지털 환경의 변화와, 경제 상황이 나빠지고 1인 가구가 늘어나며 높아진 사회 이동성의 영향으로, 진지하고 어렵게 얻을 수 있는 본질보다 쉽고 가볍게 얻을 수 있는 임시방편 소비가 차츰 늘어나고 있다. 꿀팁은 달다. 하지만 몸에 좋은 것은 입에 쓰듯, 꿀팁을 얻기까지의 아날로그적 성찰이 더 중요한 것인지도 모른다. 깊이 있는 성찰이 아쉬운 시대다.

A

All's Well That Trends Well

여기 인스타그램 사진이 있다. 멋스러운 애플 맥북이 놓여 있고, 어려운 요가 동작을 거침없이 해낸다. 하지만 진실은? 사진을 조금만 확대해보면 맥북은 폭탄 맞은 것처럼 지저분한 방 침대 위에 있고, 거꾸로 선 요가 동작은 친구가 잡아준 덕이다. 태국의 사진 작가 촘푸 바리톤Chompoo Baritone이 페이스북에 '인스타그램에 올라온 사진 밖에 숨겨진 진실'이라는 주제로 올린 사진들이다. 작가가 말하려는 것은 분명하다. 인스타그램에 올라온 그럴듯한 사진들도 프레임 밖의 진실은 구질구질한 일상의 범주에서 벗어나지 못한다는 것이다. 단지 사진만 '있어 보일' 뿐이다.[1]

인기 아이돌 그룹, 잘나가는 브랜드, 유명한 카페의 이름은 대다수가 영어다. 한국어보다는 영어가 소위 '있어 보인다'고 생각하기 때문인 것 같다. 그런데 언젠가부터 영어도 아닌 프랑스어가 자주 들리기 시작했다. TV 광고 속에서 모델들이 낯선 프랑스어를 읊조리는가 하면 거리에서도 마냥 생소한 이름의 프랑스어 간판들이 자주 눈에 띈다. 타인의 시선을 의식하며 있어 보이기를 원하는 현대인들은 어렵게 읽고 익히며 프랑스어의 감수성을 느끼는 '척'한다.

'있어빌리티'라는 용어를 들어봤는가? '있다'와 능력을 뜻하는 영어 단어 '어빌리티ability'를 결합한 묘한 신조어로 '있어 보이게 하는 능력'쯤으로 해석된다. 자기과시의 경연장이라 불리는 SNS에서 뭔가 있어 보이는 허세는 현대인이 갖추어야 하는 하나의 능력이 되고 있음을 보여준다. '있어 보이게 하는'을 강조하면 있는 '척'이 되지만, '능력'에 방점을 찍으면 포장력이자 연출력이 되고 자신을 브랜딩하는 하나의 기술이 되기도 한다. 허세를 바라보는 시각도 바뀌고

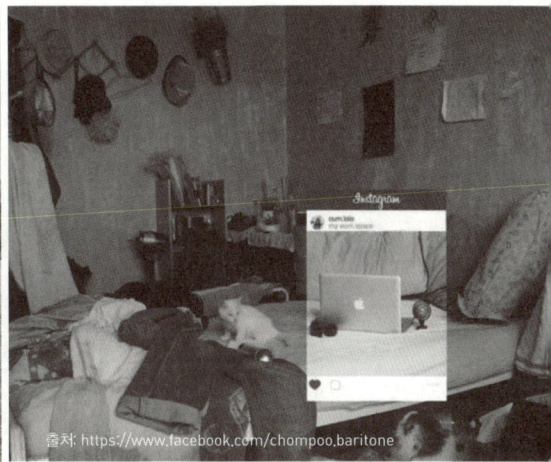

▲ "이미지는 결국 프레임". 주변 것들을 편집하는 능력이 '있어빌리티'의 핵심이다.

있다. 허세란 실속 없이 겉으로만 보여주려는 것으로, 그동안 부정적인 의미로 사용돼왔으나, 요즘엔 하나의 매력으로 받아들여지고 있는 추세다. 소위 '허세 작렬 셰프'로 인기를 얻은 최현석 셰프가 좋은 예다.

　물론 누구나 이렇게 있어 보이고 싶지만, 대부분의 사람들은 과시할 만한 것이 충분하지 않다. 그렇다면 사람들은 '있어빌리티'를 통해 무엇을 과시하고자 하는 것일까? 크게 세 가지로 나눌 수 있는데 바로 돈과 센스, 그리고 인맥이다.

'있어빌리티'의 과시대상 1: 돈

가장 있어 보이고 싶은 대상은 역시 '재력'이다. 사실 소비를 통해 자신의 부를 과시하고자 하는 경향은 어제오늘의 일이 아니다. 고대문명의 점토에서도 "요즘 젊은이들은 사치가 심하다"는 한탄이 읽힌다고 하고, 『위대한 개츠비』에서도 주인공은 헤어진 여자에게 자신의 부를 과시하기 위해 계속해서 초호화 파티를 개최한다. 사람들이 '명품'을 장만하고 고급 차를 리스하는 것도 이런 맥락에서 이해할 수 있을 것이다. 부를 과시하고자 하는 사람들의 욕망은 동서고금을 막론하고 늘 있던 일이지만 최근 SNS 세대에서 보이는 있어빌리티의 특징은 자신의 취향을 표현할 수 있는 전문 아이템에 집중한다는 것이다.

뒷산에 갈 때조차 '명품 장비'를 장착하다

허세 소비의 정점을 찍은 분야로 캠핑 시장을 들 수 있다. 캠핑 시장이 '자연과 더불어 여유를 즐기자'라는 본래 취지가 무색할 정도로 과시와 허세의 장이 되고 있다. 캠핑 인구 300만 시대, 캠퍼들의 장비도 날이 갈수록 좋아지면서 히말라야 등정에나 필요한 전문가용 캠핑용품들을 선택하는 일반인들이 부쩍 늘어나고 있다. 소위 장비병에 걸린 소비자들이 고가의 전문 장비들을 당연하다는 듯 구매하면서 성숙한 캠핑 문화는 뒷전이고 장비 산업만 비대해졌다는 전문가들의 지적이 일고 있다. 이러한 장비병 역시 있어 보이고 싶은 욕망에서 비롯된다.

비단 캠핑뿐만이 아니라 초보 단계의 취미 활동에 고가의 브랜드 장비를 구비하는 '명품 장비병'에 걸린 소비자들이 두드러지고 있다. 동네 뒷산에 오를 때도 값비싼 등산복과 산악용품을 챙기고, 막 배우기 시작한 색소폰 연주를 위해 전문가용 악기를 해외에서 조달해 마련하는가 하면, 취미로 배우는 사진 촬영을 위해 전문가용 카메라를 몇 대씩 구입해 구비해놓기도 한다. 하지만 고가의 장비에 집착할수록 실상은 실력이 부족한 경우가 많다. 명품 장비를 고수하는 소비자들은 대개 타인의 시선을 지나치게 의식하며 '혹시 초보라서 무시당하지는 않을까'라는 소심함을 포장하기 위해 명품 장비를 사들인다. 남들에게만큼은 있어 보이고 싶은 것이다. 이처럼 전문 장비 수집에서 있어 보이기 위해 출혈 지출을 하고 나면, 일상생활은 오히려 쪼들리는 일까지 있지만, 이들은 크게 개의치 않는 눈치다. 일단 자기와 관심사를 공유하는 **취향 공동체**에서 있어 보이는 것이 가장 중요하기 때문이다.

온라인 마켓을 운영하더라도 돈이 있어 보이게 하는 것은 매우 중요해진다. 쇼핑몰 모델을 명품 가방과 명품 소품으로 중무장시킨 후 세련된 감각의 소품들과 함께 쇼핑몰 아이템을 배치하고 패션 화보 같은 사진을 연출한다. 소비자들은 주변에 세팅된 명품 효과로 쇼핑몰의 아이템도 그와 같은 퀄리티와 디자인일 것이란 착시에 빠져 구매를 결정하곤 한다. 더 나아가 쇼핑몰 자체의 이미지까지 연출될 수 있다. 쇼핑몰 대표들이 해외여행을 즐기거나 경제적으로 풍요로워 보이는 사생활을 별도로 블로깅하며 마치 본인의 쇼핑몰이 엄청난 판매고를 유지하는 것마냥 포장하는 것이다.

어떻게 그들은 '소유한 적 없는 물건'의 고수가 되었을까?

최근 뜨고 있는 자전거 마니아들의 경우도 허세 소비에 있어서 둘째 가라면 서럽다. 접이식 자전거로 시티 라이더들 사이에 인기가 많은 미니벨로 자전거 동호회을 비롯해, 브롬톤·알렉스몰튼·바이크프라이데이 등 수백만 원에서 천만 원을 호가하는 고가의 자전거를 타는 유저들의 커뮤니티가 활발하다. 이렇게 비싼 자전거들을 두루 꿰고 있는 전문가들은 각 브랜드의 특징과 사용법을 훤히 알고 있을 뿐만 아니라 정비와 커스터마이징에 대한 최신 정보를 제공하며 동호회원들에게 추앙받는다.

아이러니한 것은 온라인 세상의 이 대단한 전문가들이, 자신이 소개하는 값비싼 장비를 가져본 적이 없는 경우가 많다는 것이다. 실제로 소유하지도 않았는데 어떻게 그 수많은 자전거에 대한 전문적인 지식을 쌓을 수 있었을까? 답은 검색이다. 인터넷만 연결되면 어떠한 체험도 간접적으로 경험할 수 있는 세상에서 '있어 보이는 전문가'도 의도적으로 연출되고 그럴듯하게 포장되어 만들어질 수 있다. 실제로 온라인 커뮤니티의 자문가로 활동하는 동호회장들 중에는 비교적 어린 나이의 고수들이 많다. 온라인 공간에는 나이나 소속 등의 검증이 까다롭게 이루어지지 않는다. 다시 말하면 나이나 직업에 구애받지 않고 자신의 전문지식을 마음껏 뽐낼 수 있는 것이다. 고가의 장비들을 구비하기에는 나이가 어리고 구매력이 적다. 자격지심이라고 비하할 것까지야 없겠지만 실제로 제품을 소유할 수 없는 이들은 차선으로 실제 유저들의 사용기를 두루 섭렵해 전문가적 식견으로 무장한다. 여기서 가장 중요한 요소는 직접 사용한 것처럼 꾸미고 더 있어 보이게 포장하는 일이다. 일부 사용자들의 사례이긴 하지만 온라인 세상에서는 전문가라 추앙받는 '고수'도 허세가 만든 실력자인 경우가 종종 있다.

'있어빌리티'의 과시대상 2: 센스

있어 보이게 포장하는 두 번째 유형은 센스를 연출하는 것이다. SNS에서 추종 세력을 늘리기 위해서는 바로 세련된 감각을 효과적으로 어필해야 한다. 돈을 쏟아붓지 않아도 빈티지한 느낌이나 킨포크kinfolk한 스타일을 살려 프레임 안에서 완벽한 연출을 해내는 것에 몰두하는 사람들은 먹는 것도, 머무는 곳도, 입는 것도, 타는 것도, 어느 것 하나 허투루 고르지 않는다. 스토리가 있고 의미가 있는 아이템과 함께 이미지를 멋지게 캡처하고 업로드하면 감각 추종자들의 선망 대상이 된다.

얼리어댑터의 화려한 의식, 언박싱

온라인상에는 유명한 얼리어댑터들이 있다. 기성품이 되기 전에 신제품을 먼저 소유하는 것 자체가 희소성을 만족시키며 사람들의 욕망을 건드린다. 보통 얼리어댑터들은 대중에게 퍼지지 않은 정보를 가장 먼저 소개한다는 자부심을 갖고 있다. 발 빠른 정보력과 출시 전에 구매하는 기동력은 있어 보이기에 좋은 조건들이다.

인터넷이나 SNS에서 가장 인기 있는 게시물 중의 하나인 언박싱발 빠른 **정보력**과 출시 전에 구매하는 **기동력.**
인터넷이나 SNS에서 가장 인기 있는 게시물 중의 하나인 **언박싱**unboxing이
이러한 조건을 만족하는 하나의 의식이라고 할 수 있다. 박스 포장을 뜯는다는
의미의 언박싱은 말 그대로 새 제품을 처음으로 개봉하는 과정을 말한다.
이러한 과정을 한순간도 놓치지 않기 위해 순차적으로 사진을 찍거나 동영상으로
녹화한 후 개봉기라는 후기와 함께 온라인에 게시한다. 언박싱을 지켜보는
사람들은 그 디테일 덕분에 마치 자신이 해당 제품을 개봉하는 것과 같은 착각
속에서 **대리만족**을 느낀다.

unboxing이 이러한 조건을 만족하는 하나의 의식이라고 할 수 있다. 박스 포장을 뜯는다는 의미의 언박싱은 말 그대로 새 제품을 처음으로 개봉하는 과정을 말한다. 이러한 과정을 한순간도 놓치지 않기 위해 순차적으로 사진을 찍거나 동영상으로 녹화한 후 개봉기라는 후기와 함께 온라인에 게시한다. 언박싱을 지켜보는 사람들은 그 디테일 덕분에 마치 자신이 해당 제품을 개봉하는 것과 같은 착각 속에서 대리만족을 느낀다. 또한 제품 구매를 결정하기 전에 실제 박스 안의 구성과 내용물에 대한 정보를 자세히 습득할 수 있는 이점도 있다. 실제로 유·아동을 위한 장난감의 경우 언박싱 동영상이 매출과 직결되면서 언박싱 마케팅이라는 용어까지 생겨났다.[2] 제품보다 언박싱하는 사람에 초점이 맞춰지면서 언박싱 스타들이 탄생하기도 한다.

A

All's Well That Trends Well

독특한 센스와 감각, 오타쿠의 대중화

남과 다른 독특한 센스와 감각을 과시하기에 '오타쿠' 문화만 한 것이 없다. 터부시되던 오타쿠가 오히려 특별한 개성의 발현으로 여겨지면서 골방에 기거하던 '덕후'들이 환한 세상으로 나오고 있다(『트렌드 코리아 2016』 **취향 공동체** 키워드 참조). 음악계에서는 '락부심, 힙부심, **인디부심**' 등 소위 '부심 논쟁'이 한창이다. 비주류적인 사운드, 멜로디, 가사로 중무장한 인디 가수들을 지지하며 비교적 덜 알려진 가수들을 찾아내 열심히 소개하는 사람들에

인디부심

'−부심'은 '자부심'에서 '자'를 생략한 말로 자부심의 대상이 되는 명사 뒤에 붙여 쓴다. 따라서 인디부심은 인디음악에 갖는 자부심, 락부심은 락 음악에 갖는 자부심을 말한다.

게 '인디부심 좀 그만 부려라'라고 비난
하는 사람들 또한 다른 '부심' 추종자들
이다.

센스에 죽고 사는 가장 대표적인 소
비족을 꼽으라면 바로 **힙스터**일 것이다.
미국의 시사주간지 〈타임〉지는 힙스터
를 일컬어 잘 알려진 레스토랑보다는 숨
은 맛집과 허름한 수제버거집을 찾고, 브
랜드 맥주가 아닌 수제 에일맥주를 마시
며 비非브랜드 아이템을 멋스럽게 매치하
는 사람들이라고 묘사한다. 1960년대 히

힙스터 Hipster

힙스터Hipster는 아편을 뜻하는
속어 hop에서 진화한 'hip', 혹
은 'hep'이라는 말에서 유래했
고, 1940년대 재즈광들을 지칭
하는 슬랭이었다. 한 세대가 지
난 1990년대 이후, 독특한 문
화적 코드를 공유하는 젊은이
들을 힙스터라고 부르고 있다.
남의 시선을 의식하지 않는 쿨
한 사람, 유명 브랜드나 명품보
다 스스로 가치를 두는 상품을
선호하는 사람, 인디 음악과 위
트 있는 말장난을 즐기는 사람
을 일컫는다.

출처: 위키백과

피가 평화와 사랑을 갈망한 '반소비' 문화의 아이콘이었다면 지금의
힙스터는 대중시장을 벗어나 자신만의 생활을 즐기는 쪽으로 '소비'
하는 성향을 보인다.[3] 이들이 있어 보이고 싶은 대상은 돈이 아니다.
이들은 유행에 휩쓸리지 않는 주관적인 센스를 통해 자신만의 개성
을 내보이고자 한다.

'있어빌리티'의 과시대상 3: 인맥

있어 보이고 싶은 마지막 아이템은 인맥이다. 이들은 유명인과 함께
어울린 사진과 에피소드를 끊임없이 업로드하며 고급 인맥을 과시
한다. 있어 보이는 물품이나 취향은 모방이 가능하지만 인맥만큼은

카피가 쉽지 않다. 특히 SNS 세상은 고급 인맥 과시의 장이다.

팔로어로 인맥 파워를 과시하다

페이스북의 경우 사용자가 프로필에 입력한 출신 학교, 지역, 직장 등으로 인맥 지도를 만든다. 유명인사와의 관계뿐 아니라 방대한 친구 수와 팔로워 숫자도 인맥의 파워를 과시할 수 있는 지표가 된다. 최근 SNS의 트렌드는 조회수와 '좋아요' 등이 기반이 된 대중적 확장에서 전문성과 특유의 취향을 가진 그룹이 활발하게 활동하는 추세로 넘어오고 있다. 링크드인Linked-In은 아예 비즈니스용 인맥 관리를 위해 고안된 SNS로 전문 소셜 미디어의 새 장을 열었다. 구인·구직 사이트를 벗어나 프로들을 위한 소셜 네트워크로 진화 중인 링크드인의 이용자는 주로 고학력, 고소득의 엘리트로 추정되는 전문가 집단이다.[4] 링크드인을 잘 활용해 적극적으로 커뮤니케이션을 하다 보면 자신이 알고 싶은 분야의 전문가들과 인맥을 쌓을 수 있어 인맥 확장과 관리를 원하는 사람들 사이에서 인기가 높다.

TV에 나온 그녀의 미용실을 나도 다닌다!

직접적인 접촉이 없어도 간접적인 경험으로 인맥의 아우라를 느껴보려는 사람들도 늘어나는 추세다. 예를 들면 부산국제영화제가 열리는 동안 부산을 방문한 배우들이 주로 머무는 호텔을 찾아 거기에서 숙박하며 간접적으로나마 배우들이 머문 호텔에 자신도 머문다는 동조 심리를 느낀다. 마찬가지로 인기 연예인이 다닌다는 미용실에 가서 머리를 하고 그것을 SNS에 올려 느끼는 묘한 만족감도 일종의 있어 보이는 '허세'라고 할 수 있다. 타인에게 파워 인맥의 주인공인 것처럼 어필하며 현실에서 느끼기 힘든 가상의 안도감을 느끼는 것이다.

네트워킹이 비즈니스에서 가장 중요한 가치가 되어가는 세상에서 고급 인맥을 과시하는 것은 중요한 PR 방법이기도 하다. 하지만 남의 유명세와 인지도를 빌려 자신의 존재감을 확인하는 모습은 우리 사회의 쓸쓸한 자화상이기도 하다. 있어 보이게 하는 이유는 실제로 존재하지 않기 때문이다. 현실에는 없거나 빈약하기 때문에 남들이 볼 때만큼은 있어 보이게 만들고 싶은 욕망이 무언가 대단해 보이도록 만드는 능력의 도움을 받아 누구나 하룻밤 정도는 '버추얼 셀러브리티'로 변신할 수 있는 세상이 되어가고 있다.

'대충 빠르게' 해결하라

누군들 있어 보이고 싶지 않겠는가마는 그렇게 하지 못하는 이유는 비용과 시간과 노력이 들기 때문이다. 하지만 정보로 무장한 '있어빌리티' 세대는 이것도 아주 효율적으로 해결한다. 바로 '꿀팁'을 이용하는 것이다. 꿀팁이란 꿀처럼 달콤한 암시·힌트·충고·조언 등 '아주 유용한 정보'를 의미하는 신조어다. 팁tip이란 것이 대단한 것이 아니라 작고 실용적인 정보인 만큼, 옷에 떨어진 촛농 지우는 법이나 식기에 밴 김치 냄새 없애는 법과 같은 생활 속 노하우부터 지역별 맛집에서 먹어야 할 메뉴까지 시시콜콜한 모든 정보가 꿀팁의 대상이 된다.

꿀팁의 홍수 속에 꿀팁에 중독되다

블로그는 그야말로 꿀팁 제공자들 천지다. 콘텐츠 생산 강박관념에 시달리는 온라인 세대들은 인증샷으로 말하고 인증 과정 영상으로 인정받기 때문에, 자신이 발견한 유용한 팁들을 상세하고 재미있게 시시콜콜 게시해놓는다. 컴퓨터 사용을 원활하게 돕는 소프트웨어의 단축키 정보와 같은 파편적인 팁부터, 해외여행 시 비행기에서 내려 원하는 도시까지 찾아가는 과정을 1인칭 시점으로 글로 짚어주고 움직이는 동선을 따라 사진을 함께 게시해 친절하게 설명하는 스토리텔링형 팁까지, 꿀팁의 종류는 무궁무진하다.

꿀팁을 찾아서 헤매는 꿀벌 소비자들, 이들은 오랜 시간이나 노력을 들이지 않고 타인이 경험한 검증된 정보를 손쉽게 얻을 수 있다는 사실에 큰 만족을 느낀다. 다른 한편으로는 현명하고 알뜰하게 생

출처: 각 사 홈페이지

▲ 꿀팁을 찾는 소비자들. 우주의 얕은 지식은 바로 이들을 위한 것이다.

활해야 한다는 현대인의 강박관념이 낳은 정보검색 패턴으로도 꿀팁의 홍수를 해석할 수 있다. 시행착오를 거치면서 실패율은 줄이고 성공률을 높이기 위해 다양한 시도를 하면서 발전하는 것이 인간의 성장과정이었지만, 실패에 대한 부담감을 피하려다보니 꿀팁에 서서히 중독되어간다는 것이다.

원하는 정보만 쏙쏙, 큐레이션이 뜬다

대충 빠르게 트렌드는 정보 수용의 패턴도 바꾸어놓았다. 종이신문을 펼쳐놓고 정치, 경제, 사회, 문화면을 고루 접하는 시대는 지났다. 전국 성인 1,200명 중 92.4%가 스마트폰과 태블릿을 통해 뉴스를 접하는 시대에, **뉴스 클리핑** 서비스는 모바일 콘텐츠 비즈니스의 대세다.[5] 특히 정보 큐레이션 서비스의 발달로 소비자들은 자투리 시간을 이용해 원하는 정보만 쏙쏙 뽑아 접하고 나머지는 모두 흘려보낸다. 대충 빠르게 중요한 정보들만 놓치지 않고 섭렵하려는 소비자들의 습관이 모바일 콘텐츠의 성격을 바꾸고 있다. 다양한 분야를 다루는 호리즌털 horizontal(수평) 플랫폼에서 하나의 분야를 집중적으로 소개하는 서비스로서 **버티컬**

뉴스 클리핑 Newsclipping

인터넷상에서 정보 서비스 회사가 뉴스·신문기사·잡지·학술지 등 다양한 분야의 정보를 회원이 필요로 하는 부분만 발췌해 요약하여 전자우편으로 보내주는 것을 오려낸다는 뜻의 클리핑clipping 서비스라 한다. 뉴스 클리핑은 특정 뉴스를 클리핑하는 것으로, 단순히 스크랩하는 것을 넘어 고객에게 필요한 뉴스를 선별하고 재가공하여 제공하는 서비스다.

버티컬 플랫폼 Vertical Platform (수직 플랫폼)

버티컬 플랫폼이란 특정 분야에 관심을 갖고 있는 사람들을 대상으로 한 분야에 대해 서비스를 제공하거나 검색이면 검색, 커뮤니티면 커뮤니티 등의 한 가지 기능만으로 집중적인 서비스를 제공하는 방식을 말한다. 버즈피드·카카오토픽·네이버 토스트·빙글 등이 모두 버티컬 플랫폼의 비즈니스 모델이다.

뉴스 클리핑과 모바일 뉴스 앱의 차이

	뉴스 클리핑 서비스	모바일 뉴스 앱
서비스 제공 주체	아이뉴스24와 같은 일부 언론사, 기업체, 정부기관, 협회, 시민단체, 개인 블로그 등	언론사, 다음/네이버와 같은 포털 사이트 등
대상	모든 사람에게 공개적으로 제공되기도 하지만 회원 가입자, 기관·협회 관계자 등 한정된 대상에게만 제공하는 경우가 많음	모든 사람에게 공개적으로 제공하는 경우가 많으나, 유료 회원에게만 뉴스를 제공하는 모바일 뉴스 앱도 존재
정보 범위	이용자가 필요한 정보를 맞춤형으로 제공	광범위하게 일반적으로 정보를 제공
전달 형식	웹사이트, 이메일, 팩스 등을 통해 서비스	모바일 앱을 통해 제공

플랫폼이라는 틈새시장을 만들어내고 있는 것이다.

예를 들어 2015년 '우주의 얕은 꿀팁'이란 슬로건으로 화제를 모은 피키캐스트는 콘텐츠 큐레이션 앱으로 모바일에 최적화된 형태의 콘텐츠를 제공한다. 구구절절 늘어놓는 기사 대신 터치 한 번에 넘어가는 슬라이드 이미지, 짧은 글, 영상으로 네티즌을 끌어들이는 것이다. SNS상에서 많은 공감을 얻은 콘텐츠를 큐레이션하기 때문에 대중성이 검증된 다양한 정보를 모아서 빠르게 즐길 수 있다. 큐레이션의 기준도 실시간 Best콘텐츠, 피키툰, 주제별 골라보기 등 바쁜 현대인들의 자투리 시간 입맛에 맞도록 점점 더 세분화되고 있다.

결국 **대충 빠르게** 트렌드는 투자한 시간 대비 결과물이 더 잘 나오기를 원하는 소비자 요구의 산물이다. 적은 시간 안에 효과를 극대화할 수 있는 '패스트 ○○'는 대충 빠르게 트렌드의 주요한 현상이다. 하나의 예가 황금 같은 자투리 시간을 이용해 안마의자를 사용하거나 마사지를 받는 패스트 힐링fast healing이다. 서울 지하철 강남·명동·홍대입구역 일대에 수백만 원 하는 최고급 전신 안마의자를 갖춘 '힐링 카페'가 속속 들어서고 있다. 피로를 풀고 싶지만 시간이 없는 직장인들을 위한 서비스다. '힐링'을 위한 모임도 등장했다. 대표적으로 잡념을 버리고 머릿속을 비우기 위해 낯선 사람들과 색칠공부를 하며 스트레스를 푸는 모임이 있다. 전문적인 정신과 치료도 아니고 시간과 비용이 드는 제대로 된 여행도 아니지만 빠듯한 시간 속에 작은 성취감과 만족감을 얻고자 하는 현대인들에게는 대충 그럴싸한 위안을 준다. 기성세대에게는 오히려 불편하고 무늬만 휴식인 것 같아 보이지만 순간순간에 만족하고 미래보다는 현재의 만족을 추구하는 젊은 세대의 니즈를 반영한 신종 서비스 개념이다.

현실이고픈, 머나먼 이상

많은 젊은 소비자가 이제 대충 빠르게, 시간 대비 효율이 가장 높은 솔루션을 찾고 있다. 그렇다면 이러한 대충 빠르게, 있어 보이게 트렌드가 발현된 사회적·기술적 요인은 무엇일까?

달관세대가 가질 수 있는 마지막 자존감

먼저 사회적 요인으로 기성세대를 향한 젊은 세대의 반감을 꼽을 수 있다. 기성세대가 구축한 성공의 프레임과 프로세스에 반감을 느끼는 젊은 세대는 오래 인내하고 한 단계씩 쌓아가는 식의 입지전적인 성공담론을 본능적으로 거부한다. 성실과 겸손이 미덕이던 산업화

시대에는 인내하며 살아야 가능했던 성공의 매뉴얼도 유효기간이 만료됐다. 아무리 열심히 해도 취업할 수 없고, 아무리 노력해도 환경을 바꿀 수 없는 가혹한 현대에 **달관세대**들은 미래에 대한 기약 없는 희망을 접었다. 대신 당장 눈앞에 필요한 것과 재미를 추구하고, 자격지심을 감춰줄 '있어빌리티'를 연마한다. 생활수준은 향상되었고 그에 따라 미적 감각은 높아져가는데 현실은 녹록지 않다 보니 현실과 이상의 괴리를 극복하고자 포장하는 달관형 제스처가 하나의 현상이 된 것이다.

달관세대

일본의 장기 디플레이션 속에서 생겨난 '사토리족'의 한국어 버전이다. 높은 실업률로 희망도 의욕도 없이 무기력해진 청년들의 모습을 '달관'에 빗대어 달관세대 혹은 달관족이라는 이름을 붙였다. 적게 벌어도 나만의 시간을 가지고 만족해하며 행복감을 느끼겠다는 주관적인 성향을 갖는 것이 특징이다. 이러한 현상은 청년들의 자발적인 선택이 아니라 어쩔 수 없는 상황에서 찾은 대처방안이라는 시각이 우세하다.

무언가 있어 보이게 꾸미고 싶은 이들에게 남들과 다른 그 무언가는 과연 무엇일까? 3포, 5포에 이어 N포 세대라는 말까지 등장한 힘겨운 세상을 살아가는 달관세대는 뭔가 특별한 것을 갈구한다. 자신의 존재감을 드러내기 위해서는 남들과 확연히 다른 무엇이 필요하기 때문이다. 취업과 결혼을 포기하고 아르바이트를 하며 간신히 생계를 유지할지언정 취향만큼은 포기할 수 없다. 기성세대는 이해할 수 없지만 있어 보이게 하는 연출은 이들에게 마지막 자존감인 것이다.

전국적 리더보다 '작은 유명인'이 뜨고 있다

기술적 요인으로는 전국적 리더보다 '작은 유명인petit celebrity'을 양산

해내는 SNS 중심의 디지털 환경의 변화를 들 수 있다. 온라인 세계에서는 수억 명의 사람들이 분 단위로 방대한 양의 디지털 콘텐츠를 생산하고 소비한다. 거의 모든 사람이 중개인을 거칠 필요 없이 실시간 콘텐츠를 소유하고, 개발하고, 환산할 수 있게 된 것이다.[6] 진정한 리더가 누구인지는 그다지 중요하지 않다. 콘텐츠만으로 대중에게 회자되는 작은 인기인들이 그 자리를 대신하고 있다. 사람들은 그 '프티 셀렙'의 명성을 위해 쉴 새 없이 콘텐츠를 생산하고 더 빠르게 소비하고 있다.

시사점
'있어빌리티'할 수밖에 없는 세대들의 니즈를 반영하고
그 안에 아날로그적 성찰을 담아야 할 때

———

"사람은 있는 그대로일 때 가장 솔직하지 못하다. 가면을 건네주면 그는 진실을 말할 것이다."

현대사회를 예견한 듯 작가 오스카 와일드는 이런 격언을 남겼다. 온라인상에 급속도로 퍼지는 있어빌리티의 풍토는 모든 것이 연결되는 SNS 세상에서 잊힐까 두려운 작은 개인들의 존재감을 지키기 위한 몸부림에 가깝다. 자신의 존재를 알 수 있는 인맥들이 연결된 네트워크 세상에서, 다른 사람들이 신경 쓰이는 것은 당연하지만 그것이 지나치면 스트레스가 된다. 이러한 고민의 해결책으로 떠오른 것이 익명 SNS다. 있어 보이게 꾸미고 포장하는 게 일상이다보니, 반

꿀팁을 제공하기 위해 콘텐츠 제공자들은 사소한 과정까지 낱낱이 공개하는 수고를 들이지만 콘텐츠 소비자들은 꿀팁의 결과만을 얻어간다. 이러한 꿀벌 소비자들이 증가할수록 사회 전반에 걸쳐 과정이 생략된 결과주의적·결과지향적 성향이 두드러질 수밖에 없다. 그때그때 문제를 해결해주는 꿀팁에만 의존하다보면 진지하게 고민하는 법을 잊어버리고, 스스로 결정을 내리며 문제를 해결할 수 있는 능력이 어느새 사라져버린다.

대로 꾸미지 않을 수 있는 공간이 필요해진 것이다.

예를 들어 어라운드AROUND라는 앱은 대표적인 익명 SNS로 주변 거리를 설정하고 나면 내가 설정한 거리 안에 있는 익명의 사람들 이야기를 들려준다. 새로운 인간관계가 형성되는 것이지만 익명이기 때문에 기존의 SNS와 달리 타인을 전혀 의식하지 않아도 된다. 그러다보니 마음을 터놓고 소통이 가능해 진솔한 이야기와 훈훈한 댓글들이 오간다. 고민거리를 펼쳐놓으면 진심 어린 충고를 해주기도 하고, 시시콜콜 본인의 사연을 들려주며 공감대를 만들기도 한다.

익명 SNS의 인기는 온라인 공간에서 우리가 얼마나 남을 의식하며 생활하는지를 방증하는 결과다. 또 다른 익명 SNS '모씨MOCI'의 경우 간단한 고민이나 질문을 올리면 역시 모르는 사람들로부터 답이 쭉쭉 달린다. 이외에도 '두리번', '시크릿' 등 다양한 익명 SNS들이 역설적으로 있어 보이느라 에너지를 소모한 사람들의 활력충전

장소로 등장하고 있다. 타인의 시선을 의식하느라 솔직해질 수 없는 사람들이 이제 익명이라는 가면을 쓰고 있어 보이는 화면 뒤에서의 답답한 현실을 토로하기 시작한 것이다.

원하든 원치 않든 기술은 서로 소통하고 의존하는 방법을 근본적으로 바꾸어놓고 있다. 커뮤니케이션 기술은 기술 혁신뿐만 아니라 문화 혁신의 기회를 만들기도 한다. 꿀팁을 제공하기 위해 콘텐츠 제공자들은 사소한 과정까지 낱낱이 공개하는 수고를 들이지만 콘텐츠 소비자들은 꿀팁의 결과만을 얻어간다. 이러한 꿀벌 소비자들이 증가할수록 사회 전반에 걸쳐 과정이 생략된 결과주의적·결과지향적 성향이 두드러질 수밖에 없다. 그때그때 문제를 해결해주는 꿀팁에만 의존하다보면 진지하게 고민하는 법을 잊어버리고, 스스로 결정을 내리며 문제를 해결할 수 있는 능력이 어느새 사라져버린다. 노래방이 등장하면서 가사를 외우지 않게 되었고, 휴대전화에 의지해 전화번호를 외울 필요가 없어졌듯이 기술에 기댄 사람들은 스스로 기억하고 주체적으로 해결하는 방법을 잊어버린다. 표피적이고 피상적인 것에만 얽매이지 말고, 사람들로 하여금 생각하는 방법을 기를 수 있게 만드는 콘텐츠의 개발이 절실하다.

가볍기만 한 정보는 곧 사람들을 질리게 만들 수 있다. 스마트한 기술은 오히려 소비자를 생각하지 않는 바보로 만드는 역설을 빚어내고 있다. 꿀팁은 달다. 몸에 좋은 것은 입에 쓰듯, 꿀팁을 얻기까지의 아날로그적 지성이 더 중요해지고 있는지도 모른다. 진정한 꿀팁은 인터넷이 아니라 성찰에 있다. 깊이 있는 성찰이 아쉬운 사회다.

Rise of 'Architec-kids'

'아키텍키즈', 체계적 육아법의 등장

최근 젊은 부모들의 치밀하고 과학적인 '체계적 육아'에 대한 열기가 심상치 않다. 온라인 커뮤니티에서 똘똘 뭉쳐 서로 정보를 주고받으면서, 배란기를 테스트해 '계획 임신'을 시도하고, 2주에 한 번은 산부인과에 들러 아이의 초음파 사진을 앨범으로 만들어가며 출산 준비를 하고 아이가 태어나면 아이 전용 '국민○○리스트'를 만들어 챙기고 있다. 이렇게 정성 들여 아이를 키우는 엄마들을 보면 마치 검증된 공법을 총동원해 건축물을 설계·시공해나가는 것 같은 인상을 받을 정도다. 이에 이런 자녀들을 빌딩 건축하듯 하나씩 하나씩 공들여 키운 아이라는 의미로 건축의 '아키텍처Architecture'와 아이의 '키즈kids'를 붙여 '아키텍키즈Architec-kids'라 명명하고자 한다. 부모의 계획에 따라 설계된 도면을 바탕으로 보다 체계적이고 과학적으로 길러지는 아이들이 바로 '아키텍키즈'다. 고도성장기인 1980년대에 태어나 본격적인 치맛바람·바짓바람 속에서 성장한 1세대가 이제 스스로 부모가 되어, 인터넷 커뮤니티와 SNS에서 육아에 대한 정답을 찾기 시작했다. 이 체계적 육아 열풍은 현재 한국 육아 관련 시장의 변화는 물론이고, 이제 막 가정을 꾸리기 시작하는 30대 N세대의 가치관과 라이프스타일의 새로운 흐름을 보여준다.

'생후 37일, 생후 38일…… 생후 101일, 생후 102일…….'

요즘 엄마들은 아이가 태어나면 종종 아이의 생후 날짜를 인터넷에 검색해본다. 내 아이와 같은 날 태어난 아이들의 성장 모습과 발달 속도를 보며 아이의 현재 상태를 확인하고 싶어서다. 아이들이 보통 100일을 전후로 뒤집기를 보여준다는데 125일 된 내 아이는 왜 꿈쩍거리기만 하는지, 다른 엄마들은 어떤 재료로 이유식을 만드는지, 아이들에게 어떤 장난감을 사줘야 하며 어떻게 놀아줘야 하는지…….

자녀를 잘 키우고 싶다는 욕망은 인류의 역사가 시작된 이래 한 번도 사그라든 적이 없을 것이다. 하지만 최근 젊은 부모들의 치밀하고 과학적인 '체계적 육아'에 대한 열기가 심상치 않다. 온라인 커뮤니티에서 마치 친자매처럼 뭉쳐 서로 정보를 주고받으면서, 배란기를 테스트해 '계획 임신'을 시도하고, 2주에 한 번은 산부인과에 들러 아이의 초음파 사진을 앨범으로 만들어가며 출산 준비를 하고, 아이가 태어나면 아이 전용 '국민○○리스트'를 만들어 챙기고 있는 것이다.

이런 현상을 두고 "일부 인터넷 커뮤니티에 가입한 젊은 부모들의 극성"이라고 간단하게 치부할 수 있을지도 모르겠다. 하지만 단일 커뮤니티[1] 가입자가 237만 명이 넘고, 특정 아이템이 '국민 육아제품'으로 불리며 관련 시장을 휩쓸고 있다면? 아이를 갖지 않는 젊은 부부들이 "우리는 저렇게 기를 자신이 없어서 차라리 아이를 갖지 않는다"고 대답한다면? 실제로 그렇다면 얘기는 달라질 것이다.

학력수준과 문화자본이 높아진 똑똑한 젊은 부모들은 아이를 체계적이고 과학적으로 기르는 경쟁을 시작했다. 이렇게 정성 들여 아이를 키우는 엄마들을 보면 마치 검증된 공법을 총동원해 건축물을 설계하고 시공해나가는 것 같은 인상을 줄 정도다. 이에 이런 자녀들을 빌딩 건축하듯 하나씩 하나씩 공들여 키운 아이라는 의미로 건축의 '아키텍처Architecture'와 아이의 '키즈kids'를 붙여 '아키텍키즈 Architec-kids'라 명명하고자 한다. 부모의 계획에 따라 설계된 도면을 바탕으로 보다 체계적이고 과학적으로 길러지는 아이들이 바로 '아키텍키즈'다.

마치 육아에 대한 '정답을 찾는 듯한' 체계적 육아 열풍은 현재 한국 육아 관련 시장의 변화는 물론이고, 이제 막 가정을 꾸리기 시작하는 30대 N세대의 가치관과 라이프스타일의 새로운 흐름을 보여준다. 관련 기업에 대해서는 물론이고, 정부와 지방자치단체 등 정책기관에 던지는 함의와 고민거리도 크다고 판단된다. 먼저 이 과학적 육아 열풍의 현상을 살펴본 후, 이러한 흐름이 대두하게 된 배경과 우리 사회에 던지는 시사점에 대해 알아본다.

아키텍키즈를 향한 정답 육아의 현장

"똑똑하고 건강한 아이를 원한다면 계획 임신을!"

이제 부모들은 더 이상 삼신할머니의 점지를 기다리지 않는다. 결혼과 함께 자연스레 아이를 갖는 것이 아니라, 인위적으로 아이를 '계획'하는 시대가 온 것이다. 혼인 연령이 높아지고 환경호르몬 문제가 심각해지며 난임과 불임 부부들이 증가하면서 이제는 아이가 '덜컥' 생기지 않는다는 인식이 커졌다. 나아가 육아에 들이는 노력을 조금 더 앞당겨 아예 처음부터 똑똑하고 건강한 '태아'를 만들자는 엄마들의 열망이 무엇보다 크게 작용했다.

보통 임신을 목표로 하는 시점보다 90~100일 전부터 예비엄마는 물론 예비아빠도 함께 임신을 위한 '몸 만들기'에 돌입한다. 기본적인 건강검진은 물론 풍진 항체 검사·성병 검사·빈혈 검사 등은 예비산모가 반드시 받아야 할 검사로 알려져 있다. 그리고 이때부터 엽산과 비타민 등의 영양제를 부부가 함께 복용하기 시작한다.[2] 하지만 아직 생기지도 않은 아이를 위한 열의는 이제 시작일 뿐이다. 먼저 매달 산부인과를 방문해 임신 가능성이 높은 2~3일의 배란 기간을 점지받아온다. 예비 엄마들은 '배테기', 배란 테스트기를 사용하여 배란기를 확인하기도 한다. 임신이 된 것 같으면 이번에는 '임테기' 즉 임신 테스트기를 꺼내 든다. 결과의 선線이 희미해 확신이 없으면 당장 사진을 찍어 온라인 커뮤니티에 업로드한다. 메시지를 올리자마자 곧 매의 눈들이 몰려든다. 산부인과 의사 뺨치는 '판별맘'들이 등장해 임신 여부를 알려준다.

임신을 했다면 100점 엄마의 출산 준비물 리스트부터!

임신이 확인되면 예비엄마들은 이미 공식적인 것이나 다름없는 출산 준비물 리스트를 출력해 하나하나 살펴본다. 무려 80여 가지에 달하는 용품은 그 양과 비용이 실로 어마어마하다. 하지만 교과서 전체를 외우면 시험에서 100점을 받을 수 있었던 엄마들은 100점 엄마가 되기 위한 첫걸음으로 이 리스트의 용품들을 구매하기 시작한다. '괜히 리스트에 올라와 있는 것은 아닐 것'이라는 자기위안을 벗삼아 공동구매 버튼을 클릭한다.

'아키텍키즈'의 엄마들은 임신을 확인한 후부터 보통 2주에 한 번, 출산이 임박한 마지막 한 달에는 일주일에 한 번씩 산부인과를 방문한다. 산모들이 가장 관심을 보이는 것은 초음파 진료로, 일반 초음파, 정밀 초음파부터 입체 초음파까지 등장했다. 입체 초음파는 일반 초음파보다 3~4배 높은 가격으로 선택 진료 항목이지만, 요즘 산모들에게는 필수 진료나 마찬가지다. 시중에는 '초음파 앨범'도 판매되고 있어 깨끗한 코팅지에 붙인 초음파 사진을 앨범에 넣어 소중하게 간직한다. 여기에 태동 검사, 임당 검사(임산부 당뇨 검사), 기형아 검사, 양수 검사, 막달 검사 등 추가로 선택해야 할 검사 수는 열손가락이 모자란다. 12~13주 차가 되면 '임테기' 사진을 올렸던 곳에 태아의 초음파 사진을 올려 남아인지 여아인지 묻는다. 이번에도 매의 눈들이 속속 등장한다. 일반 사람들이 보면 도무지 성별을 알 수 없지만 '고수님'들은 의사 뺨치는 실력으로 성별을 감별해낸다.

태교를 넘어 베이비문과 태아보험까지

아이를 만드는 공력이 이 정도인데 태교는 오죽할까? 예전의 태교는 태아에게 좋다는 클래식 음악을 듣고 좋은 것을 많이 보려는 노력이 전부였다. 요즘은 육아일기 이전에 태교일기도 인기다. 예를 들면 2016년 원숭이띠에 태어날 아이들을 위한 '원숭이띠 태교일기'도 제작되어 판매 중이다. 특히 주문 제작 태교일기는 5~6만 원의 높은 가격대를 형성하고 있지만 이에 대한 수요가 꾸준히 증가하는 추세라고 한다. 몇 년 전부터 베이비문babymoon이라는 것이 등장했다. 베이비Baby와 허니문Honeymoon이 결합된 신조어로, 태교 여행을 뜻한다. 각 여행사에서 괌·하와이·세부나 제주도·남해안에 다녀올 수 있는 베이비문 패키지 상품들을 내놓고 있다. 출산 후 몇 년간은 여행이 어렵기 때문에 그나마 여행이 가능한 출산 직전에 여행을 다녀옴과 동시에, 산모의 심신을 편안하게 하면 태아에게도 좋은 영향을 끼칠 것이라는 인식이 확산되면서 베이비문 여행이 나타난 것이다.

나아가 이들에게 닥칠지 모르는 '예상치 못한 변수'에 대비하는 태아보험도 출시됐다. 어린이 보험 상품에 출산 직후 생길 수 있는 위험을 대비하는 '태아 특약'을 추가하는 것이다. 산모의 초산 연령이 높아져 조산아·저체중아·기형아의 비율이 증가하며 산모들의 걱정이 커진 것이 태아보험의 등장에 한몫을 했다.[3]

정답 육아의 정석인 '국민리스트'를 따라

"생후 23일 아기를 병원에 데려가려고 하는데 어떤 옷을 입혀야 할까요?"

국내 최대 출산·육아 관련 온라인 카페 '맘스홀릭베이비'에 올라와 있는 질문이다. 이것은 마치 대학생이 "저 오늘 학교에 중간고사 보러 가는데, 트레이닝복을 입어도 될까요?"라고 묻는 것과 비슷한 맥락이다. 그래도 이 질문에 진지한 댓글들이 달려 있다. "그래도 속

싸개를 해야 팔다리가 고정되어 아기가 덜 놀랄 것 같아요~", "진찰할 때 번거로우니 우주복에 겉싸개만 해주세요"…….

엄마들의 핵꿀팁 '온라인 커뮤니티'

예나 지금이나 처음 아기를 낳아 기르는 엄마들의 궁금증과 걱정은 이만저만이 아니다. 과거 대가족이 함께 살거나 친척끼리 자주 교류할 때는 주변 어른의 경험과 지혜를 구하면 됐다. 하지만 핵가족화에 따라 친정·시댁 어머니가 아이를 봐주는 경우가 줄어들면서 의논할 곳이 없어져버렸다. 사실 이전 세대의 여성들은 결혼하기 전까지 아내 혹은 어머니로서의 역할을 보고 배우며 자랐다. 반면 요즘 여성들은 주로 '사회인'이 되기 위해 국어·영어·수학 공부만 했지, 육아는 물론 가사에 대해 관심조차 가진 적이 없다. 다행히도 요즘 엄마들에겐 온라인 커뮤니티가 있다. 인터넷과 스마트폰을 통해 언제나 실시간으로 질문하고 답을 구할 수 있다.

온라인상에는 출산 전후, 이유식 전후로 네 시기를 나누어 각 시기마다 필요한 품목을 일목요연하게 정리해놓은 준비물 리스트가 존재한다. 제품, 권장량, 이용 요령은 물론 제품마다 엄마들이 가장 선호하는 특정 브랜드와 모델명까지 기재되어 있다. 심지어 1월 출산 준비물 리스트, 2월 출산 준비물 리스트 등 각 월별로 조금씩 다른 리스트까지 등장했다. 언제, 무엇을, 얼마나 준비해야 할지 모를 때 요즘 엄마들은 이렇게 교과서와 같은 리스트가 존재한다는 것에 크게 안도하고 의지한다.

온라인 커뮤니티에서 만족하지 못하는 엄마들을 위한 '앱 케어app

학력수준과 문화자본이 높아진 똑똑한 젊은 부모들은
아이를 체계적이고 과학적으로 기르는 경쟁을 시작했다. 단계별로 한 층 한 층
마치 견고한 빌딩을 짓듯 엄마들은 육아의 설계자를 자처한다.
이들에게 가장 큰 힘이 되어주는 것은 어머니 세대의 조언이 아니라
인터넷 커뮤니티에 올라 있는 동년배 엄마들의 조언이다.

◀ 육아와 관련된 문제점을 앱으로 해결하는 엄마
들도 늘고 있다.

care(스마트폰 애플리케이션으로 케어를 받는다는 의미)'도 등장했다. '베이비 앱'
이라고도 불리는데, 초보엄마들이 겪는 육아의 고충을 덜어주고 있
다. 수유시간 알림 앱, 아이울음 분석 앱, 아이움직임 알람 앱, 예방접
종 알림 앱 등 세부적인 기능으로 나누어진 다양한 앱이 인기를 모
으고 있다. 예컨대 '베이비타임BabyTime'이라는 앱은 구글 플레이 스
토어에서 30만 건 이상의 다운로드를 이끌어냈다. 수면 주기와 수유
주기는 물론, 기저귀 교환 시기 등 6개의 기본 항목으로 이루어진 이
앱은 엄마들이 육아활동을 기록하면, 이를 저장하고 관리하고 분석
해주는 신개념 육아일기다.[4] 매일유업에서 개발·운영 중인 '아기똥
솔루션' 앱 또한 인기다. 이 앱은 엄마들의 간단한 설문 응답과 함께
업로드된 아기의 변 사진을 분석해 아기의 건강상태를 실시간으로
분석해준다.[5]

정답 사회에서 '국민'이 붙는 유아용품의 위엄

아이에게 필요한 물품의 구매는 정답 사회를 사는 '햄릿증후군' 소
비자답게 고수들의 추천 아이템에 의존한다. 그러다보니 쏠림 현상

이 커지고 '국민'이라는 접두사를 갖는 품목이 많아진다. 예를 들어 기저귀 하나만 해도 국민 기저귀 정리함·국민 기저귀 가방·국민 기저귀 휴지통 등의 별칭을 가진 아이템이 속속 등장한다. 이유식 시장에도 '이유식 준비물 리스트'가 존재한다. 이유식 전용 미니 밥솥에 밥을 짓고, 이유식만을 위한 전용 도마와 조리칼로 재료를 손질하고, 이유식 전용 냄비 5종 세트에 정밀한 전용 저울로 양을 측정한 재료를 넣어 끓인 다음, 이유식기에 담아 '국민 피딩 스푼'으로 불리는 이유식 전용 숟가락으로 정성을 담아 떠먹인다. 개월 수에 맞춘 '장난감 제품 리스트'도 존재한다. 1개월 흑백 모빌, 2개월 딸랑이, 3개월 컬러 모빌…… 15개월 원기둥 세우기 등, 참고만 하는 것이 아니라 실제 구매로 이어지는 경우도 많다. 자료의 의도는 그 시기에 명시된 장난감을 가지고 노는 게 좋다는 것이지만, 엄마들은 시기마다 주어진 장난감을 사주지 않으면 혹여나 내가 잘못하고 있는 것은 아닌가 걱정이 앞서기 때문이다.

아키텍키즈 엄마의 열정 교육

아이가 엄마의 눈을 맞추고 말귀를 알아듣는 것 같을 때, 엄마들은 아이의 지능과 정서 발달에 필요하다는 활동에 본격적으로 동참하기 시작한다. 이들은 조기교육과 사교육을 받아온 세대다. 그 당시에는 주로 '지능'에 집중된 교육이 큰 인기를 얻었다. 똑같은 패턴의 산수 문제를 몇십 번, 몇백 번씩 풀어야 하는 수학 학습지부터 어학원·

전화영어·경시대회 준비 등 본격적으로 사교육이 불붙기 시작한 시점에 어린 시절을 보낸 세대가 이제 스스로 엄마 아빠가 된 것이다.

종이 구기기, 블록 끼워 넣기… 첫 교육은 '문센'에서

학업과 지능 향상 위주 교육의 폐해를 경험한 부모들은 이제 지능은 물론 창의력과 정서에 기반을 둔 교육을 하겠다고 다짐한다. 아키텍키즈의 첫 교육은 각 지역 백화점이나 대형마트에서 운영하는 '문화센터'에서 이루어진다. 보통 줄임말인 '문센'으로 통용되는데 빠르면 백일이 지난 이후 문센에 등록하기 시작한다. 4~6개월까지는 베이비 마사지를 받고, 6개월 이후부터는 오감발달 놀이가 시작된다. 아이들은 종이 구기기, 양손 부딪치기, 굴린 공 붙잡기 등 아주 간단한 놀이부터 촉감 놀이, 블록 끼워 넣기, 역할 놀이, 악기 두드리기 등 강사의 지도 아래 다양한 놀이를 경험한다. 아이들을 데리고 오는 엄마들이 모이다보니 문센은 자연스레 아키텍키즈의 엄마들이 정보를 공유하는 친교의 장이 되고 있다. 결국 문센은 온라인 커뮤니티의 오프라인 버전인 셈이다.

　아이가 돌이 지나면 엄마들은 특정 분야 교육으로 눈길을 돌린다. 가장 먼저 관심을 두는 영역은 음악 교육이다. 한 유명 음악교실에서는 만 2세부터 5세까지 연령대와 분야별로 유아 대상 음악수업을 진행하고 있으며,[6] 다른 음악교실은 미국에서 고안된 음악 교육 프로그램으로 만 18개월 이전의 유아부터 만 7세 아동까지 총 4단계로 나누어진 프로그램을 선보이고 있다.[7] 미술 교육 역시, 일반적인 교습소를 벗어나 진화하는 양상을 보이고 있다. 특히 만들기나 오감체험 및 자연 체험을 중심으로 하는 미술 교육과 독서 활동을 결합한 형태의 미술 교육이 주목을 받았다. 최근에는 '창의력 드로잉 미술 교육'이 점차 늘어나는 추세라고 한다.

아동 도서 시장 또한 아키텍키즈의 힘을 업고 불황을 이겨내는 저력을 보여주고 있다. 일반적인 책 외에도 3D 입체 도서나 스티커북·퍼즐·미로 등 다양한 형태의 영·유아 전문 도서들이 인기다.

'아키텍키즈' 등장의 사회적 배경

고도성장기인 1980년대에 태어나 본격적인 치맛바람·바짓바람 속에서 성장한 1세대가 이제 부모가 되었다. 소싯적에 『수학의 정석』을 풀던 세대가 '육아의 정석'을 찾아 나선 것이다. 좋게 보자면 과학적이고 열정적이며, 나쁘게 보자면 지나치게 경쟁적이고 극성스러운 이 일부 신인류(新人類) 부모들의 새로운 육아법을 어떻게 보아야 할까?

쏠림과 경쟁을 부추기는 인터넷, SNS 매체의 영향력

먼저 가장 중요한 요인으로 인터넷 커뮤니티의 등장을 들 수 있다. 거대 출산·육아 카페의 출현은 같은 관심사를 공유하는 수백만의 사람들이 모여 정보를 공유하고 의견을 교환할 때 어떤 상승작용이 발생할 수 있는지를 잘 보여준다. 특히 핵가족화·개인화의 물결 속에서 육아에 친정이나 시댁의 도움을 기대하기 어려운 젊은 부모들이 각종 블로그 카페와 같은 인터넷 커뮤니티에서, 그리고 검색 사이트와 SNS를 통해 온갖 정보를 수집하기 때문에, 이 새로운 매체의 영향력은 육아시장에서 훨씬 더 커졌다.

이러한 매체의 변화는 필요한 정보를 즉각적으로 얻을 수 있다는 장점도 있지만, 쏠림과 경쟁을 부추긴다는 부정적 측면도 함께 가지고 있다. 전술한 '국민○○상품'이나 '○○리스트'와 같은 극도로 획일화된 정보가 만연하고 은연중에 그것을 구매하지 못한 사람들의 불안감과 열패감을 자극해서 불필요한 육아 경쟁에 몰입하게 만든다는 것이다.

회사생활하듯 육아활동에도 맹렬하게 몰두하는 세대

보다 근본적으로는 젊은 부모들의 세대적 특성이 과거와 판이하게 달라졌다. 학교를 졸업하면 대부분 결혼하고 바로 아이를 낳아 육아를 시작하던 엄마 세대와 달리, 요즘 젊은 엄마들은 상당수가 직장생활을 하다가 결혼하고 늦게 아이를 갖는다. 특히 육아를 위해 직장을 포기하며 경력 단절을 감수하는 엄마들은 자신이 몰두하던 직장생활에서의 성취를 보상이라도 받으려는 듯, 회사생활하듯 맹렬하게 육아 활동에 몰두한다.

이전까지 '사회인'이 되기 위해 발달되어온 그들의 사고방식·가치관·행동양식 등이 '엄마'가 되어 임신·출산·육아를 하면서 그대로 이어지는 현상이 나타나고 있다. 이들은 '내 아이를 건강하고 똑똑한 인간으로 성장시키겠다'는 궁극적인 목표 아래, 지식과 정보로 무장하고 높은 빌딩을 짓듯 임신·출산·육아·교육의 전 과정을 철저히 계획하며 고민하는 정성 가득한 엄마들이다. 이들은 외부에서 자신의 역할을 가져보지 못했던 옛날 엄마들과 다르다. 엄마가 되기 전 자기주도적 인생을 산 경험이 있는 사람들이므로, 엄마가 된 이후에도 그러려고 한다. 그 자아실현의 노력이 육아로 표현되는 것이다.

그렇다고 이들의 육아 방식이 과거 엄마들처럼 무조건 희생적이고 자식을 위한 삶이라고 해석하기는 어렵다. 가장 다른 것은 이들에게 열정적인 육아는 본인을 위한 자기만족에 가깝다는 점이다. 자식에게 애정을 쏟고 열정적으로 혹은 최선을 다해 키워내는 과정에서 엄마 스스로 만족하는 것이다.

이들은 이렇게 열정은 가득함에도 불구하고 실상 육아의 경험은 전무하다. 지금까지의 엄마들은 경험자에 의지해 양육했다. 부모님이나 친척, 주변 사람들의 조언이 있었다. 요즘 엄마들은 그런 조언을 얻기도 쉽지 않거니와, 그런 것을 비과학적이라고 본다. 객관적 수치와 자료에 의존하려고 한다. 정답을 찾는다. 누군가로부터 검증받고자 한다. 학창시절의 정답이 존재하는 객관식 시험에 익숙한 '정답 사회'의 시민들이 외부 전문가의 추천이나 베스트셀러에 의지하는 것은 필연적인 결과다(『트렌드 코리아 2016』 회고편 **햄릿증후군** 키워드 참조).

'맹목'과 또 다른 다양성을 인정하는 열린 사고

마지막으로 과거의 엄마들과 가장 다른 점은 결과에 집착하지 않는다는 점이다. 과거 엄마들의 자녀교육에 대한 동기는 좋은 성적으로 좋은 대학에 보내 의사나 법조인을 만드는 것이었다. 반면 아키텍키즈의 엄마들은 내 아이의 직업적 다양성을 인정하는 열린 사고가 가능하다. 다만 장차 어떤 분야에 소질을 보일지 모르는 아이를 위해 가능한 한 다양한 경험을 시켜주고, 가능하다면 최선을 다해 환경을 제공해주자는 열린 사고를 가지고 있다. 요리사를 꿈꾸는 아이라도, 이발사를 꿈꾸는 아이라도 그 아이의 가능성을 조금이라도 일찍 발견하고 다양한 기회를 제공하자는 점에 초점을 맞추는 것이다. 따라서 맹목적인 교육 결과에 대한 집착과는 다소 다른 양상을 나타낸다.

에인절 비즈니스의 변화

이처럼 내 아이를 위해 무엇이든 꼼꼼하게 챙기고 싶은 엄마들의 소비심리는 영유아 제품 시장의 열기를 통해서도 확인할 수 있다. 2000년대 초반, 아이들의 출생 수가 급격하게 줄어들기 시작하면서 키즈 산업이 위기를 맞을 것으로 예상되었지만 현실은 그와 반대였다. 아이를 덜 낳게 되면서 이들에 대한 정성과 노력은 배로 증가하는 현상이 나타났기 때문이다. 키즈 산업은 현재 경기 불황 속에서도 **에인절 비즈니스**라고 불리고 있다.

이런 현상을 이끈 것은 시장의 소위 식스 포켓six pockets 현상이다. 식스포켓이란 한 명의 자녀를 위해 부모·친조부모·외조부모의 여섯 주머니가 지출을 한다는 의미로, 1990년대 일본에서 처음 등장한 용어다. 여기에 이모와 고모가 추가된 에

에인절 비즈니스
Angel Business

0~14세의 어린이를 대상으로 하는 사업을 총칭하는 용어다. 어린이를 천사에 비유하여 '에인절 비즈니스'라는 명칭이 붙여졌다.

출처: 네이버 지식백과

이트 포켓eight pockets, 다시 삼촌과 외삼촌이 추가된 텐 포켓ten pockets
으로 '집안의 천사'에게 열리는 주머니의 수는 계속해서 늘고 있다.
식스·에이트·텐 포켓 현상이 아동 관련 시장의 고급화와 양적 성장
을 지칭한다면, 아키텍키즈의 출현은 양육에 대한 가치관·스타일·
정보 취득 방식이 질적으로 달라지고 있음을 의미한다.

IoT와 접목된 유아용품, 베이비라인의 출시

2015년 한 해에 전국에서 총 44개의 베이비페어가 개최되었다고 한
다. 지난 2015년 4월 서울시 대치동에서 열린 유아교육박람회는 개
막 첫날에만 9,000명이 방문했다. 전년도 같은 박람회의 총관람객
수는 무려 7만 445명이었다. 특히 0~5세 영유아를 대상으로 하는 교
육시장은 전체 교육시장의 45.1%를 차지하며, 이는 2조 2,000억 원
에 달하는 규모다.[9] 출산율이 낮아져 나라의 큰 걱정거리지만, 출산
및 육아용품 시장은 저조한 출산율에도 끄떡없다.

과학적으로 육아에 접근할 수 있도록 돕는 제품과 서비스, 특히
IoT 등 첨단기술을 접목한 아키텍키즈의 제품들이 각광받고 있다.
예를 들어 아기가 빨고 있는 노리개 젖꼭지가 실시간으로 아기의 체
온 정보를 엄마의 스마트폰에 보내준다든지, 자는 아기의 발찌를 통
해 아이 심박수·방 안 습도·소음을 측정해서 알려준다든지 하는 첨
단제품이 선을 보이기 시작했다. 또 블루투스 기반의 비콘 기술로 아
이의 위치 정보를 부모의 스마트폰에 실시간으로 전송하는 미아 방
지용 손목 밴드나 보호자의 인적 사항이 기록되어 있는 밴드에 스마
트폰을 접촉하면 바로 보호자의 연락처를 확인할 수 있는 손목 밴드

등의 제품이 국내 스타트업 기업들에 의해 개발됐다.[10]

화장품 시장에서도 베이비라인이 따로 출시되고 있다. 예를 들어 '프리메라'에서는 베이비 전용 선쿠션, 페이셜 워시, 마일드 샴푸 등이 나왔다. 식품업계에서도 유아들을 대상으로 하는 유기농 시장의 성장세가 두드러진다. 초록마을, 두레생협, 한살림 등 유기농 마트에서 식재료를 구입해 아이들의 이유식이나 반찬 등을 만들어주는 것은 이제 자연스러운 식문화 양식으로 자리잡고 있다. 몇 년 전부터 유기농 이유식 전문업체들이 증가하기 시작한 것도 이러한 엄마들의 가치관을 보여주는 현상이다.

선택과 집중, 초니치 시장을 개척하라

아키텍키즈의 등장에 따른 산업적 시사점은 적지 않다. 먼저 기업들은 N세대의 젊은 부모들이 원하는 과학적이고 체계적이면서도 안전한 상품과 프로그램을 선보이기 위해 노력하고, 그들이 정보를 얻고 경쟁하는 커뮤니티와 SNS에서의 구전 관리에도 최선을 다해야 할 것이다. 앞서 '국민○○리스트'의 사례에서 보듯이, 해당 품목에서 제1의 베스트셀러에 대한 쏠림현상이 극심해지는 것을 알 수 있다. 온라인 커뮤니티와 SNS를 통해 정보의 순환이 매우 빨라지면서 생겨나는 현상이다. 이에 여러 아이템을 늘어놓기보다는 선택과 집중을 강화해 특정 품목에서 확실한 우위를 점할 수 있는 베스트셀러 집중전략이 중요해진다. 또한 태교·이유식·교구 시장의 변화에서 보듯이, 상품의 종류가 출산·육아·아동이라는 니치niche(세분화된 틈새) 시장 안에서 다시 분화되는 모습을 보이고 있다.

시사점
'아키텍키즈'는 엄마가 된 요즘 세대의 자연스러운 선택

—

'존 코너 맘'이라는 용어를 아는가? 존 코너는 영화 〈터미네이터〉 시리즈에서 지구를 구하는 미래의 지도자인데, 그의 엄마인 새라 코너는 터미네이터와 함께 자기 아들을 지키기 위해 살인 로봇들과 사투를 벌인다. 이처럼 자기 자녀가 인류를 구할 영웅인 것처럼 모든 것을 바쳐 극성으로 양육하는 부모를 지칭할 때 쓰는 말이라고 한다. 물론 비판의 뉘앙스가 담겨 있다. 이는 자기 자식에게 한없이 몰입하는 부모와, 그것을 바라보는 외부의 시선 간에는 좁히기 어려운 간극이 존재함을 암시한다.

최근 '노키즈 존No Kids Zone'이 확산되면서 사회적으로 논란이 되고 있다. 식당이나 카페 등 요식업소에서 미취학 아동의 출입을 금지하는 것을 의미한다. 각종 SNS를 통해 음식점 테이블에서 아이의 기저귀를 갈아주거나 그 기저귀를 테이블 위에 그대로 두고 가는 엄마들, 아이가 공공장소에서 소리를 지르고 뛰어다녀도 그냥 방치하는 부모들에 대한 목격담과 증거 사진들이 퍼져나가면서 '노키즈 존'이 점차 늘어나고 있다. 심지어 카페 전용컵에 아이의 소변을 받아주는 일부 몰지각한 엄마들도 있어 **맘충**이라는 오명을 얻기도 했다.[11] 물론 자녀를 위해 헌신하는 엄마들을 벌레에 빗대며 비하해서는 안 될 것이다. 하지만 자녀에게 애정을 표

맘충

엄마를 뜻하는 영어 '맘Mom'과 벌레를 뜻하는 한자 '충蟲'을 결합한 신조어로, 지나치게 이기적인 육아행태 혹은 남에게 피해를 주는 자녀의 행동을 방관해 주변에 민폐를 끼치는 엄마를 비하하는 단어다.[12]

학교를 졸업하면 대부분 결혼하고 바로 아이를 낳아 육아를 시작하던 엄마 세대와는 달리, 요즘 젊은 엄마들은 상당수가 직장생활을 하다가 결혼을 하고 늦게 아이를 갖는다. 특히 육아를 위해 직장을 포기하며 경력단절을 감수하는 엄마들은 자신이 몰두하던 직장생활에서의 성취를 보상이라도 받으려는 듯, 회사생활하듯 맹렬하게 육아활동에 몰두한다. 엄마가 되기 전 자기주도적 인생을 산 경험이 있는 사람들이므로, 엄마가 된 이후에도 그러려고 한다. 그 자아실현의 노력이 육아로 표현되는 것이다.

현하면서도 주변을 배려하는 엄마들의 성숙한 시민의식 역시 필요하다.

지금까지 살펴본 바와 같은 '체계적 육아'에 올인하는 부모들의 맹목성에 대해 우려하고 비판하는 것만이 능사는 아닐 것이다. 사실 아주 오래전부터 통용되던 '치맛바람'이라는 용어에서 보듯이, 자녀 양육은 모든 가정에서 가장 중요한 문제다. 가뜩이나 불경기에 출산과 육아에 가구 소비의 대부분을 쓰다보니 소비의 왜곡 현상이 나타나고 균형 잡힌 소비가 힘들어질 정도다.

세계 최저 출산율에 허덕이는 우리나라에서 출산을 장려하고 부모들의 양육 부담을 덜어주려는 많은 정책이 시행되고 있다. 하지만 '아키텍키즈'를 기르는 젊은 부모들의 열정은 이런 공공정책들에 대한 갈증과 불신이 여전함을 보여준다. 정부와 지방자치단체는 출산과 보육을 지원함에 있어 양적 지표만 내세우는 평면적인 정책보다, 엄마들의 갈증과 불신을 잠재울 만한 질적으로 완성도 있는 프로그램을 만들고 시행해나갈 필요가 있다.

아키텍키즈의 등장은 어쩌면 갈수록 치열해지는 경쟁사회에서 결국은 자기들만의 방식으로 최선을 다해 자녀를 키우려는 경쟁의식의 연장선이라고 볼 수도 있다. 대한민국이 빠른 시간 내에 양적인 경제성장을 이룩해 많은 개발도상국의 부러움을 받으면서도 막상 삶의 질은 세계 최저 수준에 머무는 것은 사회 구성원 전체에 만연한 이런 과도한 경쟁 때문일 것이다. 아키텍키즈가 결코 엄마들의 경쟁과 만족을 위한 대상이 되어서는 안 될 것이다.

앞에서 언급했듯이 신세대 엄마들 또한 어떤 대단한 결과를 기대하고 이런 과학적 육아에 동참하는 것은 아닌 것으로 보인다. 이것은 어쩌면 이들이 이제까지 살아왔던 방식, 하나하나 문제를 해결해갔던 삶의 궤적과 동일선상에 있다. 대가족이 함께 살았던 예전과 달리, 세대 간 단절과 지식 산업의 성장이 맞물리면서 아키텍키즈는 엄마가 된 그 세대의 자연스러운 선택일 수밖에 없는 것이다. 그러나 '잘 기르고 싶은 마음'이 과연 아이의 행복, 부모의 행복, 가정의 행복, 나아가 사회 구성원의 건전성에 기여하는 방향으로 나아가고 있는지 스스로를 들여다보는 성찰이 필요하다. 아키텍키즈 엄마들의 성숙함을 기대해본다.

Society of the Like-minded

취향 공동체

대세를 따르기보다는 자기만의 라이프스타일을 추구하는 소비자가 늘고 있다. 남자는 남자다워야 한다거나 장난감은 아이들의 전유물이라는 식의 고정관념이 붕괴되면서 고급 – 저급, 어른 – 아이, 남성 – 여성의 이분법적 취향 구분이 무너진다. 기존의 고정관념에서 벗어나 자신만의 라이프스타일을 추구하는 소비자들은 이제 이색적인 취미를 당당하게 혼자 즐기기도 하고 비슷한 취향을 가진 사람들끼리 모이기도 한다. 스마트폰이 모든 것을 흡수하는 시대에 이색 잡지들이 인기를 끌고, 특정 성분을 강조하거나 통념에 도전하는 식품이 등장한다. 주거 공간도 천편일률적인 디자인을 거부하는 이들은 스타일을 스스로 편집하고 관심사를 서로 추천하는 데 익숙하다. 비슷비슷한 제품들이 쏟아져 나오는 시장에서 나의 취향이 담긴 제품이 진정한 명품이라고 여기는 이들은 돈이 없는 것보다 취향이 없는 것이 더 부끄럽다고 말한다. 이처럼 같은 취향으로 똘똘 뭉쳐 자기들만의 취향을 추구하는 소비자의 출현은 기존의 성별·나이·직업·학력의 인구통계학적 기준에 입각한 시장 세분화market segmentation가 점점 무력해지고 있음을 시사한다. 남과 다른 스타일을 추구하는 데 열심인 소비자들이 몰고 온 취향의 반란이 한층 더 명확한 콘셉트와 특화된 전략을 필요로 하는 방향으로 시장의 지도를 다시 그려나가고 있다.

오드리 햅번과 똑같은 피규어를 제작하는 취미를 가진 21년 차 '햅번 덕후', 치킨의 튀겨진 생김새만으로 브랜드와 맛까지 모두 꿰고 자신이 먹은 치킨 뼈를 모아 직접 한 마리 닭을 만들기까지 하는 '치킨 덕후'······. 그동안 사회 부적응자라는 부정적인 시선을 받아야 했던 덕후(일본어 '오타쿠'를 우리말로 표기한 '오덕후'의 줄임말)들이 마침내 MBC의 추석 특집 방송(능력자들)에까지 출연해 당당하게 자신만의 '덕력'을 뽐냈다. 개인의 독특한 취향도 재능이 될 수 있음을 보여준 것이다. 좋아하는 대상에 몰입하며 열정적으로 시간과 돈, 체력을 소비해 새로운 문화까지 만드는 '덕후'는 이제 단순 마니아를 넘어 그 분야의 전문가라는 긍정적인 이미지로 대중적으로 폭넓게 통용되고 있다.

이처럼 어두컴컴한 골방에서 독특한 취향의 취미에만 몰두하는 음지의 사람들이었던 덕후들이 온라인 네트워크를 기반으로 활발하게 소통하고 공유하며 콘텐츠의 생산자로까지 진화하고 있다. 취미와 즐길 거리가 획일화되어가는 현대사회에서 덕후들의 문화는 더 이상 놀림감이 아니다. '키덜트족'이 장난감 산업에 활기를 불어넣었듯, 덕후 문화가 소비시장의 밑바탕이 되고 있다. 이러한 변화를 이끌어내는 배후의 힘은 무엇일까? 개인의 취향이 다양해지고 그것을 인정하는 사회적 분위기가 자리잡고 있기 때문이다. 이른바 '개취존중', 개인의 취향을 존중하는 문화가 서서히 자리잡으면서 남들의 이목 때문에 즐기지 못했던 독특한 취미를 당당하게 즐기는 사람들의 활동도 두드러진다. 타인과 차별화된 나만의 특별한 취향이 더 환영받는 시대다.

취향의 사전적 의미는 '하고 싶은 마음이 쏠리는 방향'이다. 칸트가 취향이란 아름다움을 판정하는 능력이라고 정의한 바와 같이, 17~18세기 유럽에서 취향은 미美를 받아들이는 능력을 가리키는 말로 사용되었다. 이 취향 개념이 계급적 구분의 기준으로 사용된 것은 프랑스의 사회학자 부르디외에 의해서다. 그는 취향이 개인의 영역이 아닌 사회적 학습의 결과라고 지적하며 '지배계급·중간계급·민중계급'의 차이를 나타내는 지표라고 분석했다.[1] 당시는 상위계급과 하위계급의 취향에 따른 구분이 명확한 시기였기에 가능한 분석이었다.

이제 사회적으로 고정된 취향에 반기를 드는 사람들이 늘어나고 있다. 남자는 남자다운 취향을 가져야 한다거나 장난감은 아이들의 전유물이라는 식의 고정관념이 붕괴되면서 고급 – 저급의 이분법적 취향 구분이 무너졌다. 사회적 지위 등 기존의 고정관념에서 벗어나 자신만의 라이프스타일을 추구하는 소비자들은 이색적인 취미를 혼자 즐기기도 하고 비슷한 취향을 가진 사람들끼리 모이기도 한다.

『트렌드 코리아 2016』에서는 대세와 고정관념을 거부하고 자신만의 취향을 추구하는 소비자들의 변화에 주목한다. 인구통계를 기준으로 한 소비자 분류의 기준이 무너지고 있다. 취향에 따라 모이고 취향에 따라 흩어지는 소비자들에게 성별·나이·직업·학력 등에 따른 시장 세분화market segmentation는 이제 무력하다. 남과 다른 스타일을 추구하는 데 열심인 소비자들이 몰고 온 '취향의 반란'이 시장의 지도를 다시 그려나가고 있다.

취향의 반란 1
세밀하게 특화되는 취향

어디로 튈지 모르는 소비자의 취향을 맞추기 위한 경쟁이 치열하다. 가장 눈에 띄는 변화는 특화·테마·콘셉트를 강조하는 콘텐츠와 제품들이 증가한 점이다. 한때 서바이벌 오디션은 TV 시청률을 보장하는 아이템이었다. 하지만 비슷한 오디션 프로그램이 우후죽순 등장하면서 뻔한 오디션에 시청자들도 지루함을 느끼게 됐다. 비슷한 감성이 재생산되고 판에 박힌 이야기 구조가 반복되었기 때문이다. 이러한 상황에서 오디션도 시청자가 취향에 맞게 골라볼 수 있도록 장르가 세분화되고 있다.

뻔한 오디션에서 힙합 장르로, 더 나아가 여성 래퍼만으로

Mnet의 〈쇼미더머니〉는 그동안 대중에게 친숙하지 않았던 힙합이라는 장르를 오디션으로 풀어내 성공을 거두었다. 〈쇼미더머니〉의 성공 이후 기획된 〈언프리티 랩스타〉는 여성 래퍼를 전면에 부각시키는 전략으로 마니아를 형성하고 있다. KBS는 밴드를 내세운 오디션 프로그램 〈탑밴드〉를 시즌 3까지 선보이고 있다. 아이돌 위주의 음악이 차트를 점령하는 시대에 다양한 음악을 즐기고 싶은 사람들의 욕구를 겨냥한 것이다.[2]

자신의 취향에 맞는 독특한 잡지를 골라 구독하는 사람들도 늘고 있다. 독립잡지계의 최고령자로 불리는 『싱클레어』는 2000년 창간 이후 많은 사람의 지지를 받고 있는 문화잡지다. '당신에게 잡지의 한 페이지가 주어진다면?'이라는 질문을 여러 분야에 걸친 아티스트들에게 던지고 그 대답을 지면으로 구성한다. 『66100』은 플러스 사이즈 인물들의 모습과 이야기를 주로 다룬다. 일반 잡지에서 흔히 볼 수 있는 날씬하고 조각 같은 미모를 지닌 모델들은 없지만 신체 사이즈에 관계없이 사람은 누구나 본질적으로 아름답다는 잡지의 모토가 외모지상주의에서 벗어나려는 사람들의 취향을 제대로 공략했다.[3] 격월간 잡지 『미스테리아』는 미스테리 스릴러 분야만을 집중적으로 다룬다. 2호의 경우 2015년 8월 초판 2,000부 발행 3일 만에 2쇄 1,000부를 추가로 찍는 등 독자의 취향과 교양을 동시에 만족시키는 잡지로 자리잡고 있다.[4]

취향 저격 테마 영화관, 주택시장에도 취향이 반영되다

영화관도 고객과 눈높이를 맞추기 시작했다. 이제 영화관은 단순히 영화를 보러 가는 곳이 아니라 영화를 체험하는 곳으로 관람객의 니즈가 바뀌고 있다. 평범한 영화관을 거부하는 소비자의 취향을 저격하기 위해 다양한 테마로 옷을 갈아입고 있다. 메가박스 용인점의 '드라이브M'은 야외에서도 영화를 즐길 수 있는 자동차 극장이다. 반려동물도 입장할 수 있어 가족이 함께 캠핑을 나온 듯한 기분을 느낄 수 있다. CGV의 '더 프라이빗 시네마'는 파티나 모임 등 소규모 행사가 가능한 공간이다. 파티를 즐길 수 있는 별도의 라운지가 있고 이용자 수에 맞게 상영관 내 좌석 수를 조절할 수도 있다. '씨네라이브러리'는 극장과 도서관을 결합한 영화관이다. 극장 내 영화 관련 전문서적 1만여 권이 구비되어 있어 영화도 보고 호젓하게 독서

도 즐길 수 있는 문화공간이 되고 있다.[5]

　개성과 취향을 추구하는 트렌드는 주택시장에서도 찾아볼 수 있다. 아파트를 벗어나 다양한 형태의 주거지를 찾는 현대인이 늘고 있다. 골목의 정취를 찾아 단독주택을 선호하는 사람들이 있는가 하면, 아파트를 벗어나고 싶지는 않지만 전원의 삶도 놓치고 싶지 않은 사람들에게 테라스 하우스가 각광받고 있다. 테라스 하우스는 주로 서울 근교에 위치하며 아파트나 연립주택의 1층이나 꼭대기에 별도의 테라스 공간을 제공한다. 공동주택 안에서 나만의 정원을 꾸밀 수 있어 주목받고 있다.[6]

　경기 불황으로 소비심리가 위축되는 시기에는 이처럼 더 효과적이다. 앞으로 소비자들의 취향이 점점 세분화되고 세련되어가면서 불특정 다수의 소비자보다는 소수의 핵심 소비자를 공략하는 것이 이와 관련된 다양한 마케팅 전략이 활발하게 전개될 것으로 예상된다.

취향의 반란 2
나를 위한 나만의 맞춤 취향

궁극의 취향을 추구하는 사람들이 이제는 세상에 하나뿐인 나만의 아이템을 선택하기에 이르렀다. 요즘 맞춤정장을 만드는 테일러숍에서는 신체 사이즈를 측정하기 전에 소비자와의 상담 시간을 갖는다. 입는 사람의 직업과 생활습관까지 반영해 옷을 제작하기 때문이다. 예를 들어 장시간 운전하는 고객에게는 앉은 자세가 편하도록 허

벽지 치수를 조정하고 오래 입을 수 있는 원단을 사용한다.[7] 구두를 맞출 때도 마찬가지다. 발 사이즈를 재는 것만으로는 충분하지 않다. 의뢰인의 성격까지 디자인에 반영하기 위해 상담에 많은 시간을 들인다고 한다. 의뢰인의 성격이 급하면 발에 딱 맞게 디자인하고 반대로 느긋할 경우 치수를 여유 있게 조정하는 식이다.[8]

시그니처 버거, 패스트푸드도 내 취향대로

단일화된 매뉴얼로 빠른 서비스를 지향하던 패스트푸드 업계도 소비자들의 다양해진 '취향 저격'에 나섰다. 맥도날드가 2015년 8월 론칭한 시그니처 버거는 메뉴 주문방식부터 식재료 선택, 서빙 방법까지 기존의 패스트푸드업계에서 추구하던 방식을 완전히 버렸다. 소비자는 패티·치즈·채소·소스 등의 식재료를 직접 선택할 수 있는데, 매장 내에 설치된 키오스크를 이용해 주문부터 결제까지 셀프로 진행한다. 소비자가 직접 재료를 선택하다보니, 주문이 들어오는 즉시 조리가 시작된다. 서빙도 전담 크루가 테이블로 직접 가져다준다. 기존 햄버거보다 많게는 두 배 정도 비싼 기본가격 7,500원에 판매됨에도 불구하고 신촌점 론칭 첫날 1천 개가 넘는 판매고를 기록했고 SNS에는 '나만의 버거' 사진이 봇물을 이루는 등 폭발적인 반응을 이끌어냈다.[9] 시그니처 버거는 미국을 시작으로 싱가포르, 호주, 중국 등에 론칭했으며, 특히 호주에서는 이 서비스로 인해 10% 이상 매출이 증가했다고 한다. 소비자의 편의에 맞춘 커스터마이징 customizing(맞춤) 트렌드가 한국만의 현상은 아닌 것이다.[10]

출처: 각 사 홈페이지

▲ 2.8%의 위용. "남들 다 쓰는 스마트폰 지겹지도 않아?" 블랙베리와 소니, 노키아폰을 찾는 마니아층이 늘고 있다.

소수여서 더 끌리는 마니아폰, 나만의 스타일 편집숍

취향을 뽐내기 위한 제품으로 스마트폰도 예외가 없다. 삼성·LG·애플 등 주요 브랜드의 스마트폰이 대세를 이루는 상황에서 다수의 선택을 받지 못한 소수의 제품을 사용하는 것 자체가 개성이 되고 눈길을 끌게 된 것이다. 일명 마니아폰이라 불리는 특정 휴대폰을 구매하기 위한 해외직구도 활발하다. 특히 블랙베리폰은 쿼티 자판이 주는 아날로그적인 손맛에 매료된 사람들이 많이 찾는 브랜드다. 스마트폰의 화면이 점점 커지는 추세에서 블랙베리폰의 작은 화면은 그 자체가 개성이 되었다. 현재 우리나라에서 삼성, LG, 애플 이외의 스마트폰 보급률은 2.8%에 불과하다. 그 작은 시장을 현재 블랙베리·HTC·소니·화웨이·샤오미·모토로라·노키아 브랜드가 점유하고 있는데, 2.8%라는 작은 숫자가 어떤 이들에게는 구매의 이유가 되고 있는 것이다. 남다른 취향을 가진다는 것이 어디 쉬운 일인가?[11]

나만의 취향, 남과 다른 라이프스타일을 지향하다보니 직접 스타일을 편집하려는 소비자의 니즈도 두드러지고 있다. 편집숍은 유통업계의 대세로 자리잡은 지 오래지만, 이제 의류·신발·가구·인테리어 소품 등 그 카테고리가 확장되는 추세다. 브랜드와 디자인이 한데 섞인 가운데 나에게 맞는 스타일을 편집하는 재미가 있기 때문이다. 자유롭게 상품을 입어보고 고르고 편집하는 과정 자체가 일종의 놀이인 셈이다. 편집숍에서 더 나아가 제품의 분류방식이 스타일별로 재편되는 예도 있다. 오사카에 있는 한큐 백화점 본점 건너편에는 맨스 한큐라는 남자 전용 백화점이 있다. 이 백화점은 '남성 전용'이라는 점에서도 눈길을 끌지만 층별 배치가 매우 독특하다. 1층은 오센틱 스타일, 2층은 컨템퍼러리 스타일, 3층은 캐주얼 스타일 등으로 분류된다. 기존의 백화점이 1층 화장품, 2층 의류 등으로 배치되었던 것에서 벗어나 취향별로 모든 브랜드와 아이템을 재편한 것이다.

SNS, 인맥 중심에서 취향 중심으로 재편되다

멀티미디어 시대의 현대인들은 천편일률적인 획일성을 원하지 않는다. 타인과 차별화된 취향을 좇는 사람들에게 취향을 추천해주는 서비스가 인기를 얻고 있다. 인맥 중심이었던 SNS도 취향 중심으로 재편되고 있다. 이용자의 관심사를 기반으로 콘텐츠를 제공해주는 큐레이션 앱, '빙글'이 대표적이다.[12] '관계중심형' SNS에 피로를 느낀 사람들이 정보 획득과 관심사 공유를 중심으로 모이는 '취향중심형'

SNS로 선회하면서 해시태그가 빛을 발하고 있다. 이제 해시태그는 SNS의 수많은 정보 중 나에게 꼭 필요한 정보를 선택하기 위한 중요한 키워드다. 해시태그를 중심으로 같은 관심사를 가진 사람들끼리 모이는 태그문화도 빠르게 성장하고 있다.

네이버에서 새롭게 내놓은 서비스도 개인의 관심사에 주목하고 있다. 네이버 태그 검색은 정답형 정보 중심의 검색 서비스를 관심사 기반의 정보 추천 방식으로 확장하기 위한 시도 중 하나다. 태그 검색을 활용하면 검색한 단어를 넘어 같은 주제를 가진 내용들을 한 번에 접할 수 있다. 검색 이용자들이 선호를 보인 결과를 토대로 개인에게 최적화된 정보를 제공하는 방식이다.

네이버의 독주가 모바일에서도 계속되고 있는 가운데 도전자인 다음카카오는 카카오톡 안으로 검색 서비스를 불러들였다. 카카오톡 대화 입력창에 있는 샵(#) 버튼을 누르고 원하는 키워드를 입력하면 바로 검색 결과를 확인할 수 있다. 기존 세로 스크롤이 아닌 뉴스, 사이트, 블로그 등 각 카테고리를 카드 형식으로 구성해 옆으로 넘겨가며 보는 형태다. 채널 서비스는 연예, 스포츠, 패션·뷰티, 동영상, 웹툰 등 다양한 관심사에 기반한 콘텐츠를 한 번에 보여주는 것이다. 포털 사이트 메인 화면과 크게 다르지 않다. 최상단에는 검색창도 추가돼 카카오톡이 포털을 품었다고 해도 무방해 보인다.[13]

쇼핑앱 '티드'는 자신의 취향대로 고른 상품을 판매할 수 있는 취향 비즈니스다. 내 상점에 골라놓은 아이템을 다른 이용자가 구매하면 해당 수익금의 일부를 현금으로 돌려받는다. 해외 이색상품부터 디자인 소품 등 국내에서 쉽게 찾아볼 수 없는 상품을 쇼핑할 수 있

어서 남다른 스타일을 추구하고 싶은 사람들에게 적합하다.[14]

이처럼 살 수 있는 물건의 가짓수는 넘쳐나지만 하나를 사더라도 내 취향을 담겠다는 소신 있는 소비자들의 움직임이 커지고 있다. 불특정 다수를 향해 대량 생산한 것보다 나에게 맞는 물건을 찾고 누군가에게 필요한 것을 공유하는 등 취향의 반란이 소비문화까지 바꾸고 있다.

취향 공동체는 어떻게 등장했는가?

이처럼 소비자들이 성별·연령·소득에 구애받지 않고 취향으로 모이고 관심사로 흩어지게 된 이유는 무엇일까?

해시태그, 취향별로 묶어주는 플랫폼

첫째, 취향별로 사람들을 묶어주는 플랫폼이 다양해졌기 때문이다. 각종 온라인 커뮤니티와 SNS를 통해 다양한 취향이 나뉘고 또 결집할 수 있게 된 것이다. 그중에서도 가장 중요한 것이 바로 **해시태그**다. 트위터에 올리는 메시지를 구분하고 분류하기 위해 해시 기호(#) 뒤에 특정 단어를 쓰던 것이 사람들을 다양한 카테고리로 모이게 만드는 새로운 기준이 되고 있다. 시작은 트위터였

해시태그Hashtag
해시태그란 트위터, 페이스북 등 소셜 미디어에서 특정 핵심어를 편리하게 검색할 수 있도록 하는 메타데이터의 한 형태로, 해시 기호(#) 뒤에 특정 단어를 쓰면 그 단어에 대한 글을 모아서 볼 수 있다. 예를 들어, #맛집이라는 해시태그를 사용할 경우, 맛집과 관련된 글과 사진을 볼 수 있다.[15]

해시태그는 기존에 아무 관계가 없었더라도 **관심사를 기반**으로

연대를 형성하는 힘이 있다. 이렇게 만들어진 연대는 먹스타그램(먹는 사진),

멍스타그램(개), 냥스타그램(고양이)과 같은 신조어로 부각되기도 한다.

기업 입장에서는 해시태그를 통해 자사의 브랜드나 제품에 관심 있는 사람들의

반응을 손쉽게 모니터링하고 접근할 수 있다.

이 경우 기업이 타깃의 기준을 만드는 것이 아니라, 소비자가 **자발적**으로

만든 관심 카테고리에 모인다는 점이 가장 큰 특징이다.

지만 해시태그는 이미지 중심의 SNS에서 더욱 빛을 발한다. 이제 해시태그는 SNS의 수많은 정보 중 나에게 꼭 필요한 정보를 선택하기 위한 키워드가 되고 있다. 해시태그를 서비스 전면에 내세운 관심사 SNS인 네이버 폴라에서는 #먹폴라, #폴라뷰티, #폴라이크 등 해시태그에 담긴 관심사를 기반으로 모이는 태그 문화가 형성되고 있다.[16]

해시태그는 기존에 아무 관계가 없었더라도 관심사를 기반으로 연대를 형성하는 힘이 있다. 이렇게 만들어진 연대는 먹스타그램(먹는 사진), 멍스타그램(개), 냥스타그램(고양이)과 같은 신조어로 부각되기도 한다. 기업 입장에서는 해시태그를 통해 자사의 브랜드나 제품에 관심 있는 사람들의 반응을 손쉽게 모니터링하고 접근할 수 있다.[17] 이 경우 기업이 타깃의 기준을 만드는 것이 아니라, 소비자가 자발적으로 만든 관심 카테고리에 모인다는 점이 가장 큰 특징이다. 다시 말해 소비자가 시장의 지형도를 스스로 만드는 능동적인 주체로 등장하고 있는 것이다.

빅데이터, '핀셋 마케팅'을 가능하게 하는 기술 기반

둘째, 관심사로 흩어진 소비자들에게 딱 맞는 서비스나 제품을 제공할 수 있는 기술적 조건이 마련되고 있음에 주목해야 한다. 빅데이터를 기반으로 한 마케팅이 소비자의 일상생활에 밀접하게 적용되고 있다. 빅데이터를 통해 특정 개인의 인구통계학적 특징을 넘어 성향·행동반경·구매 트렌드·취향 등을 파악하는 게 가능해졌기 때문에 연령대나 성별로 나누던 세그멘테이션의 기준이 더 촘촘하고 세밀해지고 있다. 모바일 서비스나 포털도 빅데이터를 활용한 개인 맞춤형 정보 제공에 관심을 기울이는 추세다. 예를 들어, 스포츠나 자동차 관련 정보를 많이 보는 사용자의 행동 패턴을 분석해서 그에 맞는 광고를 노출하는 식이다.[18] 데이터마이닝을 이용해 행동 패턴을 기반으로 한 타깃 설정과 시장 세분화가 소비자의 마음을 핀셋으로 꼭 집어내듯 공략할 수 있는 **핀셋 마케팅** 시대를 촉발했다. 이제 성별보다 행동이 중요하고 나이보다 취향을 분석하는 게 더 유효한 시대다.

> **핀셋 마케팅**pincette marketing
> 대중 고객을 대상으로 무차별적인 홍보나 마케팅 활동을 벌이는 대신, 핀셋으로 꼭 집어내는 것처럼 타깃을 세분해 특정 고객층만을 공략하는 마케팅 기법. 고가의 수입차나 백화점 대량구매 고객 등 VVIP를 대상으로 한 유통업계의 마케팅에 주로 활용됐다. 하지만 최근 들어 핀셋 마케팅은 유통업계를 넘어서 상품의 기획·제조 단계로까지 확대되고 있는 추세다.[19]

개성이 곧 명품, 나만의 아이덴티티에 대한 인식의 확산

마지막으로 타인의 시선을 의식하지 않고 나답게 사는 것이 가장 자연스럽고 행복하다는 인식이 확산되는 것도 하나의 배경이 될 수 있다. 직장·회사·학교가 아닌 관심사를 기반으로 모이는 사람들이 많아지는 것도 나이·직업·직위 등을 내려놓고 좋아하는 것을 함께 즐길 때 느끼는 기쁨이 크기 때문이다. 스스로 개성을 담아 만든 소품이 곧 명품이라는 인식이 퍼지며 취향 공동체의 주인공들은 명품 매장 대신 작은 공방으로 향한다. 돈만 있으면 손쉽게 가질 수 있는 획일화된 제품이 아니라 나만의 고유한 아이덴티티를 드러낼 수 있는 취향을 갖는 것이 진짜 쿨한 것이기 때문이다. 인간관계가 파편화되는 현대사회에서 자신과 같은 취향에 기반을 둔 소비에는 동병상련의 위로 기능이 있다. 소소한 취향과 남다른 소비 말고는 좀처럼 보람과 만족감을 느끼기 힘든 시대에, 현대인들은 진짜 현실과 얼마쯤 동떨어진 자기만의 세계를 완성해나가면서 안정을 찾고 다시 사회로 뛰어들 원동력을 얻고 있는 것은 아닐까?

시사점
끊임없이 변화하며 소비자 취향을 저격하는 시장의 스나이퍼가 필요

tvN의 인기 예능 프로그램 〈삼시세끼〉 정선편에 가수 보아와 배우 유해진이 함께 게스트로 출연한다는 소식에 의아해하는 시청자들이 많았다. 전혀 친분이 없을 듯한 뜻밖의 조합이었던 것이다. 이 두 사람이 친해지게 된 계기는 '낯가림'이라는 연예계 사모임이라고 한다. '낯 많이 가리는 사람들끼리 낯 한 번 안 가려보자'라는 취지로 만든 이 모임에서는 일단 만나면 낯을 가리고 한두 시간 흐른 다음부터 이야기가 시작된다고 한다. 물론 같은 연예인끼리의 사모임이긴 하지만 성별·나이·직업 등을 망라해 그저 낯을 가린다는 공통점만으로 새로운 모임이 탄생한 것이다.

이처럼 다소 황당한, 이전에는 들어보지 못했던 다양한 콘셉트의 모임들이 등장한다. 같은 학교나 지역이 아니더라도 공통의 취향만으로 쉽게 모이고 흩어질 수 있다. 소셜다이닝이 도입된 초기에는 함께 밥을 먹거나 간단히 술을 마시는 정도의 모임이 전부였으나 최근에는 소셜다이닝의 영역이 확장되는 추세다. 예를 들면 한 커뮤니티

다수의 대중을 대상으로 더 많은 제품을 판매하는 것은 이전의 방식이다. 이제 소비자들은 자신의 취향과 관심사에 꼭 맞는 것이 아니라면 집중하지 않는다. 다시 말해 다수를 상대로 하는 밋밋한 제품은 곧 다수의 외면을 받을 수 있다. 이는 작은 전략을 유연하게 운용할 수 있는 스타트업이나 중소상인들에게 기회이기도 하다. 시장이 작더라도 남들이 아직 주목하지 않았던 취향에서 새로운 비즈니스가 탄생할 수 있다.

에 올라온 모임의 주제는 '실패를 실패하기 위해'다. 실패담을 늘어놓으면서 서로 위로하고 실패를 예방하자는 취지다.[20] 만나서 그냥 걷기만 하는 모임도 있다. 잔디밭에 모여 맨발로 걸으며 자연의 촉감을 느끼기도 하고 동네를 정해 골목골목을 함께 누비기도 한다. 그저 천천히 걷는 게 목적인 곳도 있다. 모임의 기간도 다양하다. 일일모임이 있는가 하면 정기적으로 만나기도 하고 대학처럼 학기제로 운영되기도 한다. 이러한 새로운 '취향 공동체'의 등장이 우리 시장에 의미하는 것은 무엇인가?

우선 타깃의 지형도를 재편해야 한다는 당위성을 제기한다. 성별·연령·학력 등 기존의 인구통계학적 특성을 기준으로 하던 시장 세분화는 취향을 중심으로 모이는 소비자들을 세밀하게 겨냥하기에 턱없이 부족해졌다. 성별이나 연령에 따라 묶이는 세그먼트가 아니라 관심사와 취향을 중심으로 타깃의 지형도를 다시 그려야 하는 것이다. 예를 들어, 푸마가 2011년부터 진행한 '푸마소셜 캠페인'은 관심사를 중심으로 만든 집합체로 스포츠 정신을 담은 건강한 소셜 문화를 일상 속에 정착시키자는 취지로 마련된 글로벌 캠페인이다. 전세계 소비자를 대상으로 전통적인 스포츠에 얽매이지 않고 일상 속에서 경쟁적인 놀이를 즐기는 사람들을 연령대와 거주지역과 무관하게 모은 것이다. 이 캠페인 중 하나인 '소셜 클럽 파티'는 팀 메이트들과 함께 아케이드 게임, 볼링 등 다양한 '팀 스포츠'를 할 수 있는 게임존을 비롯해 포토존, SNS존으로 구성되어 참여한 많은 사람이 즐길 수 있게 한다.[21] 푸마는 이 캠페인으로 나이키나 아디다스와 차별화된 브랜드 포지셔닝을 이루어냈다.[22] 코카콜라는 해시태그를 활용해 자사 제품에 관심 있는 소비자들을 꾸준히 모아 코카콜라를 홍보할 앰버서더를 발굴하기도 했다. 한국에서 코카콜라 100주년 팝업스토어가 열렸을 때도 지역과 연령에 상관없이 가장 열광적으로 참여했던 이들이 바로 이 코카콜라 앰버서더였다고 한다.

나아가 명확한 콘셉트와 특화 전략이 필요하다. '나만의 취향'이 중요해지는 시대에 다수의 대중을 상대로 한 무난하지만 평범한 제품은 주목받기 어렵다. 분명한 콘셉트가 있어야 마니아를 공략할 수 있고, 마니아가 열광하는 상품이나 서비스는 SNS를 통해 회자되기 마련이다. 예를 들어 이마트 타운 킨텍스점의 가전매장 '일렉트로 마트'는 어린아이부터 중년의 아저씨까지 남자들의 놀이터로 불린다. 매장 입구의 대형 캐릭터 인형, 드론존, 1,000종류 이상의 피규어, 3D프린터 등 그야말로 남자들의 천국이다. 일렉트로 마트의 캐릭터인 일렉트로 맨을 주인공으로 한 만화와 웹툰도 제작한다. 초능력을

◀ 어린아이부터 중년까지 남자들의 놀
이터로 불리는 일렉트로 마트. 체험테
마형 가전매장을 표방하는 이곳은 키
덜트문화를 도입해 주목을 끌었다.

가진 일렉트로 맨이 악의 무리들로부터 지구 생명의 씨앗인 '뮤오
트'를 지키기 위해 싸운다는 내용을 담은 웹툰은 1회가 공개되자마
자 화제를 뿌렸다. 일렉트로 마트가 흥미로운 점은 그들만의 리그로
불리던 키덜트 문화를 대중적으로 정착시키며, 아빠와 아들이 함께
즐길 수 있는 공통의 취향 공간을 만들어냈다는 것이다. 좋아하는 것
이 같다는데, 나이가 무슨 상관이겠는가!

　세밀화된 소비자의 니즈를 맞추려는 작은 전략들에 집중해야 할
때다. 다수의 대중을 대상으로 더 많은 제품을 판매하는 것은 이전의
방식이다. 이제 소비자들은 자신의 취향과 관심사에 꼭 맞는 것이 아
니라면 집중하지 않는다. 다시 말해 다수를 상대로 하는 밋밋한 제품
은 곧 다수의 외면을 받을 수 있다. 이는 작은 전략을 유연하게 운용
할 수 있는 스타트업이나 중소상인들에게 기회이기도 하다. 시장이
작더라도 남들이 주목하지 않았던 취향에서 새로운 비즈니스가 탄

생할 수 있다. 소수의 마니아들을 위한 무대였던 피규어 산업이 유통업계의 전략이 된 것처럼 말이다. 생물학자 찰스 다윈은 최후까지 살아남는 종은 '크고 강한 종'이 아니라 '끊임없이 변화하는 종'임을 강조했다. 2016년 더욱더 쪼개지고 다양해지는 시장에서 살아남기 위해 소비자의 취향에 맞춰 끊임없이 변화해야 한다. 진정 소비자의 취향을 정확히 저격하는 시장의 스나이퍼가 필요한 시점이다.

〈트렌드 코리아〉 선정 2015년 대한민국 10대 트렌드 상품

1 "불황이 낳은 '허니' 파워", 〈중앙일보〉, 2015.04.01.
2 "롯데주류 '순하리 처음처럼' 새콤달콤 유자 칵테일 여심 사로잡아", 〈매일경제〉, 2015.06.24.
3 "'단맛'에 빠진 대한민국… 이유가 있었다", 〈데일리한국〉, 2015.10.01.
4 "메르스 공포 확산, '메르스 마스크' 품귀현상", 〈비즈니스포스트〉, 2015.06.03.
5 "메르스 영향으로 개인 위생용품 해외배송 급증", 〈컨슈머타임스〉, 2015.06.23.
6 "위기 상황에서 골든타임은 없어… 온라인에 위기 공개된 뒤 15분 안에는 대응 시작해야", 〈조선일보〉, 2015.09.22.
7 "'복면가왕' 시청률 소폭 상승… 동시간대 1위 日 예능 정상", 〈TV리포트〉, 2015.10.05.
8 "'복면가왕' 대박비결? 스펙보다 노래만… 연출력의 힘", 〈국민일보〉, 2015.07.20.
9 "'복면가왕' 무서운 상승세… 일요 예능 왕좌 노리는 인기 비결은 무엇?", 〈아시아투데이〉, 2015.07.08.
10 "올해의 히트상품 셀카봉, 특허출원도 급증", 〈특허청보도자료〉, 2014.12.08.
11 "일본에서 상반기에 히트한 상품들", 〈주간무역〉, 2015.07.10.
12 "시도때도 없이 찰칵 셀카 대선", 〈매일경제〉, 2015.07.07.
13 "자랑할 게 따로 있지… 페이스북에 셀카 올렸다 은행털이 들통", 〈국민일보〉, 2015.09.29.
14 "온라인에서 자기도취자(Narcissist)들을 어떻게 구별할 수 있나?", 〈newspeppermint〉, 2014.01.21.
15 "상반기 홈쇼핑 히트상품, 키워드는 '입소문', '멀티', 그리고 '쿡방'", 〈이코노믹리뷰〉, 2015.06.16.
16 "쿡방 전성시대… 국민 생활까지 좌지우지", 〈아주뉴스〉, 2015.09.07.
17 "판 커지는 소형 SUV 시장… 티볼리, QM3, 트랙스, 씽씽", 〈헤럴드경제〉, 2015.10.02.
18 "튀는 컬러, 섬세한 인테리어'로 女心 사로잡는 소형 SUV · 경차", 〈머니투데이〉, 2015.09.26.
19 "클릭 이브 속으로", 〈매일경제〉, 2001.06.22.
20 "3,823%, 한국서 훌쩍 큰 샤오미", 〈중앙일보〉, 2015.10.01.
21 "'제2의 샤오미'를 찾아라… 11번가, '차이나데이' 실시", 〈머니투데이〉, 2015.10.07.
22 "편의점 판매액 사상 최대… 전년 동월 比 36.9% 증가 1인 가구 · 담뱃값 인상 효과", 〈이투데이〉, 2015.10.02.
23 "제철 먹거리 가득 계절밥상, 매출 따라 농가 웃네", 〈미디어펜〉, 2015.09.01.

제1부 2015년 소비트렌드 회고

Can't Make up my Mind 햄릿증후군

1 "'선택 스트레스 풀어드려요.' 대한민국은 상담 중", 〈한국일보〉, 2015.09.05.
2 "많은 젊은이가 '결정장애족' 옷차림, 연애도 앱에 묻는다", 〈조선일보〉, 2015.07.02
3 "'주는 대로 드세요' 입맛 돋우는 설렘", 〈중앙일보〉, 2015.10.05.
4 "큐레이션이 진짜 필요한 이유", 〈헤럴드 경제〉, 2015.09.23.
5 "취향저격, 당신에게 꼭 맞는 큐레이션 커머스", 〈머니투데이〉, 2015.03.11
6 "'대신 골라드립니다' 큐레이션 인기", 〈이데일리〉, 2015.05.29.
7 "멜론, 음악팬들 시청하는 홈쇼핑 같은 소핑몰 론칭", 〈OSEN〉, 2015.07.01.
8 "푸드테크'가 뜬다" 〈매일경제〉, 2015.05.24.
9 "어머, 내 마음을 읽었나봐… 원하는 것만 콕 찍어주는 '큐레이터'", 〈서울경제〉, 2015.04.12.
10 "최적의 맛집 골라준다… 맛집소개 '푸드테크'로 진화", 〈지디넷 코리아〉, 2015.05.15.
11 "나를 따라다니는 뮤직 큐레이션?… '디지털 음악' 앱의 진화", 〈머니투데이〉, 2015.09.16.
12 "더 똑똑해진 모바일 큐레이션… 사용자 '취향저격'", 〈헤럴드경제〉, 2015.08.18.
13 "'암살 보실래요' 영화 큐레이션 뜬다", 〈매일경제〉, 2015.09.18.
14 "우주는 넓고 취향은 많다 그래서 왔다 '족집게 미디어'", 〈매일경제〉, 2015.03.27.
15 "이달의 꽃 왔습니다. 침구, 커피, 화장품… 별별 정기구독 서비스", 〈중앙일보〉, 2015.04.22.

Orchestra of All the Senses 감각의 향연

1 "미국 양키캔들, 향초 하나로 연 1조 원 넘게 벌어", 〈중앙일보〉, 2015.03.21.
2 "아로마 제품 수요 증가, 향기로 화답하는 '아로마 마케팅'", 〈OSEN〉, 2015.07.01.
3 "아로마 제품 수요 증가, 향기로 화답하는 '아로마 마케팅'", 〈OSEN〉, 2015.07.01.
4 "아로마 제품 수요 증가, 향기로 화답하는 '아로마 마케팅'", 〈OSEN〉, 2015.07.01.
5 "세계적인 조향사 크리스토프 로다미엘 '향을 만드는 것은 작곡가와 같은 일'" 〈bnt 뉴스〉, 2015.06.04.
6 비아그라와 팔팔정은 싸움중, 14.12.23_매일경제
7 "오감 마케팅 뜬다!…소리·촉각까지 '상표 등록'", 〈KBS〉, 2015.02.24.
8 "보고, 만지고, 냄새 맡고 싶었어 감각의 제국을 꿈꾸는 'IT 기기'", 〈매일경제〉, 2015.07.08.
9 "들었노라, 누웠노라, 보았노라", 〈조선일보〉, 2014.11.26.
10 "차별화된 '세계 맛집' vs 친숙한 '동네 맛집'", 〈중앙선데이〉, 2015.09.13.
11 "디올의 디저트, 에르메스의 커피 … 명품 맛 좀 볼래?" 〈중앙일보〉, 2015.09.14.
12 "식음료, 과일과 사랑에 빠지다", 〈매일경제〉, 2015.07.22.
13 "사각사각·쓰담쓰담… 추억의 소리, 현대인의 수면제로", 〈한국일보〉, 2015.01.03.
14 "직접 먹지 않아도, 듣지 않아도… 기계로 五感滿足", 〈조선일보〉, 2014.12.12.
15 "IT세상 넓히는 전자 센서", 〈중앙일보〉, 2015.01.27.

Ultimate 'Omni-channel' Wars 옴니채널 전쟁

1 "먹거리 O2O 플랫폼 '프레시윈도' 급, 연합인포맥스", 〈네이버〉, 2015.09.25.
2 "2016년 이커머스 트렌드 '옴니채널'이란?" 〈머니투데이〉, 2015.09.16.
3 "카페에서 통장 개설하세요"… 은행권 고객 찾아가는 '태블릿 브랜치' 확산", 〈조선비즈〉, 2015.09.27.
4 "'객찾아 삼만리' 은행권 옴니채널 전략 치열", 〈EBN〉, 2015.07.15.
5 "소비자전략, 쉬운 구매보다 즐거운 경험을 줘라", 〈머니투데이〉, 2015. 04. 25.
6 "대한민국은 지금 O2O 전쟁 중", 〈전자신문〉, 2015.09.22.
7 "네이버, 먹거리 O2O 플랫폼 '프레시윈도' 급", 〈연합인포맥스〉, 2015.09.25.
8 "대한민국은 지금 O2O 전쟁 중", 〈전자신문〉, 2015.09.22.
9 "디자인, 색깔 앱으로 검색하면서 매장서 입어보며 맞춤제작", 〈매일경제〉, 2014.05.15.
10 "디자인, 색깔 앱으로 검색하면서 매장서 입어보며 맞춤제작", 〈매일경제〉, 2014.05.15.

Now, Show me the Evidence 증거중독

1 "폭스바겐 주가, 이틀새 31% 폭락… 시가총액 240억 유로 증발", 〈뉴시스〉, 2015.09.23.
2 "폭스바겐 끝나지 않았다… 국내 고객 불만 폭주", 〈연합뉴스〉, 2015.10.02.
3 "갤럭시S6엣지 '망치로 쾅'… 내구성 시험 영상 잇따라", 〈연합뉴스TV〉, 2015.04.16.
4 "던지고 때리고,… 소비자 만족 위해 가전제품 극한 테스트", 〈MBC 뉴스데스크〉, 2015.07.09
5 "올 여름 20-40세대는 커피보다 100% 착즙주스", 〈아시아경제〉, 2015.06.09.
6 "증거중독형 소비자를 잡아라… 체험마케팅 봇물", 〈조세일보〉, 2015.03.23.
7 "내가 직접 재봐야… 테스트홀릭족 는다", 〈매일경제〉, 2015.03.29
8 "부동산 뉴스, "내가 직접 재봐야… 테스트홀릭족 는다", 〈매일경제〉, 2015.03.29.
9 "증거중독형 소비자 잡아라. 유통가, 증거제시 숫자마케팅 재조명", 〈뉴스엔미디어〉, 2014.12.12.
10 "소주계 허니버터칩 '순하리 처음처럼', 초심을 잃었다?", 〈이투데이〉, 2015.06.19.

Tail Wagging the Dog 꼬리, 몸통을 흔든다

1 "조용필 사진 담긴 엽서→서태지 열쇠고리→HOT 우비→엑소 이어폰… 스타 바뀌어도 팬심은 영원, 〈중앙일보〉, 2015.09.05.
2 "SNS서 호응 폭발한 알라딘 16주년 선물", 〈위키트리〉, 2015.07.01.
3 "알라딘, '서비스 품질지수 인터넷 서점 부문' 6년째 1위", 〈시사위크〉, 2015.07.06.
4 "맥도날드 미니언즈2차 대란통에 키덜트 미니언즈피규어 해외직구 증가", 〈시선뉴스〉, 2015.08.11.
5 "베스킨라빈스, '아이언맨'과 '헐크' 피규어 케이크 출시", 〈이데일리〉, 2015.05.04.

6 "신메뉴 먹고 사은품도 받고… 커피업계 덤 마케팅 활발", 〈머니위크〉, 2015.07.08.

7 "돈 줘도 못 산다. 사은품의 진화", 〈아시아경제〉, 2015.09.02.

8 "정부 1+1 티켓 정책, '새손님' 대거 끌어들여", 〈연합뉴스〉, 2015.08.27.

9 "'여름 성수기' 생활가전, 위생 강화 관리서비스로 주도권 '사수'", 〈EBN〉, 2015. 07.16.

10 "카카오택시·로켓배송 성공비결 '고객 입'", 〈지디넷코리아〉, 2015.08.07.

11 "'호피스텔' 뜬다… 조식도 주고 발레파킹에 세탁까지", 〈매일경제〉, 2015.06.21.

12 "카카오프렌즈&라인프렌즈 등 모바일 메신저 캐릭터들, 오프라인 속으로", 〈스포츠서울〉, 2015.07.27.

13 "화장품 '샘플 상품화' 인기… 신제품 교체 갈수록 빨라져", 〈중앙일보〉, 2015.04.24.

14 "음식과 첨단기술의 만남… 식지 않는 '푸드테크' 열풍", 〈연합뉴스〉, 2015.07.26.

Showing off Everyday, in a Classy Way 일상을 자랑질하다

1 "셀피 원조… 동시대 두 남녀가 포착한 1960년대", 〈한겨레〉, 2015.06.29.

2 "iOS 9 공개 베타 배포… 확연히 달라진 기능 6가지", 〈ITWorld〉, 2015.07.13.

3 "LG V10, 광각 셀피 카메라 장착… 셀카봉 없어도 7~8명 촬영 너끈", 〈부산일보〉, 2015.10.01.

4 "'난 이렇게 잘 살고 있다'… '인증'하는 사회", 〈연합뉴스〉, 2015.08.31.

5 "음식 사진 공유 '먹스타그램' 열풍", 〈조선일보〉, 2014.08.30.

6 "은근히 '자랑질'하는 셀카족의 심리", 〈중앙일보〉, 2015.01.04.

7 "페이스북 선정 'SNS 10대 진상 짓'", 〈경향신문〉, 2014.11.03.

8 "패션街 때 아닌 액세서리사업 진출 러시… '작은사치' 열풍 한몫", 〈뉴스1〉 2015.08.25.

9 "홈퍼니싱, 유통업계 '먹거리' 부상", 〈한국경제TV〉, 2015.02.25.

10 "위기의 문구업계, 홈퍼니싱으로 변신 시도", 〈뉴스토마토〉, 2015.01.22.

11 "잠옷·파자마도 패셔너블하게… 멋진 스타일 어디 가나요", 〈중앙일보〉, 2015.05.29.

12 "무엇이 패스트리빙 열풍을 불렀나", 〈중앙일보〉, 2014.11.19.

Hit and Run 치고 빠지기

1 "'음반 쪼개기' 성공한 '빅뱅'", 〈매일경제〉, 2015.06.18.

2 "'삼포세대'가 광희와 유이의 '썸' 열광하는 이유", 〈머니투데이〉, 2015.07.02.

3 "매출 늘고 손님 모이고… 팝업 스토어, 백화점 효자", 〈중앙일보〉, 2015.06.01.

4 "광고, 치고 빠지니 더 끌리네", 〈매일경제〉, 2015.04.24.

5 "좋아하는 노래 매일 바뀌죠' 21세기 新 음악 감상법", 〈매일경제〉 2015.03.28.

6 "O tvN '오! 진짜 짧은 다큐' 인문학에 목마른 시청자를 위해", 〈TV report〉, 2015.09.21.

7 "독자 마음 '빵' 때리는 쉬운 시… 평론가 '참신하나 울림 안 남아'", 〈중앙일보〉, 2015.04.18.

8 "스낵컬처, 콘텐츠의 지도를 바꾸다", 〈CHEIL WORLDWIDE〉, 2015.04.21.

9 "이미지로 보는 뉴스, 짧아진 드라마", 〈더피알〉, 2015.03.05.

10 "스타 PD의 '삐뚤어진 실험'", 〈조선일보〉, 2015.09.10.

11 "이미지로 보는 뉴스, 짧아진 드라마", 〈더피알〉, 2015.03.05.

12 "동영상 길면 안 본다… 기업들의 '6초 전쟁'", 〈조선일보〉, 2015.02.14.

13 "독자 마음 '빵' 때리는 쉬운 시… 평론가 '참신하나 울림 안 남아'", 〈중앙일보〉, 2015.04.18.

14 "석줄요약·스압주의… 인터넷 긴 글은 정리를 부탁해~", 〈중앙일보〉, 2015.03.07.

End of Luxury: just Normal 럭셔리의 끝, 평범

1 "제주 인구 월 1,100명 증가, 핫 플레이스", 〈제주의 소리〉, 2015.06.28.

2 "제주에서 인생 2막' 인구 증가 사상 최대", 〈경향신문〉, 2015.01.12.

3 귀농인은 1,000㎡ 이상 농지를 구입해 농사를 짓는 사람을 집계하며, 자영업 등 다른 직업에서 소득을 올리면 귀촌인으로 분류된다.

4 "귀농보다 귀촌… 제주도 3040 몰린다", 〈조선경제〉, 2015.07.08.

5 "이케아·자라홈… 잠실 롯데백화점 '프리미엄 리빙관' 시선집중", 〈미디어펜〉, 2015.09.28.

6 "강남, 옛날엔 집 사러 줄 섰다면서요, 이젠 집 꾸미러 줄 서요", 〈중앙일보〉, 2014.11.19.

7 "이케아·자라홈… 잠실 롯데백화점 '프리미엄 리빙관' 시선집중", 〈미디어펜〉, 2015.09.28.

8 "내 집, 내 손으로 직접 꾸민다… DIY 셀프 인테리어 인기", 〈브릿지경제〉, 2015.09.23.

9 "기분 따라 집 분위기도 바꾼다… 유통업계에 부는 '패스트 리빙' 열풍", 〈브릿지경제〉, 2015.08.02.

10 "여름 해변가 뜨겁게 달군 '래시가드' 열풍", 〈SBS 뉴스〉, 2015.08.11.

11 "'청양의 해' 아웃도어 3대 트렌드", 〈매일경제〉, 2015.01.12.

12 "텔레비전의 백종원은 '대체 엄마'", 〈이데일리〉, 2015.07.10.

13 "소비생활 양극화지수 역대 최악", 〈동아일보〉, 2015.10.06.

Elegant 'Urban-granny' 우리 할머니가 달라졌어요

1 "백발과 주름은 아름답다, 해외명품업체들 할머니 광고모델 전쟁", 〈헤럴드경제〉, 2015.04.13.

2 "4060 티켓파워, 공연계 큰손 되다", 〈이데일리〉, 2015.03.23.

3 "일본의 유통업체 PB 상품 전략〈하〉, 이온몰 간편식으로 승부", 〈국제신문〉, 2015.03.18.

4 "소비 침체의 시대… 시니어 시프트가 기업 살린다", 〈중앙선데이〉, 2015.06.14.

5 '아저씨들, 이모티콘에 꽂혔다', 〈MK뉴스〉, 2015.06.05.

6 "롯데백화점, 1일부터 가정의 달 맞이 '인기 로봇 완구 박람회', '손주의 날' 등 행사 ", 〈아주경제〉, 2015.05.01.

7 "어르신에 달렸다, 요즘 잘나가는 콘텐츠", 〈조선일보〉, 2015.04.07.

8 "실버세대는 강했다… 영화 '국제시장' 1000만 돌파", 〈MK뉴스〉, 2015.01.13.

9 "해외여행 예능프로 덕에 여행업계 신바람", 〈데일리한국〉, 2015.04.23.

10 "해외 자유여행 1세대, 다시 배낭을 메다", 〈한경비즈니스〉, 2015.08.26.

11 "무대 선 89세 모델… 난 프로, 할머니호칭 노", 〈MK뉴스〉, 2015.05.07.

12 "올 상반기 취업시장 키워드, 50대 이상 여성", 〈여성신문〉, 2015.06.19.

13 "사랑 고백하고, 커플티 입고… 20代 CC(캠퍼스 커플 빰치는 新중년 BC(복지관 커플)", 〈조선비즈〉, 2015.02.04.

14 "내 나이가 어때서? 실버 튜닝 관심", 〈뉴스컬처〉, 2015.06.12.

Playing in the Hidden Alleys 숨은 골목길 찾기

1 "가을, 예술의 향기 짙은 예쁜 골목을 걷다… 창원 창동예술촌과 상상길", 〈한국스포츠〉, 2015.09.20.

2 "도심, 옛 명성을 찾다", 〈중앙일보〉, 2014.12.29.

3 "전주남부시장 청년몰, 전국에 20개 더 만든다", 〈머니투데이〉, 2015.09.08.

4 "중기청, 청년상인 창업에 20개 시장 215개 점포 지원", 〈머니위크〉, 2015.08.07.

5 "자본과 만나 재창조된 뒷골목 '경·독·서'가 뜬다", 〈매일경제〉, 2015.10.03.

6 "골목대장이 되고 싶은 부자들", 조선일보, 2015년 5월 26일

7 『최신경제시사+금융상식사전』, 박문각 시사상식편집부, 박문각, 2014.

8 "어릴 적 그 글로 돌아갈래… 첨단에 지친 도시인에 위안", 〈매일경제〉, 2015년. 4월 4일

9 "성장 없는 사회… 골목 小商'이 답이다", 〈문화일보〉, 2015.08.15.

제2부 2016년 소비트렌드 전망

2016년의 전반적 전망

1 "미국, 내년 또는 2~3년 내 침체… '닥터 둠' 말이 아닙니다", 〈중앙일보〉, 2015.10.12.

2 "2016년 경제전망", 〈LG Business Insight〉, 2015.09.16.

3 "2015~2016년 경제전망보고서", 〈한국은행〉, 2015.10.15.

4 "2016년 예산안 개요", 〈기획재정부〉, 2015.09.21.

5 "2016년도 예산안 386조 7,000억 원 편성", 〈뉴스메이커〉, 2015.10.11.

6 "가트너, '2016년 10대 전략 기술' 발표", 〈블로터〉, 2015.10.12.

Make a 'Plan Z' '플랜 Z', 나만의 구명보트 전략,

1 "'묻지마 폭행, 우울증… 짙어지는 청년실업의 그늘", 〈헤럴드경제〉, 2015.09.21.

2 "못난이 B급이 더 잘 나갑니다", 〈이코노믹리뷰〉, 2015.08.31.

3 "못난이 B급이 더 잘 나갑니다", 〈이코노믹리뷰〉, 2015.08.31.

4 "B급 상품? 반값 매력… 리퍼브숍 뜬다",〈한국경제〉, 2015.03.25.
5 "향수도 덜어서 사고파는 20代",〈동아닷컴〉, 2015.08.18.
6 "돈 되는 스마트폰 앱테크 활용백서",〈조선일보〉, 2015.04.16.
7 "돈 되는 스마트폰 앱테크 활용백서",〈조선일보〉, 2015.04.16.
8 "푼돈도 모아라… 불황형 '티끌 財테크' 인기",〈조선일보〉, 2015.08.17.
9 "북버스에 중고장터까지… 인터넷서점, 헌책 사업 '질주'",〈한국경제〉, 2015.03.24.
10 "내 집, 내 손으로 직접 꾸민다… DIY 셀프 인테리어 인기",〈브릿지경제〉, 2015.09.23.
11 "짧은 조립 긴 여운… 키덜트족 '나노블록'에 빠졌다.",〈브릿지경제〉, 2015.10.21.
12 "3일장도 부담스럽다? 요즘 장례식 신풍속도",〈조선일보〉, 2015.09.01.
13 "美 현대차 고객 실직하면 차 되사드려요",〈머니투데이〉, 2009. 01. 06.

Over-anxiety Syndrome 과잉근심사회, 램프증후군
1 "지나치게 많은 선택의 갈림길 현대인의 불안 키운다",〈한국경제〉, 2015.09.10.
2 "'불안사회' 몸과 마음이 병든다",〈경향신문〉, 2015.09.23.
3 "한국인들 삶의 만족도, OECD 국가 중 최하위권 수준",〈연합뉴스〉, 2015.10.19.
4 보건복지부,「2011년 정신질환 실태역학조사」, 2012
5 Paul Slovic, Perception of risk, science,Vol. 236 http://inchullee.net/130137488272
6 "불평등한 불안과 공포",〈경향신문〉, 2015. 08.16.
7 "불평등한 불안과 공포",〈경향신문〉, 2015. 08.16.
8 "불평등한 불안과 공포",〈경향신문〉, 2015. 08.16.
9 "상대방이 '분노 폭발' 직전이면 대화 말고 15분만 자리 피하라",〈조선일보〉, 2015.10.01.
10 "양선희의 시시각각, 쉽게 사과하는 우리 사회의 살풍경",〈중앙일보〉, 2015.10.21.
11 "분노조절 장애… 논리적 판단하는 腦 전두엽이 순간 마비된 상태"
12 "두려움 자극하라, 그러면 팔린다… 메르스 때 마스크처럼…",〈중앙선데이〉, 2015.07.05.
13 "두려움 자극하라, 그러면 팔린다… 메르스 때 마스크처럼…",〈중앙선데이〉, 2015.07.05.
14 "중국 백신업체 360, 공포 마케팅 논란… 회사 측 '우리와 무관'",〈이데일리〉, 2015.09.08.
15 "보디가드가 필요하세요?… 불안한 여성들 '안심동행' 인기",〈매일경제〉, 2015.10.22.
16 "불안사회… '나홀로 여성' 동행서비스 급증",〈매일경제〉, 2015.10.19.
17 "지나치게 많은 선택의 갈림길 현대인의 불안 키운다",〈한국경제〉, 2015.09.10.

Network of Multi-channel Interactive Media 1인 미디어 전성시대
1 "애청자 86만… 인기 BJ 베스트5",〈이데일리〉, 2015.08.28.
2 "한줌 '갑' 눈치 보지 않은 '1인 미디어'가 주류될 것",〈한겨레〉, 2015.08.25.
3 "'원맨머니쇼' 콘텐츠 큰손 뜬다",〈이데일리〉, 2015.08.28.
4 "퍼스널 프로듀싱족"을 주목하라,〈트렌드 인사이트〉, 2015.06.01.
5 "쫄지 않고 소통… 지상파도 움직인 '1인 미디어'의 힘",〈동아일보〉, 2015.07.22.
6 "아이돌 비켜! 1인 방송 스타들이 나간다",〈주간조선〉, 2015.06.01.
7 "'외로움' 달래던 1인 방송, '만들기'로 한 단계 진화",〈머니투데이〉, 2015.09.11.
8 "플랫폼 춘추전국시대",〈블로터〉, 2015.09.14.
9 1인 미디어, '퍼스널 프로듀싱족'을 주목하라,〈트렌드인사이트〉, 2015.06.01.
10 "TV시청률 조사방식 왜 바꿔야 하나",〈지디넷코리아〉, 2014.08.21.
11 "'마리텔 돌풍' 미디어 역전형상 서막인가"〈더피알〉, 2015.09.11.
12 "스마트폰만 있으면 언제 어디서나 '온에어'",〈머니투데이〉, 2015.10.10.
13 "스마트폰만 있으면 언제 어디서나 '온에어'",〈머니투데이〉, 2015.10.10.
14 "전시부터 게임까지…'라이브 스트리밍 방송'으로 못 보는게 없네",〈브릿지경제〉, 2015.10.06.
15 "1인 방송 시대…포털·대기업도 속속 '큐!'",〈경향신문〉, 2015.09.13.
16 "스타 BJ의 힘… MCN에 돈 몰린다",〈이데일리〉, 2015.08.28.
17 "플랫폼 춘추전국시대",〈블로터〉, 2015.09.14.

18 "'연결된 개인'이 부활한다, 화려하게", 〈블로터〉, 2015.09.01.

19 "1인 미디어, 노하우를 알려주마", 〈씨네21〉, 2015.10.13.

20 "재미만으론 배고파⋯ 4색 수익 모델", 〈블로터〉, 2015.09.16.

21 "1인 미디어⋯ 입맛대로 집어먹는 한 입 거리 콘텐츠", 〈데일리한국〉, 2015.10.16.

22 "재미만으론 배고파⋯ 4색 수익 모델", 〈블로터〉, 2015.09.16.

23 "재미만으론 배고파⋯ 4색 수익 모델", 〈블로터〉, 2015.09.16.

24 "골방서 터져나온 '뉴 한류'", 〈조선일보〉, 2015.10.05.

25 "골방서 터져나온 '뉴 한류'", 〈조선일보〉, 2015.10.05.

26 "인터넷 방송, 도 넘은 장애인 비하 발언", 〈서울신문〉, 2015.09.22.

27 "'마리텔 돌풍' 미디어 역전현상 서막인가", 〈더피알〉, 2015.09.11.

Knockdown of Brands, Rise of Value for Money 브랜드의 몰락, 가성비의 약진

1 "샤넬에 이어 '구찌대란'⋯ 50% 시즌 오프에 매장 북새통", 〈연합뉴스〉, 2015.05.29.

2 니코 멜레, 『거대권력의 종말』, 알에이치코리아, 2013.

3 "2015년 소비트렌드는? 충성도 낮은 소비자를 잡는 법", 〈중앙시사매거진〉, 2015.01.05.

4 "고객들의 변덕이 심해지고 있다", 〈LG경제연구소〉, 2015.09.08.

5 "샤오미 약진은 브랜드 영향력 추락의 증거", 〈매일경제〉, 2014.08.13.

6 "3,823%, 한국서 훌쩍 큰 샤오미", 〈중앙일보〉, 2015.10.01.

7 "아류작 아닌 명작, 가성비 끝판왕 '루나LUNA 스마트폰'", 〈조선일보〉, 2015.09.11.

8 "전국서 뜨는 저비용 항공사", 〈중앙일보〉, 2015.10.13.

9 "소비자들 묵직한 소유 내려놓고 '가벼운 소비'로", 〈LG경제연구소〉, 2015.02.16.

10 "맛·건강·가격 3박자 갖춰 입맛 사로잡다", 〈중앙일보〉, 2015.01.06.

11 "가성비 최고 3,000원짜리⋯ '왕후의 밥상' 10만 원까지", 〈헤럴드경제〉, 2015.09.17.

12 "가성비 우수' 편의점 PB 빙수 뜬다", 〈매일일보〉, 2015.05.31.

13 "음료부터 디저트·아이스크림까지 대용량 출시 '붐'", 〈조세일보〉, 2015.08.25.

14 "'가성비'에 초점 맞추는 마케팅 인기", 〈세계일보〉, 2015.03.07.

15 "주머니 가벼워져도 화장품은 포기 못해", 〈세계일보〉, 2015.07.21.

16 "생수병만 한 요구르트·용량 2배 키운 로션·1L짜리 커피⋯ '대용량, 대만족'", 〈한국경제〉, 2015.07.01.

17 "무인양품의 'No Brand' 디자인경영", 〈Fortune Korea〉, 2013.05.24.

18 "무인양품의 'No Brand' 디자인경영", 〈Fortune Korea〉, 2013.05.24.

19 "요즘 PB, A+ 학점", 〈중앙일보〉, 2015.09.04.

20 "이마트의 가격 실험 '노브랜드'", 〈한국경제〉, 2015.08.20.

21 "샤오미 약진은 브랜드 영향력 추락의 증거", 〈매일경제〉, 2014.08.13.

22 이타마르 시몬슨·엠마뉴엘 로젠, 『절대가치』, 청림출판, 2015.

23 대학내일 20대연구소, 『2015 20대 트렌드 리포트』, 홍익출판사, 2014.

24 "소비자들 묵직한 소유 내려놓고 '가벼운 소비'로", 〈LG경제연구소〉, 2015.02.16.

25 "흔들리는 글로벌 명품 마켓 향방은⋯", 〈LUXMEN〉, 2015.05.15.

26 대학내일 20대연구소, 『2015 20대 트렌드 리포트』, 홍익출판사, 2014.

27 http://blog.naver.com/parangbee/80126299588

28 김현철, 『어떻게 돌파할 것인가』, 다산북스, 2015.

29 "소비자를 움직이는 힘, 가성비!", 〈Fashionbiz.co.kr〉, 2015.06.29.

30 "소비자들 묵직한 소유 내려놓고 '가벼운 소비'로", 〈LG경제연구소〉, 2015.02.16.

31 "소비자를 움직이는 힘, 가성비!", 〈Fashionbiz.co.kr〉, 2015.06.29.

32 "고객과 화끈하게 놀자 55조 원 기업이 됐다⋯ 개발·마케팅·AS 참여하는 '미펀'", 〈조선일보〉, 2015.09.12.

33 "PB상품, 상생 아닌 '독생'의 다른 이름", 〈머니위크〉, 2015.09.02.

Ethics, on the Stage 연극적 개념소비

1 "테일즈러너 10주년 기념 기부 캠페인에 이용자 참여 폭주", 〈매일경제〉, 2015.10.11.

2 "액션토너먼트, 입장권 수익 전액 '아프리카 2호 우물파기'에 기부", 〈포모스〉, 2015.10.04.
3 "오른손이 한 일", 〈데일리이스포츠〉, 2015.10.11.
4 "춤추라! 쇼핑하라! '창의적 이기주의' 기부에 주목하다", 〈TREND INSIGHT〉, 2014.05.30.
5 김찬중, 『적정기술』, 허원미디어, 2013.
6 "캐릭터 사진 찍어도, 걷기만 해도 돈 쌓여… 즐기며 기부한다", 〈중앙일보〉, 2014.12.27.
7 조경영, 「기업의 사회공헌활동이 조직구성원의 사회공헌활동 참여에 미치는 영향 : 기업에 대한 구성원의 태도를 중심으로」, 중앙대학교 석사학위논문, 2009.
8 "생색내기·유행좇기… 기부의 변질", 〈매일경제〉, 2015.09.04.
9 "유행 거부하는 힙스터族, 개성 넘치는 새 유행을 만들다", 〈중앙선데이〉, 2015.09.27.
10 김현승, 「자선단체 기부자의 심리적 요인이 기부태도와 기부행동에 미치는 영향」, 조선대학교 석사학위논문, 2014.
11 http://trendinsight.biz/archives/30902

Year of Sustainable Cultural Ecology 미래형 자급자족

1 "건강한 밥상·주민 결속·자급자족 마을, '도시농업'에서 찾다", 〈서울신문〉, 2015.10.03.
2 "광진구, 도심 속 자급자족 '상자텃밭 리필 사업' 추진", 〈아시아뉴스통신〉, 2015.09.21.
3 "아쿠아낙스 '올해의 녹색상품' 선정과 인기상 수상", 〈헤럴드시티〉, 2015.09.18.
4 "채식, 어디까지 해봤니?", 〈헤럴드 경제〉, 2014.10.01.
5 "전기차 등록률, 2014년 기준 전년 대비 33.4%가 증가", 〈라이드매거진〉, 2014.12.30.
6 http://www.acea.be/press-releases/article/alternative-fuel-vehicle-registrations-24.6-in-the-first-half-of-the-year-1
7 "테슬라, 전기차 판매량 3분기 49% 급증", 〈한국경제〉, 2015.10.04.
8 "국내 전기차 등록 대수 3,000여 대 전 세계 0.45%에 불과", 〈뉴시스〉, 2015.08.21.
9 "무섭게 성장하는 '카셰어링' 쏘카, 그 비결은?", 〈시사위크〉, 2015.09. 21.
10 "탄소포인트제 활성화… 7월부터 아파트 등 단지별 가입 확대", 〈헤럴드 경제〉, 2015.07.01.
11 "저염 간장부터 이온 두피관리기까지… '고령국' 日도 웰에이징", 〈매일경제〉, 2015.03.17.
12 "손미나, 알랭드 보통과 손 잡았다… '인생학교 서울' 개교", 〈조이뉴스〉, 2015.10.20
13 "세븐일레븐, 에너지 절감 위한 친환경 편의점 선보여", 〈머니투데이〉, 2015.10.10.
14 "울릉도 에너지 자립성 사업으로 보는 신재생에너지의 미래", 〈동아사이언스〉, 2015.10.12.
15 "해외 진출?일자리 창출?관광 효과 높이는 에너지 자립섬으로", 〈조선일보〉, 2015.10.23.
16 "순천만생태공원 입장객 1만 명 제한… 사전예약제 시행", 〈연합뉴스〉, 2015.03.18.

Basic Instincts 원초적 본능

1 "공포와 접하면 발동되는 우리 몸의 자기보호 시스템", 〈시사저널〉, 2015.07.30.
2 "다양성을 무기로 대중을 사로잡다 'B급의 역습'", 〈브릿지경제〉, 2015.06.22.
3 "샤이니표 '병맛 호러', 난해한데 디스를 못하겠네", 〈뉴스엔〉, 2015.08.03.
4 "욕설하는 TV, 봉변당하는 시청자", 〈조선일보〉, 2015.09.08.
5 "'절라디언', '개쌍도'… 지역비하 잘못 말했다간 '철창'", 〈연합뉴스〉, 2015.08.18.
6 "프로듀사가 쓰는 니마이, 쌈마이 산마이 뜻과 유래", 〈미디어뉴스〉, 2015.05.22.
7 "B급의 반격… TV 습격한 김영철·강균성·유병재의 힘", 〈스포츠한국〉, 2015.05.31.
8 "대중문화, B가 돌아왔다", 〈매일경제〉, 2015.03.20.
9 "트럼프에 '돌직구' 한인 하버드생 '완전 사이다~'", 〈뉴스팡팡〉, 2015.10.15.
10 "요즘 쿡방 열풍은 친환경 유기농 피로증 때문이다", 〈데일리안〉, 2015.07.09.
11 "폭스바겐은 왜 '질투' 했을까?", 〈아주경제〉, 2015.08.20.
12 "미국인 사로잡은 '막말의 달인'… 트럼프, 백악관 주인이 될 수 있을까", 〈조선일보〉 2015.10.03.
13 "어울리지 않는 '부조화 상품' 봇물", 〈경향신문〉, 2015.04.19.
14 "화려함에 질려서, 허름함에 반해서… 낡은 공장·창고로 몰려든다. 오래된 것이 새롭다", 〈중앙일보〉, 2015.09.12.
15 "계층 상승 사다리에 대한 국민인식 설문조사", 〈현대경제연구원〉, 2015.08.27.

All's Well That Trends Well 대충 빠르게, 있어 보이게

1 "'니들도 구질구질하구나!' 인스타그램 사진의 진실", 〈국민일보〉, 2015.09.20.
2 "포장 푸는 동영상에 매출 '쑥'… 장난감 '언박싱 마케팅'", 〈한국경제〉, 2015.09.07.
3 "유행 거부하는 힙스터族, 개성 넘치는 새 유행을 만들다", 〈중앙일보〉, 2015.09.26.
4 "디지털을 알아야 성공한다", 〈코스모폴리탄〉, 2014. 3.
5 "디지털 시대 책의 길", 〈조선비즈〉, 2015.10.05.
6 에릭 슈미트·제러드 코언, 『새로운 디지털 시대』, 알키, 2014.

Rise of Architec-kids '아키텍키즈', 체계적 육아법의 등장

1 "엄마들에게 인기 모으는 '맘스홀릭 베이비' 앱 외", 〈동아일보〉, 2015.09.18.
2 "계획 임신 프로젝트", 〈월간 웨딩 21〉, 2015.01.
3 "태아보험 가입 시기, 태아보험 전문 비교 사이트에서 알아봐야", 〈헤럴드경제〉, 2015.09.16.
4 "더벤처스, 육아 모바일 기업 '심플러'에 9.5억 원 투자", 〈이데일리〉, 2015.07.20.
5 "매일유업 앱솔루트 '아기똥 솔루션', 초보 엄마들 사이 인기", 〈데일리안〉, 2014.06.25.
6 "야마하뮤직코리아, 야마하 음악교실 가을학기 신입생 모집", 〈독서신문〉, 2015.08.06.
7 "우리 아이 어디에 맡길까?" 특정 과목 어린이 교육기관 인기, 〈뉴스천지〉, 2015.03.12.
8 KEB하나은행, 『2015 Korean Wealth Report』, 2015.
9 "골드키즈 돌풍에 '유아교육 시장' 뜬다", 〈머니투데이〉, 2015.04.03.
10 "북적이는 인파 속, 아이 안전 책임질 미아 방지용 IT 기기들", 〈베타뉴스〉 2015.05.16.
11 "노키즈존, 팽팽한 찬반 대립… 논란 확산", 〈아시아투데이〉, 2015.09.22.
12 "된장녀·김치녀·맘충… '여혐' 부추기는 '막가파' 방송", 〈문화일보〉, 2015.10.23.

Society of the Like-Minded 취향 공동체

1 삐에르부르디 외, 『구별짓기: 문화와 취향의 사회학』, 새물결, 1995.
2 "밴드, 래퍼, DJ까지… '서바이벌 오디션' 세분화의 속사정은?", 〈헤럴드경제〉, 2015.10.07.
3 "이런 세계도 있다! 이색 라이프 스타일 매거진들", 〈bnt뉴스〉, 2015.10.10.
4 "취향 + α … 新잡지 전성시대를 열다", 〈조선일보〉, 2015.09.02.
5 "취향 따라 선택… '멀티' 영화관 뜬다", 〈한국경제〉, 2015.05.20.
6 "… 더 익스프레스' '…비발디 캠퍼스' 이게 아파트 이름이라고?", 〈한겨레〉, 2015.07.05.
7 "바버숍서 머리 깎고 양복 맞추고… '킹스맨' 뺨치네", 〈중앙일보〉, 2015.07.24.
8 "바버숍서 머리 깎고 양복 맞추고… '킹스맨' 뺨치네", 〈중앙일보〉, 2015.07.24
9 "'맥도날드 혁신' 시그니처 버거 通했다", 〈세계일보〉, 2015.10.01.
10 "고객 취향 저격 '시그니처 버거' 론칭, 동종업계 패러다임 전환 예고", 〈이데일리〉, 2015.09.30.
11 "나만의 개성폰 구입해볼까—소니·블랙베리… '마니아폰' 직구로 산다", 〈매일경제〉, 2015.09.07.
12 "소비자의 취향, 존중을 넘어 저격하라", 〈HOOC〉, 2015.09.17.
13 "실시간·타깃팅에 꽂힌 모바일, 당신을 관찰한다", 〈더피알〉, 2015.08.24.
14 "잘나가는 스타트업의 비밀, '취향 비즈니스'", 〈아이티투데이〉, 2014.04.14.
15 SNS 커뮤니케이션의 반올림, 해시태그(#) 마케팅", 〈DMC REPORT〉, 2015.04.23.
16 "아직도 # 이걸 모르신다구요? 이제 SNS 대세는 #해시태그", 〈아시아경제〉, 2015.03.15.
17 "언드미디어 향한 마케팅 잰걸음", 〈더피알〉, 2015.08.28.
18 "실시간·타깃팅에 꽂힌 모바일, 당신을 관찰한다", 〈더피알〉, 2015.08.24.
19 "특별한 이들에게만 권하는 특별함… '핀셋 마케팅' 열풍", 〈브릿지경제〉, 2015.04.26.
20 "친구 아닌 친구 같은… 솔로들 서로 위로하다", 〈매일경제〉, 2014.12.05.
21 "푸마 소셜 클럽 파티 성황리에 종료", 〈스포츠조선〉, 2012. 05.16.
22 "비디오 게임은 10대가 열광?… 낡은 인구통계학적 기준 버려라", 〈동아일보〉, 2015.09.21.

❶
0.9 수분 에센스	111
18초	258
29초 영화제	147, 148
3월의 눈	168
5일간의 썸머	143
60초 뉴스	258
66100	397

Ⓐ
ABC마트	95
BJ	246, 249, 262, 264, 267
B급 상품	203, 209, 221
CJ오쇼핑	21, 140
CU	93, 94
EBC	84
FUD 전략	238, 239
GG몰	168
G프로2	81
H&M	137
H&M 홈	157
IBM	85
iOS9	129
KB국민은행	94
KT 올레스퀘어	100
KT뮤직	146
MCM	95
MCN	16, 245, 252, 259, 261, 263
MIT 미디어랩	84
N95마스크	32
N스크린	70
N포 세대	143, 369
O2O	67, 88, 97, 184
OK저축은행	214
OtvN	147
PB 1.0 시대	282
PB 2.0 시대	282
QM3	43, 44
RC자동차	201
SSG페이	91
TG앤컴퍼니	275

T맵택시	96
UCC	245, 248
V10	129
YG엔터테인먼트	141, 142

ㄱ
가구라자카	186
가능 자아	40, 41, 42
가메골 손왕만두	184
가성비	11, 23, 44, 56, 201, 249
가요무대	171
가정간편식	201
가트너	196, 197, 198, 415
가파도	329
가평 자전거 테마파크점	328
간편결제	89, 90, 91
감각 소설	84
감천문화마을	178
감피탕	345
강풀 만화거리	180
개미와 베짱이	207
개취 존중	394
갤럭시S6엣지	105, 106
게이미피케이션	304
결정의 신	63
경험재화	130
계절밥상	55
공동체 텃밭	313
공포 소구	237
공포 마케팅	225, 237, 238
과잉 품질	25, 51
구찌대란	270, 271
국민 피딩 스푼	382
국제시장	171, 184
굿샵	295
굿즈숍	115, 116
귀향	297
글로시박스	72, 123
글루텐 프리	237, 238
금수저	35, 334

꼬마 한라봉 210
꽃보다 할배 173
꿀팁 17, 25, 48, 251, 353, 365, 379

ㄴ 나노블록 219, 220
나눔실태 2013 301
나르시시즘 40, 41, 42, 127
나를 돌아봐 337
나의 아름다운 세탁소 347
나이키 101, 102, 409
납작만두 184
낯가림 407
내부자들 200
내일투어 172
냄새를 보는 소녀 84
냉장고를 부탁해 46
네이버 폴라 405
네이처리퍼블릭 111
네파 145
넷플릭스 71
노라조 340
노크 코드 81
노키즈 존 390
노티투미 214
녹색구매네트워크 315
논골담길 178
놈코어 156, 159
농촌진흥청 85
농협은행 95
뉴 시니어라이프 173
뉴스 클리핑 366, 367
니코 멜레 271
니코앤드 137
닐슨코리아 171, 254
님아, 그 강을 건너지 마오 171
닛케이트렌드 41

ㄷ 다음카카오 96, 123, 259, 402
다이닝코드 67
다이아 TV 260, 263
다또아 249, 264
단맛 23, 26, 28, 82, 333, 345
달관세대 369
달려라치킨 252

달콤청춘 150
답정너 64
대도서관 246, 262
대륙의 실수 49, 273
대리외상 225, 230
대림창고 317, 346
대시 88
대체 엄마 163
대호 200
더 프라이빗 시네마 397
더 커진 시리즈 281
더페이스샵 111
덕후 361, 394
데이비드 잘드 334
데이터 스모그 61
도널드 트럼프 341, 342
도리화가 200
도시농부 155
동대문 생선구이골목 180
동피랑마을 178
동행 서비스 240, 241
두리번 371
드라이브M 397
드라이브앤픽 서비스 92
드론 88, 201, 410
디엔에이 256
디올 82
디웰 183
디지털 메시 197, 198
디지털플라자 101
디퍼런트 288
디퓨저 77
떠리몰 209
띠동갑내기 과외하기 348

ㄹ 라벨리 278
라이브 스테이션 108
라이브 스트리밍 255, 257
라이프 스트로 296, 297
라인프렌즈 123
라임페퍼 82
래시가드 159, 160, 289
램프증후군 11, 225
러너교 246

럭스나인	122	
런키퍼	322	
레노버	50	
레인부츠	289	
레페리	260, 263	
로레알	167, 261	
로버트 새폴스키	234	
로보킹	106	
로켓 배송	121, 122	
롤스로이스	79	
루나	275, 276	
루트임팩트	183	
리그오브레전드	246, 414	
리드 호프먼	204	
리바이스	101	
리얼클리어폴리틱스	342	
리처드 에델만	113	
리퍼브	208, 210	
린드 존슨	239	
링크드인	204, 363	

ㅁ 마니아폰	400, 419	
마미쿡	277	
마션	312	
마스크	19, 25, 26, 31, 34, 226	
마약짬뽕	82	
마유 크림	345	
마이 리틀 텔레비전	216, 257, 267	
마이사이드	65	
마인크래프트	249, 268	
마크로밀엠브레인	12, 170, 281	
만석 닭강정	184	
맘스홀릭베이비	378	
맘충	338, 390	
망고빙수	278	
매리드 투 더 뮤직	336	
맥도날드	399, 413, 419	
맥카페	276, 277	
맹채연	262	
머그포래빗	132	
멀리사 아그네스	33	
멀티테스터	109	
멍키 비즈니스	7	
메뉴판 없는 식당	64	

메르세데스-벤츠	78	
메르스	11, 27, 31, 33, 107, 109, 190, 226, 230, 237	
메이커 스튜디오	259, 260	
멜론 쇼핑	66	
멜트	138	
모닝글로리	137	
모던하우스	136	
모씨	371	
목욕의 신	200	
몰고어	162	
못난이 상품	208, 209	
무인양품	282, 284	
문래 샤링골목	180	
문센	383	
문영미	288	
물질재화	130, 132	
뭐 무꼬?	63	
뮤오트	410	
미 밴드	274	
미 스케일	50, 274	
미 파워뱅크	274	
미니언즈	117, 413	
미러티브	256	
미미네 미니어처	252	
미셸 판	261, 262	
미스테리아	397	
미어캣	255, 256	
미에로화이바 패밀리	280	
밀레	160	

ㅂ 바나나 먹은 감자칩	82	
바나나 식초	345	
바르다 김선생	287	
바풀	345	
밥먹자	264	
방사능 측정기	108, 109	
배달의 민족	96, 124	
배민수산	124	
배테기	376	
백기사	98	
백남준	266	
백종원	29, 46, 163, 216, 280, 342	
버치박스	123	

버티컬 플랫폼 366
베스킨라빈스 118
베이비문 377, 378
베이비오박스 72
베이비타임 381
병맛 339, 340
보르빈 반델로브 242
복면가왕 19, 25, 26, 34, 35, 271, 412
복지관 커플 174, 415
부르디외 395
부산국제영화제 363
북버스 215, 416
불안 산업 240, 242
브이 258
블랙베리폰 400
블루리본 서베이 67
블루마리 122
비디오빌리지 260, 262
비비안 마이어 127, 128
비피다 97.5 올인원 트리트먼트 111
빅뱅 141, 142
빅워크 294
빅토리아 시크릿 78
빈폴 134
빙고 70
빙글 366, 401
뽕신 345

ㅅ 사람인 206
사르트르 61
사물인터넷 88, 197, 198
사사키 도시나오 64
사이다 341, 418
사이언스 233, 418
사임당, The Herstory 200
사회 연계 지원 230
삼성페이 91
삼시세끼 19
삼진어묵 81
상상길 178, 415
상장동 178
새로운 평범함 6
샘플세일 203, 210, 211
생태공원 329, 330, 418

샤넬쇼크 270, 271
샤오미 49, 50, 273, 274, 289, 400, 412
샤이니 336, 418
서브스크립션 커머스 71, 72
서울시 148
성곡미술관 128
세미 배낭여행 173
세븐일레븐 93, 169, 278, 281, 328, 418
세이브더칠드런 304
센서웨이크 79
셀린느 166
셀카봉 19, 22, 25, 27, 40, 42, 129, 412, 414
셀피 41, 127, 129, 133, 140, 414
셰프테이너 19, 23, 25, 26, 47, 75, 163
소녀 데이지 238
소분시장 203, 210, 212
소셜다이닝 143, 144, 408
소이캔들 219
손 소독제 19, 25, 26, 31
손주의 날 170, 415
손큰 시리즈 282
쇼미더머니 4 337, 396
수면자 효과 348, 350
수상한 그녀 171
순천만 자연생태공원 330
순하리 처음처럼 29, 82, 412
순희네 빈대떡 184
숫자 마케팅 110, 111
슈퍼맨이 돌아왔다 143
슈퍼호텔 288
스마트 그리드 326
스마트 시티 326
스마트무비 서비스 70
스위블 255, 256
스칸디맘 162
스쿨 오브 라이프 323
스킨푸드 111
스타일윈도 95, 96
스타카토 전술 146
스티븐 로젠바움 64
스펜트 309
스포티지 43

슬픈 인연	167	어라운드	371
승기찹쌀씨앗호떡	184	어벤져스2	119
시그니처 버거	399, 419	어섬니스 TV	252, 260
시니어 시프트	168, 169, 415	어슈어런스 프로그램	222, 223
시럽페이	92	어쌔신 크리드	200
시크릿	371	언박싱	359, 361, 419
식스포켓	387	언프리티 랩스타	396
식신핫플레이스	68	업사이클링	17, 300
신서유기	149, 258	에너지 혁명 2030	328
신과 함께	200	에어라이브	256
실버 쓰나미	167	에이트 포켓	388
실버 튜닝 세대	175	에이티커니	166
실패를 실패하기 위해	408	에이펑크	138
심야식당	83, 84	에인절 비즈니스	387
싱클레어	396	에코리움	330
쏘울 EV	318, 319	에코백	263, 299, 300
쏘카	319, 418	액센츄어	272
쏘캣	63	여기 어때	96
쏠로몬족	285	여키스-도슨 법칙	243
씨네 라이브러리	397	연평해전	297
		열정페이	302
아기똥솔루션	381, 419	염도계	108, 109, 110
아르간 20°리얼 스퀴즈 앰플	111	영빈루	82
아마존	88	예띠 스튜디오	258
아베크롬비&피치	78	오! 마이 베이비	143
아스피린	284	오! 진짜 짧은 다큐	147, 414
아우디	104	오늘 뭐 먹지	46, 216
아이언맨 2	119, 413	오래된 미래	187
아이폰6S	81	오레노	288
아쿠아낙스	315, 418	오방정색	9
아프리카 TV	247, 250, 259, 261	오빠까올리	264
아프리카 빨간 염소 키우기	304	오스카 와일드	370
알고리즘 비즈니스	197	오스트럭	252
알라딘	116, 126	오픈 키친	107, 108
알랭 드 보통	323	오피니언 마이닝	99
애슬리 퀸즈	108	올리비에 드레본	160
액션토너먼트 2015	292	올반	55
액티비아	110	옴니채널	87, 88, 90, 93, 102, 185, 413
앱 케어	379	와이어드	271
앱테크	203, 213, 416	왓챠	70
야놀자	96	요기요	96
얍	67	요남자	75
양띵	250, 263, 268	요섹남	76
어니 젤린스키	226	우리 결혼했어요	143

우유팥빙수	278	
워크래프트	200	
원마일 웨어	138	
원숭이띠 태교일기	377	
월마트	88	
웰이팅	321	
웹드라마	150, 152	
위대한 개츠비	356	
위대한 시리즈	280	
위시트렌드 TV	264	
위안음식	29, 86	
위험사회론	229	
유니클로	288	
유유재	64	
유지니키친	251	
이니스프리	150	
이미자	171	
이브올루션	25, 44	
이상하자	346	
이성당	82	
이온	168, 169	
이유몰	209	
이케아	134, 136, 139,	
	144, 158, 277, 415	
이코노미스트	86	
이타마르 시몬슨	284, 417	
인간의 조건	155, 315	
인디부심	361, 362	
인사동거리	180	
인생학교	63, 323, 324, 418	
인어교주해적단	68	
인지적 구두쇠	151	
인터스텔라	325	
인터파크	120, 215	
일렉트로 마트	410	
일리커피	102	
읽어보시집	148	
임금피크제	199	
임박몰	209	
임테기	377	
있어빌리티	17, 353, 354,	
	355, 356, 359, 369, 370	

ㅈ

자라 홈	158	
자몽에 이슬	29, 82	
자연별곡	55	
자이언트 시리즈	281	
자주	136, 157	
장 폴 아곤	167	
장미여관	340	
장사익	171	
장애인인권침해예방센터	267	
장어파이	345	
장영실	200	
저탄소 녹색성장	326	
저탄소 인증 상품	315	
적정기술	17, 296, 297, 418	
정글의 법칙	315	
정동길	180	
제일모직	134	
제주 한 달 살기	154	
제프리 밀러	309	
젠트리피케이션	185, 186	
조니 미첼	166	
조본업	322	
조앤 디디온	166	
조지아 고티카	78	
존 듀이	243	
존 코너 맘	390	
좋은데이	82	
줌바 피트니스	294	
지니 라이프	69	
직방	96	
집밥 백선생	216, 280	
집카	320	

ㅊ

착즙 주스	107	
착한 디자인	296	
찰스 다윈	411	
창동예술촌	178, 415	
청년몰	182, 183, 415	
체리피킹	213	
초음파 앨범	377	
초통령	268	
촘푸 바리톤	354	
최고의 미래	150	
치킨 덕후	394	

ㅋ			ㅌ	
카드뉴스	149		탄소 없는 섬 제주	331
카르멘 델로피체	165, 166		탄소포인트제	319, 320, 418
카셰어링	319, 320, 418		탐앤탐스	119
카카오 TV	260		탑밴드	396
카카오택시	96, 414		태블릿 브랜치	94, 95, 413
캐딜락	79		테라스 하우스	398
캐리앤토이즈	252		테스트홀릭	109, 413
캐시슬라이드	213		테슬라	318, 418
캘리그라피	219, 252		테이트 모던 갤러리	316
캘리오박스	72		테일즈런너	292, 417
캡슐 컬렉션	346		텐 포켓	388
커스터마이징	65, 358, 399		토니 세바	328
커틀러리	135		톡톡 스트리트	183
컨슈니어	113		투싼	43
케빈 라우게로	29		트랙스	43, 412
코모도스퀘어	119		트레이스	200
코스파 세대	286		트레져헌터	263
코웨이	120		트리거	351, 352
코즈 마케팅	306, 307		트리플래닛	303, 304
코카콜라	78, 409		티드	402
콘크리트 소비자	85		티몬	65, 217
콘텐츠 크리에이터	250		티볼리	43, 44, 412
쿠카	72			
쿠쿠크루	263	ㅍ	파워봇	107
쿠팡	121, 122		팜팜	252
쿠팡맨	121		팝업 스토어	145, 185
큐-드럼	296, 297		팝콘	149
큐레이션	366, 367, 401, 412		패스트 컴퍼니	273
큐레이션의 시대	64		패스트 힐링	367
큐트걸즈	264		패스트리빙	157
크라우드 펀딩	296, 297		패스트뮤직	142, 144
크리스토프 로다미엘	78, 413		팹스트 블루 리본	307
크리스틴 라가르드	6		퍼스널 프로듀싱	249, 263
클립	91, 92, 149		페브리즈	77
키덜트족	125, 394, 416		페이나우	91
키오스크	92, 399		펫츠비	72
키치	35, 344, 346, 347, 349		편집숍	96, 134, 182, 400, 401
키친 인큐베이터	67		포브스	246
킨텍스	257, 409		포크: 핫플레이스	67
킨포크 라이프	156, 157		포터블 브랜치	94
킹스맨	119, 336, 419		포토리뷰	214, 215
			폭스바겐	11, 103, 104, 317, 342
ㅌ	타임세일	65	폴릭	63
	타임티켓	66	푸드테크	67

푸드플라이	123
푸르밀 카페베네 블랙	280
푸마	409
퓨디파이	246
프라모델	201
프라이탁	300
프라임 나우	88
프로듀사	338
프로보노	302
프로비스	120
프로추어	73
프루스트 현상	79
프리메라	389
프티 셀렙	370
플러그인하이브리드카	319
플레이리그	259
플레이리스트	69
플레이윙즈	66
피규어	117, 201, 288, 394, 410
피딩 아메리카	295
피키캐스트	71, 367
핀셋 마케팅	405, 406
필터링	64, 65
핏비트	322
ㅎ 하나은행	94
하드코어	17, 333, 335, 336, 337, 347
하이브리드카	319
하정우	152
한국 언니	264
한국스탠다드차타드은행	95
한국전력	329
한섬	134
한식 뷔페	23, 25, 55, 108
한큐 백화점	401
핫트랙스	137
해달밥술	64
해시태그	131, 132, 402, 403, 405, 409
핸들드림킹자	119
햄릿증후군	61, 62, 65, 71, 113, 229, 381, 386
햅번 덕후	394
햇반컵밥	262
행복지수	230
허니 더블콘 타워 아이스크림	280
허니버터칩	28, 82
허니통통	28
헐크	119
험블브래그	133
헬렌 미렌	166
헬로안부알리미	241
현실 자아	40, 41, 42
혜자스럽다	52, 53
호갱	103
호리즌털 플랫폼	366
호모 도큐멘티쿠스	113
호피스텔	122
홈쇼핑모아	65
홈웨어	137, 138
홈 캠핑	219, 220
홈퍼니싱	136, 137
홍대 땡땡거리	180
홍진기	264
화웨이	50
황교익	163
황금마차	72
황금연못	168, 171
흙수저	334
흠과	209
히라카와 가쓰미	187
힙스터	306, 307, 362

트렌더스 날 2016

강순천 대교, 강주항 엘지유플러스, 강한나 IDP 코리아, 강희석 SK텔레콤, 고경모 행정자치부, 고서현 한국마쯔다니, 고지형 월드프라임, 구다원 숙명여자대학교, 구성교 구가 코퍼레이션, 권아영 팝사인, 권형연 창원대학교, 김가희 한양대학교, 김광현 CTC, 김기봉 삼성SDI, 김덕수 현대백화점, 김동낙 한국호텔관광전문학교, 김동민 만도, 김민진 비알컴, 김민희 The hyan, 김선영 J&J Global, 김설아 한일카페트, 김성동 숭실대학교, 김소연 영원아웃도어, 김수미 코스웨이, 김아린 CJ제일제당, 김은영 패션엔미디어, 김은우 YD온라인, 김진원 고려대학교, 김한식 LG생활건강, 김현수 숭실대학교, 김혜영 AK몰, 나선영 투비소프트, 노유나 플립커뮤니케이션즈, 도한효 하이트진로, 동종성 삼성전자, 라진수 튼튼영어, 문덕선 티켓몬스터, 문유진 코웨이, 민동우 동국대학교, 박나현 상명대학교, 박동호 귀뚜라미, 박성준 GS리테일, 박은미 홍익대학교, 박정아 코스웨이, 박효은 도담크리에이션, 박효준 숙명여자대학교, 방일환 현대백화점, 백동석 부산대학교, 백영웅 청호나이스, 변윤경 NS리테일, 서민주 폭스채널네트워크코리아, 성윤진 한국문화예술위원회, 손착희 CTC, 송승임 CJ미래경영연구원, 송홍선 한경대학교, 신기준 서강대학교, 신석원 하나투어, 신준섭 한국과학창의재단, 심유리 서울대학교, 심재상 오뚜기, 심준규 해밀학교, 안나연 아시아공정무역네트워크, 안원경 Stylus Media Group, 양동수 TSK Water, 양동영 한솔플러스, 양병모 삼성전자, 양형진 LG전자, 엄소연 삼성카드, 연재신 CJ제일제당, 오서현 한양문고, 오영섬 태경농산, 오윤희 텔레필드, 오재신 KT Innoedu, 오정화 세종문화회관, 원량진 코웨이, 위다혜 한국외국어대학교, 유기찬 한전KDN, 유연성 함께일하는재단, 유정연 풀무원, 유혜인 삼성물산, 윤선영 홈플러스, 이경준 한국로봇산업협회, 이경직 건국대학교, 이기우 드림하우스, 이남선 경희대학교, 이동욱 삼성카드, 이수연 CTC, 이승검 한국해양과학기술원, 이은표 CTC, 이정 홈플러스, 이지숙 한국CS경영연구소, 이지은 건국대학교, 이태수 한살림, 이태화 웅진북스, 이현엽 한국콘텐츠진흥원, 이현준 현대백화점, 이현지 홍익대학교, 이호준 성균관대학교, 이홍연 SK브로드밴드, 임수진 이화여자대학교, 장문경 교보핫트랙스, 장선희 시나리오 작가, 전현수 KT융합기술원, 정주헌 LG전자, 정지훈 문화체육관광부, 정한근 삼성전자, 조준규 고려대학교, 주소현 티켓몬스터, 지순곤 서비스탑, 지영종 SK Hynix, 차종현 서울대학교, 최병엽 유리스랩, 한경지 인하대학교, 한민호 한양대학교, 허석훈 이랜드리테일, 허재훈 한화L&C, 현우영 12 27, 황소담 아름다운화장품, 황태성 호텔신라

진행(서울대학교 생활과학연구소 소비트렌드분석센터)
총괄 전미영 **윤문** 조미선(프리랜서) **행정·교정** 서현아
통계 및 자료조사 권정현, 권두영, 사카이 준페이, 박순옥, 전옥란, 권정윤 **프리젠테이션 제작** 김영순
영문키워드 감수 미셸 램블린(Michel Lamblin)

전임 트렌더스 날

강동오, 강병모, 강병일, 강윤정, 강이교, 강혜연, 강희은, 고정석, 공준호, 곽노균, 곽지상, 곽혜신, 구훈영, 권예리, 권혜나, 권혜진, 김고은, 김근혜, 김기형, 김리경, 김무환, 김미라, 김민경, 김민정, 김민주, 김범준, 김보경, 김보미, 김선옥, 김선우, 김성진, 김수현, 김숙, 김아름, 김우석, 김유림, 김윤선, 김윤정, 김윤혜, 김정민, 김정원, 김정현, 김종상, 김종우, 김주연, 김지애, 김지운, 김진양, 김태연, 김현진, 김호철, 김효철, 김희정, 남수경, 노승연, 담호월, 마림, 모신영, 문혁, 민경현, 박가영, 박귀라, 박나랑, 박남훈, 박상이, 박상희, 박성환, 박소현, 박애화, 박은정, 박지영, 박지철, 박지현, 박진수, 박찬미, 박태룡, 박혜상, 박희은, 배소현, 복주영, 사코토, 서나래, 서민석, 서은진, 손예진, 손지양, 손희섭, 신동원, 신수현, 신지연, 신현범, 심영, 안가람, 안경란, 안순학, 안지현, 안혜선, 양승철, 오미정, 오승태, 오영은, 오윤경, 오정우, 우인혁, 원선영, 원정호, 유미경, 유영선, 유인형, 유재준, 유호연, 윤상협, 윤상호, 윤정아, 윤제서, 이겨레, 이경진, 이계언, 이나은, 이다혜, 이다희, 이선혜, 이성, 이성환, 이세나, 이수아, 이승호, 이유성, 이윤정, 이재민, 이정선, 이정원, 이진, 이채우, 이축연, 이태수, 이혜승, 이호, 이호섭, 이화지, 임혁래, 장리리, 장민선, 장세라, 전광섭, 전보성, 전지혜, 전하민, 전혜정, 정기영, 정리오, 정맑음, 정명아, 정민우, 정성한, 정연숙, 정영진, 정운영, 정의영, 정지윤, 정형련, 정혜성, 정혜재, 조강헌, 조경석, 조남은, 조상범, 조은숙, 조인우, 조창환, 주하나, 진형욱, 차슬기, 최규태, 최대수, 최대호, 최도선, 최소연, 최연, 최영준, 최현주, 최희, 하지경, 한송이, 한재영, 한진우, 한혜규, 허욱재, 홍서연, 황교자, 황정아, 황종하, 황지연, Mickey Han

전미영 서울대학교 생활과학대학 소비자학과 연구교수로 재직하고 있다. 동 대학원에서 학사·석사학위를 받고, 「소비자 행복의 개념과 그 영향 요인의 구조」라는 논문으로 박사학위를 받았다. 2008년 한국소비자학회 최우수논문상을 수상했다. 삼성경제연구소에서 리서치 애널리스트로 근무했으며, 현재 서울대학교 생활과학연구소 소비트렌드분석센터cтc에서 수석연구원으로 재직하며 '트렌드 분석론', '소비자 심리와 행태론', '브랜드 매니지먼트' 등을 강의하고 있다. 한국과 중국, 일본의 소비트렌드를 추적하고 이를 산업과 연계하는 방법론 개발에 관심이 많다.

이향은 성신여자대학교 산업디자인학과 연구교수로 재직 중이며, 주 연구 분야는 UX트렌드와 사용자 심리다. 인하대학교 사범대학 미술교육학과에서 학사학위, 런던 Central Saint Martins에서 디자인경영으로 석사학위, 서울대학교 미술대학원에서 「디자인 트렌드 예측을 위한 경험 중심의 프로세스 모델 연구」라는 논문으로 디자인학 박사학위를 받았다. 서울대학교 소비트렌드분석센터cтc와 한국디자인산업연구센터kDRI의 선임연구원으로도 활동하며 정부 및 기업 프로젝트를 다수 진행하고 있다.

이준영 상명대학교 소비자주거학과 교수로 재직하고 있다. 서울대학교 생활과학대학 소비자학과에서 학사·석사·박사학위를 받았다. 2012년 한국소비자정책교육학회 최우수논문상, 2011년 한국소비자학회 우수논문상 등을 수상했다. 서울대학교 소비트렌드분석센터cтc, LG전자 LSRLife Soft Research연구소에서 근무했다. 주요 관심 분야는 소비트렌드, 소비자 행태, 소비자 유통retailing이다.

김서영 서울대학교 생활과학대학 소비자학과에서 박사과정을 수료했다. 동 대학원에서 「20~30대 기혼 여성과 미혼 여성의 소비 가치 연구」라는 논문으로 석사학위를 받았다. 2013년 『트렌드 차이나』를 공저했으며, 현재 서울대학교 생활과학연구소 소비트렌드분석센터cтc 책임연구원으로 '소비자의 구매 시 뇌 활성화 상태'에 관한 연구를 수행하고 있다. 소비자의 심리적 일탈 및 라이선싱 효과, 소비자의 양가성ambivalence에 관한 심리 구조, 한국과 중국 소비트렌드의 확산 과정과 예측 등의 주제에 관심이 많다.

최지혜 서울대학교 생활과학대학 소비자학과 박사과정을 수료했다. 서울대학교 대학원 소비자학과 소비자행태연구실에서 「소비자의 예약구매 영향요인 연구」라는 논문으로 석사학위를 받았다. 현재 서울대학교 생활과학연구소 소비트렌드분석센터cтc 책임연구원으로 '트렌드 분석을 통한 신상품 콘셉트 및 마케팅 방안 도출'에 관한 연구를 수행하고 있다. 소비자의 신제품 수용에 관한 행태, 미디어와 소비문화 등의 주제에 관심이 많다.

⟨Trenders 날 2017⟩ 모집

서울대학교 생활과학연구소 소비트렌드분석센터ctc는 2017년 소비트렌드 예측을 위한 트렌드헌터그룹 'Trenders 날 2017'을 모집합니다. 소비트렌드에 관심 있는 분이라면 누구나 'Trenders 날'이 될 수 있습니다. 'Trenders 날'의 멤버로 활동하면서 소비트렌드 예측의 생생한 경험과 개인적인 경력뿐만 아니라 트렌드헌터 간의 즐겁고 따뜻한 인간관계까지 덤으로 얻을 수 있습니다. 아래의 요령에 따라 응모하시면, 소정의 심사와 절차를 거쳐 활동 가능 여부를 개별적으로 알려드립니다.

1. 모집개요
가. 모집대상 우리 사회의 최신 트렌드에 관심 있는 사람(일절 제한이 없습니다)
나. 모집분야 정치, 경제, 대중문화, 라이프스타일, 과학기술, 패션, 뉴스, 소비문화, 유통, 건강, 통계, 해외 DB 조사 등 사회 전반
다. 모집기간 2016년 1월 31일까지
라. 지원방법 ⟨trendersnal@gmail.com⟩으로 이름과 소속이 포함된 간단한 자기소개서를 첨부해 보내주십시오.
마. 전형 및 발표 2016년 2월 중 선정 여부를 개별 통지해드립니다.

2. 활동내용
가. 활동기간 2016년 3월 ~ 2016년 9월
나. 활동내용 트렌드 및 트렌다이어리 작성법 관련 교육 이수, 트렌다이어리 제출, 2017년 트렌드 키워드 도출 워크숍, 기타 트렌드 예측 관련 세미나 및 단합대회 참석(본인 희망 시)
다. 활동조건 센터 소정의 훈련 과정 이수 후, 센터가 요구하는 분량의 트렌다이어리 제출, 트렌드 키워드 도출 워크숍 참여
라. 혜　　택 각종 정보 제공
　　　　　　CTC 주최 트렌드 관련 세미나·워크숍 무료 참여,
　　　　　　『트렌드 코리아 2017』에 트렌드헌터로 이름 등재
　　　　　　『트렌드 코리아 2017』 트렌드 발표회에 우선 초청
　　　　　　활동증명서 발급 등

2017년 한국의 소비트렌드를 전망하게 될 책, 『트렌드 코리아 2017』에 게재될 사례에 대한 제보를 받습니다. 본서 『트렌드 코리아 2016』의 10대 키워드인 'MONKEY BARS'에서 아이디어를 얻었거나 해당 키워드에 부합하는 상품·정책·서비스 등을 알고 계신 분은 간략한 내용을 보내주시면 감사하겠습니다. 특히 본인이 속해 있는 기업이나 조직에서 선보인 새로운 상품, 마케팅, 홍보, PR, 캠페인, 정책, 서비스, 프로그램 등이 『트렌드 코리아 2017』에 소개됐으면 좋겠다고 생각하시면 해당 자료를 첨부하여 보내주셔도 좋습니다.

1. 제보내용
- 『트렌드 코리아 2016』의 'MONKEY BARS' 키워드와 관련 있는 새로운 사례
- 2017년의 트렌드를 선도하게 될 것이라고 여겨지는 새로운 사례
- 위의 사례는 상품뿐만 아니라 마케팅, 홍보, PR, 캠페인, 정책, 서비스, 대중매체의 프로그램, 영화, 도서, 음반 등 모든 산출물을 포함합니다.

2. 제보방법 〈example.ctc@gmail.com〉으로 이메일을 보내주십시오.

3. 제보기간 2016년 8월 31일까지

4. 혜 택 채택되신 제보자 중에서 추첨을 통해 『트렌드 코리아 2017』 도서를 보내드립니다.

5. 제보해주신 내용은 소비트렌드분석센터의 세미나와 집필진의 회의를 거쳐 채택 여부를 결정하며, 제보해주신 내용이 책에 게재되지 않거나 수정될 수 있습니다.

트렌드 코리아 2016

초판 1쇄 발행 2015년 11월 10일
초판 13쇄 발행 2016년 3월 30일

지은이 김난도·전미영·이향은·이준영·김서영·최지혜
펴낸이 성의현

주간 김성옥
편집장 박정철
책임편집 김성옥·정혜재
디자인 공미향
마케팅 연상희·김효근·김예진·조 은
경영지원 이현주

펴낸곳 미래의창
등록 제10-1962호(2000년 5월 3일)
주소 서울시 마포구 월드컵북로6길 30(동교동, 신원빌딩 2층)
전화 02-325-7556(편집), 02-338-5175(영업) **팩스** 02-338-5140
ISBN 978-89-5989-363-8 13320

※ 책값은 뒤표지에 있습니다. 잘못된 책은 바꿔 드립니다.

이 도서의 국립중앙도서관 출판예정도서목록(CIP)은 서지정보유통지원시스템 홈페이지(http://seoji.nl.go.kr)와
국가자료공동목록시스템(http://www.nl.go.kr/kolisnet)에서 이용하실 수 있습니다.(CIP제어번호: CIP2015029443)

미래의창은 여러분의 소중한 원고를 기다리고 있습니다. 원고 투고는 미래의창 블로그와 이메일을
이용해주세요. 책을 통해 여러분의 소중한 생각을 많은 사람들과 나누시기 바랍니다.
블로그 www.miraebook.co.kr **이메일** miraebookjoa@naver.com